철학적 지성 100인에게 묻는다
100 LETTERS TO 100 PHILOSOPHERS

편지로 쓴 철학사

II

• 에피파니는 '인간의 불멸성'과 '책의 영원성'에 대한 오래된, 새로운 믿음을 갖습니다.

철학적 지성 100인에게 묻는다
100 LETTERS TO 100 PHILOSOPHERS

편지로 쓴
철학사
II

전통편 │ 탈레스에서 헤겔까지

이수정 지음

에피파니

우리는 대체 생각이라는 것을 하고 있는가
우리는 대체 무엇을 생각하며 살고 있는가

철학의 역사를 이끌어준
위대한 정신들에게 이 책을 바칩니다.

머리말

    철학의 세계에 들러주신 것을 환영합니다. 세상의 모든 관심이 온통 돈이나 권력, 혹은 인기나 재미 같은 것으로만 쏠리고 있는 이 시대에, 다른 것도 아니고 '철학책'을 손에 쥔다는 것은 이미 그 자체로 하나의 교양 있는 행위가 될 것입니다.

    나는 40년 이상 철학에 종사해온 사람으로서 철학이라는 것이 '사람'과 '세상'을 질적으로 높여주는 데 꼭 필요하며 또한 대단히 유용한 것이라고 믿어 의심치 않습니다. 그런데 적지 않은 사람들이 그 점을 공감하면서도 철학의 '어려움' 때문에 그 문턱에서 좌절하고 마는 경우가 없지 않았습니다. 나는 그것이 항상 안타까웠습니다. 철학이 아무리 훌륭한 것이라 하더라도, 사람들이 그것을 자기 것으로 갖지 못하고 그저 경이원지할 뿐이라면 무슨 의미가 있겠습니까. 사람들과 철학 사이에는 항상 그런 간격이 있었습니다. 그런 간격을 조금이라도 메우기 위해 나는 이 책을 썼습니다.

이 책은 철학인 동시에 하나의 문학입니다. 이것은 '이수정의 철학 에세이'라고 보아도 좋습니다. 무엇보다 이것은 내가 철학을 공부해온 흔적이며 내게 소화된 '나의 생각들'로 엮은 것이기 때문입니다. 이는 말하자면 어려운 언어에서 쉬운 언어로의 '번역'이기도 합니다. 그래서 아마 읽기도 편하고 이해하기도 비교적 쉬울 것입니다. 그러나 편하고 쉽다고 하여 가볍지는 않을 것입니다. 나는 여기서 철학의 진정한 주제들을 나름대로 진지하게 다루었습니다. 그 특유의 무게를 오히려 즐겨주셨으면 하는 것이 나의 바람입니다.

하지만 이 책은 탈레스에서 현재까지, 그러니까 처음부터 끝까지, 철학의 핵심주제들을 시대순으로 다룬 엄연한 하나의 통사이기도 합니다. 이것만 읽어주셔도 2,600년간 철학이 무엇을 생각해왔는지, 그 전모가 거의 한눈에 들어올 것입니다. 다채롭기 그지없는 사상적 풍경들과 함께. 더욱이 정확한 인용, 원어 병기 등 학문적 자료로서의 가치를 확보하는 데도 세심한 주의를 기울였습니다. 그러니 철학공부를 위한 입문서로서도 아마 큰 도움이 될 것입니다. 물론 책의 성격상 철학의 모든 것들을 충분히 다 다루지는 못했습니다. 어떤 철학사라도 그것은 어차피 불가능합니다. '최소한 이것만이라도…'라고 내가 바라는 이른바 '소문난 주제들'이 주로 논의되었습니다. 따라서 이 책의 100개 꼭지들은 각 철학자들의 세계로 들어가는 현관문이라고 생각해도 좋겠습니다. '그 다음'은 결국 각자의 몫입니다. 어느 문이든 일단 열고 들어가기만 한다면, 그 안에서 엄청난 지성의 보물들을 발견할 수 있을 것입니다.

이 책은 보시다시피 편지의 형태를 취하고 있습니다. 탈레스에서 현재까지 철학의 역사를 구축한 지적 영웅들에게 직접 띄우는 편지입니다(내가 아는 한 철학사에 대한 이런 식의 접근은 전례가 없습니다. 사상 최초 세계 최초입니다). 이렇게 함으로써 나는 그들을 이른바 '화석화된 지식'의 영역에서 불러내어 일대일로 얼굴을 마주하면서 살아있는 영혼의 대화를 나누어보고 싶었습니다. 말하자면 '만남'의 시도입니다. 매번 다른, 백 개의 매력적인 얼굴들과의 만남. 다소 사적인 내용들이 포함된다는 것은 쑥스러운 일이지만, 편지인 만큼 호기심과 친근감으로 이것을 읽어주신다면 독자로서는 오히려 신선한 재미도 없지 않을 것이고, 또한 살아있는 지성의 숨결을 생생하게 느낄 수도 있을 것입니다.

구체적인 내용에 있어서는 부분적으로 일반적인 경우와 해석이 다를 수도 있습니다. 하지만, 그 '다른 해석' 또한 철학을 받아들이는 방식의 하나라 생각하고 양해해주시면 감사하겠습니다. 그것이 곧 '철학의 사유화私有化'인 것입니다. '나는 그의 철학을 이렇게 보았다'는 것이 중요합니다. 거기서 '나의 철학'이 나올 수도 있습니다. 실제로 이 책에서는 '이수정의 철학'이 적지 않게 얼굴을 내밀 것입니다. 철학을 이런 식으로 할 수도 있다는 하나의 사례로서 이 책을 읽어주시고 스스로의 철학함에 참고해주신다면 필자에게는 큰 영광이 될 것입니다. 부디 이 책이 우리 시대가 잊어가고 있는 '생각'이라는 것을 되살리는 데 기여할 수 있기를, 그리고 우리 시대의 철학함에 있어 하나의 작은 기념으로 남을 수 있기를 기대해봅니다.

2017년 가을

이수정

일러두기

01 이 책은 당초 〈탈레스에서 헤겔까지〉의 '전통편'이 제1권, 〈헤겔 이후 현재까지〉의 '현대편'이 제2권으로 집필되었으나, 우리들의 시대인 현대부터 철학사에 접근하는 것이 더 낫겠다는 에피파니 편집진의 권고를 받아들여 '현대편'을 제1권, '전통편'을 제2권으로 배치했다. 단, 각 꼭지에 부여된 연도순 번호는 그대로 유지했다. 다소 특이한 체제이나 '가까운 데서부터'라는 의미가 있는 만큼 독자들의 넓은 이해를 부탁드린다.

02 제1권 '현대편'은 대략 2008년부터 2017년까지, 제2권 '전통편'은 대략 2000년부터 2007년까지에 걸쳐 집필되었다.

03 이 책을 구성하는 100개의 꼭지는 해당 철학자의 출생연도순에 따라 배치되었다. 단 데모크리토스/소크라테스, 플로티노스/유스티누스, 셸링/헤겔은 철학사적 맥락을 감안하여 예외적으로 관례에 따랐다. 각각 후자가 전자의 선배에 해당한다.

04 '현대편'의 독일-프랑스-영미 순서는 선후나 우열과 무관한, 단지 편의를 위한 것일 뿐이다. 관심에 따라 어느 쪽을

먼저 읽어도 상관없다. 근세의 끝이 독일의 관념주의였으므로 그것을 자연스럽게 연결했을 뿐이다.

05 이 책은 대중들을 위한 교양서인 동시에 전공자를 위한 안내서로서도 손색이 없도록 학문적 자료로서의 가치 확보에 각별한 주의를 기울였다. 원문 인용과 원어 병기가 그것을 보여준다. 해석 내지 해설에도 최대한 정확을 기하고자 노력했다.

06 그리스어 인용은 일반 독자들의 사정을 감안하여 특별한 경우 이외에는 그리스 문자 대신 로마자로 표기하였다.

07 철학자들의 직접 발언은 " "로 표시했다.

08 2차 자료로부터의 인용은 ' '로 표시했다.

09 필자의 강조도 ' '로 표시했다.

10 문장 내에서의 보완적 언급은 ( )로, 인용 내에서의 보완적 언급은 [ ]로 구별해 표시했다.

11 책의 성격상 인용 출처를 따로 밝히지는 않았다. 넓은 양해를 바란다.

차례

고대로 부치는 철학편지

전통편

중세로 부치는 철학편지

르네상스시대로 부치는 철학편지

근세로 부치는 철학편지

부록

고대철학 관련 지도

독일로 부치는 철학편지

현대편

헤겔 이후 현재까지

현대편
헤겔 이후 현재까지

부록

- 현대철학 주요인물
- 현대철학 주요저작
- 현대철학 주요개념

현대철학 관련 지도

준비운동
철학사 2,600년 시간마라톤을 위한 몸풀기

"철학이란 무엇인가"

어느 추운 겨울날 저녁, 전공이 서로 다른 몇 사람의 학자들이 창원의 한 고즈넉한 카페에 우연히 모여 분위기 있는 벽난로를 둘러싸고 앉았다. 장작불이 따뜻하게 그리고 아름답게 타고 있다. 사고가 자유스러워질 만큼의, 꼭 그만큼의 많지도 적지도 않은 술들을 마시고 대화가 오고 간다. 화제는 돌고 돌아 이제는 '철학'이 도마 위에 올려져 있다.

물리학자가 말한다.

— 하여간 철학은 모든 학문의 근본이고, 그래서 우리 자연과학도들도 철학에 관심을 가질 필요가 있을 것 같아요.

— 그렇죠. 누구든 인간인 이상 직접 철학을 할 수 있는 것 아닙니까?

하고 생리학자가 끼어든다.

─ 할 수 있는 정도가 아니라 기본적으로 해야 되는 것 아닌가요? 우리가 하는 예술에도 철학이 깃들어 있어야 하는 것 같아요. 니체의 그《비극의 탄생》이나 하이데거의《예술 작품의 근원》같은 건 우리 예술하고도 실제로 관련된 거잖아요. 언뜻 듣기로 요즘 현대철학에서는 '상상력'이라는 게 철학의 주제가 되기도 한다면서요? 바슐라르며 사르트르며⋯. 그리고 아도르노의 숭고미학, 그런 것도 유명하죠.

하고 예술가가 거든다.

─ 그런데⋯, 그런데 말이죠. 철학이라는 게 참 중요하기는 한데, 철학이라는 것 자체가 도대체 뭔지 종잡을 수가 없잖아요? 아니 한편에서는 그런 게 왜 필요한가 하는 비판도 없지 않지요. 물론 우리 쪽에도 미적분을 발견한 라이프니츠가 걸쳐 있고 또 러셀이나 화이트헤드 같은 사람의 수리 철학이라는 것도 있긴 하지만 실존철학이니 윤리학이니 미학이니 그런 거하고는 너무 다른 것 같아요.

하고 수학자가 몸을 내민다.

─ 그건 그래요. 우리 쪽에도 파스칼이 있는데 그 사람의《팡세》를 보면 그건 또 거의 신학이잖아요?

물리학자도 거든다.

─ 하긴 우리 쪽에도 프로이트 같은 양반이 철학에 걸쳐 있기도 하고⋯. 그것도 칸트나 헤겔하고는 완전 딴판이잖아

요. 그 점에 대해서는 하여간 철학하시는 분이 뭔가 방향을 잡아줄 의무가 있을 것 같은데… 점잔만 빼지 말고 한마디 하시죠.

하고 심리학자가 분위기를 몰아간다. 철학자가 난처한 듯 머뭇거리다가 조심스럽게 입을 연다.

─글쎄요. 다들 일가견이 있는 것 같은데… 아닌 게 아니라 다른 건 그렇지 않은데 유독 철학에 대해서만은 누구든지 한마디씩 거들려고 하는 게 보통이죠. 종잡기 힘든 것도 사실이고요. 미아리 운명철학에서부터 인생철학, 정치철학, 경영철학, 개똥철학에 이르기까지 코에 걸면 코걸이 귀에 걸면 귀걸이인 것 같은 게 철학이니까 말입니다. 적어도 뭔가 있어 보이는 자기 나름의 '일가견'에 '철학'이라는 말을 붙이는 데 누구도 주저하질 않죠.

─어, 우리더러 함부로 철학 운운하지 말라는 말씀 같은데요… 하하.

정치학자가 웃는다. 철학자가 말을 잇는다.

─그럴 리가요. 요컨대 저는 아까 말씀하신 대로 철학의 정체가 분명하지 않다는 점을 일단 인정하자는 겁니다. 사실 철학 내부에서도 그렇습니다. 철학을 한다고 자처하는 사람들 사이에서도, 아니, 심지어 유명 철학자들 사이에서도 철학에 대한 정의는 제각각입니다. 유독 철학에서만 '철학

이란 무엇인가'라는 '철학론'이 하나의 고유한 분야를 이루고 있고, 또 그 내용들을 보아도 결론이 제가끔 다르다는 말씀이죠. 몇 가지 예를 들어보자면, 소크라테스 같은 사람은 진-선-미-덕-우정-경건 같은 가치의 진정한 이해와 '영혼의 개선'을 철학의 목표로 삼고 있고, 비트겐슈타인 같은 사람은 '모든 철학은 언어비판이다', '철학의 목적은 사상의 논리적 명료화다' 라는 식으로 말하고 있고, 하이데거는 '철학은 인간 즉 현존재의 해석학에서 출발하는 보편적인 현상학적 존재론이다'라고 하고, 마르크스 같은 사람은 '철학은 세계를 변혁시키기 위한 것이어야 한다'고 말하고 있습니다. 이런 것들 말고도 의견은 또 엄청 다양하게 많습니다. 좀 과장하자면 100인 100색? 100인 100철학?

  ─이거 점점 더 헷갈리는데요….

  하고 점잖게 있던 화학자가 말한다.

  ─그건 틀림없습니다. 실제로 철학의 역사가 그런 역사인 걸요. 고대-중세-르네상스-근세-현대 각 시대별로 철학적 관심사는 너무나도 다양합니다. 가장 두드러진 대주제만 봐도 자연-가치-신-인식-정신-언어 그런 것들이었으니 그 진폭이 보통 넓은 게 아니죠.

  세부에 들어가보면 더 그렇습니다. 초창기 그리스에서는 자연의 근원이 무엇인가를 철학의 주제로 삼기도 했고, 영혼의 카타르시스를 위해 철학을 하기도 했고, 또 보편적 개념의 본질을 확보해서 영혼을 개선시키는 것이 철학의 목표라고 생각한 적도 있고, 그 후에는 변론술로 사람을 설득시키는 것을 철학의 본업으로 생각한 시기도 있었고, 마음의 안정을 위한 수신활동을 철학의 목표로 삼은 적도 있었습니다. 또 중세 때는 이를테면 신의 존재 증명, 보편자의 본질을 논하는 것 등이 철학의 임무라고 생각했고, 그래서 철학은 '신학의 시녀ancilla theologiae'라고 했고, 또 근세 때는 '지식의 구조'라든지 '명증하고 실질적인 지식의 확보'라고 하기도 했지요. 요컨대 의미 있는 앎이란 무엇이며 그것은 어떻게 성립되고 어디까지가 그 범위이고 어떻게 하는 것이 그런 지식 내지 인식을 확보하는 효과적인 방법인가 하는 등등을 철학적 주제로 생각한 적도 있고, 또 역사 속에서 자유 실현을 위해 자기 전개를 해나가는 절대자의 정체를 밝히는 작업, 그런 것을 포함해서 절대적 앎에 이르기까지의 의식의 경험을 기술해서 학문의 체계를 수립하는 것을 철학이라 생각한 적도 있고, 그야말로 세계를 뒤바꾸어 놓는 것이 철학이라 생각한 적도 있고, 본래성의 회복을 위해 실존적 결의를 강조한 적도 있고, 의미의 명료화를 위해 언어의 분석을 강조한 적도 있습니다. 기타 등등등등, 한도 끝도 없습니다.

철학의 공식적인 역사가 대략 2,600년이고 유명한 대표적 철학자만도 100명이 넘으니 최소한 100가지 이상의 철학이 존재하는 거죠. 하여간 철학은 단수가 아닌 복수, 철학'들'입니다.

— 그렇다면 어떤 게 진짜 철학이라고 말할 수 있습니까?

하고 생리학자가 묻는다.

— 결국, 그 모든 게 다 진짜 철학입니다. 이런 것들은 실제로 역사에 있어서 철학이라는 이름하에 수행되어온 것들이고, 철학이라는 이름으로 공감을 얻고 또 영향을 끼쳐온 것들이니까요. 그렇게 역사에 이름을 남긴 철학이라는 것은 말하자면 사회적 이성이랄까 역사적 이성이랄까 그런 것의 공인을 받은 것들입니다. 철학의 역사 속에는 그런 '공인된 철학들'이 보석함 속의 보석들처럼 보관되어 있습니다. 알록달록 제각각 자기 색과 자기 빛을 뽐내면서 말이죠. 그래서 저는 무엇보다도 철학사에서부터 철학에 접근하는 걸 사람들에게 권하고 있습니다. 그 역사 속에서 철학자들을, 그들의 철학들을, 직접 만나보라고 말이지요. 가능하다면 입문서, 안내서, 연구서, 해설서, 그런 것 말고, 그들의 발언을 직접 들으면서 일대일로.

그런데 그런 철학들에 대한 공인, 공감과 영향은 결코 우연히 이루어지는 일은 없습니다. 뭔가가 있기 때문입니다. 그들 제각기의 진리체험이랄까, 진정성, 문제성, '사태 그 자체의 부름에 대한 필연적 응답'이랄까. 뭐 그런 것. 그러니까 역사 속의 철학, 또 지금 현재 철학이라는 이름 하에서 수행 되고 공감을 받고, 영향을 주고 있는 그런 실제의 철학은, 그 모든 것이 다 우리가 일단 귀기울여봐야 할 의의 있는 진짜 철학인 거지요.

— 일단 철학의 역사를 주목하고 그 철학들의 다양성을 인정하고 직접 읽으며 뭔가를 만나야 한다는 말씀인가요?

하고 물리학자가 지적한다.

— 그렇습니다. 저는 개인적으로, 이런 철학만이 진짜 철 학이다, 라는 식의 고집스런 배타적 주장에 혐오감을 느낍 니다. 철학 내부에서도 그런 배타적 고집이 없지 않습니다. 이른바 실재론과 유명론이 그렇고, 합리론과 경험론이 그렇 고, 객관주의와 주관주의가 그렇고, 성선설과 성악설이 그렇 고, 창조론과 진화론이 그렇고, … 거의 고질병 수준입니다. 사실 그 모든 것들이 다 나름대로는 고유한 진리성을 지니 고 있는데 말이죠. 그걸 제각각 인정해줄 필요가 있습니다. 인정되는 게 좋은 겁니다. 철학뿐이 아니고, 사회 자체가 그 렇죠. 무릇 다양성이 인정되는 사회가 좋은 사회라고 저는 봅니다. 철학의 다양성도 얼마든지 공존할 수 있습니다. 저 는 그걸 '철학적 공화주의'라고 부르기도 하죠.

철학자가 말한다.

— 철학적 공화주의라… 다양성이라… 그것 참 좋은 소린 데요. 그렇지만 뭔가 공통점은 있어야 할 것 아닙니까?

수학자가 묻는다.

— 그렇지요. 그건 찾아보면 찾아집니다. 실제로 철학이 라고 불려졌고 그리고 불려지고 있는 것들이 어떤 성격의 것들인가를 주의해서 보면 뭔가가 드러납니다. 아마도 철학 의 역사적 발단, 그러니까 철학이 맨 처음 어떤 모습으로 출 발했는가를 보는 것도 하나의 방법이 될 수 있겠지요.

역사적으로 보면 철학은 '물'이라는 탈레스의 한마디 말 로 시작되고 있습니다. 이건 아리스토텔레스 이래의 정설로 대체로 이의가 없습니다. 그런데 '물'이라는 대답 자체가 중 요한 게 아닙니다. 물론 그것도 의미는 따로 있지만요. 좀 엉 뚱한 이 말을 철학의 출발로서 높이 평가하는 건 그 물음과 대답의 구조, 특히 그 물음 자체 즉 문제의식, 그리고 물음내 용 즉 주제, 그리고 대답의 방식, 이것 때문입니다. 우선 물 음 자체가 뭐냐… 그건 우리 앞에 전개되고 있는 이 복잡-다 양한, 그리고 경이로운 자연, 세계, 존재, 그 '근원archē'이 무 엇이냐 하는 거였습니다. 이건 현상에 대한 납득가능한 지 知를 희구하는 물음이지요. 매일같이 보는 자연이지만 그걸 그냥 지나쳐보지 않고 의문을 품는다는 것, 도대체 뭘까 하 는 것, 이게 철학의 시작이었던 겁니다. 독일의 시인 헤벨이라는 사람의 글귀 중에 '친애하는 벗이여, 사람들이 뭔가를 매일같이 보고 있으면서 그게 무엇을 의미하는지 결코 묻지 않는다는 것, 그건 칭찬할 일이 아니다'라는 게 있습니다만, 그런 게 바로 철학의 태도인 셈이지요. 또 자연의 근원, 원초라는 것, 이 주제도 그렇습니다. 그건 현상, 객관적 현상이지요. 이 주제는 아까 말씀드린 대로 시대에 따라 사람에 따라 다양하게 변화되지만 근원적인 것, 전체적인 것, 가치관련적인 것, 그런 것입니다. 그래서 철학은 세계를 묻고, 우주를 묻고, 인간을 묻고, 역사를 묻고, 원리를 묻고, 가치를 묻는 거지요. 이런 '문제들'에서 모든 구체적인 것들이 출발되고 또 모든 구체적인 것들이 결국은 이런 궁극적, 근원적 문제로 귀착될 수 있습니다. 철학이 이런 것들을 다룬다고 꼭 잘난 체 자랑할 일은 아니지만 이런 것들에 대한 앎도 반드시 필요한 것이지요. 인간들한테는 이런 것도 필요해지는 부분이 있고, 또 그런 경우가 실제로 있으니까 그러니까 철학이 죽지 않고 2,600년씩이나 살아남아 있는 것 아니겠어요? 요컨대 수요가 있으니까 공급이 있다는 말씀입니다.

또 대답의 방식도 주의해서 볼 필요가 있습니다. '물이다'라는 대답이 어떻게 나왔느냐는 말입니다. 자세한 것은 아리스토텔레스가 《형이상학》에서 해석을 해주는데, 그 핵심은 무엇보다도 물음에 대한 탈레스의 대답방식이 그 이전과 같은 신화적 해석이 아니라 진정한 '경이'에서 비롯된 것, 그리고 경험적 관찰에 의한 것이었다는 겁니다. 그것은 말하자면 이성적 해석입니다. 놀라움으로 촉발된 문제에 대해 이성적으로 납득할 수 있는 방식으로 답한다는 것, 이게 바로 철학이었던 겁니다. 일반인들은 잘 모르지만 철학의 가장 강력한 도구는 사실 이성입니다. 바로 그 이성으로 탈레스는 물을 설명한 거죠. 아닌 게 아니라 탈레스는 밀레토스라는 해안 항구도시에 살았으니까 날만 새면 물을 봤을 거고 특히 비라도 오는 날엔 온통 물 천지니까 물이 근원이라고 생각했는지도 모르죠. 이성적으로. 고대인들에게는 물의 의미가 현대인들이 상상하는 이상으로 컸을지도 모르니까….

  ─ 자꾸 물물 하니까 목이 마르네. 사장님 여기 물 한잔 주세요!

  하고 느닷없이 생리학자가 소리친다.(일동 웃음)

  ─ 결국 뭡니까. 철학은 여러 가지가 있는데 공통적인 것은 세계에 대해 문제의식을 갖는다는 것, 근원적인 것, 전체적인 것, 가치관련적인 것, 뭐 그런 것들을 문제 삼는다는 것인가요? 그리고 문제에 대한 대답방식이 신화적이 아니라 경험적, 이성적이라는 것, 뭐 그런 말씀입니까?

  하고 물리학자가 말한다.

  ─ 역시 머리 좋은 분들은 다르시군. 그렇게 말씀하시니

저 자신도 정리가 되네요. 평소에 저는 '철학이란 우리 자신인 인간과 그 인간이 몸담고 살고 있는 이 세계가 어떤 것인지에 대한 근원적이고 포괄적인, 그리고 경험적이고 이성적인 이해와 설명의 시도, 내지 보다 나은 삶과 세계에 대한 지향'이라고 풀이하기도 합니다. 아무튼 저는 철학의 정체를 밝히기 위해서는 일단 실제 역사 속의 철학을 존중하고 거기서 답을 찾는 것이 효과적이라는 입장입니다.

그리고 그 문제의 근원으로 끊임없이 되돌아가보는 것도 중요합니다. 일종의 '환원주의'라고 불러도 좋겠죠. 아무리 훌륭한 철학도 세월이 지나면서 당초의 감각을 잃고 진부해지기 일쑤니까요. 그렇지만 처음이 전부는 또 아닙니다. 거기에 고착될 필요는 없는 거죠. 철학의 역사 자체가 다양한 주제의 변화를 보여주고 있다는 사실 자체가 또 하나의 중요한 의미를 갖는다고 저는 봅니다. 즉 철학의 관심사는 얼마든지 변화, 확장될 수 있다는 거죠. 지금까지 변화, 발전되어 왔듯이 앞으로도 그렇게 변화, 발전될 수 있고 또 그래야 한다는 것을 철학의 역사 자체가 암시하고 있는 셈이지요. 이건 일종의 '확장주의'라고나 할까요. 그래서 저는 평소에 그렇게 말하기를 좋아합니다. '철학은 끊임없이 새롭게 자신을 규정해서 새로운 한 페이지를 메꾸어나가도록 요구하는 영원한 미완성 교향곡'이라고 말입니다.

준비운동

— 와우, 멋있는 말인데요. 아니 그런데 철학자는 부전공으로 문학도 하는 겁니까? 하하…"

하고 예술가가 한마디 거들자 모두 웃는다.

— 그거 칭찬이죠? 하하, 고맙습니다. 그런데 저는 철학의 의의에 대해서 꼭 한 가지 토를 달고 싶습니다. 무슨 말씀인고 하니, 철학은 결코 만능이 아니고 결코 위대한 일도 아니라는 것입니다. 우리 주변에는 철학의 참모습을 모른 채 멀리서만 보고 철학을 지나치게 과대평가하는 사람들이 있는가 하면, 철학자들 중에는 철학을 한답시고 지나치게 잘난 체하는 사람들도 없지 않습니다. 그건 철학을 무시하는 것 못지않게 부당하다고 저는 봅니다.

— 무슨 뜻이지요.

심리학자가 흥미롭게 묻는다.

— 저는 기본적으로 철학도 '삶'의 일부를 이루는 '하나의 활동'이라고 생각합니다. 우리는 결국 모두 인간이지요. 인간이란 무엇보다도 삶의 주체입니다. 삶이란, 제 생각으로는, 탄생에서 죽음 사이에 전개되는, 끊임없이 이어지는 다양한 행위-행동-활동들의 총체적인 집합이라고 봅니다. 그 활동 중엔 먹고 입고 자는 일, 노래하고 춤추는 일, 놀고 일하는 일, 공부하는 일… 기타 등등 사전에 나오는 모든 동사가 대변하는 일들이 있을 겁니다. 그 가운데에 물리연구도 있고

수리연구도 정치활동도 예술도 운동도 기도도 설교도 있을 것입니다. 그중의 하나로서 철학도 있는 겁니다. 그 각각은 그 각각에 고유한 의미, 의의가 있습니다. 예술은 예술대로 의의가 있고 운동은 운동대로 있을 것이고 또 철학은 철학대로 의의가 있는 겁니다. 그 의의가 구체적으로 어떤 것이냐 … 그것은 철학 자체가 규정해야 할 과제 중의 하나겠죠.

— 결국 인간의 한 활동이라는 말씀이군요.

물리학자가 정리한다.

— 그렇지요. 중요한 건 '삶의 질'에 기여하는 겁니다.

철학자가 단호한 어조로 대답한다.

— 그렇다면 아까 처음에 말했듯이 우리도 철학을 할 수 있겠네요.

— 그럼요. 당연하죠. 그리고 해야 하죠. 인간과 세계에 대해 무심하지 않다면. 그리고 조금이라도 더 나은 삶과 세상을 원한다면. 철학은 결국 '생각'입니다. 지금 우리 사회가 잊어가고 있는 그 '생각'입니다. 다만 돈 벌 생각, 출세할 생각, 그런 생각이 아니라 '인간이란 무엇인가' '세계란 무엇인가' '어떻게 살아야 하는가' 그런 것에 대한 거창한 생각, 진지한 생각, 그게 철학입니다. 철학은 그런 '생각'이라는 것을 합니다. 크게, 넓게, 깊게, 높게, 길게. 그리고 그 생각의 결과를 언어로써 말하는 거죠. 그러니까 누구든 철학적 현상, 철

학적 문제를 사고하고 언어화해서 성공을 거둔다면, 즉 사회적-역사적 공인을 받는다면, 바로 그 사람이야말로 철학자의 이름에 합당한 사람일 겁니다. 철학은 직업적인 철학선생의 전유물이 절대로 아닙니다.

— 그렇다면 우리 모두 예비 철학자인 셈이네요. 글쎄 내일만도 바빠서 철학할 여유까지 있을지 모르겠지만 아무튼 새로운 멋진 철학의 탄생을 위해서 일단 한잔합시다.

생리학자가 잔을 높이 쳐든다.

— 그럽시다.

— 철학을 위하여! 건배! (일동 잔을 비운다)

창밖에는 여전히 추운 겨울밤의 풍경이 펼쳐지고 있다.

고대로 부치는 철학편지

Thalēs BC 645경–BC 545경

"'물'이 곧 아르케이다."
"자신을 아는 일은 어렵다."
"만물은 신들로 가득 차 있다."

BC 640년경 그리스 이오니아 지방 밀레토스(현재 터키 서남부)의 명문가에서 태어남. 아버지 엑사뮈아스(혹은 헤로도토스)는 카리아 사람, 어머니 클레오불리네(혹은 두리스)는 그리스 사람.

BC ???년 이집트, 바빌로니아, 사르디아에 머물며 사제들로부터 점성술과 기하학을 배움.

BC ???년 그림자를 이용해 피라미드의 높이를 잼.

BC ???년 리디아의 왕 크로이소스를 도와 할리스 강의 물줄기를 돌림.

BC ???년 올리브 풍작을 예측.

BC ???년 이오니아의 중앙정부를 테오스에 두자고 제안.

BC ???년 페레퀴데스와 솔론에게 편지를 보냄.

BC 585년 5월 28일의 일식을 예견.

BC 582년 아테네 다마시아스Damasias가 집정관archon일 때 7현인이 정해지고, 탈레스는 첫 번째 현인이 됨.

BC 545년경 죽음. 후에 철학의 아버지로 불림.

탈레스에게
철학의 시작, 자연의 근원을 묻는다

2,600년의 시간을 넘어 철학의 시조인 당신께 이 글을 드립니다. 나는 당신이 아마 상상도 하지 못했을 기나긴 시간과 공간의 저편, 21세기의 한국에서 당신의 그 '철학'을 이어받아 삶의 일부로서 영위하고 있는 한 지식인입니다. 생각해보니 어설픈 동경으로 철학의 길로 들어선 후 어느새 사십 수년 세월이 내 뒤로 지나갔군요. 학생으로 그리고 선생으로 지낸 그 세월 속에서 철학은 이제 내게 너무나도 가까운 것이 되어 있습니다. 지혜의 여신 아테나Athēna/Minerva의 축복인지도 모르겠습니다. 그런데 탈레스, 철학에 첫발을 들여놓았던 그 무렵 크나큰 매력과 함께 내게 다가왔던 한 가지 소박한 의문을 나는 아직도 그때의 감각으로 기억하고 있습니다. 그것은 철학이라는 게 왜 시작되었는가 하는 것과 기나긴 철학의 역사가 왜 당신으로부터 시작되는가 하는

것입니다. 왜 하필 탈레스인가…. 생각해보면 이 '시작'의 의미는 그냥 지나칠 일이 아닌 것 같습니다.

우리가 그것을 당연하게 여기는 것은 무엇보다도 아리스토텔레스라고 하는 권위 때문입니다. 그가 저 유명한 《형이상학》에서 '최초의 철학자들'을 언급하고 그 첫 부분에 '철학의 창시자'로 당신을 올려놓은 것이 이른바 철학사의 전형이 되었을 거라고 나는 짐작합니다. 그런데 나는 생각해봅니다. 무엇이든지 '처음'이라고 하는 것은 예사로운 일이 아닙니다. 그것에는 어떠한 형태로든 영광이 함께합니다. 더군다나 철학이라는 것은 2,600이 넘는 그야말로 유구한 역사와 전통을 자랑하는 것이고, 게다가 실상이야 어떻든 겉으로는 만학의 으뜸이니 학문 중의 학문이니 하는 특별한 대접을 받고 있는 것입니다. 또한 그것은 인도의 불교와 중국의 공맹·노장까지도 자신의 이름 아래 접수하여 바야흐로 사상의 천하통일을 이룬 듯한 형국이기도 합니다. 그런 대단한 철학의 '처음'을 바로 당신이 장식하고, 아무도 그것에 이의를 제기하지 않는다는 것은 그야말로 대단한 일이 아닐 수 없습니다. 그리고 아리스토텔레스가 어디 보통 사람입니까. 아무리 전통의 권위를 배제하라고 철학이 가르친다지만, 그의 말에 특별한 무게가 실리지 않을 수 없습니다. 그런 그가 당신을 맨 처음에 올려놓고 있는 것은 당신에게

고대로 부치는 철학편지

분명히 무언가가 있기 때문일 거라고 보아야 할 것입니다. 그것은 도대체 무엇일까….

우리는 그 무엇이 바로 무엇인지를 이미 배워서 알고 있습니다. 아리스토텔레스는 그것이 '아르케archē'에 대한 관심이라고 설명합니다. 아르케? 일반인들에게는 낯선 말이죠. 아르케란 내가 배운 바로는 '처음'이란 뜻입니다. '태초에 말씀이 계시니라'하는 《신약성서》(요한복음)의 저 유명한 구절도 그리스 말로는 '엔 아르케 엔 호 로고스ἐν ἀρχῃ ἦν ὁ λογος, en archē ēn ho logos'라고 되어 있습니다. 아르케란 그렇게 처음이며 시초이며 태초이며 원초이며, 그래서 원리라고도 근원이라고도 번역되고 있습니다. 바로 그 '처음'에 대한 관심을 처음으로 나타냈기 때문에 당신은 철학의 처음을 장식하게 된 것입니다. 그런데 탈레스, 처음이란 도대체 무엇입니까. 아리스토텔레스는 그것을 "모든 존재자가 그것으로부터 되어 있는 것, 즉 그것을 최초의 것으로서 그것에서 생겨나오고, 또 그것을 최후의 것으로서 그것으로 소멸해가는 바로 그것"이라고 설명합니다. 그것을 존재자의 '원소stoicheion'라고도 부릅니다. 그것은 또 '생성하지도 소멸하지도 않'습니다. '본성이 언제나 유지되고 있'기 때문입니다. 나는 그것을 '근본적인 그 무엇'이라고 불러봅니다. 아리스토텔레스의 보고가 잘못되지 않았다면, 당신은 바로 그런 의미의 아르케가 무엇인지를 생각한 최초의 사람인 것입니다. 당신의 자세한 글이 전해지지 않으니 우리는 주어진 단편적 자료를 근거로 해석을 감행할 수밖에 없습니다.

친애하는 탈레스, 어쨌거나 나는 아르케라는 말이 당신의 이름과 결부되고 있다는 사실을 주목합니다. 왜냐하면 그것은 아르케에 대한 당신의 철학적 관심이, 그리고 '물음과 대답'이 분명한 사실이었음을 증명하기 때문입니다. 그런데 당신이 아르케가 무엇인지를, 무엇이 아르케인지를 묻고 있다는 것은 동시에 당신이 '자연physis'또는 '존재자on'라 불리는 만유 내지 만물의 다양성과 그것의 엄청난 신비로움 앞에 정면으로 서 있다는 것을 함께 알려주고 있습니다. 왜냐하면 아르케는 자연 내지 존재의 아르케이며, 그것에 대한 물음은 그저 아무렇게나 우연히 나올 수 있는 성격의 것이 결코 아니기 때문입니다. 그런 물음은 임의적인 것이 아닙니다. 무언가를 본 자만이, 만난 자만이 물을 수 있습니다. 무언가를 느낀 자만이 물을 수 있습니다. 무언가에 막힌 자만이 물을 수 있습니다. 그런 자만이 진정으로 물을 수 있습니다. 그렇지 않은 물음은 공허합니다. 당신의 후배격인 헤라클레이토스는 말하기를 "…신은 분명히 말하지도 않고, 또한 감추지도 않고, 오로지 표시만을 보여준다"고 했습니다. 당신은 아마 자연이 보여주는 그러한 표시를 보았겠지

고대로 부치는 철학편지

요. 감추지 않으니까 느꼈을 것이고 분명히 말하지 않으니까 막혔을 것입니다. 느낌과 막힘에서 오는 그런 '철학적 긴장의 틈새'에서 당신은 그 최초의 물음을 엄숙하게 물었을 것입니다.

아르케에 대한 물음은 아리스토텔레스의 진술대로 "경이로움thaumazein[경탄]"을 동반합니다. '자연'이라고 일컬어진 만물의 존재와 그것들의 다양한 전개, 그 근저에 가로놓여 그것을 꿰뚫고 있는 어떤 단초, 그것들은 당신에게 놀라운 경이의 대상이었음에 틀림없습니다. 당신의 '물음'에서 나는 그것을 읽어냅니다. 당신은 아마도 밀레토스의 해안에 서서 끝없이 펼쳐진 거대한 바다를 바라보았겠지요. 밤에는 아득히 펼쳐진 우주공간에 점점이 박힌 수많은 별들도 바라보았겠지요(나도 한때 그 밀레토스의 폐허에 서서 마치 탈레스가 된 기분으로 그것을 바라본 적이 있었습니다. 로마의 지배를 거쳐 터키 땅이 된 그곳이 지금은 폐허가 되었을 뿐 아니라 지각의 변동 때문인지 해안은 한참 물러나 성의 꼭대기에서도 보이지가 않더군요. 엉겅퀴의 가시가 바지에 달라붙어 애를 먹었습니다). 또 전해지는 대로라면 당신은 이집트 등지를 여행하며 광대한 대지와 다양한 인간군상도 목격했을 것이고, 천체의 움직임과 그에 따라 올리브가 익어가는 것도 관찰했겠지요. 그 모든 것을 증명하는 기록들이 지금도 우리에게 전해지고 있습니다. 그런데 당신이 본 그 모든 것들은 놀랍게도 지금 여기서 내가 보고 있는 것과 조금도 다를 바가 없습니다. 바로 그것들이 나 자신에게 경이로움을 주고 있다는 사실이 당신의 경우를 유추할 수 있게 해 줍니다. 시공을 초월한 공감이라고 할까, 보편적 일치라고 할까…. 더군다나 당신의 경우에는 그 모든 것들이 현대인인 나의 경우보다도 훨씬 더 가까이 있었을 것입니다. 훨씬 더 커다란 바다, 훨씬 더 드넓은 대지, 훨씬 더 광활한 우주 앞에서 사물들의 오묘한 질서를 목도하면서 당신이 경이로움을 느꼈다는 것은 조금도 이상한 일이 아닙니다. '아르케'에 대한 당신의 관심을 나는 그렇게 해석합니다.

그런데 탈레스, 생각해보면 자연 앞에서 그러한 놀라움, 신기함을 느낀 자는 비단 당신뿐만은 아닐 것입니다. 그렇다면 도대체 무엇이 당신으로 하여금 '최초'가 되게 하는 걸까요. 그것은 아마도 '물음을 명시적으로 제기했다'는 점에 즉 사고를 언어화했다는 점에 있을 거라고 나는 해석합니다. 당신의 대답이 곧 물음의 존재를 알려줍니다. 당신은 물었던 것입니다. 그것이 무엇인지. 무엇이 그것인지. 그러한 물음에는 알고자 하는 갈망이, 지에 대한 사랑이 함께합니다. 그러한 갈망과 사랑을 우리는 지금 퓌타고라스 이래의 전통에 따라 '철학philosophia' 즉 '지에 대한 사랑amor sapientiae'

이라 부르고 있습니다. 그것은 명백한 '이성적 행위'입니다. 그래서 당신은 철학의 아버지가 되었습니다.

탈레스, 당신은 바로 그런 아버지로서 우리 모두를, 생각의 가치를 인정하는 우리 모두를, 철학의 시발점으로 손짓해 부르고 있습니다. 그 시발점은 언제나 동일한 곳에 머무르고 있습니다. 그곳에 함께 서느냐 서지 않느냐 하는 것은 이제 우리들 각자의 몫으로 남겨져 있습니다. 철학의 구체적 내용이랄까 주제들은 당신 이후 역사의 진행과정에서 다양해졌지만, 진정한 '철학의 시작'은 언제나 어디서나 우리들 각자의 책무로서 우리를 기다리고 있는 것입니다. 그 점만은 변함이 없습니다.

하지만 친애하는 탈레스, "'물hydor'이 곧 아르케"라는 당신의 대답은 다소간 우리를 황당하게 만듭니다. "대지가 물 위에 가로놓여 있다"는 당신의 말이 현대과학에 의해 용도폐기될 수 있는 것처럼 물이 곧 아르케라는 것도 무지한 고대인의 순진한 직관이나 어설픈 관찰쯤으로 치부될 수도 있습니다. 그러나 과연 그럴까요. 그럴 수 없습니다! 당신이 그 거대한 피라미드의 높이를 간단한 방법으로(즉 자신의 키와 그림자의 길이가 같아지는 시각에 피라미드의 그림자를 재는 방법으로) 쟀다는 것이나, 천문의 관찰로 올리브의 풍작을 내다

보고 착유기를 미리 사들여 떼돈을 벌었다는 기록에서도 알 수 있듯이, 당신은 이른바 7현인(클레오불로스, 솔론, 킬론, 탈레스, 핏타코스, 비아스, 페리안드로스)의 반열에 올라 있는 것이 조금도 이상할 게 없는 사람입니다. 당신은 "자신을 아는 일은 어렵다" 같은 금언들을 남기기도 했고, 기원전 585년 5월 28일의 일식을 정확하게 예언하기도 했고, 테오스에 이오니아 중앙정부를 설치해 각 폴리스를 통괄케 하자는 정치적 식견도 있었고, 할리스 강의 물줄기를 돌려 크로이소스의 군대가 쉽게 도강할 수 있도록 조치하는 군사적 예지도 갖춘 인물입니다. 그런 당신이 '물이 곧 아르케'라고 한 것은 결코 단순한 착상에 의한 것이 아닐 거라고 짐작됩니다. 대답해주십시오, 탈레스. 왜 하필 물이었습니까.

명석하고 친절한 아리스토텔레스는 "아마도 만물의 영양이 물기를 머금고 있다는 것, 그리고 열 그 자체가 물기 있는 것에서 생겨나고 또 그것에 의해 유지되고 있다는 것을 관찰"한 데서 이런 대답이 나왔을 거라고 해석해줍니다. 또한 그야말로 아르케인 "만물의 종자가 물기 있는 본성을 지니고 있다"는 것도 그 이유라고 덧붙입니다. "그래서 물은 물기 있는 것에 대해서는 그 본성의 원리"라고 그는 정리합니다. 그의 이런 해석이 당신의 생각을 제대로 반영한 것인지, 당신의 기록에 의한 것인지, 그의 자의적인 짐작에 의한 것인

고대로 부치는 철학편지

지 확인할 길은 없습니다. 어쨌거나 간에 그가 구체적인 실제 현상의 관찰을 근거로 제시하고 있다는 것은 결코 지나쳐볼 일이 아닙니다. 그의 말대로 당신이 현상 자체를 관찰함으로써 그것에서 답을 찾고자 했다면 그 답의 타당성 여부를 떠나서 그러한 방법이나 태도나 자세가 이미 이전의 경우와는 달랐다는 것을, 즉 이른바 세계현상의 신화적 해석과는 달랐다는 것을, 다시 말해 당신이 철학적-학문적-이성적이었다는 것을 여실히 보여주고 있습니다. 현상 자체에 의거해서 말한다는 것은 바람직한 철학적 태도입니다. 철학의 시작을 보통 '신화mythos에서 이성logos으로'라고 정리하는 것도 바로 이 때문입니다.

물론 물이라고 하는 대답은 어딘가 석연치 않습니다. 특히 그 아르케로서의 대표성이 그렇습니다. 즉 저 숱한 사물들 중 근원적인 것이 왜 하필 물뿐이겠느냐고 누군가가 따지고 대든다면 당신이나 나나 답변이 궁해질 수밖에 없습니다. 우리는 대부분의 교과서처럼 그 물 자체가 단순한 물질이 아니라 살아있는 그 무엇이라는 즉 물활론hylozoism 어쩌고 하는 엉터리 해석[1]으로, 혹은 물이라는 답변 자체의 철학

---

1 질료hyle가 일종의 생명zoē이라는 이 교과서적 용어는 소크라테스 이전 철학자들의 일반적 입장인양 흔히 사용되지만 그들의 언급 어디에도 실제 이런 말은 없다. 오해를 야기할 위험이 크므로 차라리 없느니만 못하다.

적 성격에 만족하면서 적당히 당신의 한계를 인정하고 넘어
갈 수밖에 없는 것일까요?

친애하는 탈레스, 이것은 하나의 추측입니다만, 나는 당
신이 그렇게 어설픈 사람이 아니었을 거라고 생각합니다.
문제는 당신 자신이 남긴 정확한 문맥이 전해지지 않는 데
서 생겨난 것일 수도 있습니다. 당신은 어쩌면 물을 모든 것
의 아르케로서 제시한 것이 아닐지도 모른다는 생각을 해
봅니다. '모든 것'이라는 것은 그렇게 쉽게 함부로 말할 수
있는 것이 아닙니다. 당신의 대답이 어떤 한정된 범위 내의
것일지도 모른다는 가능성을 나는 아리스토텔레스가 무심
코 남긴 말, "따라서 물은 물기 있는 것에 대해서는 그 본성
의 아르케이다"에서 발견합니다. 내가 짐작하듯이 만일 당
신의 '물'이 물기 있는 것에 대해서만 제시된 아르케라면 그
것은 한 치도 빗나감이 없는 책임 있는 발언이 될 수 있습니
다. 예컨대 물은 자갈이나 사파이어의 아르케는 아니더라도
물기 있는 꽃이나 새의 아르케인 것은 틀림없으니까요. 정
확한 문맥이 제시되지 않은 상태에서 오해는 얼마든지 생겨
날 수 있습니다.

물의 이런 근원성은 결코 경시되거나 무시되거나 폄하될
수 없습니다. 한 방울의 물로 인간을 죽일 수도 있다는 파스
칼의 말에서도 우리는 물의 위력과 중요성을 확인합니다.

물은 최소한 생명의 근원인 것은 확실합니다. 물의 존재를 찾기 위해 우리가 온 우주를 뒤지고 있는 것도 그 때문입니다. 그런 중요성은 누구나가 다 인정합니다. 인체의 70퍼센트가 물이고 지구의 70퍼센트가 물이고 우주의 70퍼센트가 수소라고도 합니다. 실제로, 당신이 살았던 밀레토스뿐만 아니라 바닷가에 아니 바다 한가운데 가보면 대지를 띄울 정도의 엄청난 물 앞에서 우리는 압도되고 맙니다. 하늘에서 쏟아지는 비도 예사롭지 않습니다. 폭우와 홍수 때에, 그리고 가뭄 때에, 우리는 그 위력을 여지없이 느낍니다. 특히나 우리가 만일 사하라 사막에서 이런 주제를 생각한다면 '물'의 의미는 더욱 크게 다가올 것입니다. 한 열흘 물 한 모금 못 마신 상태에서 시원한 생수를 앞에다 놓고 '물이 자연의 아르케가 맞아 안 맞아'라고 묻는다면 누구라도 '맞습니다, 맞고말고요'라고 대답하고서 허겁지겁 그 물을 받아 마시고 싶어질 겁니다. 그런 엄중한 배경에서 '물'이라는 대답이 나온 것일 수도 있겠지요. 그러니 물이라는 당신의 대답은 그것대로 충분한 철학적 의미를 지닐 수 있습니다. 아무튼 나는 이런 식으로라도 당신이 바보 같은 고대인이 아니었음을 변호하고 싶습니다.

친애하는 탈레스, 당신은 존경받아 마땅합니다. 어쨌거

나 당신은 인류에게 철학의 길을 처음으로 열어준 '철학의 아버지'이기 때문입니다. 그 공로를 어찌 작다 할 수 있겠습니까.

고대로 부치는 철학편지

Anaximandros BC 611/10−BC 547/6경

"'토 아페이론[정해지지 않은 것]'이 존재하는 것들의 원리이며 요소다."

"여러 존재하는 것들이 그 생성을 얻고 있는 바로 그것에로,
그것들의 소멸도 또한 필연에 따라 이르게 된다.
왜냐하면 그것들은 시간의 질서에 따라
자신들의 부정으로 인한 죗값을 치러야 하기 때문이다."

BC 611/610년경 밀레토스에서 프락시아도스의 아들로 태어남.

BC ???년 주변의 여러 나라들을 여행.

BC ???년 탈레스의 제자가 됨.

BC ???년 《자연에 관하여》를 비롯한 저술을 함.

BC ???년 만유의 근원인 토 아페이론을 언급.

BC ???년 지중해 일대의 지도 및 천구의를 최초로 만듦.

BC ???년 아낙시메네스를 제자로 삼음.

BC 547/546년경 죽음.

아낙시만드로스에게
'정해지지 않은 것'을 묻는다

　　오랜 세월 철학을 공부하면서도 당신의 존재는 항상 아
주 미묘한 위치에 있음을 느낍니다. 그것은 어쩌면 나만 그
런 것이 아닐지도 모릅니다. 학생들은 곧잘 당신의 제자인
아낙시메네스나 이른바 다원론자로 분류되는 아낙사고라
스와 당신을 헷갈리기도 하고, 또 이른바 밀레토스학파(탈레
스, 아낙시만드로스, 아낙시메네스)라는 것을 배우면서도 그 대
표격인 당신의 스승 탈레스가 워낙 중요한 철학사적 의미를
지니다보니 당신은 그 중요도에서 밀리기도 합니다. 또 어
쩌다 당신의 이름과 정면으로 마주하는 경우에도 당신이 남
긴 그 '토 아페이론to apeiron'이라는 말의 불명료함 때문에 좌
절하거나 아니면 애매한 채로 적당히 넘어가고 말기도 합니
다. 적지 않은 철학책들 또한 그렇습니다. 하지만 아낙시만
드로스, 나는 당신을 중요한 철학자의 한 사람으로 인정하

며 학생들에게 당신의 철학을 잘 생각해보라고 특별히 선전도 하고 있습니다. 그것은 비단 내가 전공했던 하이데거가 당신의 잠언에 특별한 관심을 가지고 논문[2]을 쓴 적이 있다는 이유 때문만은 아닙니다. 유명한 니체가 당신의 잠언을 번역한 적이 있다는 이유 때문만도 아닙니다. 그것보다도 오히려 약간쯤 베일에 가린 듯한 당신의 단어들이 무언가 심상치 않은 내용들을 전하려 하고 있다고 나 스스로 감지하고 있기 때문일 것입니다.

내가 느끼기에 당신은 광대한 자연의 밑바닥을 들여다보려는 당신의 스승 탈레스의 철학적 문제의식을 분명히 계승하고 있는 듯이 보입니다. 자연 또는 만유의 근원을 생각해본다는 것, 바로 그 자체가 이미 하나의 성과임을 나는 인정합니다. 그러나 더욱 중요한 것은 그 내용입니다. 당신은 "'토 아페이론'이 존재하는 것들의 원리이며 요소"라고 말했습니다. '페라스peras(한계, 한도, 결정)'의 '부정a-'인 이 이상한 그리스말을 '무한정자'라는 한국말로 바꿔놓더라도 사실 별도움이 되지 않습니다. 아니 오히려 우리를 당신과 점점 멀어지게 만들 뿐입니다. 당신이 그 시절에 특별히 무슨 현학

---

2 Heidegger, 〈Der Spruch des Anaximander〉

적인 '문자'를 의도적으로 써야 할 이유가 없었던 이상, 나는 이것을 그냥 말 그대로 '정해지지 않은 것'쯤으로 번역하는 것이 차라리 낫다고 봅니다. 그러면 이제 우리에게도 해석의 여지가 생기기 때문입니다. 고대의 심플리키오스가 전하는 바를 보면, 당신은 원리를 "물도 아니고 또 그 밖의 요소라 불리는 것 중의 하나도 아니고, 오히려 그것들과는 다른 어떤 정해지지 않은 자연"이라고 말했고, 바로 거기서부터 모든 하늘ouranos과 그것 안에 있는 세계cosmos도 생겨나온다고 말했습니다. 이 말들을 풀어서 읽어보면, 우리가 살고 있는 이 세상과 그 속에 있는 모든 것, 그리고 그 오묘한 질서들은 물이나 불이나 흙이나 공기나 뭐 그런 구체적인 즉 정해진 어떤 사물에서 생겨나는 것이 아니라 '정해지지 않은 어떤 것', 말하자면 '어떤 우주론적인 x'에서 생겨나온다는 말이 될 것입니다.

　이렇게 보면, 이 말은 중요한 의미를 가질 수가 있습니다. 여러 교과서에 있는 것처럼 '물활론hylozoism'이니 어쩌니 하는 그다지 신뢰할 수 없는 해석보다도 이런 일견 평범해 보이는 말이 훨씬 더 의미 있게 다가올 수 있다는 말입니다. 즉 당신은 물이니 불이니 하는 것과는 전혀 다른 각도에서 문제를 바라보았고, 그것들의 근저에 놓인 '구체화되지 않은 어떤 것' '구체화될 미결정적 가능성의 덩어리'를 자연의 근원이라고 지목했던 것입니다. 그러한 통찰은, 비록 불명료하기는 하지만, 대단히 솔직하며 사실에 가까운 것이라고 볼 수 있습니다. 우리 인간이, 특히 기원전 6세기의 당신이 의지할 수 있었던 것은 오직 사유적 통찰밖에 없었습니다. 그런 이상, 우리 인간이 전체 자연의 근저에 놓인 원초의 비밀에 대해 그 이상의 어떤 것을 알아내는 것은 불가능한 일일 것입니다. 그렇다면 다소 애매한 당신의 대답이야말로 정답인 것입니다. 무엇인지 확실하게 알 수는 없지만 그래도 무엇인가 감지된다면 불확실한 그 무엇을 불확실한 채로 말한다는 것, '그런 대로' 또는 '그런 만큼' 말한다는 것, 그것이야말로 철학적인 것입니다. '애매한 것은 애매한 채로', 그것이 어떤 점에서는 가장 정확한 파악이자 진술입니다. 그것은 멋대로 짐작해서 말하는 것과도 다르며, 각색해서 말하는 것과도 다르며, 전혀 말하지 않는 것과도 다릅니다. 그것은 분명히 무언가를 말하는 것이며, 더욱이 있는 그대로 말하는 것입니다. 친애하는 아낙시만드로스, 나는 그렇게 당신을 읽고 있습니다. (또 하나의 다른 가능성도 있습니다. 만일 당신의 '토 아페이론'이 이런 의미가 아니라면, 혹 그것은 우리 인간이 '경험할 수 없는 것' 즉 '초월자', 그런 의미에서의 '무한자'가 아닐까 하는 것입니다. 고대 그리스어의 의미를 100퍼센트 정확하게 해독하기 힘든 우리로서는 'to apeiron'을 'peras(한계, 결정)'의 부정이 아니라 'peiras(경험)'의 부정으로 읽을 수도 있기 때문입니다. 만일 그렇다면 이 말은 우리가 알고 있는 경험불가능한 초월자, 즉 '신'에 가깝습니다. 혹은 만유의 근원인 저 '일자'에 가깝습니다. 그렇다면 이것이야말로 존재자의 '처음' 즉 아르케로서 가장 적절한 설명이 될 수 있습니다. 이런 신에게서부터 만유가 생겨나온다는 말이라면 그건 기원에 대한 가장 적절한, 가장 합리적인 설명이 될 수가 있죠.)

그리고 아낙시만드로스, 내가 당신을 특별히 평가하는 것은 그것뿐만이 아닙니다. 당신이 남긴 그 유명한 잠언에서 우리는 또한 '근원' '존재하는 것' '생성' '소멸' '필연' '시간' 등의 중요한 철학적 개념들을 발견합니다. 비록 이것들이 충분히 자세하게 설명되고 있지는 못하지만, 이런 단어들의 언급 자체가 이미 철학적으로, 철학사적으로, 엄청난 의미가 있는 일임을 사람들은 잘 모르고 있습니다. 이는 모두 역사적인 최초의 언급들이며 그것은 당신이 이것들을 철학의 무대에 공식적으로 올려놓은 최초의 지성이라는 의미입니다. 이것들은 고대-중세-근세는 물론, 2천 수백 년이 지난 지금도 철학자들의 진지한 논의의 주제가 되고 있습니다. 생성과 소멸이라는 현상이 있다는 것, 필연이라는 현상이 있다는 것, 시간이라는 현상이 있다는 것, 얼마나 중요하고 신기한 일들입니까. 특히나 시간은 베르크손, 후설, 하이데거 등

현대철학에서도 핵심주제의 하나로 다뤄집니다.

더욱이 당신의 이 말들은 단순한 단어의 나열이 아닙니다. 이런 단어들은 문장 속에서 서로 연결돼 있으며 그 밑바탕에는 명백히 당신에 의해 수행된 철학적 사유와 통찰이 있습니다. 당신은 이렇게 말하셨지요. "여러 존재하는 것들이 그 생성을 얻고 있는 바로 그것으로, 그것들의 소멸도 또한 필연에 따라 이르게 된다. 왜냐하면 그것들은 시간의 질서에 따라 자신들의 부정으로 인한 죗값을 치러야 하기 때문이다"라고 말입니다. 이 다소 시적이고 비유적인 표현 때문에 시비를 거는 사람들이 있을지도 모르겠지만, 여기서 당신이 사물들의 원초적 질서를 정면으로 응시하고 있다는 점에 대해서는 이론의 여지가 있을 수 없습니다.

우리 인간들도 알 수 없는 어떤 근원에서부터 생겨나와 알 수 없는 어떤 근원으로 사라집니다. '생성과 소멸', 즉 '탄생과 죽음', 엄중하고도 엄중한 진실입니다. 거기서 예외인 자는 단 한 사람도 없습니다(파르메니데스가 존재의 불생불멸을, 부처가 불법의 불생불멸을 각각 말하고 있지만, 그것들도 어쩌면 인간의 엄중한 생성소멸을 그 배경에 둔 철학일 수 있습니다). 만인을 지배하는 생성과 소멸, 그것은 필연입니다. 반드시 그렇게 됩니다. 시간이, 세월이 우리를 그렇게 만듭니다. 누구든지 살아가면서, 나이 들어가면서 그것을 실감하게 됩니다. '삶을 통한 확인'이라는 철학적 장치가 거기서 작용합니다. 더욱이 우리는 세월의 흐름을 안타깝게 느끼고 죽는 것을 슬프게 생각합니다. 그래도 어쩔 수 없이 그렇게 될 수밖에 없습니다. 그래서 뭔가 잘못(부정)에 대한 죗값을 치르는 것처럼 느끼기도 합니다. 실제로 우리 동양세계에서는 현생의 삶과 그 덧없음을 전생이나 천상의 어리석음 혹은 죄로 인한 벌로 생각하는 전통도 있었습니다. 조설근의 홍루몽紅樓夢이나 김만중의 구운몽九雲夢 같은 것도 그런 셈이지요. 그리고 서양세계의 기독교에서도 인간은 '죄인peccator'으로 규정됩니다. 당신은 바로 그런 것들을 철학적인 시선으로 바라보았다고 나는 평가하는 것입니다.

친애하는 아낙시만드로스, 우리가 몸담고 살고 있는 이 세상에 대해, 그리고 그 속에서 살아가고 있는 우리 인간들과 그 삶에 대해, 특히 그 근원에 놓인 어떤 원초적인 사실에 대해 우리가 무언가를 알게 되었을 때, 그것을 생각하고 말한다는 것, 그것이 다름 아닌 철학입니다. 당신은 그런 점에서 분명히 철학자입니다. 당신이 말한 그 시간 속에서의 필연적인 생성과 소멸은 그 시간의 한 지점인 지금 여기서도 여전히 필연적인 생성과 소멸임을, 나는 나의 이 두 눈으로 똑똑히 보고 있습니다. 새싹은 '그 무엇'에 따라 피어났다가 시간의 흐름 속에서 단풍이 되고 낙엽이 되고, 아기는 '그 무엇'에 따라 태어났다가 시간의 흐름 속에서 소년이 되고 청년이 되고 이윽고 노인이 되어갑니다. 아낙시만드로스, 나는 당신과 함께 엄숙한 심정으로 '그 무엇'을 지켜봅니다.

Anaximenēs BC 585경–BC 528/5경

"존재자의 근원은 공기다.
왜냐하면 이것으로부터 만물이 생기고
다시금 이것으로 해체되어 가기 때문이다."

"우리의 영혼이 공기이며, 우리를 통괄하고 있듯이,
숨 즉 공기가 세계 전체를 감싸 안고 있다."

BC 585년경 밀레토스에서 에우리스트라토스의 아들로 태어남.

BC ???년 아낙시만드로스의 제자가 됨.

BC ???년 만유의 근원인 공기의 연구에 몰두.

BC ???년 이오니아 방언으로 한 권의 책을 저술.

BC ???년 퓌타고라스에게 편지를 보냄.

BC 528/525년경 죽음.

아낙시메네스에게
공기의 의미를 묻는다

철학의 역사를 공부하다 보면 한 가지 눈길을 끄는 현상이 있습니다. 그것은 사제관계의 뛰어난 거장들이 2대 3대 대를 이어서 함께 철학의 역사에 이름을 올리고 있다는 것입니다. 가장 대표적인 것이 소크라테스-플라톤-아리스토텔레스이겠지요. 그리고 현대에서는 후설-하이데거-가다머가 있고, 그밖에도 크세노파네스-파르메니데스-제논, 알베르투스 마그누스-토마스 아퀴나스, 러셀-비트겐슈타인 등이 있습니다. 한편 셸링-헤겔 같은 친구관계도 있고, 제임스 밀-존 스튜어트 밀 같은 부자관계도 있고, 사르트르-보부아르 같은 부부관계도 있고, 하이데거-아렌트 같은 연인관계도 있고, 마르크스-엥겔스, 호르크하이머-아도르노, 들뢰즈-가타리 같은 2인1조의 동지관계도 있습니다. 혼자서 거장이 되는 것도 쉽지 않은 일인데, 특별한 관계의 두 사람 세

사람이 함께 막상막하의 거장으로 역사에 남는다는 것은 정말 대단한 일이라고 우리 같은 보통 사람들은 감탄하지 않을 수가 없습니다. 이런 대단한 일의 첫 번째 사례에서 우리는 당신의 이름을 발견합니다. 이른바 밀레토스학파라고도 알려진 탈레스-아낙시만드로스-아낙시메네스를 우리는 철학사의 맨 처음 부분에서 만나게 되는 것입니다.

그런데 당신의 경우는 위의 두 분과 비교할 때 조금 가볍게 취급되는 경향이 없지 않은 것 같습니다. 웬만큼 열심히 공부한 철학도라도, 예컨대 아르케, 공기, 농후화-희박화라는 단어들 외에 당신에 대해 아는 바는 거의 없을뿐더러, 그나마 이 단어들의 의미를 깊이 생각해보는 경우도 별로 없는 것이 현실이기 때문입니다. 송구스러운 말씀이지만 나도 학창 시절에는 마찬가지였습니다. 그저 시험문제에 답하기 위해 위에 열거된 단어들을 열심히 외우는 게 고작이었고, 또 기껏해야 소박한 고대인의 어설픈 사유 정도로 위의 단어들을 받아들였을 뿐입니다. 실례가 되었다면 용서하십시오.

그러나 대학원에 진학해 당신이 쓴 원문을 직접 접하면서 사정은 조금 달라졌습니다. 당신은 "존재자의 근원archē은 공기aer다"라고 말했고, "왜냐하면 이것으로부터 만물이 생기고 다시금 이것으로 해체되어가기 때문이다"라고 설명했습

고대로 부치는 철학편지

니다. 여기까지만 해도 솔직히 무슨 소린지 납득하기가 쉽지 않습니다. 왜 공기가 근원인 거지? 공기라는 게 도대체 어떤 걸 말하는 거지? 그렇게 의문이 남습니다. 그런데, 중요한 것은 그 다음입니다. "우리의 영혼psychē이 공기aer이며, 우리를 통괄하고 있듯이, 숨pneuma 즉 공기가 세계 전체를 감싸 안고 있다" 그렇게 당신은 말했습니다. "공기는 신"이라고도 했습니다. 영혼이 공기다? 숨이 공기다? 신이 공기다? 여기에 이르러 나는 비로소, 아하 아낙시메네스의 공기라고 하는 것이 예사로운 것이 아니로구나, 저 허공을 채우고 있다는 이른바 물질적인 기체를 말하는 것이 아니었구나, 하고 당신의 말들을 근본적으로 다시 생각해보게 되었습니다. 하기야 2,500년 전의 당신이, 오늘날의 자연과학적 지식을 알 턱이 없는 당신이, 산소O니 수소H니 탄소C니 질소N니 하는 것들을 존재자의 근원으로 생각했을 리는 만무하겠지요. 완전히 무관한 것은 아니겠지만 당신이 말한 공기는 단순히 그런 물질hylē로서의 공기만은 아니었던 것입니다. 당신이 말한 공기는 '영혼' '숨' '신' 그렇게 표현되는 어떤 기/기운 같은 것이었음을 우리는 제대로 몰랐던 것입니다. 공기라는 '말'이 똑같다 보니 지레짐작으로 물질적 기체를 연상하는 것은 어쩌면 당연한 일일지도 모르겠습니다. 당신이 말한 '아에르aer'라는 그리스어와 오늘날 사용되는 '에어air'라는 영어, '에에르air'라는 불어는 철자와 발음 모두 유사하기 때문에 무리도 아닐 것입니다(모름지기 철학은 이런 '언어적 혼란'을 경계해야 합니다. 엄밀한 규정과 구별이 필요한 것이지요). 이 점을 이해하고 보면, 영혼 내지 숨, 혹은 신으로서의 공기가 존재자의 근원이며 이것이 생성과 소멸의 바탕이라는 것은 받아들여지기가 훨씬 수월합니다. 그것은 저 성리학의 '기氣'와도 통하는 바가 있을지 모르겠네요.

물론 이러한 표현에 아직 불명료한 안개가 끼어 있는 것은 사실입니다. 그러나 바로 여기에서 해석의 가능성이 생겨납니다. 우리는 생각해봅니다. 아낙시메네스는 왜 사물의 근원을, 그리고 생성과 소멸의 바탕을 영혼 또는 숨이라고 생각했을까. 나는 사태를 최대한 단순화시켜 생각해보았습니다. 당장 우리 자신인 인간을 보더라도 숨이 곧 존재의 시작이고 끝임을 확인하는 것은 어렵지 않습니다. 숨이 없이는 영혼도 없으니 숨이 곧 영혼이라는 것도 어느 정도 납득할 수 있습니다. 우리 주변에 있는 동물들 또한 그렇습니다. 오늘날 우리가 자연과학적 지식으로 확인하고 있듯이 식물들도 호흡을 합니다. 의미를 넓게 보자면 그렇습니다. 물론 당신이 그것을 알았을 리는 없겠지요. 하지만 당신이 '움직임 내지 변화'를 주시하고 있었던 점을 생각하면 그 움직임 내지 변화의 숨은 원리로서 영혼 내지 숨을 상정하여 확대

고대로 부치는 철학편지

해석하였다고 보는 것은 가능한 일일 것입니다. 그러한 확대해석을 당신은 실제로 불, 바람, 구름, 물, 돌, 기타 자연 사물들에 대해서도 적용하였습니다. 그런 움직임 내지 변화를 당신은 '희박화araiōsis(옅어짐)' '농후화pyknōsis(짙어짐)'라고 표현하였고 그것을 사물의 생성원리로 설명했습니다. 어쩌면 요즘 말하는 기체→액체→고체의 변화 과정이 그것에 해당하는지도 모르겠군요. 수증기→물→얼음 같은 변화도 일종의 옅어짐-짙어짐으로 설명이 가능할 테니까 말입니다.

요컨대 아낙시메네스 당신은 존재하는 것들의 생성변화를 보았고 그 생성변화의 근저에 그것을 움직이는 '그 무언가'가 있음을 보았습니다. 그것은 눈에는 보이지 않지만 명백히 감지되는 것으로, 말하자면 내재하는 기氣나 에너지 같은 것일 수도 있습니다. 바로 그것을 당신은(어쩌면 궁여지책으로) 공기, 영혼, 숨, 신 등으로 말했을 것입니다. 그러한 표현의 애매함을 꼬투리 잡아 당신을 탓할 수는 없다고 봅니다. 당신은 역사의 최초창기에 있었으므로 그와 같은 '표현의 폭'은 불가피하였을 것입니다. 우리는 그 점을 감안하고 당신을 읽어야 합니다. 우리 동양세계의 노자도 뭔가를 보기는 했는데 전례 없는 처음이었기에 그것을 '도道'라고 부를까 '대大'라고 부를까 고민한 흔적이《도덕경》(제25장)에 나타나 있습니다. '도'가 정착되었으니 오늘날 '도'라는 말이 통하는 것이지 만일 '도' 대신에 '대'가 정착되었다면 우리는 지금 '도를 닦는다는 말' 대신에 '대를 닦는다'고 말하고 있을 것입니다.

단, 나는 당신이 말한 그 형이상학적metaphysical 공기가 지금 우리가 알고 있는 그 물리적physical 공기와 완전히 별개의 것은 아닐 거라고 해석합니다. 기체적 물질로서의 공기와 숨 내지 영혼으로서의 공기는 관련된 것일 수 있습니다. 아니 관련돼 있습니다. 왜냐하면 우리가 확인하는 그 숨이 기체로서의 공기와 무관할 수 없기 때문입니다. 물리적 공기 없이는 숨이 불가능하기 때문입니다. 공기가 비로소 숨을 가능케 합니다. 그 둘은 불가분리입니다. 공기라는 게 어차피 시각적으로 보이지 않는 것이니, 고대인이었던 당신은 그것을 숨이라고 표현할 수도 있었겠지요. 숨은 보이는 것이니까요. 완전히 일치하는 것은 아닐지라도 최소한 물리적 공기가 형이상학적 공기에 부분적으로 포함되는 것은 분명합니다.

그리고 그 공기가 존재자의 근원이라는 것도 분명히 나름대로의 의미가 있습니다. 단 우리는 당신의 이 말을 두 가지 방향에서 이해할 필요가 있는 것 같습니다. 숨결로서의 공

고대로 부치는 철학편지

기와 기체로서의 공기, 두 가지 의미가 다를 수 있다는 말입니다. 전자는 신의 숨결 혹은 신적인 숨결로 이해할 수 있습니다. 만유에 그것이 깃들어 있다고 해석할 수 있습니다. 보통 사람들은 황당한 소리라고 일축할 수도 있겠죠. 하지만 존재자의 근원이 공기이고 공기가 곧 신이라면 존재자의 근원이 곧 신이라는 말이 됩니다. 신이 존재자의 근원이라는 것은, 간단히 배척될 수 있는 것이 절대 아닙니다. 엄청난 다수가 신봉하고 있는 범기독교에서는 신의 존재창조가 대전제로 인정되고 있고, 그 밖의 세계 여러 종교에서도 신 내지 신적인 존재가 세계와 그 속 만유의 기원으로 신봉되고 있습니다. 신이 존재의 근원이라는 말입니다. 물론 당신이 말한 신의 정체가 어떤 것인지, 그 신이 이른바 '창조'의 주체인지, 쉽게 결판이 날 수 있는 논의는 아닙니다만, 인간의 인식에 명백한 한계가 있는 만큼, '존재의 기원으로서의 신'은 가장 강력한 설명 중의 하나임을 인정하지 않을 수 없습니다. 사실 존재의 기원 내지 근원은 영원한 수수께끼입니다. 최신의 과학으로도, 빅뱅 아니라 빅뱅 할아버지로도, 그것은 도저히 설명이 불가능합니다. 그런 주제에 대해, '신'만큼 명쾌하고 효과적인 설명은 없습니다. 이 개념을 도입하면 어쨌거나 한 순간에 모든 것이 설명됩니다. 단칼에 모든 문제를 베어버립니다. 물론 그 '신'의 존재를 인정하느냐 않느냐는 또 다른 문제입니다. '만일' 그것을 인정한다면, 그렇다면 바로 문제가 해결된다는 뜻입니다. 그것의 진위 여부는 일단 남겨둡시다. 신 자신은 어차피 인간의 결정 따위에 좌우되지 않으니까요.

또 하나의 방향이 기체로서의 공기입니다. 이것이 적어도 살아있는 존재자, 즉 생명체들에 대해서는 그 삶 내지 생명의 근원이라는 것이 분명합니다. 그것을 부인할 사람은 없습니다. '공기가 살아있는 존재자의 근원인가 아닌가' 하는 문제는 이를테면 그 공기가 없는 우주공간이나 물속이나 혹은 그 공기가 희박한 에베레스트 같은 데서 물어보면 대답이 확실해집니다. 숨이 가빠 죽을 듯 헐떡이는 사람 앞에 산소통을 놓고서 '존재하는 것의 근원이 공기가 맞아 아니야'라고 물어보면 누구든 맞다고 말하고서 그 산소통을 받아 들 겁니다. 아낙시메네스, 당신도 어쩌면 그런 절박한 상황을 체험해보았는지도 모르겠군요. 그런 체험을 배경에 둔 것이라면 당신의 그 철학적 발언은 결코 임의적인 착상에 의한 것이 아니겠지요. '공기'는 그토록 중요한 철학적 개념입니다.

친애하는 아낙시메네스, 이렇듯 나는 당신이 보았던 '그 무엇'이 대단히 의미 있는 것이라고 평가합니다. 지금 이 순간 나 자신은 말할 것도 없고, 70억 이상의 인간들이 숨을 들이쉬고 내쉬며 당신이 말한 그 '공기'의 신세를 지고 있을 뿐만 아니라 그것을 통해 우리 모두가 영혼을 유지하고 있다는 점을 생각해보면, 그리고 이 아득한 만유에 깃들어 있는 그 어떤 알 수 없는 거대한 기운을 생각해보면, 그것은 절대로 예사로운 것이 아니기 때문입니다. 그래서 아마 당신은 공기를 신이라고까지 말했을 것입니다. 아낙시메네스, 나의 이런 해석이 당신의 철학과 사람들을 좀 더 가까이 다가서게 하는 데 기여할 수 있다면 좋겠습니다.

Pythagorās BC 569경–BC 490경

"수와, 수에 있어서의 비례 내지 조화가 원리다."

"친구는 행복한 삶으로 나아가는 길에서 서로 도와야 하는 길동무와 같다."

"우정은 두 개의 육신에 깃든 하나의 영혼이다."

"바보는 그 말로써 알려지고 현자는 그 침묵으로써 알려진다."

BC 569년경 에게 해 사모스Samos 섬 티가니(현재 피타고리온)에서 무역에 종사하던 페니키아 출신 상인 므네사르코스의 아들로 태어남. 어머니는 사모스 사람.

BC ???-???년 이집트 체류 중 페르시아인들에게 붙잡혀 바빌로니아로 끌려감. 12년 동안 바빌로니아 점성술사 및 서기들과 교류.

BC 540년경 참주 폴리크라토스의 독재 아래 있던 사모스 섬으로 돌아옴. 참주에게 반기를 든 것으로 보임.

BC 530년경 남부 이탈리아 크로톤Croton으로 이주, 종교적인 퓌타고라스 공동체를 형성.

BC 522/510년경 귀족 퀼론Kylon에게 내몰려 메타폰티온Metepontion으로 이주.

BC 490년경 메타폰티온에서 죽음. 살해되었다는 설이 있음.

퓌타고라스에게
영혼의 정화를 묻는다

　철학과 무관한 일반인들은 아마 수학자로서 당신의 이름을 기억하고 있을 것입니다. 그것은 대개 수학 시간에 저 유명한 '퓌타고라스의 정리'를 배우기 때문입니다. 직각삼각형의 빗변이 제곱은 나머지 두 변 각각의 제곱의 합과 같다는 것이었죠? 그러기에 어쩌면 내가 당신을 언급하는 것에 대해, 철학자가 웬 퓌타고라스? 하고 의아해하는 사람들도 없지 않을 것입니다. 수업 시간에도 '사실은 퓌타고라스의 본업이 수학이 아니었다'고 학생들에게 설명해주면, 더러는 놀라기도 하고 더러는 재미있어 하기도 합니다. '그러면 철학일까? 사실은 그것도 아니었다'고 보충 설명을 해주면, 흥미로운 눈으로 다음 말을 기다립니다. 물론 퓌타고라스가 퓌타고라스 정리를 말한 것도 사실이고 '철학philosophia'이라는 표현을 처음으로 사용하며 실제 철학을 했다는 것도 사실이라고 나는 말해줍니다. 거기까지는 그렇다 쳐도 당신이 음악이나 의학이나 체육과도 무관하지 않다고 이야기 해주면 '그럼 도대체 퓌타고라스의 정체가 뭐야?'라는 표정을 짓게 마련입니다. 그러면 약간쯤 장난기 서린 웃음을 띠며 '퓌타고라스는 수많은 제자들을 거느리고 오랜 세월, 독특한 퓌타고라스적 생활방식bios pythagoreios으로 집단생활을 했던, 말하자면 퓌타고라스교의 교주님이었다'고 알려주게 됩니다. 이어서 그 퓌타고라스 교단이 고대 오르페우스교의 전통을 계승해 영혼의 윤회전생metempsychōsis을 신봉했다는 것과 현생의 '육신은 [영혼의] 무덤sōma sēma'으로 간주했다는 것, 그리고 그 영혼을 정화시킴으로써 거룩한 영혼의 세계로 되돌아가고자 했다는 것, 그 정화를 위해 순수한 정신적 작업에 몰두하려 했다는 것, 그 일환으로서 철학·수학·음악 등을 수련했다는 사실을 이야기해주면 그제야 이해가 간다는 듯 고개를 끄덕이기도 합니다. 요즘 식으로 말한다면 당신의 본업은 종교인 셈이겠지요(물론 지금 기준으로 보면 거기엔 이상한 규율들도 없지 않았죠. 예컨대 콩을 멀리할 것/ 떨어진 것을 줍지 말 것/ 흰 수탉을 만지지 말 것/ 빗장을 넣지 말 것/ 철로 물을 젓지 말 것/ 빵을 덩어리째 뜯어 먹지 말 것/ 화환의 꽃을 뜯지 말 것/ 말 위에 앉지 말 것/ 심장을 먹지 말 것/ 공로로 다니지 말 것/ 제비로 하여금 사람의 지붕을 나누어 쓰지 못하게 할 것/ 냄비를 불에서 꺼냈을 때, 재 안에 냄비 자리를 남겨 두지 말고 그 자리를 저어서 없앨 것/ 불빛 곁에서 거울을 보지 말 것/ 침상에서 일어날 때는 침구를 말고, 주름을 펴 잠자리의 흔적을 남기지 말 것, … 등은 정말이지 아무리 생각해봐도 도무지 그 '왜'를 이해할 수 없습니다).

피타고라스, 아득한 40여 년 전 대학생으로서 철학이라는 것을 처음 배우며, 교과서가 가르쳐주는 대로 '철학은 종교와 과학의 중간'쯤이라고 알고 있었던 나는 '피타고라스의 철학은 그러면 도대체 무엇이란 말인가' 하고 의문을 갖기도 했었습니다. 거기에는 약간의 혼란도 있었습니다. 그러기에 지금의 나는 나의 학생들이 똑같은 혼란을 겪지 않도록 이렇게 말해줍니다. '어설프게 씌어진 교과서류의 책들을 너무 믿지 마라. 철학은 그렇게 간단히 규정해서는 안 되는 것이다. 철학은 실제로 존재했던 모습 그대로 이해되어야 하고, 그렇게 보면 엄청나게 다양한, 서로 다른 종류의 철학'들'이 있었으며, 지금도 그렇다'고. 그중에는 '종교 같은 철학'도 있었고, '과학 같은 철학'도 있었다. 그러니까 피타고라스의 철학은 철학 쪽에서 보면 철학이고 수학 쪽에서 보면 수학이며 종교 쪽에서 보면 종교라고, 그걸로 된 거라고, 그렇게 말해줍니다.

중요한 것은, 당신이 '무엇을 하고자 했던가' '왜 그것을 하고자 했던가' 하는 것이 아닐까요? 모든 종류의 철학에 대해 무엇보다 먼저 이런 물음을 물어보는 것이 순서일 것입니다. 그래서 나는 생각해봅니다. 퓌타고라스는 왜 '영혼 psychē의 정화katharsis'를 그토록 강조했는가. 우리는 그것을 그다지 어렵지 않게 이해할 수 있습니다. 각자가 자기 스스로를 포함해서 주변에 함께 살고 있는 사람들을 한번만 둘러보면 우리는 우리 인간들의 현세의 삶이, 특히 그 핵심에 있는 영혼이, 얼마나 지독하게 오염되어 있으며 타락해 있는지를 금방이라도 알 수가 있습니다. 인간의 영혼이란 수정처럼 맑고 투명한 것일 수도 있으련만, 실상은 온갖 추악한 욕심들로 가득가득 채워져 역겨운 냄새를 풍기고 있기 때문입니다. 욕심으로 인해 발생하는 수많은 걱정과 번민과 고뇌들이 그것을 여실히 증명하고 있습니다. 그것은 비단 당신의 시대에만 국한된 것이 아니었습니다. (당신의 표현은 아니지만) '영혼의 오염'이라는 현상은 동서고금을 막론하고 보편적인 것이었으며, 그 사례를 우리는 얼마든지 찾아낼 수가 있는 것입니다.

그러기에 퓌타고라스, 당신의 철학이자 종교인 '정화 katharsis'는 당연한 것이고 필요한 것이고 그리고 중요한 것입니다. 우리 인간에게는 본능적인 욕심으로 이끌리는 경향이 있는 한편, 또한 그 욕심으로 인한 고뇌를 벗어나고자 하

고대로 부치는 철학편지

는 성스러운 지향도 공존하고 있습니다. 모순인 듯 보이지만, 그 모순이 공존하는 자, 그것이 인간입니다. 당신의 철학은 바로 이 후자를 향해 호소하는 것이라고 나는 받아들이고 있습니다. 퓌타고라스철학의 의미를 나는 그렇게 해석합니다.

그런데 참으로 흥미로운 것은, 당신이 제시한 방법론입니다. 당신은 영혼의 정화를 위해 순수한 영혼의 작업에 종사하라고 가르칩니다. 철학과 수학과 음악 등에 몰두함으로써 영혼의 정화가 이루어진다는 것은 대단히 특이한 착상이라고 보입니다. 당신의 본의에서 약간 벗어나게 될지도 모르지만, 나는 이를 현대적인 관점에서 보아 '관심의 집중과 잡념의 제거를 통한 순화'라고 해석합니다. 이것이 일정한 효과를 가진다는 것을 우리는 인정합니다. 물론, 철학자라고 항상 철학적인 것은 아니고 수학자라고 항상 수학적인 것은 아닙니다. 그러나 그러한 학문적 관심들이 진정한 관심일 경우에는 철학적 정신과 수학적 정신이 빛을 발하고 따라서 잡념들을 차단해주는 효과를 얻을 수 있습니다. 그런 수행들의 결과로서 얻어지는 어떤 정신적 결정체를 당신과 당신의 제자들은 목표로 삼았을 것이라고 짐작해 봅니다.

내가 이러한 포괄적 관점에서 당신을 바라본다고 해서

당신이 이룩한 구체적인 철학적 성과들을 가볍게 평가하지 않을까 부디 염려하지는 마시기 바랍니다. 나는 당신이 "수arithmoí와 수에 있어서의 비례symmetria 내지 조화harmonia"를 "원리archē"로 보았다는 것, 즉 수적인 질서를 모든 존재자의 원리로 생각했다는 것을 '전 인류에 대한 결정적인 공헌'으로까지 높이 평가하고 있습니다. 아닌 게 아니라 실로 만유 속에 수적인 질서가 깃들어 있습니다. 당신은 그것을 향한 시선을 최초로 공식화시킨 것입니다. 그건 어마어마한 공로가 아닐 수 없습니다. 물론 당신 이전에도 이미 수학은 존재했고, 또 당신이 이룩한 그 수학적 성과도 그 이후 현재에 이르는 수학적 성과들에 비한다면 어쩌면 원시적인 수준에 불과한 것일지 모릅니다. 게다가 좀 엉뚱해 보이는 수론도 없지 않습니다. 예컨대 '홀수는 선하고 짝수는 악하다' '여성은 2 남성은 3 그리고 결혼은 그것을 곱한 6이다' 등등. 고개를 갸우뚱하게 만드는 주장들도 적지 않습니다. 또 오직 자연수만을 인정한 결과, 무리수의 존재를 인정하지 않았고 그래서 그것을 누설한 제자 히파수스를 당신의 다른 제자들이 바닷물에 빠트려 죽인 사건도 있었다지요? 아무리 수를 받든다지만 이건 좀 아닌 것 같습니다. 하지만! 그럼에도 불구하고! 공로는 공로입니다. 보이지 않는 사물들에 내재한 수학적 원리들을 바라보는 그 '시선'을 처음으로 철학화했다

고대로 부치는 철학편지

는 것은, 오늘날 우리가 수학의 덕분으로 누리고 있는 온갖 문명의 이기들을 생각해볼 때, 실로 엄청난 것이라 아니할 수 없을 것입니다. 인류역사상 획기적인 사건의 하나가 될 수 있습니다. 그런 상징적 의미가 있는 것입니다. 특히 현대 문명의 성립에 있어 수적인 질서의 파악은, 혹은 사물과 현상에 대한 수적인 접근은, 결정적인 것입니다. 수를 모르고서는 아무것도 돌아가지 않습니다. 수학의 도움 없이 인간의 우주선이 달에까지 도달하는 것은 원천적으로 불가능한 일입니다. 건축도 그렇고 의료도 그렇습니다. 컴퓨터도 휴대폰도 수가 없이는 돌아갈 수 없습니다. 월급도 세금도 다 숫자이니 수가 없이는 집안이든 국가든 경제도 돌아갈 수 없습니다. 당신이 실제로 강조했듯, 음악에도 수적인 질서가 있어 조화로운 소리를 내고, 미술에도 명도와 채도 등 수적인 조화가 숨어 아름다움을 드러냅니다. 온갖 것이 다 수로 표현됩니다. 키도 체중도 비율도, 옷도 신발도, 거리도 시간도, 예산도 결산도, 혈압도 혈당도, 시력도 체온도, 평점도 석차도, 인기도도 득표율도, 주가도 이자도 … 정말이지 한도 끝도 없습니다. 온 우주에 수가 가득합니다. 현대인의 시선은 온통 수만을 바라봅니다. 이러니 '수가 원리'라고 할 만하지요. 당신의 존재는 수와 관련된 그 모든 것의 상징인 것입니다.

친애하는 퓌타고라스, 당신의 그런 엄청난 중요성에 비해 당신은 아직도 충분히 선전되고 있지 못합니다. 수많은 철학 교과서들은 당신을 너무나도 간단히 취급하고 넘어갑니다. 그것은 부당합니다. 나의 이 편지글이 사람들에게 당신의 의의를 알리는 데, 영혼과 수의 중요성을 알리는 데, 조금이라도 도움이 된다면 좋겠습니다. 퓌타고라스, 당신은 위대했습니다. 수학자로서도 철학자로서도 그리고 종교인으로서도! 수의 힘이 사라지지 않는 한, 그리고 영혼에 대한 관심이 살아있는 한, 사람들은 당신을 오래도록 기억해야 할 것입니다.

Hērakleitos BC 535경-BC 475경

"…신은 분명히 말하지도 않고, 또한 감추지도 않고,
오로지 표시만을 보여준다."

"모든 것은 흐른다."

"끊임없이 새로운 것이 다가와서는 멀어져 가고,
또 다가와서는 멀어져 간다."

"나에게가 아니고 로고스에게 물어서
만물이 하나임을 인정하는 것이 지혜이다."

"다툼은 만물의 아버지이며, 만물의 왕이다."

BC 535년경 이오니아 지방 에페소스Ephesos의 귀족가문에서 블로손(혹은 헤라콘)의 아들로 태어남.

BC 504-501년 아크메Akme(전성기, 40대)에 접어듦.

BC ???년 상징적 왕위basileia를 포기하고 동생에게 내어줌.

BC ???년 페르시아의 왕 다레이오스의 편지를 받음.

BC ???년 《자연에 대하여》를 저술함.

BC ???년 헤르모도로스와 친교. 그의 추방으로 인간을 혐오하며 세간을 떠나 지냄.

BC ???년 수종증에 걸려 에페소스로 돌아옴. 스스로 쇠똥 치료를 하나 효과를 보지 못함.

BC 475년경 죽음. 쇠똥으로 인해 개에게 물려 죽었다는 설이 있음. 광장에 매장.

헤라클레이토스에게
변화와 불변을 묻는다

　당신과의 첫 만남을 나는 잊을 수가 없습니다. '어둠의 사람skoteinos' '수수께끼를 말하는 사람ainiktēs'이라는 당신의 별명대로 알 수 없는 신비의 베일이 당신을 감싸고 있었습니다. 대학의 첫 전공강의에서 당신에 대해 처음으로 배우던 날, 나는 당신이라는 사람이 남긴 여운을 음미하며 홀로 교정의 호숫가를 거닐었습니다. 그때 그 호수에서는 자욱한 물안개가 피어오르고 있었습니다. 그 속에서 당신의 목소리가 들려오는 듯했습니다. 그것은 참으로 매력적이었습니다.

　니체가 찬양했다는 당신의 그 인간적 고매함도 그랬었지만, 무엇보다도 우선 당신이 그 누구의 제자도 되지 않았다는 것, "나는 나 자신을 탐구해서 모든 것을 자신으로부터 배웠다"는 것이 나에게는 무척이나 신선했습니다. 자기 자신에게로 눈길을 향한다는 것이 중요한 철학적 태도의 하나임을 지금의 나는 이해하고 있습니다. '생각하는 나'를 성찰하는 데카르트나, '이성'의 선험철학적 비판을 주창하는 칸트나, 전통의 권위를 괄호치고 '순수의식'의 영역으로 환원하자는 후설이나, 그 모두가 당신의 그 자기탐구 정신의 상속자라고 나는 파악합니다. 생각해보면 이런 정신이야말로 '확실성의 탐구'라고 하는 또 하나의 철학정신을 받쳐주는 버팀목입니다. 그것은 절대 무모하거나 무의미한 것이 아닙니다. 자기란 결코 홀로 있는 자가 아니기 때문입니다. 자기는 자기 바깥의 모든 것과 이미 연결되어 있습니다. 바깥의 모든 것이 자기 안에 용해되어 있다고 볼 수도 있습니다. 자기는 세계의 반영체입니다. 자기는 보편의 적용체입니다. 가령 인간이 이성적 동물이라면 그 이성은 자기 안에서도 발견됩니다. 가령 인간이 죽음을 향한 존재라면 그 죽음 또한 자기 안에서 발견될 수 있습니다. 가령 인간이 가능적 부처라면 그 불성 또한 자기 안에서 발견될 수 있습니다. 우리는 분명 자기를 탐구함으로써 그 자기 안에 적용되고 있는 온갖 철학적 현상들을 파악해낼 수 있습니다. 당신의 주요 개념으로 우리에게 전해지는 '로고스logos'나 '만물유전panta rhei'이나 '싸움polemos'이나 '불pyr'이나 '조화harmonia' 같은 것도 모두 다 당신 자신 속에서 읽어낼 수 있었던 것이라고 나는 짐작합니다. 그렇게 나도 나 자신을 주시하고 있습니다.

"무엇이든 보고 듣고 배우고 할 수 있는 것 이것이 내가 우선 존중하는 것"이라고 한 당신의 말도 나를 매료했습니다. 당신의 이 말은 아마도 현상 그 자체에 대한 존중, 그리고 사람들의 몽매함에 대한 경계일 것이라고 나는 해석했습니다. 당신이 그토록 '사람들'을 혐오했다는 것이 그 증거가 아닐까 합니다. "일반 대중들은 … 서투른 시인들을 믿고 천민들을 스승으로 삼는다. 왜냐하면 대부분의 사람들이 다 나쁘고 선한 사람들은 얼마 되지 않는다는 것을 모르기 때문이다"라고 당신은 말했습니다. 나는 이 말에 탄복합니다. 안타까운 일이지만 우리는 시간적으로나 공간적으로나 당신으로부터 엄청나게 멀리 떨어진 오늘날의 이곳에서도 당신의 그 말이 진실임을 확인할 수 있습니다. 그러나 또한 당신의 말대로, 그런 만큼 '선한 사람들'의 존재는 돋보입니다. "한 명이라도 가장 선한 사람이라면 내게는 만 명의 사람과 같다"고 당신은 말했습니다. 그렇습니다. 세상은 나쁜 사람들로 북적거리고 그래서 근본적으로 삭막하거나 살벌하지만 그래도 그런 선한 사람들이 있기에 우리의 삶은 살만한 것이 될 수 있지요. 당신이 아르테미스 신전에서 즐겨 함께 놀았다는 어린이들이나 당신이 존경했던 헤르모도로스 Hermodoros 같은 사람이 그 표본이었을 것입니다. (수년 전 나는 당신의 고향인 에페소스의 그 신전 폐허에서 당신과 어린이들,

헤르모도로스를 생각하며 감회에 젖은 적이 있었습니다. 당신이 정말 가까이에 느껴지더군요.) 내가 짐작하건대 당신이 일반 대중들을 그토록 혐오하는 것은 당신이 왕위계승권을 가진 고귀한 신분이었기 때문만은 아닐 것입니다. 내 짐작이 맞는다면 그들이 '보이는 것'을 보지 못하고 있기 때문이겠지요. 당신이 남긴 단편들을 보면 당신은 분명 무언가를 보았습니다. 그러나 보이는 것이 어디 육안으로 보이는 것뿐이겠습니까. 당신은 정신의 눈에 보이는 무언가를 말하고 있습니다. 그 무언가란 있는 그대로의 것, 우리 앞에 나타나 있는 것이라고 나는 파악했습니다. 그러니까 당신의 눈에는 그것이 보였겠지요.

예컨대 "만물유전panta rhei"이라는 것도 그중 하나였겠지요. 모든 것이 흐른다는 것은, 당신이 말한 강물의 비유에서도 알 수 있듯이, "끊임없이 새로운 것이 다가와서는 멀어져 가고, 또 다가와서는 멀어져 간다"는 것입니다. 즉 그 어떤 것도 멈추어 있지 않다는 것입니다. 당신을 처음 만났을 때의 젊은 나와 40 수년이 지난 지금의 늙은 나를 비교해보더라도 당신이 말한 '흐름' 즉 '변화'는 너무나도 타당한 진리입니다. "권불십년權不十年이나 화무십일홍花無十日紅"에서도 그것은 발견됩니다. 흐르는 강물을 보며 "가는 것이 이와 같구나逝者如斯夫"라는 말을 남긴 공자나, "제행무상諸行無常"이라는 말을 남긴 부처도 당신이 말한 바로 그것을 보았음에 틀림없습니다. 나도 그것을 《인생의 구조》에와 《진리 갤러리》에서 제법 진지하게 논했습니다. 그러한 진리를 꿰뚫어본 당신의 눈에 경의를 표합니다. 그런데 그런 싱싱한 진리를 '생성'이라는 삭막한 말로 도식화하고 더군다나 그것을 파르메니데스의 저 숭고한 '존재'와 단순히 대립시키고 있는 교과서들을 보면 나는 경악을 금할 수가 없습니다. 표구되고 박제된 지식은 위험합니다. 만물유전의 '변화'와 존재의 '불변'은 결코 같은 도마 위에서 조리될 수 있는 성질의 것이 아닙니다. 변화와 불변은 병립 불가능한 모순이 아니라 실제로 공존하는 별개의 철학적 현상들인 것입니다. 백보 양보해서 그 두 가지의 외견상의 대립을 인정하더라도 당신 또한 그 '변화 자체의 불변'을 말했다는 것을 사람들은 알아야만 합니다. "왜냐하면 모든 것은 이 로고스에 따라서 생겨나는데도…"라고 당신은 분명히 일러주었으니까요. 로고스는 불변의 것입니다.

당신이 알려준 '로고스logos' '공통의 것xynoi' '신의 법nomos tou theiu' '결코 저물지 않는 것to me dynon' 이런 것들은 실로 의미심장한 것입니다. '그것이 만물을 하나로 꿰고 있다'는 것을 당신은 거듭거듭 알려주었는데도 웬일인지 사람들은 그것을 잘 보지 못합니다. "나에게가 아니고 로고스에게 물어서 만물이 하나임을 인정하는 것이 지혜라고 하는 것이다." "로고스는 내가 여기서 말하려는 바와 같은 것인데도, 사람들은 언제나 그것을 이해하지 못한다. 그것을 듣기 전에도 그것을 들은 후에도. 왜냐하면 모든 것은 이 로고스에 따라서 생겨나는데도, 사람들은 내가 각각의 사물들을 그 본성대로 나누고 또 그것이 어떻게 있게 되는가를 설명할 때에도 그리고 내가 이야기하는 말들과 사실들을 경험할 때에도, 그들은 경험하지 않은 자와 같기 때문이다. 사람들은 잠자고 있을 때의 일들을 잊어버리듯이 깨어 있을 때의 일들도 알아차리지 못한다." 오죽 답답하면 당신이 이런 말을 했을까 하고 나는 이해합니다. 모든 생성의 준거가 되는 로고스! 그걸 사람들은 왜 보지 못하는 걸까!

당신의 그런 한탄은 아마도 사람들의 무능에 대한 질책은 아닐 것입니다. 내가 느끼기에 실상은 오히려 정반대입니다. 인간들의 능력은 대단합니다. 특히나 내가 사는 시대를 당신이 와서 본다면 아마 기겁을 할 것입니다. 사람들의 능력은 지구를 지배할 정도로까지 되었습니다. 아니 우주까지도 장악하려 합니다. 별의별 희한한 것을 다 만들어내고, 목성의 테두리가 무엇인지도 분석해내고, 인간 유전자의 지도도 낱낱이 읽어냅니다. 엄청납니다. 하지만 한 가지 변하지

고대로 부치는 철학편지

않은 사실은 그들이 정작 물어야 할 것, 정작 알아야 할 것을 묻지도 않고 알아차리지도 못한다는 것입니다. 어찌된 일인지 사람들은 당신이 말하는 로고스를 주목하지 않습니다. 언젠가 하이데거도 시인 헤벨Johann Peter Hebel의 입을 빌려 말한 적이 있었습니다. "친애하는 벗이여, 우리가 무언가를 매일같이 보고 있으면서도 그것이 무엇을 의미하는지 결코 묻지 않는다는 것, 그것은 칭찬할 일이 아니다"라고. 그렇습니다. 사람들은 묻지 않습니다. 그러나 당신이 알려주려는 로고스는 우리가 매일같이 보고 있는 것입니다. 당신이 말하듯이 그것은 만물을 하나로 꿰뚫고 있는 것이고, 만물이 생성-변화하는 준거가 되고 있는 것이고, 각 사물들의 본성을 구별하고, 그것이 어떤 것인가 하는 실상을 나타내는 것입니다. 더욱이 그것은 경험할 수 있는 것이고 알아차릴 수 있는 것입니다. 그런데도 사람들은 그것을 알지도 못하고 묻지도 않고 게다가 당신 말처럼 "많은 인간들이 제가끔 마치 자신에게 특별한 견식이라도 있는 듯이 살고 있"으니, 한심한 노릇입니다. 인간은 좀, 아니 많이 오만합니다.

로고스란 모든 것을 그렇도록 하는 '근본질서' 혹은 '이치'라고 나는 파악합니다. 그것은 '불변의 법칙'입니다. 나는 이 세계가 존재한다는 근본사실에서도 로고스를 읽습니다. 이 세계에 수많은 사물들이 각각 서로 다른 이름을 갖고 독자적으로 존재한다는 사실에서도 로고스를 읽습니다. 또 그 각각의 사물들이 저마다의 고유한 질서를 지니고 있다는 데서도 그것을 감지합니다. 또 각각의 사물들이 서로서로 얽혀 연관되어 있다는 데서도 그것을 느낍니다. 이를테면 한순간 쉼 없이 천체를 움직여 밤과 낮이 오가고, 계절이 변화하고 봄이면 꽃이 피고 가을이면 열매가 익게 하는 것도 로고스입니다. 아기에게 엄마가 젖을 물리는 것도 로고스요 사과가 땅으로 떨어지게 하는 것도 로고스입니다. 이런 것을 열거하자면 한도 끝도 없습니다. 모든 것 속에 이 로고스가 깃들어 있습니다. 그러기에 당신은 '모든 것이 하나'라고 말했습니다. 그것은 당신의 기원전 6세기나 나의 기원후 21세기나 전혀 변함이 없습니다. 당신의 에페소스나 나의 창원이나 다름이 없습니다. 그러기에 당신은 그것을 '공통된 것'이라 불렀고 '신의 법'이라 불렀고 '저물지 않는 것'이라 불렀습니다. '싸움'이나 '불'이나 '조화'나 '변환'이나 다 그것의 한 사례이며 그것과 별개의 것이 아니라고 나는 파악합니다. 이 모든 것이 다 '불변'입니다.

이것들에 대한 통찰도 정말 만만치 않습니다. "싸움은 공통된 것이며, 상도는 싸움이며, 모든 것은 싸움과 필연에 따라 생겨난다고 하는 것을 알아야 한다." "싸움은 만물의 아버지이며, 만물의 왕이다. 그리고 그것은 어떤 것들을 신으로,

어떤 것들은 인간으로 나타낸다. 또 어떤 것들을 노예로 어떤 것들을 자유인으로 나타낸다." 이른바 변증법의 효시로 평가되는 철학이지요. "이 세계는 신이든 인간이든, 이것은 그 어느 쪽이 만든 것도 아니다. 오히려 그것은 영원히 사는 불로서 정해진 대로 타고, 정해진 대로 꺼지면서, 항상 있었으며, 있으며, 또 있을 것이다." "만물은 불의 교환물이며, 불은 만물의 교환물이다. 마치 물품이 황금의, 황금이 물품의 그것이듯이." 세계의 근원을 묻는 저 탈레스 이래의 주제에 대한 당신의 답변입니다. "그것이 엇갈리면서, 자기 자신과 어떻게 일치하는지, 그들은 이해하지 못한다. 거기에는 활이나 리라의 그것처럼 서로 역행한 조화가 있는 것이다." "드러난 조화보다도 드러나 있지 않는 조화 쪽이 더 뛰어나다. 적당적당 쌓아올려진 무더기가 미의 세계이듯이." 이른바 숨겨진 조화의 철학입니다. "삶과 죽음, 각성과 수면, 소년과 노년은 모두 다 동일한 것으로서 우리 안에 있다. 이것이 변환하여 저것으로 되고, 저것이 변환하여 이것으로 되기 때문이다." "찬 것이 뜨겁게 되며, 뜨거운 것이 차게 된다. 젖은 것이 마르며, 마른 것이 젖게 된다." 이른바 변환의 철학입니다. 좀 수수께끼 같지만 어느 것 하나 가볍게 볼 수 없는 의미심장한 말들입니다. 이 모든 현상들이 결국은 다 로고스입니다.

친애하는 헤라클레이토스, 그러한 로고스를 간파했다는 것은 분명 당신의 능력입니다. 그것으로써 당신은 철학의 모범을 보여주고 있습니다. 그러면서도 당신은 당신 자신의 능력을 접어두고 그 영광을 로고스 자체에게 돌리고 있습니다. '나에게 묻지 말고 로고스에게 물어서…'라고 당신은 권고합니다. 그것이 철학의 한 중요한 전통이 되었다는 것을 누가 부인하겠습니까. 로고스 자체가 철학의 교과서임을 당신은 가르치고 있습니다. 인간의 오만을 접어두고 겸허하게 로고스에 귀를 기울일 때 우리는 많은 것을 들을 수 있게 될 것입니다. 거기서 진정한 지혜가 싹틀 수 있습니다. 당신에게서 우리는 철학의 참된 긍지를 발견합니다. 철학의 역사에, 그것도 아주 초창기에 당신과 같은 선배가 있었다는 것은 철학의 자랑입니다. 하이데거가 당신을 그토록 주목한 것도 절대 우연이 아닙니다. 그만한 내용이 있기 때문입니다. 친애하는 헤라클레이토스, 아직도 죽지 않고 진행 중인 불변의 로고스처럼 당신도 아직 죽지 않고 살아 있습니다. 당신의 목소리는 생생하게 내 마음에 들려오고 있습니다.

고대로 부치는 철학편지

Parmenidēs BC 515/10경–BC 450/45경 이후

"그대는 이 말을 듣고서 받아들이라.
탐구의 길은 어떠한 것만이 생각될 수 있는가를.
그 하나는 있다는 것, 그리고 없는 것이 아니라는 것,
이것은 납득의 길이다.
왜냐하면 진리에 따르는 것이므로. 다른 하나는 없다는 것,
그리고 꼭 있어야 하는 게 아니라는 것, 이것은 탐구할 수 없는 길이다.
왜냐하면 그대는 없는 것을 알 수도 없거니와 또한 말할 수도 없으므로."

"사고와 존재는 동일한 것…."

BC 515/510년경 남부 이탈리아 엘레아Elea의 부유한 명문 집안에서 태어남.

BC ???–???년 크세노파네스Xenophanes의 제자가 됨.

BC ???년 젊은 시절, 존재의 진리를 체험함.

BC ???년 《자연에 관하여》라는 철학시를 저술함.

BC ???년 제논과 사모스의 해군 제독인 멜리소스를 제자로 삼음.

BC 450년경 노년에 제논과 함께 아테네를 방문. 젊은 소크라테스와도 만남.

BC 450/445년경 죽음.

파르메니데스에게
존재의 진리를 묻는다

만일 나의 인사가 당신에게 전해질 수 있다면, 나는 감히 파르메니데스 당신의 후예라고 나 자신을 소개하고 싶습니다. 조금 엉뚱한 말일지도 모르지만 당신은 아마도 나를 이해하리라 믿습니다. 왜냐하면 나는 당신과 똑같은 것을 보고서 똑같은 것을 추구하고 있는 철학적 동지이기 때문입니다. 지난 40여 년간의 내 관심이 그랬습니다.

사람들은 아마도 당신을 잘 모를 것입니다. 소크라테스라면 누구나가 알만한 인물이지만 파르메니데스는 철학도를 제외한 대부분의 사람들에게 생소한 이름입니다. 하지만 바로 그 소크라테스가 젊은 시절 어느 날 아테네에 온 고령의 당신을 만나보고 '알 수 없는 깊이를 지닌 분'이라는 인상을 받았었다는 이야기를 듣는다면, 그리고 내가 전공한 현대철학의 거장 하이데거가 당신을 특별히 주목하고 당신을 주제로 책도 쓰고 강의도 했다는 이야기를 듣는다면, 최소한 어떤 호기심 정도는 느낄 것입니다. 그렇다면 다행입니다. 그런 관심을 통해서 당신이 사람들에게 알려지고 따라서 당신과 나의 주제가 사람들에게 알려질 수 있다면 그것은 적어도 내가 보기에는 좋은 일입니다.

어쨌거나 나는 당신을 만난 소크라테스가 부럽습니다. 나도 한번쯤 당신을 만나 직접 당신의 그 신비스러운 체험을 들어볼 수 있다면 좋으련만. 비록 당신이 남긴 길지 않은 철학시《자연에 관하여*Peri physeōs*》를 배워 알고 있기는 하지만, 글로 읽는 것과 말로 듣는 것과는 실감의 정도가 근본적으로 다를 테니까요. 그리고 이왕이면 늙은 당신이 아니라 막 진리의 여신을 만나 존재의 신비를 전해 듣고 온 당신 글의 주인공 그 '젊은이'라면 더욱 좋겠습니다.

솔직히 고백하지만 대학을 졸업할 때까지만 해도 나는 당신을 잘 알지 못했습니다. 철학과 학생이었으니 당신의 이름과 단편적인 지식쯤은 외우고 있었지만, 버트런드 러셀의《서양철학사*History of Western Philosophy*》때문에 당신을 엉뚱하게도 '논리학의 아버지' 정도로 착각하고 있었습니다. 생성과 존재, 변화와 불변 운운하며 당신을 헤라클레이토스와 대립시켜 놓고 있는 철학교과서들은 더욱 가관이었습니다. 대학원 시절 처음으로 당신의 글을 직접 접하고 나는 당신이 참

　　　　　　　　　　　　　고대로 부치는 철학편지

으로 대단한 '젊은이'였다는 것을 실감하게 되었습니다. 철학을 시로 써서 남겼다는 것도 그렇지만 소설 같은 그 시에 젊은 자기 자신을 주인공으로 등장시켰다는 것도 내게는 참으로 신선했습니다. 그 젊은이kouros가 신비로운 여행을 거쳐 여신thea을 만나고, 그 여신의 입을 통해 진리aletheie를 전해 듣는다는 설정은 문학적인 향취마저도 느껴집니다. 더욱 놀라웠던 것은 여신이 전한 그 진리의 내용이 '있다estin'라는 한마디 말에 압축되어 있다는 것입니다. "나는 그대에게 말하리니 그대는 이 말을 듣고서 받아들이라. 탐구의 길은 어떠한 것만이 생각될 수 있는가를. 그 하나는 있다는 것, 그리고 없는 것이 아니라는 것he men hopos estin te kai hos ouk esti me einai, 이것은 납득의 길이다. 왜냐하면 진리에 따르는 것이므로. 다른 하나는 없다는 것, 그리고 필연적으로 있는 것이 아니라는 것he d'hos ouk estin te kai hos chreon esti me einai, 이것은 탐구할 수 없는 길이다. 왜냐하면 그대는 없는 것을 알 수도 없거니와 또한 말할 수도 없는 것이므로." 그렇게 당신은 말했습니다. '있다'라니! 쌍두마차를 타고서 태양신의 딸들을 마부 삼아 바퀴에서 뿔피리 소리가 나도록 격렬하게 내달린 끝에 밤낮을 가르는 그 거대한 문을 겨우 열고서 섬섬옥수로 손잡아 환영하는 여신까지 등장시켜 놓고서 겨우 한다는 말이 '있다'라니! 그것은 너무나도 의외로 들립니다. 하지만 친애하는 나의 파르메니데스! 나는 그 한마디 말에서 전율을 느꼈습니다. '있다'는 것이야말로 우리가 아는 모든 것 중에 최대의 신비요 최근원적 현상이라는 것을 나 또한 자신의 철학적 기점으로 삼고 있기 때문입니다. '있다'고 하는 이 엄청난 사실! 당신도 그 아득한 과거에 그 아득한 엘레아에서 나와 똑같은 걸 보았었군요! 하긴 당신의 그 존재가 나의 이 존재와 같으니, 그것이 시공을 초월해 동일한 것이니 그럴 수밖에!

반복되는 일상 속에서 이른바 '생활'만을 영위하는 사람들에게는, 특히 세속적인 욕망만을 추구하는 사람들에게는, 우리들의 이 말이 상당히 엉뚱한 것으로 들릴 수 있겠지요. 왜냐하면 '있다'는 것은 너무나도 당연한 것으로 지천에 널려 있는 것이니 그것을 가지고 진리니 신비니 하는 것은 이해할 수 없는 호들갑으로 비칠 것이기 때문입니다. 그래서 그들은 기껏해야 '왜냐하면gar…'으로 연결되는 당신 말의 논리적 구조 따위에 주목하곤 합니다. 하지만 그들도 언젠가 한번쯤은 깨달을 것입니다. '있다'는 것이 결코 별것 아닌 것이 아니라는 것을! 그것이야말로 '최고의 별것'이라는 것을!

내가 보기에 그 '언젠가'는 역시 뭐니뭐니 해도 우리 인간이 있음과 없음의 경계에 서보게 될 때가 아닌가 싶습니다. 그 경계란 무엇보다도 죽음의 경험입니다. 죽음은 아파트의

고대로 부치는 철학편지

철문보다도, 쇼생크의 쇠창살보다도, 그리고 빠삐용의 고도를 에워싼 망망한 바다보다도 더 굳건히 우리를 존재와 격리시키는 문이고 벽입니다. 죽음 저쪽은 무의 세계니까요. 당신이 말한 그 '문'도 그런 절대적 경계의 상징이겠죠? 어떠한 형태로든 죽음을 경험할 때 인간들은 존재가 당연한 것이 아니며, 가장 엄청난 것이라는 사실을 깨닫게 됩니다. 태어나 살다가 인간들은 죽음에 관한 소문을 듣게 됩니다. 모든 인간들에게, 심지어 가족과 자신까지도 포함하는 모든 인간들에게 죽음이 있음을 듣고 인간들은 두려워하게 됩니다. 그리고 어느 날 그것이 한갓된 소문이 아닌 엄연한 현실임을 체험하고 경악하게 됩니다. 나도 그것을 체험한 날을 생생하게 기억하고 있습니다. 내게는 임경호라는 이름의 절친한 친구가 있'었'습니다. 그는 어린 시절부터 늘 내 곁에 함께 있었습니다. 그러던 그가 대학 시절 어느 날 갑자기 죽었습니다. 그로부터 그는 더 이상 있지 않습니다. 내가 아무리 그를 그리워한들 한번 이 존재의 문밖으로 떠밀려 나간 그는 다시는 내 곁에 돌아올 수 없습니다. 10년이 지나고 20년 40년이 지나도 나는 더 이상 그의 소식을 듣지 못하고 있습니다. 예를 들면 바로 그러한 경우에, 죽음이 문제되는 그런 경우에, 우리 인간은 있음과 없음의 경계에 서게 되고 경계 이쪽의 '있음'이 가지는 절대적인 성격을 깨달을 수 있게 됩니다. 그때 '있음'은 당연하기는커녕 엄청난 신비로서 우리에게 다가옵니다.

그런데도 사람들은 그것을 잘 모르고 있습니다. 잘 모르고 있을뿐더러 알아볼 생각조차도 하지 않습니다. 생각하지 않을뿐더러 그러한 관심을 무시하고 핍박하기까지 합니다. 왜일까요? 어쩌면 '이익'이 없다고 보기 때문일까요? 요즘처럼 모든 것을 '돈'이라는 기준으로만 잰다면 그럴 수도 있겠지요. 하지만 경계에 서보는 것의 효용을 사람들은 알아야만 합니다. 경계에 서보게 될 때 사람들은 '있다'는 것이 엄청나게 대단하고 소중한 것임을 절절한 심정으로 깨닫게 됩니다. 만일 이 존재의 세계를 떠나야만 하는 사람에게─ 또는 최고로 소중하게 생각하는 사람을 떠나보내야만 하는 사람에게─이곳에 계속 머무를 수 있는 조건으로 돈을 지불하라고 한다면, (사람마다 경우마다 사정은 다르겠지만) 조 단위의 돈을 내놓을 사람도 없지 않을 겁니다. 그렇다면 '존재'란 이루 말할 수 없이 비싼 것이기도 합니다. 그 소중함을 깨닫게 해주는 것이 '쓸모없다'고 말할 수는 없을 것입니다.

물론, 당신이 말한 '있다'가 인간의 삶과 동치 되는 것은 아닙니다. '있다'는 것은 훨씬 더 근원적이고 포괄적입니다. 무릇 '근본적으로 이러하다'라고 할 수 있는 모든 현상들이 다 '존재'입니다. '그러함' 또는 '이와 같음'이 당신이 말한 그

'에스틴'에 다 포함됩니다. 유일절대적인 이 세상 자체의 존재도, 그 속의 온갖 사물들도, 그리고 그 모든 것의 고유한 질서들도, 그 질서들의 서로 얽힘도 다 '에스틴'의 내용들입니다. 우리는 그 모든 근원적 현상들을 '존재'라는 하나의 줄에 꿰어서 생각할 줄 알아야 합니다.

친애하는 파르메니데스, 당신의 통찰대로 존재는 유일하고도 절대적인 것입니다. 그것은 시작도 없고 끝도 없는 것입니다. 그것은 생성도 없고 소멸도 없는 것입니다. 그것은 운동도 없고 변화도 없고 동요하지 않는 것akineton입니다. 완전무결한 것입니다. 무시무종, 불생불멸, 불변부동인 "그것은 현재, 함께, 전체로서, 하나로서, 연속된 것으로서" 있는 것입니다. 그때 거기서 당신이 보았던 '그' 존재가 지금 여기서 내가 보고 있는 '이' 존재이며, 예수도 석가도 공자도 맹자도 오직 하나인 우리들의 '이' 존재에 참여했던 것입니다. 인간들뿐만 아니라 이 존재는 실로 '만물'들을 담고 있습니다. 이 점을 일컬어 이태백은 '무릇 천지란 만물이 머무는 곳夫天地者萬物之逆旅'이라고 표현했고, 야콥슨은 '생명의 오고감에 아랑곳없이 허허로운 저 공간이야말로 영원한 것'이라고 읊었습니다. 이렇듯, 방향은 조금씩 다르지만, 아는 사람들은 알고 있습니다. 그것이 무엇인지, 그것이 어떤 것인지. 나도 그것을 알고 있습니다.

당신은 그걸 어떻게 아셨는지. 그 젊은 나이에 말입니다. 당신의 통찰은 정말 놀랍습니다. 진리, 탐구, 존재, 무, 동일, 사고, 억견, 이성, 필연, 운명, 균형 … 그 대단한 철학적 주제들을 바로 당신이 최초로 철학의 무대에 공식 데뷔시켰습니다. 단어의 발설 자체만으로 이미 그렇습니다. 사람들이 잘 몰라서 그렇지 이건 엄청난 업적입니다. "…사고와 존재는 동일한 것…to gar auto noein estin te kai einai"이라는 말도 인간과 세계의 근원적인 인식적 연관을 일러준 말로 역사적인 발언에 해당합니다. "둥글디 둥근 진리aletheie의 흔들림 없는 마음"과 "죽어버릴 자들의 참된 확증을 포함하지 않는 억견doxai"이라는 발언도 그렇습니다. 당신은 존재론의 아버지일 뿐 아니라 사실상 인식론의 시조이기도 한 셈입니다. 그러나 우리는 잊지 말아야 합니다. 이 모든 논의들이 핵심에는 '존재'가 있습니다.

존재, 그것은 너무나도 소중한 것입니다. 그래서 나는 이 소중한 존재에 참여했던 기념으로 뭔가를 남기고 싶습니다. 사람들은 기념을 남기고 싶어합니다. 남극에 왔노라고 깃발을 꽂고, 달에 발을 디뎠노라고 깃발을 꽂고, 심지어 손오공 같은 원숭이도 세상 끝에 왔었노라고 거기에 오줌을 갈겨놓

고대로 부치는 철학편지

습니다. 나도 그런 조그만 기념으로 흔적을 남겨놓고 싶습니다. 언어로 또는 삶으로! 말이든 글이든 성실한 근무든! 이왕이면 함께했던 사람들의 마음 한가운데에 굳건히 박혀 뽑히지 않을 아름다운 깃발 하나를 세워놓고 싶습니다. 친애하는 파르메니데스, 당신은 이미 하나의 깃발입니다. 그 깃발은 2,500년이 지난 지금까지도 철학을 하는 많은 사람들의 뜨거운 가슴속에서 힘차게 펄럭이고 있습니다.

Empedoklēs BC 495/90경-BC 435/30경

"우선 들어라. 만물의 네 가지 근원을.
즉 빛나는 제우스[火]와 생을 가져다주는 헤레[地]와 아이도네우스[風]와
지상의 샘을 적시는 네스티스[水]를."

"나는 그대들에게 두 가지 것을 가르쳐주고자 한다.
여러 가지 것들이 결합되어 하나의 것이 생겨났다가 곧 다시 분리된다.
그리고 이 끊임없는 교환은 절대로 중단되지 않는다.
모든 것들이 사랑 속에서 하나로 합쳐졌다가 다툼의 미움 속에서
각각의 사물로 나뉘어진다."

BC 495/490년경 시켈리아 섬 남부의 아크라가스Acragas에서 귀족 출신 메톤Meton의 아들로 태어남.

BC ???년경 정치, 의술, 예언 등 다방면에서 재능을 발휘함.

BC ???년 《자연에 대하여》를 저술함.

BC ???년 《정화》를 저술함.

BC 444년경 펠로폰네소스의 투리이thurii 방문.

BC 435/430년경 시켈리아 북동부 에트나Etna 화산의 분화구에 투신해서 죽음.

엠페도클레스에게

뿌리와 애증을 묻는다

아마 1994년이었던 걸로 기억합니다. 프랑스의 스트라스부르대학 도서관에서 문서정리를 하다가 당신의 파피루스본 저술이 발견되었다는 신문기사를 접했을 때, 나는 아주 특별한 느낌으로 그것을 읽고 또 학생들에게도 소개한 적이 있었습니다. 내가 그때 특별한 느낌을 받았던 것은, 그로부터 다시 20년을 거슬러 올라가 내가 철학을 처음 접하면서 알게 된 당신의 이름과 모습이 너무나도 특별한 것이었기 때문입니다. 당신의 활동무대였던 아크라가스가 시켈리아(현재의 시칠리아)에 있었다는 것부터, 흥미로운 것이었습니다. 왜냐하면 그 당시 알 카포네 주연의 〈대부〉라는 마피아 영화가 젊은이들에게 대단한 인기를 끌었고 그 마피아의 고향이 시칠리아라는 것은 상식이 되어 있었기 때문입니다. 물론 그것 때문만은 아니었지요. 무슨 대단한 학구파인

양 도서관에 처박혀 책을 뒤적이다가 알게 된 당신은 예사로운 사람이 아니었습니다. 당신은 단순한 자연철학자의 한 사람이 아니라 퓌타고라스처럼 많은 추종자를 거느린 사제이기도 했고 파르메니데스 같은 시인이기도 했습니다. 그리고 동시에 의사이기도 했고 변론가이기도 했으며, 또한 예언자요 마법사이기도 했습니다. 이 무슨 황당한 이야기인가 하는 생각이 당연히 들었지만, 무엇보다도 놀라운 것은 당신이 활화산인 에트나 화산의 분화구에 몸을 던짐으로써 삶의 마지막을 장식했다는 것입니다. 원, 세상에! 나는 할 말을 잃고 말았습니다. 그 화산은 지금도 가끔씩 시뻘건 마그마를 내뿜어 해외토픽에 오르기도 합니다. 바로 그런 모습들 때문에 니체나 횔덜린Friedrich Hölderlin 그리고 매슈 아널드 Matthew Arnold 같은 이들이 당신에게 각별한 평가를 내리고 작품의 소재로 삼기도 했다는 것은 훨씬 나중에 알게 되었습니다.

엠페도클레스, 대부분의 철학도들은 대부분의 교과서에 따라 다원론, 아르케, 뿌리, 지-수-화-풍, 4원소, 사랑-미움 등의 단어들을 당신의 이름과 연결지으며 기억하고 있습니다. 그런데 이러한 단어들 속에 포함된 의미를 제대로 음미해보려고 하는 경우는 의외로 그다지 많지 않은 것 같습니다. 나는 철학의 훌륭함이 '의미를 새겨봄'에 있다고 생각합니다. 그것이 단순한 정보로서의 지식과 다른 점입니다. 엠페도클레스철학의 의미는 그럼 무엇일까…. 나는 생각해봅니다. 당신은 선배들의 전통에 따라, 우리 앞에 전개된 이 거대하고 오묘한 자연의 밑바닥을 들여다보고자 했습니다. 그리고 그들처럼 역시 무언가를 보았습니다. 당신은 그중 특별히 네 가지(화-지-풍-수)를 주목했고 그것을 총칭해서 "뿌리rhizomata"[3]라고 불렀습니다. "우선 들어라. 만물의 네 가지 근원을. 즉 빛나는 제우스Zeus와 생을 가져다주는 헤레Hērē와 아이도네우스Aidōneus와 지상의 샘을 적시는 네스티스Nēstis를." 그렇게 당신은 말했습니다. 이것이 각각 화-지-풍-수를 신화적으로 상징한다고 나는 배웠습니다. 월화수목금토일 같은 경우에서도 또 이른바 동양철학의 오행(수목화토금)에서도 느껴지듯 당신이 말한 4원소도 고대적인 냄새를 물씬 풍기고 있습니다만, 나는 이것이 나름대로 충분한 의미가 있다고 생각했습니다. 왜냐하면 이것들은 우리 인간들이 이 지상에 이룩한 이른바 문명이라는 것을 싹 걷어내고 볼 경우, 무시할 수 없는 중요성으로 우리에게 자신의 모습을 드러내는 세계의 '원초적 요소들'이기 때문입니다. (이

---

3 이 개념은 현대에 와서 들뢰즈와 가타리의 '리좀'으로 재활용된다. 물론 그 철학적 의미는 다르다.《천 개의 고원》참조.

중 세 가지, 즉 '화' '풍' '수'는 각각 헤라클레이토스, 아낙시메네스, 탈레스에 의해 이미 '아르케'로서 강조된 것이었으니, 어쩌면 당신의 고유한 공적은 거기에 '지' 즉 땅 내지 흙을 보탠 것이라고 볼 수도 있겠습니다. 이른바 대지가 삶의 근원적 터전이라는 점이나 흙이 모든 식물의 생육근거라는 점, 혹은 인간조차도 흙에서 나서 흙으로 돌아간다는 신화 및 사실을 고려하면 이 공적 또한 철학적으로 결코 가벼울 수가 없는 것이지요.) 그 어느 것 하나라도 없으면 우리는 살아갈 수가 없게 됩니다. 우리 인간들만 하더라도 열은 '화'요, 몸은 '지'요, 숨은 '풍'이요, 피는 '수'라고 생각할 수 있습니다. 이 중 어느 것 하나라도 없으면 우리는 곧바로 인간이 아니게 됩니다. 그러므로 화지풍수를 근원이라고 보는 것은 충분히 일리가 있습니다. 더군다나 그것을 '뿌리'라는 문학적 단어로 표현한 것은 금상첨화라고 나는 평가합니다. 좋은 표현과 깊은 내용, 이것은 나의 철학적 지표이기도 합니다.

그런데 엠페도클레스, 이러한 원소들보다도 더욱 흥미로웠던 것은, 불변하는 그 원소들을 결합하고 분리하면서 사물들이 생성하고 소멸하는 원리로서 당신이 '사랑philia/philetos과 미움neikos/hechthos'이라는 것을 제시했다는 것입니다. "나는 그대들에게 두 가지 것을 가르쳐주고자 한다. 여러 가지 것들이 결합되어 하나의 것이 생겨났다가 곧 다시 분리된다. 그리고 이 끊임없는 교환은 절대로 중단되지 않는다. 모든 것들이 사랑 속에서 하나로 합쳐졌다가 다툼의 미움 속에서 각각의 사물로 나뉘어져버린다." 그렇게 당신은 말했습니다. 이 말에서 보이는 사랑과 미움이라는 것은 참으로 흥미롭습니다. 그것이 결합과 분리, 생성과 소멸의 원리라는 것은 의미심장합니다. 우리는 당장 우리 자신에게서 그것을 확인할 수 있습니다. 사랑은 서로 다른 두 남녀를 하나의 부부로 만들어 줍니다. 미움은 하나였던 부부를 다시 남남으로 갈라놓기도 합니다. 하나의 부부라는 점에서 보면 그 결합과 분리는 분명 생성과 소멸입니다. 사랑과 미움이 그 원리임은 명백합니다. 사회에도, 역사에도 그것은 적용될 수 있습니다. 철학의 역사에 이런 개념들이, 더구나 이런 형태로, 즉 원리로서 등장한다는 것은 참으로 흥미롭습니다.

엠페도클레스, 당신은 이것을 인간에만 국한시키지 않고 다른 모든 사물들에게도 해당하는 보편적인 원리라고 확대해석하였습니다. "…사랑에 있어서는 이것들이 하나가 되고 서로를 희구한다. 왜냐하면 이것들로부터 일찍이 존재했던 것도, 지금 존재하는 것도, 앞으로 존재할 것도, 즉 나무들도 남녀도 짐승들도 새들도 고기들도 신들도 생겨났기 때문에"라고 당신은 말했습니다. 이 모든 것은 너무나도 가깝고 너무나도 흔한 현상이기에 우리 인간들은 그 가치를 제대로 인식하지 못하고 지나는 경우가 많습니다. 어디에서나 넘쳐나는 것이 사랑이고 미움입니다. 그래서 그저 예사로운 어떤 것처럼 느껴지기도 합니다. 하지만 엠페도클레스, 나는 그것이 그와 같이 흔하다는 것 자체가 곧 보편적인 원리임을 방증하는 것이라고 학생들에게 강조합니다. 그것은 절대로 예사로운 것이 아니라, 분명히 어떤 '예사롭지 않은 것'입니다. 신기하기 짝이 없는 현상입니다. 사랑은 무언가를 살리는 것이고 미움은 무언가를 죽이는 것입니다. 그 무언가가 어떤 '좋은 것'이라면 우리는 당신이 제시한 원리를 깊이 인식하면서 사랑을 존중하고 미움을 배격해나가야 할 것입니다. 조금 '오버'하는 것이 될지도 모르겠습니다만, 나는 당신의 철학에서 예수와 바울의 선구적인 모습을 엿볼 수도 있다고, 그리고 공자의 선구적인 모습을 엿볼 수도 있다고, 그렇게 당신을 학생들에게 선전하기도 합니다. 후대와 먼 중국의 일이라 당신은 알 턱이 없겠지만, 예수도 "사랑하라"고 말했고, 공자도 "사랑하라"고 말했습니다.

친애하는 엠페도클레스, 지금 이 순간도 이글거리는 증오를 불태우면서 칼을 갈고 있는 우리 주변의 인간들을 보면, 그리고 그러한 인간들이 과거-현재-미래 및 동서남북에 가득할 것을 생각해보면, 그리하여 인간들이 찢어지고 갈라지고 다툴 것을 생각해보면, 당신의 철학은 그저 간단히 넘어갈 정도가 아니라 특별히 강조되어야 할 것이며, 다른 어떠한 철학보다도 우선적으로 가르쳐져야 할 '기본철학'이라고 나는 힘주어 말하고 싶습니다. 우리 모두가 미움을 털고 사랑으로 하나 되기를 나는 애틋한 심정으로 기대하고 있습니다.

그런데 또 한 가지 특별히 주목할 것이 있습니다. 엠페도클레스식 인식론이라고 할까요? 그건 우리 즉 인간이 모든 현상의 이해를 위한 모델케이스라는 것입니다. "우리는 우리들의 흙의 질료를 가지고서 흙을, 우리들의 물을 가지고서 물을, 우리들의 영기를 가지고서 신의 영기를, 우리들의 불을 가지고서 … 불을, 우리들의 사랑을 가지고서 세계의 사랑을, 그리고 우리들의 슬픈 미움을 가지고서 세계의 미움을 본다"고 당신은 말했습니다. 그러니까 우리 인간 안에 지-수-풍-화가 그리고 사랑, 미움이 있으니 그런 것을 보면 세계의 그것을 미루어 알 수 있다는 것입니다. 하기야 자기 안에 있는 것은 자기가 가장 잘 알 수 있는 법이니, 그걸 준거로 세계의 현상도 이해가능하다는 논리구조겠지요. 효율적이고 효과적입니다. 뭔가 세계를 의식에 환원해서 직관하자는 후설의 현상학과도 좀 통하는 듯한 느낌이 아주 없지도 않아 보입니다. 또 '나는 나 자신을 탐구해서 모든 것을 나 자신으로부터 배웠다'고 한 헤라클레이토스의 방법론과도 통하는 데가 있어 보입니다. 물론 이런 인식론이 정당하려면, 인간의 현상과 세계의 현상이, 즉 안과 밖이, 결국 하나의 자연으로서 공통의 질서 안에 있다는 것, 그리고, 당신이 '본다'고 표현한 그 인식 내지 사고와 인간 바깥에 있는 세계의 현상이 대응한다고 하는 것, 이 두 가지가 전제되어야 하겠지요. 긴 논의가 필요하겠지만 나는 그것을 일단 지지합니다. 그래서 당신의 이런 통찰이 참 대단하다고 탄복합니다. 인간에서 그러한 것과 세계에서 그러한 것은 통할 수 있습니다. 아마 그래서 인간을 소우주라고 부르기도 하는 것이겠지요.

아무튼 그런 시선으로 당신은 인간과 세계를 살펴보았고, 거기서 특히 무엇보다도 '생성과 소멸'이라는 현상을 보았고 그리고 그것을 초월하고자 하셨습니다. 그것을 위해 그 생성-소멸의 실체 없음을 강조한 것이겠지요. "하여 나는 너에게 아는 것을 말하리라. 모든 죽게 될 자들 누구에게도 원래 탄생도 없고 또한 저주할 죽음의 종말도 없다. 오히려 다만 혼합과 혼합되어진 것의 분리가 있을 뿐. 탄생이란 인간들 사이에서 그것에 대하여 붙여진 이름에 불과하다." "어리석은 자로다. 그들은 멀리까지 미치는 사유를 찾지 않는다.

즉 그들은 일찍이 없었던 것이 생겨나온다고 생각하고 또한 무엇인가가 완전히 죽어서 소멸해간다고 생각한다." 이런 말이 그런 취지가 아니고 무엇이겠습니까. 자세한 설명이 없으니 알 수는 없지만, 뭔가 제행무상諸行無常과 제법무아諸法無我를 설한 부처가 연상되기도 하는 발언입니다. 탄생도 없고 죽음도 없다, 생성도 소멸도 없다 … 어딘가에 가부좌를 틀고 선정에 들어야 할지도 모르겠군요. 화두 혹은 공안 같은 발언입니다. 그 비밀을 해득하기 위해 일단은 스트라스부르에서 발견된 당신의 그 제대로 된 원고를 한번 들여다봐야 할지 모르겠습니다. 언젠가 여유가 있을 때. 혹은 나 대신에 그 누구라도. 그 누군가로부터의 깨우침을 기다려 봅니다.

Anaxagoras BC 500/497경–BC 428경

"저 세상으로 가는 길은 어디서나 거리가 같다."

"태양은 신이 아니라 이글거리며 불타고 있는 돌덩어리다."

"사람들은 이와 같이 알아야 한다.
즉 혼합하여 생겨난 것들에는 그 어느 것 안에도,
수많은 각양각색의 것들이,
그리고 그것들 모두의 종자가 포함되어 있다고."

"누스[정신]는 무한하고 독재적이고 어떤 것과도 혼합되지 않고
오직 저 스스로 있다. …

일찍이 있었지만 지금은 없는 것도,
지금 있는 것도, 앞으로 있을 것도, 모두 누스가 질서 지었다."

BC 500/497년경 이오니아 클라조메나이Klazomenai(현 터키 이즈미르Izmir 인근)의 부유한
        가문에서 태어남.

BC 480년경(혹은 BC 467-461년경) 20살(36살)에 아테네로 이주하여 활동 시작. 제자였
        던 페리클레스, 에우리피데스, 아르켈라오스의 후원과 보호를 받음.

BC ???년 '종자'와 '정신'을 다룬 한 권의 책을 저술. 아테네에서 인기리에 팔림.

BC 434/433년경 자연현상에 대한 이론이 불경죄로 여겨져 아테네에서 추방됨. 트로아
        스의 영토였던 람프사코스Lampsakos로 이주, 수년간 여생을 보냄.

BC 428년경 람프사코스에서 죽음.

아낙사고라스에게
종자와 정신을 묻는다

다짜고짜로 이런 말씀부터 드리는 것은 조금 뭣하지만, 아테네 사람들 거참 도대체 왜 그러는지 모르겠습니다. 인류의 스승이라고까지 추앙받는 소크라테스를 얼토당토않게 법정에 고발해 사형을 시켜버린 고약한 사람들이 바로 아테네 사람들이었는데, 알고 보니 그에 앞서 당신도 그 희생자의 한 사람이었다니 참으로 한심한 노릇이 아닐 수 없습니다. 인간이 경우에 따라 얼마나 나쁠 수 있는지를 그들이 상징적으로 보여주는 것 같군요. 누구든 아주 저렴한 가격으로 어디서나 당신의 책을 손쉽게 사 볼 수 있다는 것을 소크라테스도 증언하고 있고, 또 당신의 철학에 대해서는 플라톤과 아리스토텔레스도 한 마디씩 논평을 하고 있을 정도니까, 당신도 당시로서는 소크라테스 못지않은 아테네의 유명 인사였던 것 같은데, 그런 당신을 소크라테스와 비슷한 불경죄로 몰아 추방형을 내렸다니, 당신도 참 어처구니가 없었으리라 짐작이 됩니다. 출신 고향은 비록 소아시아의 해안도시 클라조메나이라고 해도 20세경부터 30여년을 살며 철학을 한 곳이 아테네였으니 제2의 고향이라고 해도 과언이 아닙니다. 더욱이 최초의 아테네 철학자로 그곳의 이름을 빛내주었으니, 그곳을 쫓거나 람프사코스로 물러났을 때 당신의 심정이 오죽했겠습니까. 그나마 당신이 그 추방지에서 존경받다가 생을 마무리하면서 "저 세상으로 가는 길은 어디서나 거리가 같다"고 했다 하니 그 의연함에 고개가 숙여집니다. 더군다나 당신의 죄상이라고 하는 것이, "태양은 신이 아니라 이글거리며 불타고 있는 돌덩어리"라고 말했다는 것이라니 오늘날의 시점에서 보면 당신은 죄인이기는커녕 대단한 과학적 선구자였던 셈입니다. 그렇다고 당신이 단순한 자연철학자로 끝나는 것이 아니라는 것도 사람들은 알아야 한다고 봅니다. 당신은 역사에도 나오는 저 유명한 정치가 페리클레스Periklēēs와 가장 친하게 지내며 그에게 위엄과 사려와 품위를 갖도록 해주었다고 하니, 당시의 사람들이 당신을 '누스nous[정신]'라는 별명으로 불렀다는 것도 충분히 납득이 갑니다.

누스는 당신의 핵심사상인 셈인데, 나는 대학원 시절 이것을 제대로 공부하면서 당신을 완전히 다시 보게 되었습니다. 아참, 그 전에 '종자spermata'를 먼저 언급하는 게 순서겠군요. 윤리과목을 배우는 웬만한 고등학생만 해도 당신의 이름과 종자라는 단어를 연관지어 기억하는 것은 아마 기본이 되어 있을 것입니다. 그러나 그 종자의 철학적 의미를 제대로 가르쳐주는 선생님들은 그다지 많지 않은 것 같습니다. 이른바 소크라테스 이전 철학자들이 대개 그렇듯, 당신도 그저 약간쯤 황당한 견해를 피력한 고대인으로 치부되며 적당히 넘어가고 마는 경우가 많습니다. 나는 그것이 부당하다고 생각합니다. 당신의 철학에는 의미 있는 그 무엇이 분명히 언급되어 있습니다. 당신은 예컨대 권위 있는 책이나 선현들의 말이나 그런 것이 아니라 당신 눈앞에 펼쳐진 자연현상 그 자체로부터 무언가를 읽어내고 있습니다. 나는 그런 것을 '싱싱한 철학', '신선한 철학'이라고 평가합니다. '1차적 철학' 혹은 '직접적 철학'이라고도 부릅니다. '종자'라는 말에서도 나는 그것을 느낍니다.

당신은 존재하는 모든 것 안에는 그 각각의 종자가 있다고 꿰뚫어보았습니다. 당신 나름의 '아르케론'인 셈입니다. 나는 그것이 탁월한 철학적 통찰이요, 예리한 직관이라고 봅니다. 당신은 이렇게 말했습니다. "사람들은 이와 같이 알아야 한다. 즉 혼합하여 생겨난 것들sygkrisnomena에는 그 어느 것 안에도, 수많은 각양각색의 것들이, 그리고 그것들 모두의 종자가 포함되어 있다고." 그러면서 그 종자들은 "각양각색의 모습과 색과 맛을 갖는다"고 부연설명을 했으며, 그렇게 보는 당신 나름의 근거도 밝혔습니다. 즉, "왜냐하면, 어떻게 해서 머리카락이 머리카락 아닌 것으로부터, 그리고 살이 살 아닌 것으로부터 생겨날 수 있단 말인가" 하는 것입니다.

나는 일견 소박해 보이기도 하는 이 말들의 철학적 의미를 새겨보았습니다. 우리가 보고 있는 자연계의 무수한 사물들은 무수한 부분들로 이루어져 있는 것이 사실입니다. 우리 인간들만 하더라도 머리, 몸, 팔, 다리를 비롯해서 헤아릴 수 없는 많은 부분들로 이루어져 있습니다. 모든 동물들도 모든 식물들도 그렇습니다. 미생물도 무생물도 다 마찬가지이죠. 그 하나하나의 부분들은 모두 그 자체로서는 고유한 개체들입니다. 그것들 하나하나에는 그 각각의 고유성이 있습니다. 팔은 팔대로 손은 손대로 손가락은 손가락대로 손톱은 손톱대로. 각각 그렇게 될 고유한 가능성의 발현입니다. 바로 그 고유한 가능성들을 당신은 '종자'라는 다소 문학적인 말로 표현했던 것입니다. 개체들 혹은 요소들 '각각의 고유한 가능성들' 그것이 곧 종자인 것입니다. 이 세상의 모든 사물들과 현상들은 그 각각의 고유한 가능성들을 지니고 있는 것이 분명합니다. 그것은 미리 혹은 애당초 그렇게 되도록 되어 있고 반드시 그렇게 되어나갑니다. 민들레는 반드시 민들레가 될 것이 민들레가 되는 것이고, 꾀꼬리도 반드시 꾀꼬리가 될 것이 꾀꼬리가 되는 것입니다. 또한 꽃잎은 꽃잎이 될 것이 꽃잎이 되고, 날개는 날개가 될 것이 날개가 되는 것입니다. 그러한 '될 것'이 바로 당신이 말한 '종자'라고 나는 해석합니다. 그것은 법칙이요 원리입니다. 코스모스가 될 종자가 해바라기가 되는 법은 없습니다. 강아지가 될 종자가 코끼리가 되는 법도 없습니다. 자연의 알 수 없는 근저에 미리 마련된 그러한 선천적 법칙성을, 그 각각의 고유한 가능성을 당신은 '종자'라는 멋진 한 마디 말로 압축해서 알려준 것입니다. 나는 그런 당신에게 '엄지 척'을 해보이고 싶군요. 약간의 확대해석이 허용된다면 우리 인간이 존재하는 모든 사물에 대해, 그리고 그 무수한 부분들에 대해 갖고 있는 모든 이름들이 (혹은 아직 이름 없는 부분들까지 포함해서) 다 그 '종자'의 존재를 알려주는 것입니다.

아낙사고라스의 철학을 깊이 사유하는 사람은 많지 않지만 나는 이 종자가 생멸을 초월한 어떤 것임을 당신이 말하고 싶었던 게 아닐까, 그렇게도 짐작해봅니다. 왜냐하면 당신은 굳이 생성과 소멸을 부인하며 그 대신 혼합과 분리를 언급하고 그 혼합의 기본요소로서 뿌리를 제시하기 때문입니다. "헬라스[그리스] 사람들은 생성to ginesthai – 소멸to apollysthai이라는 말을 쓰고 있지만 이것은 옳지 못하다. 왜냐하면 어떠한 것도 생겨나오지도 않거니와 멸하지도 않으며, 오히려 이미 있는 것들khremata로부터 혼합된다든지 분리된다든지 하는 것이므로. 그렇기 때문에 생성이라는 말 대신에 혼합symmisgesthai라는 말, 소멸이라는 말 대신에 분리 diakrinesthai라는 말을 쓰면 될 것이다"라고 말입니다.

이렇게 종자와 그 성격을 통찰한 것만 해도 너무너무 대단한데, 거기에 덧붙여 당신은 그 종자들을 움직여서 혼합시키고 분리시키는 동력으로서 '정신nous'이라는 원리를 말하고 있습니다. 이게 또 예사롭지 않습니다. 모든 것들에게 질서를 부여하고 지배하는, 절대적이고 초월적인 '그 어떤 힘'을 상정하여, 아니 감지하여, 그것을 '정신'이라고 당신은 부른 것입니다. "누스는 무한하고 독재적이고 어떤 것과도 혼합되지 않고 오직 저 스스로 있다. … 그리고 누스는 영혼을 갖는 모든 것을, 그것이 큰 것이든 작은 것이든 모두 지배한다. 또 누스는 모든 것이 처음으로 선회운동을 일으키도록 선회운동 전체를 지배했다. … 그것들은 작은 점에서부터 선회운동을 시작했지만, 점점 넓어져가, 앞으로 더 한

층 넓어져갈 것이다. … 또 일찍이 있었지만 지금은 없는 것도, 지금 있는 것도, 앞으로 있을 것도, 모두 누스가 질서 지었다." 그렇게 당신은 말하고 있습니다.

잘 들어보면 당신이 말하고 있는 이 누스는 심상치 않은 어떤 힘인 것이 분명합니다. 플라톤도 그것을 인정했었죠. "그런데 언젠가 어떤 사람이 아낙사고라스의 책 한 구절을 읽고 있는 걸 들었는데, 그는 거기서 만물을 질서 짓는 저 원인자를 누스라 말하고 있었다. 이 원인에 나는 대단히 기뻐해서 누스가 만물의 원인이라고 하는 것은 어떤 의미에서 정당하다고 생각했다. …" 누스, 이것을 오늘날 우리에게 친숙한 '신'이라는 단어로 바꾸어 불러도 문맥상 하등 이상할 것이 없습니다. 혹은 헤겔이 말하는 '이성Vernunft'을 연상시키기도 합니다. 당신은 모든 것에 존재와 질서를 부여하고 그것을 지배하는 궁극적 원인이라고 할 대단히 중요한 그 어떤 것을 본 것이 틀림없습니다. 물론 그 설명은 아직 약간 막연한 수준에 머물러 충분한 해명이 뒷받침되지는 않습니다. 그래서 아리스토텔레스도 당신에게 주목했다가는 이내 실망한 모습을 보인 거겠지요. "어떤 사람은 실로 누스가 생물에 있어서와 같이 또한 자연에 있어서도 세계나 질서 전체의 원인이라고 했다. … 즉 아낙사고라스는 세계 형성에 대해 누스를 수단으로 사용해 세계가 어떤 원인에 의해 필연적으로 존재하는지 모르게 되었을 때, 언제나 누스를 끄집어내는데, 여타의 경우에는 생성하는 것의 원인으로서 누스 같은 것은 상대도 안 하기 때문이다."

하지만 아낙사고라스, 나는 그분들과 조금 다릅니다. 나는 반드시 많은 설명이 있어야 훌륭한 철학이라고 생각하지 않습니다. 척하면 삼척이라고, 한두 마디 들어보면 그게 무슨 말인지 대개는 알 수 있습니다. 적어도 그 본의나 핵심은 알 수 있습니다. 나머지는 사족인 경우가 적지 않게 있습니다. 그렇게 보면 당신이 말한 것만으로도 우리는 당신이 보여주고자 했던 누스가 어떤 것인지 짐작하기 어렵지 않습니다. 왜냐하면 만유의 오묘하기 이를 데 없는 질서는 지금 여기에서도 얼마든지 확인할 수 있는 것이며, 그 근저에 '무언가'가 있으리라고 감지하는 것은 기본적인 지성을 갖춘 자라면 누구나가 인정하지 않을 수 없기 때문입니다. 오묘한 질서들의 주인은 잘난 우리 인간들이 아니라 당신이 '누스'라고 불렀던 그 어떤 초월적인 힘이었던 것입니다. 현상들의 배후 또는 근원에 숨어 현상들을 조종하고 지배한다는 점에서 그것은 훗날 헤겔이 말한 '절대정신Absolutes Geist'과도 통하는 바가 없지 않습니다. '정신'이라는 개념에 대한 지적 소유권은 일차적으로 당신에게 있다고 해야 할지도 모르겠습니다.

아무튼 종자와 정신이라는 이 단어들만으로도 당신은 철학에 대해 이미 크나큰 기여를 하였음을 사람들은 인정해야 할 것입니다. 아낙사고라스, 지금도 확인되는 이 만유와 그 무수한 부분들과 그리고 그 만유에 스며 그것들을, 즉 이 세상을 움직여나가는 오묘한 질서들을 보며, 그 근저에 언뜻 언뜻 비치는 누스와 함께 나는 당신의 숨결을 느끼고 있습니다.

Dēmokritos BC 460/57경–BC 370/67경

"관습적인 이야기에 따르면, 색이 있고 달콤함이 있고 쓴맛이 있다.
그러나 진실로는 원자와 공허가 있을 뿐이다."

"인간들이 행복한 것은 신체에 의해서도 아니고 금전에 의해서도 아니다.
오히려 마음의 올바름과 지혜의 많음에 의해서이다."

BC 460/457년경 그리스 북부 트라키아Thracia 지방의 해안 도시 압데라Abdera에서 부유한 시민인 헤게시스트라토스의 아들로 태어남.

BC ???년경 5년간 이집트, 바빌로니아, 에티오피아, 인도 등 수많은 곳을 여행. 수많은 사람들과 접촉하며 배움.

BC ???년 레우키포스Leucippos의 제자가 됨.

BC ???-???년 윤리학, 자연학, 음악, 수학, 기술학 등 전 분야의 학문을 두루 탐구하고 무수한 저술을 남김.

BC 370/367년경 죽음(확실치는 없음).

데모크리토스에게
원자와 공허를 묻는다

.

나는 고등학교 때 처음으로 당신의 이름을 들었습니다. 윤리시간이었지요. 그 이름에는 당연히 '원자론자'라는 설명이 붙어 있었습니다. 당시의 선생님이 어느 정도나 친절하게, 그리고 정확하게 설명해주셨는지는 까마득히 잊혀졌지만, '원자'라는 단어가 주는 어떤 '과학적'인 이미지는 지금까지도 어렴풋이 남아 있습니다. 한때 '원자시대'라고도 불렸던 현대를 살아가고 있는 우리들 입장에서 보면, 당신은 어떤 의미에서 무려 2,400년 정도나 시대를 앞서간 선구자였다고 말해야 할지도 모르겠습니다.

그러나 당신의 진면목을 제대로 알고 있는 사람들은 의외로 그다지 많지 않은 것 같습니다. 나 역시도 대학원생이 되기까지는 당신의 인물과 사상에 대해서 별로 아는 바가 없었습니다. 유명한 카를 마르크스의 박사학위 논문이

〈데모크리토스와 에피쿠로스 자연철학의 차이Differenz der Demokritischen und Epikureischen Naturphilosophie〉였다는 것을 안 것도 그때가 처음이었습니다. 한 가지 특이한 점은 당신이 소크라테스보다 한 10년 정도 후배임에도 불구하고, 거의 모든 철학책들이 당신을 소크라테스보다 먼저 다루고 있다는 것입니다. 그것은 아마도 철학사의 흐름이라는 점에서 볼 때, '소'는 그 이후의 플라톤, 아리스토텔레스와 더불어 하나의 줄기를 이루고, '데'는 그 이전의 이른바 자연철학자들과 더불어 하나의 맥락을 형성한다고, 그렇게 철학사가들이 정리하고 싶었기 때문일 거라고 짐작합니다. 하지만 실상을 아는 사람이라면 그러한 구분법이 어디까지나 편의를 위한 임시방편일 뿐이라는 것을 인정해야 할 것입니다. 왜냐하면 당신은 자연철학뿐만 아니라, 윤리학, 자연학, 수학, 음악, 기술 등등 거의 모든 분야에 걸쳐서 압도적인 박식함을 자랑한 인물이었기 때문입니다.

나는 당신의 말을 기억합니다. "나는 내 동시대 사람들 중에서는 가장 많은 곳을 광범위하게 탐구하면서 여행을 했다. 그리고 하늘과 땅의 가장 많은 부분을 보고 가장 많은 학자들에게 물어보았다. 그리고 증명하면서 작도하는 일에 있어서는 지금껏 나보다 우수한 사람을 본 적이 없다…." 이건 대단한 자부심의 표현이 아닐 수 없습니다. 그만큼 자신감이 있었다는 말이겠지요. 당신을 만나본 소크라테스도 '철학의 만능선수'라는 말로 당신을 평가했다고 하니, 당신에게는 그만한 무언가가 분명히 있었던 것 같습니다. 참으로 흥미로운 것은 디오게네스 라에르티오스Diogenēs Laertios가 전해주는 이야기입니다. 당신의 역량에 질투를 느낀 플라톤이 당신의 모든 저작들을 사 모아 불태워버리려고 했는데, 그것이 너무나 많아 도저히 불가능하다는 친구의 만류로 할 수 없이 포기했다는 것이지요. 사실 여부를 확인할 길은 없지만, 플라톤의 집념이 워낙 강했던 탓인지 그 후 당신의 그 많다던 저작들은 다 산실되고 플라톤의 것만이 남게 되었으니, 묘한 역사의 장난이 아닐 수 없습니다. 아무튼 나는 '지혜sophia'라고도 불리고 '웃는 자gelasinos'라고도 불리며 사람들에게 추앙받았던 당신의 그 학문과 인품을 흠모하고 있는 한 사람임을 전하고 싶습니다. '성과'에는 '평가'가 따라야 옳다고 나는 믿기 때문입니다.

당신의 핵심사상으로 전해지고 있는 그 '원자atoma'와 '공허kenon'에 대해서 생각해봅니다. "관습적인 이야기에 따르면, 색이 있고 달콤함이 있고 쓴맛이 있다. 그러나 진실로는 원자와 공허가 있을 뿐이다" 그렇게 당신은 말했습니다. 원자 즉 '아톰(a+temnein: the undividable)'이라는 말 자체에서 알 수 있듯이 당신은 더 이상 쪼갤 수 없는 최소의 물질적 기본 단위를 모든 사물들의 근본실체로 생각했던 것 같습니다. 세상에, 그 옛날에 그런 걸 어떻게 알아내셨죠? 그 사고력이 참 대단하십니다. 게다가 그것들이 존재하기 위한 근본장소로서의 '공간'을 직관적으로 파악하여 언급한 것도 그 못지않은 탁견이라고 인정됩니다. 아리스토텔레스도 설명하고 있듯이, 당신은 '채우는 것'과 '텅 빈 것'을 '요소'라 했고, 전자를 '있는 것' 후자를 '없는 것'이라 했습니다. 그런데 덧붙여서 말하기를 "있는 것들이 모두 다 없는 것보다 더 이상으로 있는 것은 아니다"고 하여 물체가 공간 이상으로 존재하지는 않는다는 점을, 즉 공간의 독자적인 존재성을 인정하고 있습니다. 없는 것이 있다는 식의 이 말은 논리적으로는 비록 모순이지만, 물리적–철학적으로는 엄연한 사실을 반영하는 발언입니다. 수학에서의 '0'의 존재나 불교에서의 '공'의 존재나 도교에서의 '무'의 존재를 거론한다면 아마 대부분의 현대인들은 그 '공간'의 존재를 이해할 겁니다. 파르메니데스와 하이데거의 존재론에서도 무는 무로서 존재합니다. 의미는 좀 다르지만 헤겔과 사르트르의 철학에서도 마찬가지입니다. 그들에게는 다 특유의 '무론'이 있습니다. 물론 당신의 세부적인 '공간론'은, 애당초 없었는지 사라진 것인지 알 수 없지만 전해지지 않습니다. 중요한 것은 어디까

고대로 부치는 철학편지

지나 '원자'입니다.

당신은 그 원자들의 성격과 작용에 대해서도 언급하고 있습니다. 즉 세 가지 차이, 형태-배열-위치에 따라, 다른 것과의 구별이 생긴다고 보았습니다. 또한 원자들의 '결합과 분리'로써 생성과 소멸을 설명하고, 원자들의 '배열과 위치'로써 질적 변화를 설명했습니다. 원자들의 '운동'에 대해서도 말하고 있습니다. 특히 물체들이 공간 속에 모여 소용돌이를 일으키고 상호간 충돌이 일어나며 갖가지 방식으로 회전하면서 각각 구별되기에 이른다고도 했습니다. 나는 당신의 이러한 설명들이 현대과학의 눈으로 볼 때 어느 정도 타당한 것인지는 잘 모르고 있습니다. 하지만, 당신이 이른바 '물리의 세계', 특히 '마이크로의 세계'와 '미시적 세계'를 최초로 밝혀 주제화시켰다는 것은 분명한 공적으로 인정해야 한다고 봅니다. 그것은 자연의 근원에 숨어 작용하는 수적인 원리를 발견했던 퓌타고라스에 비견되는 대업적이 아닐 수 없습니다. 철학의 역사에 당신의 원자론이 있다는 것은 철학의 자랑입니다.

당신이 말한 원자의 존재는 오늘날 현대과학의 도구들에 의해 사실임이 밝혀지고 있습니다. 그것은 더욱 작은 단위로 구체화되어 원재핵과 전자도 규명되어 있고 현실의 장에서도 지금은 나노nano: 10억분의 1의 단위가 생활화되기에 이르러 있습니다. 비록 그 명칭이 더욱 세분화되고 그 작용들이 더욱 미세하게 밝혀지더라도 그 근본에는 어디까지나 당신이 마련한 기본설정이 깔려 있음을 사람들은 알아야 합니다. 그 업적을 그 누가 가볍게 볼 수 있겠습니까. 그리고 공간의 발견 또한 그렇습니다. 그것은 '무의 존재성'에 대한 직관적 파악이라고 말할 수 있습니다. 다시 말하지만 그것은 수학에서의 '0zero'의 존재와도 흡사합니다. 그것은 분명 '없는 것'이지만, 실은 '없는 것으로서 있는 것'입니다. 그것은 '한 특수한 형태의 존재'라고 말할 수 있습니다. 파르메니데스의 '비존재', 데모크리토스의 '공허', 수학의 '제로', 불교의 '공', 도교의 '무', 이런 것들에 대한 인식은 오직 그것을 볼 줄 아는 뛰어난 정신들에게만 드물게 주어지는 것입니다. 데모크리토스 당신은 그런 드문 자들 중의 한 사람이었음에 틀림없습니다.

더욱이 잊지 말아야 할 것은 당신의 업적이 한갓 원자론으로 다하지 않는다는 것입니다. 그 많다던 당신의 글들이 다 없어졌다지만, 단편적으로 전해지는 짜투리들을 보더라도 당신은 예사롭지 않은 지혜들을 갖추었던 현자였음을 짐작하기에 충분합니다. 예컨대 "유쾌가 목적이다… 그것에서는 어떠한 공포나 미신이나 또 다른 감정에 의해서도 흔들리지 않고, 영혼이 고요히 평온하게 시간을 보낸다. 그것을 행복이라고도 부르고 … 다른 이름으로도 부른다" "인간들이 행복한 것은 신체에 의해서도 아니고 금전에 의해서도 아니다. 오히려 마음의 올바름과 지혜의 많음에 의해서이다" "아름다움은, 만일 지성이 그 근저에 없다면, 동물적인 것에 지나지 않는다" … 등등 제법 적지도 않습니다. 이런 종류의 인생론적 지혜나 국가론 등을 열거하자면 그것만으로도 한참의 시간이 필요합니다. 원자론자로만 알려진 데모크리토스의 행복론과 미학, 흥미진진합니다. 안타깝지만 지금 그것을 다 돌아볼 수는 없습니다. 나는 당신이 그저 한갓된 원자론자로만 끝나는 인물이 아니었음을 세상 사람들에게 알리는 것으로 만족해야겠습니다. 당신도 그것을 수긍하시겠지요. 어디선가 모든 것을 달관한 당신의 그 너털웃음이 들려올 것도 같습니다. 겔라시노스(웃는 자), 데모크리토스여, 당신의 그 사라진 업적들을 그리워하며 나는 아득히 먼 저 공간을 바라봅니다. 70억 분의 1, 하나의 원자적 인간으로서.

Prōtagoras BC 490–BC 411경

"만물의 척도는 인간이다.
있는 것들에 대해서는 있다고 하는 것의,
없는 것들에 대해서는 없다고 하는 것의."

"신들에 대해서는, 그들이 존재한다고 하는 것도,
존재하지 않는다고 하는 것도,
또 그 모습이 어떠한 것인가 하는 것도 알 수가 없다.
왜냐하면 그것을 아는 것을 방해하는 것이 많으니까.
즉 그것은 지각하는 것이 불가능할 뿐만 아니라
인간의 생명도 짧기 때문에."

"모든 사태에 대해 서로 상반되는 두 개의 주장이 있다."

BC 490년경 그리스 북부 트라키아Thracia 지방의 압데라Abdera에서 아르테몬(혹은 마이안 드리오스)의 아들로 태어남.

BC ???–???년 짐꾼으로 생활했으나, 데모크리토스의 눈에 띄어 그에게 사사함(프로타 고라스가 연상이므로 확실한 기록은 아님).

BC ???–???년 여러 도시들을 돌아다니며 소피스트로 활동. 큰 돈을 모음.

BC ???년 아테네로 감. 소피스트로 명성을 얻음. 페리클레스와도 친교.

BC ???년 수업료 지불 문제로 제자와 논리싸움을 벌임.

BC ???년 아테네 식민지 투리오이Thurioi의 법률을 제정.

BC 411년경 소피스트로 활동한 지 40년이 지나 70세의 나이로 죽음. 시켈리아로 항해 하던 중 익사했다는 설이 있음.

프로타고라스에게
만유의 척도, 인간을 묻는다

편지이기는 하지만 이렇게 당신과 정면으로 마주하는 것은 왠지 조금 조심스럽습니다. 그것은 무엇보다도 당신이 소피스트의 대표자로 알려져 있고, 소피스트 하면 대부분의 사람들이 부정적인 이미지의 '궤변론자'로 알고 있기 때문입니다. 하지만 그럴수록 당신의 참모습을 제대로 살펴볼 필요가 있다는 생각이 들기도 합니다. 피하고 배제하는 것만이 능사는 아니겠지요.

당신을 궤변론자로 생각하는 일종의 편견은 나의 경우 40여 년 전 철학사를 처음으로 공부하면서 일찌감치 제거되었습니다. 대부분의 교과서들은 소피스트sophistai라는 것이 '소피아sophia' 즉 '지혜'를 지닌 자 즉 '지자'라는 것을 제대로 알려주고 있었습니다. 아울러서 소피스트들은, 페리클레스 이후 안정된 민주제 하에서 정계로 진출하려는 여러 청년들에게 '수사학rhetorike'과 '변론술dialektike'을 비롯한 여러 지적-언어적 소양들을 가르치기 위해 그리스 전역에서 아테네로 몰려든 교사군이라는 것, 그러한 현실적 요구를 충족시켜 줌으로써 큰 인기를 얻고 존경까지 받았다는 것도 언급되어 있었습니다. 그리고 조금 친절한 해설서들은 소피스트 철학이 현대적 관점에서 보면 대단히 선구적인 사상이었고 예리한 통찰이 엿보이는 것이며, 특히 철학적 관심사를 '자연physis'의 문제에서 '인간anthrōpos'의 문제로 바꾸어놓는 데 결정적인 공헌을 했다는 점에서 철학사적 의의를 재평가 받아야 할 것이라고까지 치켜세우는 경우도 있었습니다.

물론, 소피스트들이 당시의 가치기준으로 봤을 때, 상대주의적이고 가치파괴적인 측면이 있었다든지, 돈벌이를 목적으로 했다든지 하는 점에서 이미 당시부터 비난의 대상이었고, 특히 플라톤과 아리스토텔레스 같은 거장들이 그러한 점에서 당신들을 아주 못마땅하게 생각했다는 것도 빠트리지 않고 있습니다. '돈 많은 청년들을 사냥하는 돈으로 고용된 사냥꾼'이라든지, '영혼을 위한 지식을 거래하는 무역상인'이라든지 '똑같은 것을 거래하는 소매상인' '지식의 자가 제조 판매인' '언론의 경기에 종사하는 일종의 선수' '지혜를 누구에게나 원하는 사람들에게 마치 매춘부처럼 돈으로 파는 사람들' 등의 표현들이 그러한 시각을 여실히 전해주고 있었습니다.

그런데 대학원 시절, 당신이 남긴 단편들을 직접 읽게 되면서 나는 이런저런 선입견 없이 정면으로 당신의 사상을 바라볼 수 있게 되었습니다. "만물의 척도는 인간이다. 있는 것들에 대해서는 있다고 하는 것의, 없는 것들에 대해서는 없다고 하는 것의panton chrematon metron estin anthrōpos, ton men onton hos estin, ton de ouk onton hos ouk estin" 이 유명한 명제는 그저 한갓된 궤변의 하나라고 치부될 성질의 것이 아니라는 생각이 들었습니다. '분명히 그렇게 말할 수 있는 측면이 있지 않은가' 그렇게 나는 받아들였습니다. 예컨대 바다 건너 필리핀 숲속에 가면 맛있는 바나나가 주렁주렁 열려 '있'지만, 서울역 지하도에서 이틀을 굶은 한 노숙자에게는 지금 아무것도 먹을 것이 '없'다고 말할 수밖에 없는 것입니다. 또 김태희가 예쁘다는 것도 인간에게는 '맞는' 말이지만, 그녀를 피해 도망치는 바퀴벌레에게는 '아닌' 것입니다. 그러니 있다는 것도 없다는 것도, 그렇다는 것도 아니라는 것도, 어떤 기준에 의해 결정되는 것이며, 그 기준은 다름 아닌 '인간'이라는 것입니다. 이게 어떻게 궤변일 수 있겠습니까.

이는 이른바 '인간중심주의'를 명시적으로 천명한 최초

의 역사적 사례로 평가할 수도 있습니다. 어떤 교과서도 이런 것을 알려주지는 않았지만, 내가 보기로 철학의 역사에는 두 개의 서로 다른 입장 내지 관점이 때로는 대립하고 때로는 교차하면서 맥을 이루어오고 있습니다. 그 하나가 '인간중심주의humancentrism'이고 다른 하나가 '세계중심주의worldcentrism'라고 할 수 있습니다. 의미는 미묘하게 다르지만 익숙한 말로 '주관주의subjectivism'와 '객관주의objectivism'라고 해도 좋습니다. 또 좀 다르지만 '인식론적 입장epistemology'과 '존재론적 입장ontology'이라고 해도 좋습니다. 나는 애당초 철학이라는 것을 '인간과 세계에 대한 근원적이고도 포괄적인 이성적 설명의 시도' 내지는 '지적인 활동'이라고 정의합니다만, 이 경우 인간 쪽에 중심을 두느냐 세계 쪽에 중심을 두느냐 하는 데 따라서 위의 두 입장이 생겨난다고 파악하고 있습니다. 당신은 그 둘 중 하나의 축을 이른바 '인간척도론'이라는 형태로 개척한 선구자인 것입니다. 그런 점에서 당신은 역사적 인물입니다.

이러한 '인간척도론'을 당신은 신의 존재문제에도 적용하고 있습니다. "신들에 대해서는, 그들이 존재한다고 하는 것도, 존재하지 않는다고 하는 것도, 또 그 모습이 어떠한 것인가 하는 것도 알 수가 없다. 왜냐하면 그것을 아는 것을 방해하는 것이 많으니까. 즉 그것은 지각하는 것이 불가능할 뿐만 아니라 인간의 생명도 짧기 때문에." 이 말에서도 인간이, 특히 인간의 지각이 신의 인식에 대한 기준이라는 점을 당신은 분명히 하고 있습니다. 나는 당신이 시사해준 이 문제, 즉 '기준criterion' 내지 '척도measure'라고 하는 것이 철학적으로 대단히 중요한 문제라고 생각했습니다. 특히 '인간'이 그 기준이라는 것은 우리 자신인 인간의 입장에서 볼 때 결코 가볍게 볼 수 없는 문제라는 것을 인정하지 않을 수 없습니다. 물론 나는 개인적으로, 인간의 인식을 초월한 객관적 존재의 실재나, 보편타당한 진리나, 사물의 이데아적 본질 같은 것을 인정하는 입장입니다. 그런 점에서 플라톤주의자라 불려도 어쩔 수 없습니다. 그러나 나는 나의 이러한 입장이 당신의 입장과 상호 배치되는 모순이라고 생각하지는 않습니다. 왜냐하면 나는 동시에 우리 인간에게 있어서 타당한 주관적 사실들, 즉 판단이나 인식이나 의식이나 관념이나 의미나 이런 것들을 똑같이 인정하고 있기 때문입니다. 그런 점에서는 데카르트주의자라 불려도 어쩔 수 없습니다.

이 두 가지를 동시에 인정하는 것은 결코 논리적 모순이 아닙니다. 그것들은 서로 영역이 다름을 인정해야 합니다. 예컨대 우리는 사람들에게 이렇게 물어볼 수 있습니다. '만일 당신이 죽고서 없어도 이 세상이 존재하는지, 혹은 그러면 이 세상은 존재하지 않는지'. 그러면 아마도 두 가지로 대답이 갈라질 것입니다. '그래도 존재한다'는 쪽과 '그러면 존재하지 않는다'는 쪽으로. 나는 이 두 가지가 모두 인정되어야 한다고 봅니다. 다만 분명히 해야 할 것은, 전자는 나를 초월한 '세상 그 자체'이고, 후자는 어디까지나 '나에게 있어서의 세상'으로 확실히 구별되어야 한다는 것입니다. 그것은 엄밀히 보면 다른 것입니다. 그것을 혼동하기 때문에 모순으로 보일 따름입니다. 철학에서는 '혼동confusion'이 문제의 입구이며 '구별distinction'이 문제의 출구입니다. 이렇게 놓고 보면 당신의 '척도론'은 이해가능한 것이 될 수 있습니다.

요컨대 당신은 '우리 인간에게 있어서의 세상'을 말하고 있는 셈입니다. 이 영역에서는 '인간'이 '척도' 내지 '기준'일 수밖에 없습니다. 당신은 옳은 말을 한 것입니다. 나는 물론 '객관적 사실들'에 대해서도 할 말이 많고, '객관적 사실들과 주관적 사실들의 관계 내지 상호연관'에 대해서도 할 말이 많이 있지만, 그것을 당신에게 강요하거나 그것을 가지고 당신의 말을 재단하고 싶지는 않습니다. 적지 않은 경우에 그러한 고집과 강요가 문제를 야기하기 때문입니다. 시야를 조금만 넓히면 결코 그럴 필요가 없습니다.

당신은 아마도 나의 이런 시각에 동의하실 거라고 기대합니다. 왜냐하면 당신 자신도 그런 고집과 편견의 희생자였기 때문입니다. 당신은 신들의 인식불가능성을 말한 좀 전의 그 말 때문에 아테네 사람들에게 추방당했고, 당신의 저작들도 모두 수거되어 시상에서 불태워졌지 않았습니까. "모든 사태에 대해 서로 상반되는 두 개의 주장이 있다"는 당신의 말도 생각하기에 따라서는 입장 내지 기준에 따라 다양한 견해가 있는 것이 당연하다는 것으로 받아들여질 수 있습니다. 그것이 그대로 인정된다면 이러한 상대주의 내지 다원주의는 오히려 사람들의 독단주의에 기초한 대립과 다툼을 방지하고 해결하는 데 크게 기여할 수도 있지 않을까, 그렇게도 생각해봅니다. 이런 생각이 부디 '어설픈 포용주의'로 경시되지 않기를 나는 기대해봅니다.

Gorgias BC 483–BC 376

"아무것도 존재하지 않는다.
비록 존재한다고 하더라도 우리는 그것을 인식할 수 없다.
비록 인식한다고 하더라도 우리는 그것을 전달할 수 없다."

BC 483년 시켈리아의 그리스 식민지 레온티노이Leontinoi에서 카르만티데스harmantides 의 아들로 태어남.

BC 427년 60세 정도에 시라쿠사이의 공격에 대한 방어 요청을 위한 사절로 아테네에 파 견됨.

BC ???년 소피스트로 활동. 큰 돈을 모음. 이소크라테스, 알키다마스 등을 제자로 둠.

BC ???년 델포이 연설 후 그리스인들이(혹은 그의 누이가) 델포이의 아폴론 신전에 그의 황금 동상을 세웠다는 설이 있음.

BC 376년 108세의 나이로 그리스 동부 테살리아Thessaly 지방의 라리사Larisa에서 죽음.

고르기아스에게

불확실성을 묻는다

철학의 역사에 당신의 이름이 등장한다는 것을 모르는 사람도 의외로 많지만, 그리고 안다 하더라도 대부분이 그저 황당한 소피스트의 한 사람으로 아는 정도에 불과하지만, 나는 당신의 존재를 상당히 의미 있는 것으로 평가하고 있습니다. 그것은 물론 옛 기록에서 보이듯 당신이 돈을 잘 벌었다는 것 때문도 아니고, 공무와 변론이 능했다는 것 때문도 아니며, 또 일반적인 교과서들이 평가하듯 당신이 철학사적 인식의 전환에 기여했다는 것 때문도 아닙니다. 당신은 오히려 전형적인 소피스트의 한 사람이라는 인상을 주기에 충분합니다. 이른바 상대주의, 파괴주의, 회의주의 같은 명칭들은 바로 당신을 위해서 있는 듯한 느낌도 있고, 실제로 당신이 남긴 말을 보더라도 '궤변'이라는 느낌을 피해가기가 쉽지 않은 것 또한 분명합니다.

당신은 말했습니다. "아무것도 존재하지 않는다protōn hoti ouden estin. 비록 존재한다고 하더라도 우리는 그것을 인식할 수 없다deuteron hoti ei kai estin, akatalēpton anthrōpōi. 비록 인식한다고 하더라도 우리는 그것을 전달할 수 없다triton hoti ei kai katalēpton, alla toi ge anexoiston kai anermēneuton tōi pelas"고. 이 무슨 황당한 소리? 얼토당토않은 궤변? 말도 안 되는 억지? 하고 우리는 얼마든지 당신을 비난할 수 있습니다. 당신의 논변을 들어보더라도 사정이 크게 달라지지는 않습니다. 당신은 이렇게 설명하고 있기 때문입니다. "만일 무언가가 존재한다고 한다면, 하나이거나 여럿이거나, 또는 불생불멸이거나 생성변화이거나 하여야 한다. 그런데 만일 하나도 여럿도 불생불멸도 생성변화도 아니라면 그것은 아무것도 아닐 것이다. 왜냐하면 만일 무언가 '이다'라고 한다면 이들 중 어느 한쪽일 것이기 때문에. 그런데 하나도 여럿도 불생불멸도 생성변화도 아닌 것은 … 있을 수도 없을 수도 없다. 왜냐하면, 만일 없는 것이 없는 것 '이'라고 한다면 없는 것은 있는 것 못지않게 있을 것이다. 왜냐하면 없는 것은 없는 것 '이'고, 있는 것은 있는 것 '이'며, 따라서 이 사태는 없다와 마찬가지로 있다는 것이 될 터이므로. 그러나 그럼에도 불구하고 만일 없는 것이 있다고 한다면 그 반대인 있는 것은 없다. … 왜냐하면 만일 없는 것이 있다고 한다면 있는 것은 없

고대로 부치는 철학편지

는 것이 합당하니까. 따라서 … 만일 있는 것과 없는 것이 동일하지 않다면, 이와 같이 아무것도 없는 것이 될 것이다. 그런데 만일 동일하다고 한다면, 또한 이상과 같이 아무것도 없다는 것이 될 것이다. 왜냐하면 없는 것은 없으며, 또한 있는 것도 그것이 없는 것과 동일한 이상, 없기 때문에."

　이런 말을 과연 논증이라고 할 수 있는지, 나로서도 쉽게 편을 들어주기가 난감한 것이 사실입니다. 여기에 모두 옮길 수는 없지만, 제2명제와 제3명제에 대한 논증도 별반 다를 바가 없습니다. 실례를 무릅쓰고 솔직히 말씀드리지만, 나는 당신의 그 '요상한' 논증에 그 어떤 훌륭한 철학적 의미가 있다고 인정할 수는 없습니다. 그것은 내가 한때 '논리학'에 심취해서 논증에 대한 연구를 열심히 한 적이 있었고, 그래서 논리적인 논변에 비교적 호의를 갖고 있다고 하더라도 마찬가지입니다. 아니 오히려 그렇기 때문에 더욱 곤란합니다. 당신의 이 논증이 파르메니데스를 위한 제논이나 멜리소스의 논증처럼 "왜냐하면gar…"이라는 단어를 열심히 나열함으로써 언뜻 보기에 대단히 '논리적'인 인상을 주고 있기는 하지만, 사실은 제대로 된 논증이 못된다는 것을 나는 인정할 수밖에 없습니다. 왜냐하면 제대로 된 논증이란 '말'이 아니라 '사실'에 근거한 것이라야 하기 때문입니다.

　그럼에도 불구하고 내가 당신의 존재를 '의미 있는' 것으로 평가하는 것은, 당신의 그 유명한 세 가지 명제가, 그것 자체로서 지니는 철학적 의미를 담고 있다고 보기 때문입니다. 당신은 '존재'와 '인식'과 '전달'을 부정하고 있습니다. 그것은 사실 누가 보더라도 명명백백한 억지임이 틀림없습니다. 있는 것은 분명히 있으며, 우리는 그것을 실제로 인식하고 있고, 그리고 그것을 남에게 전달하고도 있습니다. 예컨대 우리집 창밖에는 살구나무가 있으며, 나는 그 열매가 맛있다는 것을 알고 있고, 그것을 내 친구 박광성에게 알려줄 수도 있습니다. 존재와 인식과 전달은 분명히 가능합니다. 아테네에서 변론을 가르쳐서 큰 돈을 번 당신이 설마하니 그것을 정말로 몰랐다는 것은 말이 되지를 않습니다. 그래서 나는 당신의 명제들을 조금 다른 방향에서 조명해보기로 했습니다. 즉 나는 당신의 그 해괴한 논증들을 다 덮어두고, 애당초 당신이 왜 하필이면 그 세 가지를 부정했을까를 생각해보았습니다. 거기에는 하나의 해답이, 그것도 아주 의미심장한 해답이 있었습니다.

우선 '존재'라는 것을 생각해봅니다. 무엇이 있다든지 어떻다든지 하는 '존재'는 너무나도 명백해 보입니다. 그러나 지금 내 눈앞에 있는 이 살구가 백년 전 천년 전 만년 전에 있었는지, 백년 후 천년 후 만년 후에 있을는지를 물어보면

고대로 부치는 철학편지

그 명백한 존재라는 것이 얼마나 불확실한 것인지를 한순간에 곧바로 알 수가 있습니다. 더군다나 그것이 맛 '있'는지 맛 '없'는지를 물어보면 더 간단합니다. 누구는 맛있다고 하고 누구는 맛없다고 합니다. 이런 경우들을 열거하자면 한도 끝도 없습니다. 이렇게 '서로 상반되는 견해를 말하는 다른 사람들'이 있음을 근거로 해서 당신이 논증을 펼치는 것이라고 이미 아리스토텔레스도 설명해주고 있습니다. 바로 그런 것이지요. 그렇게 확고부동한 것들이 없으니 당신은 그런 것들을, 조금 과격하기는 하지만, '아무것도 존재하지 않는다'라고 말했을 수도 있는 것입니다.

그리고 '인식'이라는 것도 그렇습니다. 우리는 무엇이든 제대로 알고 있는 듯이 생각하지만, 사실 정말로 중요한 일들에 대해서는 무엇 하나 제대로 아는 것이 없습니다. 우리는 물어봅니다. 꽃이 왜 피는지 새가 왜 나는지, 내가 왜 났는지 네가 왜 늙는지, 우주와 시간에 끝이 있는지 없는지, 진정한 진선미란 과연 어떤 것인지 … . 소크라테스가 확인시켜 주었듯이 그런 물음에 제대로 답할 수 있었던 사람은 아무도 없었습니다. 그래서 당신은 과감하게 '아무것도 인식할 수 없다'고 말했을 수도 있는 것입니다.

또 '전달'이라는 것도 그렇습니다. 그건 누구보다도 내가 잘 압니다. 매학기 강의를 하면서 열과 성의를 다해 내가 아는 것들을 학생들에게 가르쳐주는데, 학기말에 이른바 '시험'이라는 쳐보면, 그것이 전혀 전달되지 않았음을 번번이 한숨으로 확인하게 됩니다. 그런 건 그래도 약과지요. 생각해봅시다. 공자와 부처와 소크라테스와 예수 같은 훌륭한 분들이 소중한 진리를 깨우치고서 그것을 수많은 사람들에게 '전달'하였건만, 오늘날 세상은 어떻습니까. 2천 년이 넘는 그 장구한 세월이 무색하게도 우리들의 이 세상은 여전히 문제투성이지 않습니까. 제대로 전달이 되었다면 세상이 이럴 수는 없는 것입니다. 그래서 당신은 다짜고짜로 '남에게 전달할 수 없다' '이해시킬 수 없다'고 말했을 수도 있는 것입니다.

　이와 같이 보면, 존재도 인식도 전달도 모두가 불확실한 것이 맞습니다. 그런 의미에서라면 나는 당신의 그 '불확실성 선언'의 확실성을 확실히 승인하겠습니다. 나는 그렇게 당신의 그 '회의명제 1, 2, 3'을 확대해석하고 있습니다. 그게 아니라고 당신이 만일 항의한다면… 할 수 없지요. 어차피 당신은 '전달'할 수 없다고 주장을 한 터이니 아닌 게 당연하다고 말할 수밖에. 나는 그냥 나의 해석을 끝까지 밀고 나가겠습니다.

친애하는 고르기아스, 나는 그래도 '언변의 위력'을 설파한 당신의 말만큼은 나뿐 아니라 우리 시대의 모든 사람들에게 제대로 전달될 수 있다는 생각이 듭니다. 당신의 말씀대로 "언변은 위대한 실력자여서, 그것은 대단히 작은, 전혀 눈에 띄지 않는 작은 몸으로써, 대단히 신적인 일을 완성한다. 왜냐하면, 그것은 공포를 그치게 하고 고통을 제거하고 쾌락을 만들어내며, 연민을 증가시키는 힘을 지니고 있기 때문"입니다. 말은 사람을 죽이기도 하고 살리기도 하며, 세상의 온갖 이득을 취하기도 하고 역사를 바꾸어놓을 수도 있는 어마어마한 실력자임을 웬만큼 살아본 사람들은 다 알 것이기 때문입니다. 말 한마디로 천 냥 빚을 갚을 수도 있고 말 한마디로 십만 대군을 물러가게 할 수도 있습니다. 말 한마디가 사람에게는 약이 되기도 하고 독이 되기도 합니다. 그것이 다 언변의 힘이라는 것을 나도 알고 있습니다. 그 언변에 능했다던 당신이 참으로 부럽습니다.

Sōkratēs BC 470/69－BC 399

"검토되지 않는 삶은 살 가치가 없다."

"너 자신을 알라."

"이제 떠나야 할 시간이 되었습니다. 각자 자기의 길을 갑시다.
나는 죽기 위해서, 여러분은 살기 위해서.
어느 쪽이 더 좋은가 하는 것은 오직 신만이 알 뿐입니다."

BC 470/469년 아테네에서 석공인 아버지와 산파인 어머니의 아들로 페르시아전쟁 말기에 태어남.

BC ???년 젊은 시절, 아테네를 방문한 노년의 파르메니데스를 만남.

BC ???년 중년, 세 번의 전쟁에 종군하였음. 펠로폰네소스 전쟁(BC 431~404)에도 보병으로 참가.

BC 406년 참정의원으로 1년간 국정에 참여.

BC ???년 늦은 나이에 한참 어린 크산티페와 결혼.

BC ???-???년 거리, 시장, 환전소 등 장소를 가리지 않고 젊은이들과 철학적 대화를 함.

BC ???년 젊은 플라톤을 만나 제자로 삼음.

BC ???-???년 제자 카이레폰이 받아온 델포이 신탁을 계기로 정치가, 시인, 기술자들을 만나 대화. 그들의 무지를 일깨워주나, 미움을 삼.

BC 399년 아테네에서 죽음. '청년들을 타락시키고 새로운 신을 도입한다'라는 이유로 멜리토스, 아뉘토스, 뤼콘 등 반대자들로부터 고소를 당하게 되고 사형 판결을 받음. 제자 크리톤 등의 탈출 권유를 뿌리치고 독배를 마심.

소크라테스에게
영혼의 개선을 묻는다

　당신은 아마 꿈에도 생각하지 못했겠지만 보통 사람들에게 '알고 있는 철학자가 있느냐'고 물어보면 거의 십중팔구 '소크라테스'라는 대답이 돌아옵니다. 철학과의 입시면접 때 응시자들에게 물어봐도 마찬가지입니다. 당신은 그렇게 스스로의 의사에 상관없이 대표적 철학자로서 '철학'을 상징하고 있습니다. 그것은 절대로 우연이 아닙니다. 언젠가, 내가 아직 대학생이었을 때, 나는 서울의 좁은 자취방에 드러누워 벽면을 가득 채우고 있는 책들을 무심코 바라보다가 문득 이런 생각을 한 적이 있었습니다. '지금 내 눈앞에 있는 이것들은 도대체 무엇인가? 이것들은 왜 이렇게 내 눈앞에 있는가? 여기에 가득한 저 이름들, 소크라테스-플라톤-아리스토텔레스-아우구스티누스-아퀴나스-베이컨-데카르트-칸트-헤겔… 저 수많은 이름들이 지금 내 눈앞에 있다는 것은 우연일까? 생각해보라. 저것들은 길게는 2천6백 년, 짧게는 백 년의 시간을 넘어, 머나먼 유럽 땅에서 거대한 대륙을 가로질러 지금 이곳 한국에까지 와 있지 않은가. 이것을 우연이라고 할 수 있는가? 여기에는 반드시 무언가가 있다. 이 조그만 나라 아니 이 조그만 대학에서 내 이름 하나 알리기도 쉽지 않은데, 이들은 기나긴 역사 속에 확고하게 제 이름을 새겨놓은 것이 아닌가? 이들이 역사 속에 이름을 남겼다는 것은 반드시 그만한 무언가가 있기 때문이 아닐까'. 그렇게 나는 생각했습니다.

친애하는 소크라테스, 당신은 그중에서도 아주 특별한 사람이었습니다. 그것은 당신의 그 못생긴 주먹코나 대머리 때문도 아니고, 당신의 그 사나운 마누라 크산티페Xanthippe 때문도 아닙니다. 젊은 날 전장에서 보여준 그 용감무쌍함[4] 때문도 아닙니다. 당신이 플라톤이나 아리스토텔레스 같은 제자들과 달리 한 줄의 글도 쓴 적이 없음에도 불구하고,[5] 그리고 헤라클레이토스나 파르메니데스 같은 선배들처럼 자연의 이치에 관해 아무것도 가르쳐준 바가 없는 데도 불구하고, 어떤 점에서 그들 이상의 추앙을 받고 있는 것은 당신만이 이룩한 그 무언가가 있기 때문입니다. 그렇습니다. 당

---

4 크세노폰《소크라테스의 추억Memorablia Sokratous》참조.
5 소크라테스에 관한 대부분의 지식은 제자인 플라톤의 작품들을 통해 전해진다.

신에게는 무언가가 있습니다. '아아, 소크라테스여 소크라테스여 소크라테스여. 우리는 이와 같이 그의 이름을 세 번 거듭해서 부르지 않을 수 없다'고 저 덴마크의 진지한 청년 키에게고는 말했습니다. 얼마나 영민한 그였는데, 그가 그렇게 말했다는 것은 당신이 그만한 무언가를 가지고 있다는 것을 충분히 뒷받침합니다.

내가 보기에 그것은 당신이 그저 단순히 '삶'을 살았을 뿐만 아니라 '철학'을 살았기 때문입니다. 당신의 삶은 철학 그자체였습니다. '철학의 삶'이라는 것, 그게 어디 쉬운 일입니까. 당신은 인간에 대해서, 인간의 삶에 대해서, 그 삶의 핵인 영혼에 대해서, 남다른 관심과 애정을 가지고 있었습니다. "검토되지 않는 삶은 살 가치가 없다"는 말에서 나는 삶에 대한 당신의 그런 특별한 자세를 읽습니다. 한평생 "영혼psychē의 향상"을 위해 노력했다는 그리고 노력하라는 말도 내게는 그렇게 들려옵니다. 가치라는 것들이 당신 속에서 비로소 진정한 가치를 갖기 시작했습니다. 지혜sophia, 정의dikaiosynē, 덕aretē, 용기andreia, 사랑philia, 사려phronēsis, 경건toosion, 진alētheie, 선to agathon, 미to kalon … 영혼의 향상에 필수불가결한 그런 가치들이 당신의 혈관 속에서는 실제로 뜨겁게 굽이치며 흐르고 있었습니다. 나의 시대에는 이미 거의 화석이 되어버린 혹은 박제화된 지식으로서만 통용되는 이런 언어들이 당신의 그 두툼한 입술에서는 아직 생생하게 살아 숨쉬고 있었고, 당신의 그 왕방울만한 눈이 쏘아대는 형형한 빛을 타고서 젊은이들의 가슴속을 파고들었습니다. 정치를 하려고 했던 청년 플라톤이 그 모든 꿈과 조건을 접어두고 당신을 좇아 철학의 길로 들어선 것이 그것을 여실히 증명하고 있습니다. 당신은 타고난 '철학의 화신'이었다고 해도 결코 과언이 아닐 것입니다.

친애하는 소크라테스, 아마도 내가 그랬듯이 대부분의 사람들도 "너 자신을 알라gnōthi seauton"는 저 유명한 말과 함께 당신의 이름을 기억합니다. 하지만 대부분의 사람들은 이 말이 당신의 창작이 아니며 델포이 신전에 적혀 있던 현자 킬론Chīlōn의 말이라는 것을 잘 모르는 듯합니다. 이 말이 인간의 지혜와 관련이 있다는 것도 그 지혜의 내용이 '무지의 자각'이라는 것도 다 모르고 있습니다. 그리하여 정작 알아야 할 가치들에 대해서 별 관심도 없고 또 제대로 알지도 못하면서 아는 척하는 인간들의 오만이 얼마나 꼴사납고 위험스러운가 하는 것을 인간들에게 알려주기 위해서, 결국 그것을 위해서, 당신의 제자 카이레폰이 델포이의 아폴론 신전을 찾아가 신탁을 구했고, 신은 '소크라테스보다 더 지혜

고대로 부치는 철학편지

로운 자는 아테네에 없다'는 신탁을 내린 것입니다. 하지만 당신은 그것을 납득하지 못해 자타가 공인하는 지자들(정치인, 시인, 기술자들)을 일부러 찾아다녔고, 결국 그들의 무지를 확인했습니다. 그리고 그것을 일러주었습니다만, 결과적으로는 그래서 그들의 마음속에 원한을 불러일으켜, 그 때문에 끝내 고소를 당하고, 재판을 받고, 사형을 선고받아 어처구니없게도 독배를 들었던 것입니다. 우리는 이 모든 일들을 제자인 플라톤이 쓴 《소크라테스의 변론*Apologia Sokratous*》에서 생생하게 확인합니다. 무릇 인간들에게 무지의 지라는 이 하나의 교훈을 주기 위해 역사의 상황 속에서 이 모든 일들이 실제로 일어났던 것입니다. 아아 소크라테스! 독으로 굳어가는 당신의 몸이 마치 손에 닿을 듯합니다. 내가 가장 싫어하는 것 중의 하나가 이 '내용 없는 오만'인 것은 아마도 내가 당신의 터무니없는 죽음을 플라톤 못지않게 애석해하기 때문인지도 모릅니다. 소크라테스를 죽인 멜레토스와 아뉘토스와 뤼콘에게, 그리고 그 배후의 실력자들에게, 그리고 오늘날에도 미쳐 날뛰는 그들의 후예들에게 천벌이 있기를!

  친애하는 소크라테스, 사람들은 당신의 진면목을 돌아봐야 합니다. 당신의 철학은 곧 '대화*dialektikē*'였고 그 대화는 곧 '반문법*eirōneia*'과 '산파술*maieutikē*'이라고 당신은 규정했습니다. 후자는 산파였던 어머니에게 배운 것이겠죠. (석공이었던 아버지께는 배운 것이 없나요? 세간에는 당신의 아버지가 어린 당신 앞에서 돌을 조각하면서 인간도 삶도 그렇게 만들기에 따라 달라진다는 교훈을 일러주었다는 에피소드가 유포되어 있는데 그 전거는 확인하지 못했습니다. 사실이라면 대단히 의미 있는 이야깁니다.) 그렇게 당신은 대화를 통해 진리의 출산을 도와주었고 더욱이 보수도 받지 않았습니다. 물론 그 때문에 젊은 부인 크산티페에게는 바가지를 긁혔겠지만요. 하지만 바로 그 점이 당신을 더욱 돋보이게 해주는 것도 사실입니다. 나는 당신과 달리 철학을 업으로 삼고 있습니다만, 그나마 그 일이 당신의 흉내에 가까운 것임을 다행스럽게 여기고 있습니다. 강의라는 형태로, 논문이라는 형태로, 책이라는 형태로 나는 사람들에게 언어를 던집니다. '사람들'이라는 상대가 있는 만큼 그것도 일종의 대화입니다. 즉각적인 반응을 받아 반문하는 것은 불가능하지만 최소한 그들의 마음속에 반응을 일으키는 것은 가능할 것이라고 기대합니다. 그 반응이 그들 스스로 진리를 찾아나서는 계기로 작용할 수만 있다면 나 역시 진리의 산파가 될 여지는 있는 것입니다. 하다못해 습관적인 일상 속에서 졸고 있는 그들의 영혼을 자극하는 '등에alogómyga' 노릇 정도는 할 수가 있겠지요. 당신이 그 '등에'를 자처했던 것처럼. 그렇게 해서 조금이라도 인간들의 영혼을 향상시키는 데 기여할 수 있다면 (이 '조금'을 나는 '1센티미터의 질적 성장'이라 부르며 나의 학생들에게 호소하고 있습니다만) 다소간 부작용을 일으켜 고약한 인간들의 미움을 사는 일이 있더라도 철학을 하는 보람이 될 수 있을 것입니다. 당신은 바로 그런 '철학적 노력'에 대한 훌륭한 모범이었습니다. 당신은 덕과 정의 같은 진정한 가치들을 지향했고 온전한 삶을 지향했습니다. 그것을 위해 목숨까지 걸었습니다. 말이 그렇지 그게 어디 쉬운 일이겠습니까. 억울한 유죄를, 그리고 사형을 선고받고도 당신은 의연했습니다. 옥에 갇혀 사형집행을 기다리는 동안 지인들이 탈출을 준비했지만 당신은 70년 살 만큼 살았는데 더 살겠다고 도주하는 것은 나이에 어울리지 않는다는 것과 중요한 사안마다 나쁜 선택을 금지했던 다이모니온Daimonion의 목소리가 죽음을 말리지 않는다는 이유로 단호히 그것을 거부했습니다.[6] 《크리톤》에 보니 당신은 괴로워하는 사형집행인을 오히려 격려해주기까지 했더군요. 원 참, 죽는 마당에 어떻게 그런 모습을 보일 수가 있는지! 존경스럽습니다. 하기야 죽음에 대한 당신의 태도도 애당초 좀 특별했지요. 재판이 끝나고 재판정을 나설 때 당신은 이렇게 말했었지요. "이제 떠나야 할

---

6 이와 관련해 "악법도 법이다"라는 것이 소크라테스의 말로 널리 알려져 있지만, 취지가 그렇다는 것이지 소크라테스가 직접 이런 말은 한 것은 아니다.

시간이 되었습니다. 각기 자기의 길을 갑시다. 나는 죽기 위해서, 여러분은 살기 위해서, 어느 쪽이 더 좋은가 하는 것은 오직 신만이 알 뿐입니다"라고 말입니다. "아직 삶도 모르는데 어찌 죽음을 알겠느냐"라고 했던 공자를 연상시키는 말씀입니다. 또 하나 참 인상적인 것은, 당신이 죽어가다 말고 벌떡 일어나 옆에 있던 지인에게 "아스클레피오스Asklēpiós에게 닭 한 마리를 빚졌으니 대신 갚아주게"라고 말한 겁니다. 대 철인 소크라테스의 마지막 말이지요. 모르는 사람들은 이걸 곧이곧대로 빌려서 먹은 닭이라고도 생각하지만, 그래서 참 양심적인 사람이라고 평가하지만, 실은 이게 아스클레피오스 신에게 바치는 공물임을 아는 이는 뜻밖에 많지 않습니다. 당신은 삶의 세계에서 죽음의 세계로 이동하는 것을 의술의 신인 아스클레피오스에게 감사해야 할 치유의 의미로 즉 고통에서의 해방으로 해석하신 거지요. 그러니 이 유언 자체가 삶과 죽음에 대한 하나의 철학이었던 셈입니다. 당신처럼 이렇게 생각하는 것은 참 드문 일입니다. 사람들은 보통 그 반대입니다.

친애하는 소크라테스, 어수선하게 돌아가는 인간세상을 보고 있노라면 실망스러울 때가 한두 번이 아닙니다. 제멋대로 함부로 마구잡이로 살아가는 이른바 '고약한 세력'들이 너무 많습니다. 그런 사람들을 보면 화가 치밀어오를 때도 많습니다. 그들에게는 당신에게 들려왔던 그 '다이모니온'의 금지의 목소리(당신의 기소이유가 된 죄목 중의 하나)가 들리지 않는 모양입니다. 그래도 이 세상이 아직 끝장나지 않는 것은 왜이겠습니까. 그것은 아마도 '덕은 외롭지 않다. 반드시 이웃이 있다德不孤 必有隣'고 한 공자의 말처럼, 세상에는 '훌륭한 세력'도 분명히 존재하기 때문이겠지요. 플라톤도 크리톤도 파이돈도 … 그렇습니다. 그들은 '희망의 세력'입니다. 넘쳐나는 악에도 불구하고 이 세상 구석구석에 흩어져 양심의 소리에 귀 기울이며 살고 있는 수많은 소크라테스의 분신들이 있기 때문이 아닐는지요. 소크라테스! 시장에서도, 거리에서도, 재판정에서도, 그리고 감옥에서도, 당신의 주위에는 늘 사람이 들끓고 있었습니다. 그렇듯이 오늘날에도 당신의 주위에는 항상 사람들이 있습니다. 당신은 외롭지 않습니다. 나도 그렇게 당신 곁에 있습니다. 부족하지만 소크라테스주의자의 한 사람으로서.

Platōn BC 428/7-BC 347

"철학자들이 그들의 나라에서 왕이 되지 않는 한, 또 반대로 왕 또는 지배자로 불리는 이들이 실제로 지혜를 사랑하지 않는 한, 즉 정치권력과 철학이 하나로 합쳐지지 않는 한, 국가에 있어서 인류에 있어서 나쁜 것들이 종식될 날이 없을 것이다."

"선의 이데아는 … 모든 아름다운 것 옳은 것들의 보편적인 작자로, 가시적 세계에서의 빛의 어버이 빛의 주인으로, 가지적 세계에서의 이성 및 진리의 직접적이고 궁극적인 원천으로, 그리고 개인적 혹은 공적 삶에서 이성적으로 행동하려는 사람이 그의 눈을 거기에 고정시킬 수밖에 없는 힘으로 추론된다. …"

BC 428/427년 (또는 BC 424/423년) 아테네 명문가에서 태어남. 본명은 아리스토클레스.

BC 427-407년 시와 비극을 씀. 펠로폰네소스전쟁 겪음.

BC 404년 소크라테스를 만나 영향을 받고 그의 제자로 8년 동안 철학의 길을 걸음.

BC 400/399년 소크라테스 옥사 후 메가라Megara의 에우클레이데스Eukleides에게로 피신.

BC ???년 이탈리아 남부로 이동, 퓌타고라스학파와 교류. 영향을 받음.

BC 387-367년 아르키타스Archytas를 방문한 후 시켈리아Sikelia 섬의 시라쿠사이로 감. 그곳에서 참주 디오니시우스 1세와 만남. 그의 처남 디온이라는 청년과 의기 투합해 국정개혁을 시도했으나 실패. 모함에 의해 노예로 팔려갔으나 안니케 리스Annikeris가 그를 사서 해방시켜 줌.

BC ???년 아테네로 돌아와 아카데모스Akademos 숲에 학교 아카데메이아Akadēmeia를 세움.

BC ???년 아리스토텔레스가 입학하여 제자가 됨.

BC 367년 디온의 초청으로 디오니시우스 2세를 교육하기 위해 다시 시켈리아로 감. 자 신의 정치적 이상(철인군주)을 실현하고자 하나 수개월만에 파탄. 아테네로 돌 아옴.

BC 357년 제3차로 시켈리아에 가서 약 1년간 체재.

BC 356년 아테네로 돌아옴. 아카데메이아를 죽을 때까지 주재함. 《소크라테스의 변론》 《향연》《국가》를 비롯한 그의 엄청난 저작활동은 그것을 쓰면서 죽었다고 전 해지는 《법률Nomoi》편에 이르기까지 약 50년 동안 계속됨.

BC 347년 죽음. 자면서 죽었다는 설도 있고 결혼 잔치에서 죽었다는 설도 있음.

플라톤에게

정의와 이데아를 묻는다

청복 있기를! 하고 당신의 편지가 시작되듯이, 나도 당신에게 '청복 있기를!' 진심으로 축원합니다. 내가 이렇게 따뜻한 인사와 더불어 당신에게 글을 올리는 것은 내가 당신과 정신적으로 교유하게 된 소년 시절 이래로 당신은 나에게 빛나는 하나의 별이었고, 특히 두 가지 점에서 당신의 빛이 나의 철학적 항해를 인도해주었기 때문입니다. 그 하나는, 당신이 이 세계 만물의 이데아적 본질을 꿰뚫어봄으로써 철학적 관심과 통찰의 모범을 보여주신 것이고, 또 하나는 당신이 정의로운 인간의 사회를 건설해보고자 세 차례나 거친 지중해의 파도를 넘어 시켈리아의 시라쿠사이Syrakousai를 방문하는 등 이상의 실천에 무심하지 않았다는 것입니다.

19세기 시인 에머슨은 "철학은 플라톤이고, 플라톤은 철학Plato is philosophy, and philosophy, Plato"이라는 말로, 그리고 20세기 철학자 화이트헤드는 "서양철학의 전통은 플라톤에 대한 일련의 각주다The safest general characterization of the European philosophical tradition is that is consists of a series of footnotes to Plato"라는 말로, 각각 당신을 극찬했습니다. 적어도 당신의 영향이 아테네와 한국, 기원전 4세기와 기원후 21세기라는 시간적 공간적 거리를 넘어서까지 미치고 있다는 점에서, 그 말이 전혀 엉뚱한 것은 아닐 것입니다. 게다가 당신이 내놓은 그 엄청난 저작들, 산실된 데모크리토스의 저작들을 제외하고 현존하는 것으로서는 최초인 그 방대한 전집, 특히 그것들의 내용이 갖는 넓이, 깊이, 높이, 진지함, 그런 것은 가히 압도적입니다. 더군다나 그 모든 것들은 한갓된 지적 호기심에서 나온 게 아니라 문제 그 자체에, 특히 인간들의 문제에 뿌리박고 있다는 점에서 현실성도 있습니다. 당신이 소크라테스와 공유하고 있는 저 가치들, 진리, 선, 아름다움, 정의, 덕, 사려, 경건, 지혜, … 등등이 다 그렇습니다. 그 모든 것이 다 그렇지 못한 저 어두운 고약한 현실에서 비롯되는 것들입니다.

생각해보면 당신의 시대나 나의 시대나, 당신의 그리스나 나의 한국이나, 끝도 없이 '문제'를 생산해낸다는 점에서는 하나도 다를 것이 없습니다. 인간들이 서로 얽혀 사회를 이루고 그 사회 속의 모든 성원이 제가끔 욕망을 추구하며 산다는 본질적 구조가 있는 한, 인간들의 욕구는 충돌하기 마련이고 거기서 문제는 발생하기 마련입니다. 당신이 그토록 존경했던 스승 소크라테스가 터무니없는 죄목으로 고발을 당하고 사형을 선고받고 독배를 들었던 것도, 그리고 당신의 동지였던 디온Dion이 시라쿠사이에서 추방을 당하고 암살을 당했던 것도, 그리고 당신 자신이 참주 디오뉘시오스Dionysios의 모략으로 노예가 될 뻔했던 것도, 모두 다 인간의 욕망이라는 공장에서 생산된 '문제'들이었습니다. 사람 사는 세상 즉 국가에는 그런 문제들이 가득하지요. 그 '문제'들을 해소하는 길이 곧 "정의dikaiosýnē"의 실현이라고 당신은 생각했을 겁니다. 플라톤 철학에서 그런 현실적 배경을 생각해보는 사람은 뜻밖에 적습니다. 당신의 경우는 무엇보다도 소크라테스의 어처구니없는 죽음에서 그런 문제를 느꼈겠지요. 저 정의롭지 못한 무리들의 설쳐댐 속에서 오죽했으면 당신은 그 '철인정치'를 꿈꿨겠습니까. 대학생 때 읽었던 《국가politeia》와 〈제7서한〉의 그 감동적인 장면을 나는 지금도 생생하게 기억합니다. "철학자들이 그들의 나라에서 왕이 되지 않는 한, 또 반대로 왕 또는 지배자로 불리는 이들이 실제로 지혜를 사랑하지 않는 한, 즉 정치권력과 철학이 하나로 합쳐지지 않는 한, 국가에 있어서 인류에 있어서 나쁜 것들이 종식될 날이 없을 것이다." 철인이 다스리는 그 국가에서는 아마도 정의가 실현되리라고 당신은 기대했겠지요.

정의! 그것은 얼마나 숭고한 말이던가요. 그것의 실현을 위해서는 개인의 경우나 사회의 경우나 그 구성부분들이, 즉 당신 식으로는 통치자-수호자-생산자들이, 각각의 덕 arētē을, 즉 지혜sophia 용기andreia 절제sōphrosynē를 발휘해야 한다고. 그러면 종합적인 덕으로서의 정의가 구현된다고, 그렇게 당신은 가르쳤습니다. 포퍼 같은 이는 당신의 그런 생각을 유토피아적 사회공학이라고, 그래서 위험을 내포하는 것이라고 비난합니다. 하지만 플라톤! 나는 그런 비판자의 입장을 이해하듯이 또한 당신의 입장을 이해합니다. 내가 보건대 인간들에게는 각자에게 적합한 '자리'와 '역할'이 있습니다. 마치 물고기가 물에 있어야 제대로 헤엄칠 수 있고, 새가 하늘에 있어야 제대로 날 수 있고, 또 말이 광야에 있어야 제대로 달릴 수 있듯이, 인간들 또한 그렇습니다. 각각의 인간이 소질과 능력에 걸맞은 제 자리를 찾아갈 때, 거기서 제 역할을 제대로 할 때, 당신이 말하는 정의는 실현될 수 있습니다. 이것이 뒤죽박죽이 되면서 문제가 발생하는 것입니다. 그것을 바로잡아야 합니다. 당신은 그것을 '정의'라고 불렀고, 노나라의 공자는 '정명正名'이라고 불렀고, 나는 그것을 '제대로하기' 혹은 '본질구현'이라고 부릅니다. 그 점에서 우리는 다 동지들입니다.

　우리의 공통된 지향점은 결국 당신이 "선의 이데아he tou agathou idea"라고 부른 것으로 귀결이 됩니다. '선/좋음to agathon', 그것은 최고의 원리, 궁극적 경지입니다. "선의 이데아는 앎의 세계에서 가장 나중에 나타난다. … 그것은 모든 아름다운 것 옳은 것들의 보편적인 작자로, 가시적 세계에서의 빛의 어버이 빛의 주인으로, 가지적 세계에서의 이성 및 진리의 직접적이고 궁극적인 원천으로, 그리고 개인적 혹은 공적 삶에서 이성적으로 행동하려는 사람이 그의 눈을 거기에 고정시킬 수밖에 없는 힘으로 추론된다 …ta d' oun emoi phainomena houtō phainetai, en tōi gnōstōi teleutaia hē tou agathou idea kai mogis horasthai; ophtheisa de, sullogistea einai hōs ara pasi pantōn hautē orthōn te kai kalōn aitia, en te horatōi phōs kai ton toutou kurion tekousa, en te noētōi autē kuria alētheian kai noun paraschomenē, kai hoti dei tautēn idein ton mellonta emphronōs praxein ē idiai ē dēmosiai "라는 말로 당신은 그것을 알려주었습니다. 당신은 그런 좋음을 꿰뚫어보고 있었던 겁니다. 그 지적 능력이 참으로 놀랍군요(나는 이 '선/좋음'을 "하느님 보시기에 좋았더라"라는 저 성서 창세기의 말과 결부시키면서 피조된 모든 존재의 궁극적인 존재원리로 해석하고 있습니다).

　하지만 "이데아idea"라는 이 말은 많은 사람들을 괴롭히고 있습니다. '아이디어'라는 현재의 영어와 말은 같지만 그 의미는 너무나 다릅니다. 그리스어로는 '모양' '꼴' '본'이라는 뜻이라지요? 모든 존재들에는 이데아라는 이 원형이 있음을 당신은 꿰뚫어보았습니다. 그런데 당신의 수제자인 아리스토텔레스조차도 당신의 이 이데아설에 고개를 갸우뚱하고 있습니다. 하지만 나는 이데아라고 하는 것이 당신의 뛰어난 통찰에 의한 것임을 인정하고 아낌없는 박수를 보냅니다. 100퍼센트 이해하고 지지합니다. 어렵게 생각할 필요도 없습니다. 객관적인 만유의 원형으로서 이데아는 실재합니다. 반대하고 비판하는 사람은 그저 그것을 모를 뿐입니다. 이데아는 서로 다른 개체들에 공통된 본질적인 그 무엇입니다. 가령 우리가 한라산에도 가고 백두산에도 가고 때로는 후지산이나 히말라야나 알프스에도 오르면서 그 모든 것을 아무런 망설임 없이 '산'이라고 생각하는 것은 이미 산이라는 이데아를 인정하고 있는 것입니다. 포도도 수박도 복숭아도 사과도 모두가 '과일'임을 우리는 인정합니다. 중요한 것은 그러한 '본' 또는 '꼴' 또는 '범형'으로서의 이데아라는 것이 인간들의 그 잘난 지식을 뛰어넘어 그 지식의 저편에 '이미' '아프리오리하게' '마련'되어 있다는 것입니다(데카르트 이후 근대인들은 아무래도 인간의 주관-사고-인식-지식을 좀 과대평가하는 경향이 있는 것 같습니다). 그것이 비록 인간의 정신

속에서 발견되고 확인되기는 하지만, 그렇다고 그것이 인간 정신의 산물은 아닙니다. 그 인식의 근원은 그렇다 쳐도 그 존재의 근원은 아니라는 거죠. 그것을 인간들은 쉽게 인정하려 들지를 않습니다. 그러나 어쩌겠습니까. 사실이 그러한 것을! 제아무리 남산과 송악산이 다르고 한강과 대동강이 달라도 산은 산이요 물은 물인 것을! 개별적 사례들을 통괄하는 사물들의 원형 내지 보편적 틀이, 즉 이데아가, 인간 이전에 이미 있음을 우리는 인정할 수밖에 없습니다. 인간 없이도 온갖 풀들은 모두 '풀'이고 온갖 나무들은 모두 '나무'입니다. 인간 없이도 온갖 꽃들은 모두 '꽃'이고 온갖 나비들은 모두 '나비'입니다. 인간들의 의사와 아무런 상관없이 사물들은 그렇게 저마다의 보편적 틀에 귀속되고 있습니다. 그러그러하도록 미리 혹은 이미 마련되어 있는 그러한 보편적 존재의 틀을 당신은 이데아라는 말로 불렀을 것입니다. 그것은 세계와 그 속의 만물을 지배하는 기본 구조이며 또한 객관적 실상입니다. 그것을 꿰뚫어본 것은 분명 당신의 탁견입니다. '임재parousia'나 '분유methexis'라는 말로 이데아와 개별 사물들의 관계를 설명하고 또 '상기anamnēsis'라는 말로 이데아의 인식을 설명하는 것이 다소간 신화적인 느낌을 준다 하더라도 그것이 당신의 탁견을 훼손하는 것은 아닙니다. 이데아에 대한 인식의 문제는 그것대로 중요한 철학적 의미가 있다고 나는 인정합니다. 인식의 주체로서 인간이 위대한 것도 또한 사실이니까요.

당신은 그 이데아의 존재와 인식을 혹시 기하학에서 착안하셨나요? 서로 다른 크기와 모양의 무수한 도형들이 다 저 '삼각형, 사각형, 원' 같은 기본꼴에 수렴되는 것으로 전제하는 기하학이 좋은 모델이 될 수도 있었을 겁니다. 아닌 게 아니라 당신은 소크라테스 사후 아테네를 떠나 각지를 방랑하던 중 퓌타고라스의 근거지였던 남부 이탈리아의 크로톤 주변에 머물렀고 거기서 세력을 유지하고 있던 퓌타고라스 학파의 사람들과 교분을 가졌고 그들로부터 큰 영향을 받았습니다. 그래서 귀국 후 세운 아카데메이아의 입구에 "기하학을 모르는 자는 들어오지 말라"는 말을 게시해놓았다니 그 영향이 결코 작지 않았음을 충분히 짐작할 수 있습니다.

그런데 처음 직관적으로 알게 된 그 무엇을 설명하기는 쉽지 않습니다. 각종 오해도 거기서 비롯됩니다. 그래서 여러 가지 다양한 방법들이 시도되지요. 저 유명한 '동굴의 비유'도 '태양의 비유'도 '선분의 비유'도 그 이데아의 성격과 그 인식의 의미를 전달하려는 당신의 한 안간힘으로 나는 이해합니다. '빛과 그림자'의 구별, '가지계noētē와 가시계aisthētē'의 구별, '인식epistēmē과 억견doxa'의 구별, '지성적 앎noēsis 추론적 사고dianoia 확신pistis 상상eikasia'의 구별 등도 다

고대로 부치는 철학편지

그 일환이었겠지요. 그렇게 존재의 영역에도 인식의 영역에도 다양한 구별이 존재합니다. 정확한 이해를 위한 이런 '구별'의 중요성과 필요성을 사람들이 얼마나 제대로 이해하고 있는지는 언제나 좀 걱정입니다.

친애하는 플라톤, 어쨌거나 나는 당신의 시대와 당신의 아테네가 부럽습니다. 왜냐하면 그때 그곳은 살아 있는 철학정신의 소유자 플라톤을 가지고 있었기 때문입니다. 더욱이 당신은 최고의 실천가인 소크라테스의 제자요 최고의 이론가인 아리스토텔레스의 스승이기 때문에 더욱 빛나 보입니다. 나의 시대에는 그런 플라톤이 없는 듯합니다. 아니 어쩌면 수많은 플라톤들이 지금 배를 타고 방랑하는 중인지도 모릅니다. 아니면 당신이 그랬던 것처럼 음모에 의해 엉뚱한 곳에서 모진 고초를 겪고 있을지도 모릅니다. 그렇다면 그나마 다행입니다. 언젠가 안니케리스 같은 인물이 그를 알아보고 구해내서 다시금 그를 제자리에 돌려놓을 가능성이 있기 때문입니다.

친애하는 플라톤, 내가 지금 당신에게 이런 넋두리를 늘어놓는 것은 성숙된 사회에서 성숙된 삶을 살아보고 싶은 것이 내 오랜 꿈이었기 때문입니다. 그 꿈의 실현은 비록 요원해 보이지만 그래도 그 마지막 끈을 놓아버리지는 않겠습니다. 왜냐하면 꿈이란 그 자체로써 이 문제투성이 현실에 대한 불복 내지 대결의 한 아름다운 형태라고, 그렇게 나는 믿고 있기 때문입니다. 정의로운, 성숙된 사회는, 비록 지금은 아니더라도 언젠가 어디선가 반드시 실현되고야 말 것입니다. 틀림없이!

Aristotelēs BC 384–BC 322

"선이란 모든 것이 목표 삼는 것이다."
"인간이 달성할 수 있는 최고의 선이 행복이다."
"인간은 이성적 동물이다."
"인간은 정치적 동물이다."
"인간은 언어적 동물이다."

BC 384년 마케도니아Macedonia 왕국의 남쪽 칼키디케Chalkidike 반도에 있는 작은 도시 스타게이로스Stageiros(후의 스타게이라Stageira)에서 왕 아뮌타스 3세의 시의인 니코마코스Nicomachos와 파에스티스Phaestis의 아들로 태어남. 어린 시절 부모를 여의고 펠라pélla를 떠나 자형 프로크세노스의 후견으로 자람.

BC 367년 철학과 과학을 좀 더 깊이 공부하기 위해 아테네로 가, 플라톤의 아카데메이아에 들어감. 그 후 플라톤이 죽을 때까지 20년간 머물면서 공부함.

BC 347년 플라톤이 죽고 그의 조카 스페우시포스Speusippos가 아카데메이아를 계승하자 아테네를 떠나 아카데메이아의 학우이자 소아시아 아타르네우스Atarneus와 아소스Assos의 지배자인 헤르메이아스Hermeias의 초청으로 아소스로 감. 그의 조카딸 퓌티아스Pythias와 결혼하여 가까운 아리스에서 3년간 지냄(퓌티아스는 아이를 출산하면서 죽음).

BC 345-342년 레스보스 섬의 뮈틸레네Mytilene로 옮겨 살면서 제자 테오프라스토스와 자연사 연구에 몰두.

BC 343년 후원자 헤르메이아스 피살 후 마케도니아 왕 필리포스 2세Philippos II의 초청으로 수도 펠라 근처 미에자Mieza로 가, 13세의 왕자 알렉산드로스Aléxandros의 스승이 됨.

BC 340년 왕자가 왕위를 승계하면서 고향 스타게이로스로 돌아간 것으로 추정.

BC 335년 필리포스 사후 아테네로 돌아와 동북부 신역에 학교 뤼케이온Lykeion(도서관, 박물관 등 많은 연구설비를 갖춤)을 설립. 12년간 연구와 강의의 한편, 《형이상학》《오르가논》《니코마코스 윤리학》을 비롯한 방대한 저작 집필.

BC ???년 헤르퓔리스Herpylis와 결혼하여 아들 니코마코스를 낳음.

BC 323년 알렉산드로스가 죽고 아테네에서 반마케도니아의 여론이 고조되어 그의 신변도 위험해지자 어머니의 고향 에우보이아Eüboia 섬으로 피신.

BC 322년 에우보이아의 수도 칼키스Chalkis에서 위장병으로 죽음(62세). 퓌티아스 곁에 묻힘.

아리스토텔레스에게
실체와 행복을 묻는다

당신의 이름에 영광이 있기를 축원합니다. 솔직히 말씀드려 오랫동안 당신의 이름은 내게 있어 그다지 달가운 것이 아니었습니다. 실례를 무릅쓰고 벽두부터 이런 이야기를 불쑥 꺼내는 것은 당신의 존재가 나로부터 2천 수백 년의 시간을 지나서 있고 그래서 이 글이 당신의 마음을 직접 상하게 하지는 않으리라는 어떤 안도감에서 비롯되는 것만은 아닙니다. 오히려 나의 인상을 있는 그대로 털어놓는 것이 있을 수 있는 또 다른 오해를 방지하고 그만큼 당신의 가치가 정확하게 드러날 수 있다고 믿기 때문입니다.

당신의 이름이 내게 달갑지 않았던 것은 우선 무엇보다도 당신의 스승인 플라톤과의 관계에서 볼 때 당신이 지나치게 '학문적'이며, 따라서 플라톤과 같은 '향취'가 느껴지지 않는다는 것입니다. 그리고 다음으로는 내가 플라톤의 철학적 탁견이라고 인정하는 '이데아'에 대해 당신이 제대로 이해하지 못하고 있는 것이 아닌가 하는 의구심도 내 인상의 한 부분을 차지하고 있습니다. 가장 결정적인 것은 어쩌면 당신의 제자이자 강력한 후원자였던 알렉산드로스 대왕이 죽고 난 후 아테네에서 당신에게 신변의 위험이 닥쳐왔을 때, 당신의 학문적 할아버지 격인 소크라테스와 달리 '비겁'하게도 궁색한 변명을 늘어놓은 채 피신을 하고 기껏해야 일 년을 더 산 후 위장병으로 삶을 마감했다고 하는 것이 좀 '구차하다'고 내게 비쳐졌기 때문인지도 모릅니다. 그리고 플라톤의 사후 모교인 아카데메이아의 경영권이 그의 조카 스페우시포스에게 넘어가자 당신이 그곳을 떠났고 그 후 뤼케이온을 설립해 학문적 독립을 한 데도 석연치 않은 찜찜함이 남아 있습니다.

하지만 아리스토텔레스, 이제 나는 겸허한 심정으로 생각해봅니다. 당신에게 결여되어 있다고 하는 플라톤식의 향취는 분명히 '의무'가 아닙니다. 문학도 아닌 철학에 그것이 없다고 해서 문제가 되지는 않습니다. 우리들 인간은 생김새도 다르고 지문도 목소리도 입맛도 다 다릅니다. 우리에게는 무한에 가까운 다양성이 있습니다. 그 다양성의 인정이 민주주의의 기본이며 바람직한 사회건설의 제1조건이라고

나 자신이 강력하게 주장해왔던 만큼, 당신의 삶과 철학이 플라톤처럼 멋스럽지 않다고 탓하는 것은 앞뒤가 맞지 않습니다. 더군다나 당신은 플라톤에게는 없는, 그와는 다른 종류의 논리성과 치밀함을 가지고 있고 그리고 당신도 아카데메이아 재학 시절 플라톤과 같은 대화편을 써서 호평을 받은 적이 있다고 하니 그 노력과 능력도 인정받아야 마땅할 것입니다. 실제로 당신은 스승 플라톤과 쌍벽을 이루며 그리고 저 중세의 거장 아우구스티누스와 토마스 아퀴나스에게 각각 결정적인 영향을 끼치며 서양철학의 양대 산맥을 이루게 되었습니다.

변호의 논거는 또 있습니다. 이데아론과 관련해서도, 당신이 플라톤과 달리 보편적 본질보다 개별적 사물의 존재를 중시한다는 차이점은 있지만, 그래도 불변하는 참존재 '실체ousia'에 대한 관심이 엄존한다는 것을 가볍게 평가해서는 안 될 듯합니다. 전문가들은 뭐라고 할지 모르겠지만, 내가 보기에 당신이 말하는 '형상eidos'은 사실상 플라톤이 말하는 이데아와 전혀 별개의 것은 아닌 것 같습니다. 우리들이 삶을 살고 있는 '이' 세계에는 분명히 변하지 않는 근본질서가 지배하고 있습니다. 사물들의 경우도 마찬가지지요. 불교식으로 흉내 내어 말하자면 그것은 펼쳐보면 무한이요 접어보면 한 줌인 것입니다. 그런 점에서 그것은 유일합니다.

그것을 '이쪽'에서 보아 이데아라 하고 '저쪽'에서 보아 에이도스라 한들 유일한 그것 자체가 손상될 일은 없습니다. 나는 그것을 '마련'이라 부른 적도 있고 '이치'라 부른 적도 있고 '틀'이라 부른 적도 있고, '본연'이라 부른 적도 있지만 어차피 우리들의 언어는 유일한 그 불변의 것을 부분적으로만 묘사할 수 있을 따름입니다(물론 그 이데아와 에이도스의 뉘앙스는 상당히 다릅니다. 그것을 완전히 동일시해서는 곤란합니다).

다음으로 당신의 처신에 관해서도 생각해봅니다. 아카데메이아를 떠나 뤼케이온을 따로 만든 배경을 자세하게 알 수 없는 입장에서 함부로 말할 것은 못 되지만, 설혹 그것이 불만이나 반발, 시기나 질투에서 비롯된 것이라 할지라도 당신이 그들과 더불어 다투지 않고 그대로 떠나가 독립하였다는 것은 훌륭한 태도라고 생각됩니다. 그 덕에 아테네는 또 하나의 명문학원을 갖게 됐으니 결과적으로도 좋은 일이었지요. 또 아테네를 탈출한 것도 생각하기에 따라서는 용납될 수 있습니다. 곤경과 죽음은 누구나 피하고 싶은 것이니까요. 물론 소크라테스의 경우가 돋보이는 것은 사실입니다. 하지만 그것이 돋보인다는 것은 누구나가 그렇게 할 수 없기 때문이기도 합니다. 당신이 진심으로 '아테네로 하여금 철학에 대해 두 번 죄짓지 않도록 하기 위해' 탈출을 했는지 확인할 길은 없습니다. 하여간에 그것이 당신의 확신이

고대로 부치는 철학편지

었다면 그것은 마케도니아 출신인 당신이 나름대로 제2의 조국인 아테네를 사랑한 방식일 수도 있습니다. 부당함에 대해 소크라테스 식으로 대응할 것인가 아니면 아리스토텔레스 식으로 대응할 것인가 하는 것은 어차피 선택의 문제입니다. 그러나 그 모든 것보다도 중요한 것은 당신이 실제로 수행한 일들, 그 철학이라고 나는 평가하고 있습니다.

당신이 수행한 엄청난 연구의 성과가 이른바 '학문'들의 기초가 되었고 그것이 유럽의 역사를 이끌어온 중요한 축의 하나였음을 인정하지 않을 수 없습니다. 유럽의 역사가 근대 이후 전 인류의 역사를 주도해왔다는 점을 생각해보면 당신의 존재는 무시할 수 없는 것으로 부각됩니다. 당신의 학문적 관심과 업적은 실로 광대합니다. 매학기의 강의 때마다 나는 학생들에게 당신의 저술목록을 낭독해줍니다. 형이상학, 논리학, 윤리학, 정치학, 경제학, 시학, 자연학, 동물학, 천체론, 영혼론… 등등등. 20여 개의 단편집 제목까지 마치려면 한참이 소요됩니다. 그것은 순진한 학생들을 겁주기에 충분합니다. 그러나 그것은 결코 그저 단순히 겁주기 위한 것이 아닙니다. 그것은 당신의 그 경이로울 만큼 엄청난 능력과 노력을 부각시키기 위한 것입니다. 그것은 놀라운 일입니다. 당신은 오늘날 우리가 개별학문이라고 알고 있는 많은 것들을 씨뿌린 장본인입니다(오늘날 당신이 '만학의 아버지'로 평가되는 것을 당신은 모르시겠죠?). 더욱이 당신의 글들은 21세기의 어느 대학교수가 쓴 논문과 비교하더라도 전혀 낡은 느낌을 주지 않습니다. 그것 또한 놀라운 일입니다. 시간과 공간을 초월해서 타당할 수 있다는 점에서 나는 학문의 보편성을 당신에게서 느낍니다. 칸트도 당신의 논리학에 대해 이미 그 점을 인정하고 있습니다.

대학 1학년 첫 번째 여름방학 때, 나는 소백산 자락의 희방사라는 절에서 한 달 내내 칩거하며 공부에 몰두했습니다. 그때 나는 천옥환 교수님의 권유로 논리학 관련 책들을 싸들고 들어갔습니다. 치밀하기 짝이 없는 그 논리학의 기본 골격이 바로 당신의 그 '오르가논organon'에 의한 것임을 그때 처음으로 알고 감탄했습니다. 수많은 '개념'들을 질서 있게 구분·분류하며 정리하는 것도 재미있었고, 최고유개념인 범주들katēgoriai을 정리하는 것도 재미있었습니다. '판단'들을 전칭과 특칭으로, 긍정과 부정으로 정돈하는 것도 흥미로운 것이었습니다. 그리고 그 판단들의 관계를 대전제-소전제-결론의 체계를 갖춘 '추론'으로 정식화하고 더구나 그 타당성을 위한 꼼꼼한 규칙들까지 제시한 대목에서는 탄복하지 않을 수가 없었습니다. '오류'들은 재미까지 있었습니다. 일반적으로는 당신의 논리학을 '연역'에 국한된 것으로, 그러니까 보편에서 구체를 추론하는 사고과정(이른바 '삼단논법'. 예컨대 1) 모든 인간은 죽는다 2) 소크라테스는 인간이다 3) 고로 소크라테스도 죽는다)으로 한정하는 경향이 있지만, 그 반대인 '귀납'을 생각하지 못할 만큼 당신이 어리석지도 않았습니다. 문학도를 지향했던 나에게 당신의 그런 논리적 사고가 반드시 달가웠던 것은 아니었지만, 생각해보면 그런 차가운 논리적 사고 없이는 학문이 특히 과학이 불가능했을 것이고, 과학 없이는 기술이 불가능했을 것이고, 기술 없이는 산업이, 산업 없이는 교역과 교통과 통신이 불가능했을 것입니다. 그런 것들 없이는 우리들의 시대인 이 현대가 불가능한 것임을 인정하지 않을 수 없습니다. 여러 가지 부작용이 거론되고 있기는 하지만, 싫든 좋든 우리가 누리는 '현대의 혜택'이 상당부분 당신에게서 말미암는다는 것을 우리는 고마운 심정으로 인정해야 합니다.

친애하는 아리스토텔레스, 그러나 당신이 논리학의 창시자라고 해서 사고의 틀 속에만 갇혀 있지 않다는 것을 나는 잘 알고 있습니다. 대학원 시절 당신의 《형이상학metaphysica》을 본격적으로 읽으면서 당신의 철학적 눈이 얼마나 멀리, 얼마나 깊이 보고 있는지를 절감했습니다. 얼핏 보기에 철학사이기도 하고 철학사전이기도 하고 또 교과서이기도 하지만, 결코 그런 것만이 아니라는 것은 당신의 글 사이사이에 생동하는 철학정신이, 그야말로 지혜에 대한 사랑이 숨쉬고 있기 때문입니다. 형이상학이라는 것이 '제1철학prōte philosophia'으로서 어떤 개별적 존재자가 아닌 존재하는 것 자체에 관심을 둔다는 것은 당신의 관심이 예사롭지 않다는 것을 이미 증명합니다. 존재 자체라는 언급은 어떤 형태로든 그것을 체험한 자만이 발설할 수 있다는 것이 나의 경험입니다. '존재자로서의 존재자on hēi on', 모든 존재자의 '시원archē', '실체ousia', 이런 것들을 주제로 삼고 있다는 것은 요즘식으로 말하자면 세계의 근본구조에 대한 질문입니다. 그것을 피해가지 않았다는 점에서 당신은 철학자답습니다. '실체' 혹은 '기체hypokeimenon'로서의 '개체to ti on', 그것에 내재하는 '질료hylē'와 '형상eidos'의 측면, '가능태dynamis'와 '현실태energeia' 및 '완성태entelekeia'라고 하는 그것들의 성격, 그 전개로서의 '운동kinēsis'이나 네 가지의 운동 '원인aition' 즉 '질료·형상·동력logos·목적telos', 그리고 궁극원인인 '부동의 동자hē kinoumenon kinei(신)', 등의 논의를 지금 여기서 구체적으로 펼칠 수는 없지만, 사물과 세계를 바라보는 당신의 눈이 그만큼 철저했다는 것만은 승인해두어야겠습니다.

친애하는 아리스토텔레스, 만학의 아버지인 당신에게도 인간의 마음은 있었습니다. 그래서 당신은 특유의 윤리학 ethikē도 남겼습니다. 마케도니아 왕국 필리포스 왕의 주치의였던 의사 니코마코스와 파에스티스의 아들로서, 대 철인 플라톤의 제자로서, 퓌티아스와 헤르퓔리스의 남편으로서, 니코마코스의 아버지로서, 정복자 알렉산드로스 대왕의 선생으로서⋯ 그렇게 당신은 인간으로서의 삶을 살았습니다. 그 과정에서 당신 또한 '덕arētē'이라든지 '선to agathon'이라든지 '행복eudaimonia'이라든지 '중용mesotes'이라든지 하는 삶의 주제들을 만났을 것입니다. 당신의 이런 윤리적 개념들은 삶을 사는 모든 인간들에게 대단히 중요한 것들입니다. "선이란 모든 것이 목표 삼는 것"이라는 당신의 주장은 나 자신의 철학과 완전히 일치합니다. 선, 즉 좋음은 모든 것의 '궁극적인 지향점'입니다. 밥을 먹는 것도 산보를 하는 것도, 친구를 만나는 것도, 결혼을 하는 것도⋯ 모두 다 좋으려고 하는 것임은 분명합니다. 극단적인 예지만 전쟁을 하고 자살을 하는 것도 모종의 좋음과 연관되어 있습니다. 그런 모순을 해소하기 위해 우리는 좋음의 종류와 성격, 객관적 타당성 등을 숙고해보아야 합니다.

그리고 "인간이 달성할 수 있는 최고의 선이 행복"임을 당신은 선언하고 있습니다. '행복'이라는 이 숭고한 주제가 철학사의 진행과정에서 왜 진부한 것이 되고 말았는지 나는 이해할 수가 없습니다. 하이데거가 진부해진 '존재'를 되살렸듯이 우리는 진부해진 '행복'과 '선'을 되살려야 할 역사적 사명이 있습니다. 당신이 말하듯이 행복이란 분명 "모든 것 가운데 가장 바람직한 것이며, 궁극적이고 자족적인 어떤 것이요 또 행동의 목적"입니다. 물론 행복이라는 것이 일반적으로 생각되듯이 '하나의 상태'가 아니라, 하나의 활동' 특히 '관조theorein'라는 당신의 주장은 좀 특이하긴 합니다만.

그것을 위해 우리들의 철학적 사고도 움직여야 하리라 믿습니다. 그런 맥락에서 '덕'과 '중용'도 다시금 생명을 얻어야 합니다. '훌륭함' 내지 '뛰어남'으로서의 덕, '지나침과 모자람의 중간'으로서의 중용, 이런 가치들이 우리들의 인간관계를, 따라서 삶을 얼마나 좋게 이끌어주고, 반면 이런 가치들의 결핍이나 상실이 우리들의 삶을 얼마나 살벌하고 고달프게 만드는지를 우리는 직시해야 합니다. 되는대로 함부로 아무렇게나 막 살아갈 수는 없습니다. 그러기에는 우리에게 주어진 이 삶이 너무나도 소중하고 아까운 것입니다. 삶은 가꾸어가야 합니다. 그러한 가꿈을 위해 아리스토텔레스 당신의 철학도 기여하고 있습니다.

"인간은 이성적 동물이다ho anthropos esti to logikon zōon" "인

간은 정치적 동물zōon politikon이다" "인간은 언어적 동물zōon logon echon이다" … 인간에 관한 당신의 논의도 너무너무 풍부합니다. 그 모든 것이 우리의 관심을 기다리고 있습니다.

친애하는 아리스토텔레스, 부디 잊혀지지 마시기 바랍니다. 당신의 중요성을 생각할 때, 그리고 학문에 대한 요즘의 경시를 생각할 때, 특히 인문학에 대한 요즘 사람들의 무관심을 생각할 때, 어쩌면 15초짜리 TV광고에라도 당신을 등장시켜야 할지 모르겠습니다. '이성에 따른 생활, 순수관조는 당신을 진정한 행복으로 안내합니다….'

Diogenēs BC 412경–BC 323

"나는 사람을 찾고 있다."

"부나 명성이나 문벌 같은 것은 경시하고, 검소하게 살아야 한다."

"세간의 악평은 정신 나간 인간들이 일으키는 소음 같은 것이다."

BC 412년경 소아시아 지방(지금의 터키) 북부 시노페Sinope에서 환전상이었던 히케시아스Hicesias의 아들로 태어남.

BC ???년 부정 통화 혐의로 시노페에서 추방당함.

BC ???년 마네스라는 노예를 데리고 아테네로 망명. 마네스는 이내 도망.

BC ???년 소크라테스의 제자인 안티스테네스의 제자가 됨.

BC ???년 퀴벨레Kybele 신전 근처에서 술통을 집 삼아 지내며 무욕을 실천함.

BC ???년 아에기나Aegina로 가는 항해 중 해적에게 잡혀 크레타에서 코린토스 사람 크세니아데스Xeniades에게 노예로 팔려갔으나, 재치 있는 말솜씨로 그 아이들의 가정교사로 일함.

BC ???년 코린토스Corinthos에서 알렉산드로스 대왕이 찾아와 만남.

BC 323년 여생을 코린토스에서 살다가 죽음. 해방되었다는 설도 있고 크세니아데스 집에서 죽었다는 설도 있음. 사인은 문어에 체했다는 설도 있고 개에게 물렸다는 설도 있고 스스로 숨을 멈추었다는 설도 있음.

디오게네스에게

인간을 묻는다

어떤 의미에서든 당신이 철학의 역사에서 유명인사의 한 사람인 것은 분명합니다. 그것은 무엇보다도 당신이 남긴 기언과 기행 때문이겠지요. 웬만큼 철학공부를 한 사람이라면, 대 철인 소크라테스가 세상을 떠난 후 그분을 추종했던 많은 사람들이 제각각 그 연고지에서 학파들(小소크라테스학파들)을 이루어 그 가르침을 이어가고자 했다는 것을 알고 있습니다. 예컨대 메가라학파, 퀴레네학파, 엘리스-에레트리아학파, 그리고 퀴니코스학파 등이 그랬습니다. 당신은 이른바 '견유학파'라고도 불리는 퀴니코스학파의 한 사람으로 분류되고 있습니다. 그런데 내가 알기로 이 학파의 대표자는 안티스테네스이고, 당신은 시노페에서 아테네로 와 이 사람의 제자가 된 인물입니다. 제자를 두지 않는 것이 소신이었던 그에게 끈질기게 따라붙어 결국 제자가 되었던 당신이었는데, 결과적으로 안티스테네스보다 당신이 더 유명해 졌으니 재미있다면 재미있는 일인지도 모르겠습니다. 내가 이렇게 당신의 스승을 제치고 당신께 편지를 쓰는 것도 다 그 '명성' 때문이 아니겠습니까.

당신은 퀴벨레의 신전에 있던 큰 술통을 주거로 삼고 있 었고, 또 여름에는 달구어진 모래 위를 굴러다니고, 겨울에 는 완전히 눈으로 덮인 조각상을 끌어안고는 했다지요? 또 당신은 여름용 망토를 이중으로 해서 입고 다니다가 그것을 몸에 감고 자기도 했고, 망태주머니를 들고 다니며 그 속에 든 음식을 먹기도 했습니다. 아침을 먹을 때든 잠을 잘 때든 이야기를 할 때든 또 무엇을 할 때든 장소를 가리지 않았다 고도 전해집니다. 꼭 그래야만 했습니까? 원 참, 아무튼 특 이하십니다. 퀴니코스 학파라는 말도 그런 '개와 같은 생활 kynikos bios'을 했다고 해서 붙여진 이름이겠지요. '개kyōn'라 니, 참….

그런데 나뿐만 아니라 많은 사람들이 알고 있는 압권은 그 유명한 알렉산드로스 대왕이 코린토스에 있던 당신을 찾 아가 '나는 대왕 알렉산드로스다'라고 했을 때 당신이 천연 덕스럽게 '나는 개 같은 디오게네스요'라고 대답했다는 것 입니다. 대왕이 소원을 들어주겠다고 하자 '그렇다면 거기

고대로 부치는 철학편지

서서 햇빛을 가리지 말고 좀 비켜주시오. 그게 내 소원이요'
라고 했다는 것은 너무나 유명한 일화입니다. 늘 궁금했지
만 그거 사실인가요?

그런데 당신에게는 그것 못지않게 유명한 또 하나의 이야
기가 전해지고 있습니다. 그것은 훤한 대낮에 등불을 들고
다니며 "나는 사람을 찾고 있다anthrōpon zētō"고 말했다는 것
입니다. 이 정도면 그때나 지금이나 이야깃거리가 안 될 수
없습니다. 뭘 그렇게까지 엉뚱한 짓을 하시나… 하고 지금
도 많은 사람들이 웃습니다. 하지만 디오게네스, 조금만 정
색을 하고, 조금만 진지하게 당신의 말을 새겨보면 이건 절
대로 웃을 수 있는 말이 아님을 나는 인정합니다.

인간이야 거리에 얼마든지 다니고 세상천지에 넘쳐나는
것이 인간이지만, 당신의 눈으로 보면 이 인간이란 이름에
합당한 인간은 없었다는 뜻이겠지요. 그렇다면 도대체 어떤
인간을 당신은 찾은 것일까, 생각해봅니다. 지금의 나는 그
답을 짐작하고 있습니다. 그것은 '덕arētē'에 따라 사는 사람
이겠지요. '덕에 따라 사는 것'을 당신은 인간의 '목적telos'이
라고까지 말했습니다. '덕은 행복eudaimonia의 조건'이라고도
했습니다. "덕은 가르칠 수 있는 것이다. 또 기품 있는 사람
이란 유덕하기도 한 바로 그 사람이다. 또한 덕은 행복하기
위해 그것만으로 충분한 것이며, 소크라테스의 강인함을 별

도로 친다면 더 이상 아무것도 필요로 하지 않는다. 덕은 실제 행위에 관련된 것으로, 번잡한 말도 학문도 필요로 하지 않는다. 덕은 빼앗기는 일이 없는 무기이다. 덕은 남녀 누구의 것도 똑같은 하나의 것이다." 그렇게 당신은 말했습니다.

덕이라… 덕 있는 사람이라… 나는 혼잣말처럼 그것을 되뇌어봅니다. 감히 말씀드리지만 나도 어쩌면 그것을 지향하며 살아왔는지 모릅니다. 그것은 내가 태어나 자란 고장이 이 나라에서 가장 유명한 유교의 고장이었고, 덕분에 유교적 가치의 중심에 있었던 '덕'이라는 것을 아주 익숙하게 들으며 성장했기 때문인지도 모릅니다. 하지만 디오게네스, 지금 내가 살고 있는 이 시대 이 사회에서는 이런 말들이 왜 이렇게 공허하게 들리는지 모르겠습니다. 온 세상이 거의 대부분 덕 있는 사람 대신 돈 있는 사람, 힘 있는 사람, 재미있는 사람, 이름 있는 사람만을 쳐다보고 있습니다. 당신의 시대인들 별반 다를 바 없었기에 당신도 등불을 들고 돌아다녔겠지만, 그래도 당신한테는 알렉산드로스라도 찾아오지 않았습니까. 우리들의 이 시대에는 덕을 보고 찾아올 알렉산드로스도 더 이상 남아있지 않은 듯합니다. 아무도 덕을 '알아주지' 않는다는 말씀입니다. 물론 당신은 "부나 명성이나 문벌 같은 것은 경시하고, 검소하게 살아야 한다"고도 했고, 그런 것들은 "악덕을 현란하게 꾸며대는 것"이라고도 했습니다. "세간의 악평은 정신 나간 인간들이 일으키는 소음"이라고도 했습니다. 공자 또한 "남이 알아주지 않아도 화내지 않으면 또한 군자가 아니냐"하고 말했습니다. 그런 것이 훌륭한 태도인 것은 분명합니다만, '알아줌'이라는 것이 갖는 긍정적인 의미도 적지 않을진대 과연 그렇게 생각할 수밖에 없는 것인지….

　물론 나는 당신의 사상과 말과 행동이 우리들의 시대에 그대로 통용될 수 있다고 보지는 않습니다. 나는 개인적으로 권력도 돈도 명성도 재미도 다 나름대로의 가치를 지닌다고 믿는 가치다원주의자입니다. 그것들을 모두 다 배제하고서는 인간세상이라는 것이 성립될 수가 없습니다. 돌아가지도 않을 겁니다. 다만 이것들이 '제대로 된 가치'이기 위해서는 역시 그것들의 밑바탕에 덕이나 정의가 있어야 한다는 것을 망각해서는 안 된다고 봅니다. 세속적인 가치들의 무절제한, 맹목적인, '부도덕한' 추구는 그 가치들을 부패하게 만들고 결국은 추악한 악덕으로 변질되게 하기 때문입니다. '부귀는 사람이 모두 바라는 바지만, 정당한 방법이 아니라면 이를 취하지 말고, 빈천은 사람들이 모두 싫어하는 바지만, 정당한 방법이 아니라면 이를 피하지 말라'던 공자의 말이 생각납니다. 그 또한 내가 지향하는 '정의에 기초한 다원주의'와 상통하는 것입니다. 각자의 욕구에 충실한 삶을 인정하되 객관적 정의에 위배되지 않도록 한다는 것, 이것이야말로 인간들을 위한 '인간적 이념'이 아닐는지요.

　당신이 목표로서 추구했다는 저 '자족autarkeia', '검소askēsis', '부끄럽지 않음anaideia'은 다 그 '덕'의 구체적인 형태이겠지요? 세상사람들의 저 끝없는 욕망, 무절제한 사치, 뻔뻔한 후안무치를 보면 당신이 왜 그것을 가치로 내세웠는지가 곧바로 이해됩니다. 사람들은 적절한 만족을 알지 못해 끝없이 돈이나 권력이나 명성을 추구하다가 폭삭 망하기도 하고 사람이 상하기도 하고 결국 오명을 남기기도 하고, 또 능력도 돌아보지 않고 비싼 명품에 집착하고, 또 부끄러움 같은 것은 아예 내다버린지가 오래인 것 같습니다. "부끄러운 마음이 없으면 사람이 아니다無羞惡之心, 非人也"라고 한 맹자의 말이나 "죽는 날까지 하늘을 우러러 한 점 부끄럼이 없기를, 잎새에 이는 바람에도 나는 괴로워했다"라고 한 윤동주의 시가 참으로 무색한 시대입니다. 아닌 게 아니라 그런 게 있어야 비로소 '인간'인 것을!

　친애하는 디오게네스, 그때나 지금이나 인간 같지 않은 인간들이 너무나 많아서 세상이 혼탁하기는 하지만, 그래도 우리 너무 그렇게 비관적으로만 보지는 말기로 합시다. 당신이 등불을 들고 사람을 찾은 그 뒤의 결과가 어떠했는지 들지는 못했습니다만, 나는 이곳을 둘러보니 그래도 인간이라고 할 만한 훌륭한 분들이 적지 않게 있는 것도 사실입니다. 그렇다면 이 세상은 아직 희망이 있지 않은가, 그런 생각을 하며 나는 오늘도 작은 웃음을 웃어봅니다.

Pyrrhōn BC 360−BC 270

"무엇 하나 아름다울 것도 추할 것도 없으며 옳을 것도 그를 것도 없다."

"무엇 하나 진실로 그런 것은 아니다.
사람들은 다만 무슨 일이든 약정이나 습관에 따라 행하고 있을 뿐이다."

BC 360년 그리스 서부 엘리스Elis에서 태어남.

BC ???년 화가로 활동. 데모크리토스의 작품을 읽고 철학의 길로 들어섬. 브뤼손Bryson 을 통해 메가라학파의 변론술도 익힘.

BC ???년 아낙사르코스Anaxarkos에게 사사.

BC 390년 30세 때 아낙사르코스와 함께 알렉산드로스 대왕의 동방원정에 참가하여 페르시아, 인도 여행. 페르시아 마기와 인도 나체 수행자들에게도 배움을 얻음.

BC ???년 엘리스로 돌아와 학교를 개설. 존경을 받음.

BC ???년 티몬을 제자로 삼음(그의 저서를 통해 가르침이 전해짐).

BC ???년 아테네인들이 그에게 시민권을 부여.

BC 270년 엘리스에서 죽음. 눈을 가린 채 회의주의를 설하다가 낭떠러지에서 떨어져 죽었다는 전설이 있음.

퓌론에게

판단유보를 묻는다

　철학을 따로 공부하지 않은 일반인 중에 당신의 이름을 알고 있는 이는 많지 않은 것 같습니다. 아니, 철학도들의 경우도 사정은 크게 다르지 않을 것 같습니다. 안다고 하더라도 알렉산드리아의 필론과 헷갈리거나, 아리스토텔레스 이후의 고대 말기에 활동했던, 즉 알렉산드로스 사후 어수선한 시대상황 속에서 철학적 관심을 인간의 내면으로 돌려 이른바 안심입명을 추구했던, 그 여러 윤리철학자 중 한 사람으로 그저 막연히 이름 정도만을, 혹은 '회의주의'라는 말과 함께, 희미하게 기억하는 것이 거의 전부가 아닐까 싶기도 합니다. 공부를 좀 한 사람은 르네상스 시대의 이른바 회의론자 몽테뉴가 당신에게 영향을 받았다는 것도 알지 모르겠군요. 아무튼 당신의 존재감은 상대적으로 좀 미약합니다. 나도 사실은 마찬가지였습니다만, 나는 그나마 한 가지 계기 덕분에 당신의 이름을 뚜렷이 기억하게 되었습니다. 그건 나의 대학원 시절, 현대철학의 한 줄기인 현상학을 전공하게 되면서 그 창시자 후설의 핵심개념 중 하나였던 '에포케 Epochē' 즉 '판단중지'라는 것이 당신의 철학에서 유래되었다는 것을 알게 된 것이었습니다. '아하, 그랬었구나, 후설의 판단중지라는 것이 본래는 퓌론의 것이었구나, 그러고 보니 퓌론이라는 사람이 있었었지…' 그렇게 해서 나는 뒤늦게서야 당신과 일대일로 마주할 기회를 갖게 되었던 것입니다.

공부를 하다 보니 당신에게는 몇 가지 특이한 점이 있었습니다. 원래 화가 출신이었다는 것도 그렇고, 유명한 아낙사고라스의 제자였다는 것과 유명한 에피쿠로스의 스승 나우시파네스의 스승이었다는 것도 그렇고, 또 조국 엘리스와 아테네에서 대단한 존경을 받아 최고의 사제로 추대되기도 했고, 또 당신 덕분에 모든 철학자에 대해 세금면제의 표결이 이루어지게 되었다는 것도 그렇습니다. 아, 그리고 인도의 수행자나 페르시아의 마기들magoi과 교제함으로써 영향을 받아 고매한 정신으로 철학을 해야 된다고 생각하게 되었다는 것도 빠트려서는 안 되겠군요. 바로 그 결과물이 '판단유보'라는 것이었습니다. 웃으며 가볍게 드리는 말씀이지만, 어쩐지 당신의 철학에서 동양적인 냄새가 좀 난다 싶었습니다.

그런데 무엇보다도 주목되는 것은 당신이 당신의 철학적 신조인 '판단유보epochē'라는 것을 실제 생활에서도 철저하게 보여주었다는 것입니다. 나는 이런 기록을 보았습니다. "… 이러한 주장은 그의 생활태도와도 합치했다. 즉 그는 무언가를 회피하는 일도 미리 주의하는 일도 없이 모든 위험을, 그것이 마차든 절벽이든 또는 개든, 똑같이 태연하게 받아들여, 어떤 일이든 감각의 힘에 맡기는 일은 하지 않았다"는 것입니다. 또 "그는 언제나 평상심을 지니고 있었다. 그래서 그가 이야기를 하고 있는 도중에 누군가가 그를 두고 가버리는 일이 있어도 그는 자기 자신을 상대로 끝까지 그 이야기를 계속했다"는 것입니다. 어떤 경우에도 평상심을 유지했다는 것이지요. 이런 이야기의 결정판이 바로 당신의 스승 아낙사고라스의 조난사건입니다. "언젠가 아낙사고라스가 진흙탕에 빠진 적이 있었는데, 그[퓌론]는 도와주려고 하지 않고 지나쳐버렸다. 그래서 사람들이 그를 나무랐는데, 정작 아낙사고라스는 그의 그런 무관심과 부동심을 오히려 칭찬했다"는 것입니다. 그 스승에 그 제자라고 할 만한 미담이 될 듯합니다.

나는 당신의 그러한 '파악불가'나 '판단유보'를 진지하게 생각해봅니다. 당신은 "무엇 하나 아름다울 것도 추할 것도 없으며 옳을 것도 그를 것도 없다"고 했으며, "무엇 하나 진실로 그런 것은 아니다. 사람들은 다만 무슨 일이든 약정이나 습관에 따라 행하고 있을 뿐"이라고도 했습니다. "사물은 모두 무차별한 것adiaphora이며, 불확정한 것이며, 판정불가능한 것이다. 그러므로 우리는 판단도 진위도 말하지 않는다. 따라서 또한 그 판단들을 무조건 믿어서는 안 되며, 오히려 하나하나에 대해 그것이 '그렇지 않은 것 이상으로 그러한 일은 없다'든지 '그렇기도 하고 그렇지 않기도 하다'든지 '그런 것도 아니며 그렇지 않은 것도 아니다'든지 하며 판단을 내리지 않는 자, 어느 하나에도 기우는 일이 없는 자, 흔들리는 일이 없는 자이지 않으면 안 된다"는 것이 당신의 생각이었습니다. 당신의 제자인 티몬의 말이기는 하지만, 이러한 태도를 지니는 자에게는 단정적인 말의 회피가, 그리고 평정심이 결과로서 돌아오게 된다는 것이 아마도 당신들의 사상의 핵심이 아닐까 싶습니다.

그렇습니다. 판단유보라는 것도 결국은 '마음의 평정'을 위한 것이었습니다. 그것은 다른 기록에서도 확인됩니다. "회의파의 사람들은, 그 목적으로 삼는 바가 판단의 유보epochē이며, 그것에는 평정심ataraxia이 그림자처럼 따라다닌다, 라고 말하고 있다. … 또 어떤 사람들이 말하는 바로는, 회의파의 사람들이 목적으로 삼은 것은 부동심apatheia이었다고 하며, 또 어떤 사람들에 따르면 평상심praotēs이었다고 한다." 평정심이나 평상심이나 부동심이나, 표현은 조금씩 다르지만 그것이 내용적으로 별반 다를 것은 없습니다. 말하자면 그것은 마음의 평온입니다.

이것은 그다지 특별할 것이 없는 것처럼 보일지도 모르겠습니다만, 사실은 특별합니다. 너무너무 특별합니다. 나는 당신의 이런 철학적 이상을 적극적으로 지지합니다. 내가 '세상'이라는 곳에서 '삶'이라는 것을 살아보니까, 정말이지 이것만큼 소중하고 필요한 것이 없음을 절감하게 되었습니다. 우리를 힘들게 하는 마음의 불편과 불안이 너무나 많고 크기 때문입니다. 세상에는 마음을 어지럽히는 일이 왜 그리도 많던지…. 이렇다 저렇다, 이거다 저거다, 옳다 그르다, 맞다 틀리다, 이럴까 저럴까, 할까 말까… 그런 가운데서 사람들의 마음은 새카맣게 타들어가기가 일쑤입니다. 오죽하면 저 하이데거는 '염려sorge'라는 것이 '인간의 존재' 그 자체라고까지 말했겠습니까. 불교에서 말하는 이른바 108번뇌도 그것과 무관하지 않습니다. 그것이 우리의 행복을 가로막습니다. 특히나 사람들과의 관계에서 우리 인간들의 마음은 여지없이 흔들립니다. 그래서 당신은 자주 혼자서 당신 자신을 상대로 이야기를 나누었던 모양이지요? "사람의 무리를 떠나 자기 한 사람에 몰입하여, 자신과 말하는 자, 세상의 생각이나 논쟁에 마음 빼앗기지 않는 자, 퓌론"이라는 당시의 평을 보며 나는 당신에 대해 깊은 공감을 느끼게 됩니다.

　친애하는 퓌론, 나는 물론 전적으로 당신을 따라 모든 일
에 판단을 유보할 수는 없습니다. 다른 사람들도 아마 마찬
가질 겁니다. 그렇게 해서는 이 세상의 삶을 헤쳐나가는 것
이 불가능합니다. 그것을 알면서 세상사람들에게 퓌론주의
자가 되라고 무책임하게 권유할 수도 없습니다. 어쩌면 그
것은 모든 욕망을 내려놓음으로써 해탈의 경지에 이르려는
저 불교식 출가수행의 길만큼 어려운 일일지도 모르기 때문
입니다. 그러나 우리의 삶의 과정에서 어느 한 순간, 그것이
비록 아주 짧은 순간일지라도, 당신이 말한 그 판단유보가
평정심을 가져다주는 경우는 있다고 봅니다. 그런 경우를
위해서라도 나는 사람들에게 당신을 소개하고 선전할 가치
가 있다고 봅니다.

　나도 이따금씩은 그것을 실천적 맥락에서 활용하고 있습
니다. 나는 저 후설을 흉내 내어 그것을 번잡한 세상사에 대
한 '스위치 끄기' '괄호치기'라 부르고 있습니다. 내 식으로
'외면하기' '접어두기' '밀쳐두기'라고도 부릅니다. 그것은
분명 일정한 효과를 가져다줍니다. 그렇게 해서 얻어지는
마음속의 작은 평화들도 우리의 일상적 삶에 있어서는 무시
할 수 없는 의미를 지니게 되는 것입니다.

그러나 어디 그뿐이겠습니까. 판단유보는 어쩌면 세속의 온갖 번뇌를 버리고 떠나는 불교의 저 '출가'와 맥을 같이하는 것일 수도 있습니다. 그것은 반드시 일시적으로만 유효한 것도 아니고 저 붓다와 그 후예들이 실제로 보여주었듯이 삶의 어떤 경지에서는 그게 아주 절실해지는 경우도 없지 않을 겁니다. 당신과 붓다를 연결하는 것은 확대해석 또는 과대해석일 수도 있겠지만, 그러한 가능성이 완전히 엉뚱한 것이 아니라면, 당신이 목표로 삼는 그 아파테이아는 '니르바나nirvana/解脫'와 그 어떤 유사성을 갖는 것인지도 모르겠습니다. 당신이 지금 그런 어떤 경지에 도달해 있는 것은 아닌지, 나는 흥미로운 상상을 해보고 있습니다.

Epikouros BC 342/1–BC 271/0

"굶주리지 않고 목마르지 않고 헐벗지만 않는다면
사람들은 제우스신과 더불어 행복의 경연을 할 수도 있을 것이다."

"마음의 평정과 육신의 무고함은 고요한 쾌락이다."

"우리는 쾌락을 행복한 삶의 처음이자 마지막이라고 주장한다."

BC 342/341년 에게 해 동부 사모스Samos 섬에서 태어남. 교사인 아버지 네오클레스 Neokles와 어머니 카이레스트라테Chaerestrate는 아테네인.

BC ???년 소년 시절 플라톤주의자인 팜필레스Pamphiles 아래에서 4년 동안 철학을 공부.

BC 323년 18살에 2년 동안 아테네에서 군인으로 복무. 이때 아카데메이아에서 크세노 크라테스, 뤼케이온에서 테오프라스토스의 강의를 들었다고 전해짐.

BC 321년 제대 후 콜로폰Colophon으로 이주한 가족과 합류. 이후 데모크리토스 추종자 인 나우시파네스Nausiphanes 아래에서 공부.

BC 311년 아테네에서 이오니아로 여행. 레스보스Lesbos 섬의 뮈틸레네에서 강의. 불화 로 쫓겨나, 헬레스폰트Hellespont의 람프사코스Lampsakos로 이주, 학교를 개설.

BC 306년 제자들과 함께 아테네로 이주. '정원képos'으로 불리는 '에피쿠로스 학원' 설 립. 이후 죽을 때까지 활동의 본거지가 됨. 몇 차례의 여행을 제외하고는 36년 간 아테네에서 지냄. 독신.

BC 271/270년 아테네에서 신장결석으로 고통 받다가 죽음.

에피쿠로스에게

쾌락을 묻는다

오랜 세월 철학공부를 해오면서 관심의 향방이 변화하는 것은 비단 나만의 일은 아닌 것 같습니다. 관심이 있다가 없어지기도 하고, 없다가 생기기도 하고, 강했다가 약해지기도 하고, 그 반대이기도 합니다. 심지어는 동양철학과 서양철학 사이를 오가는 분들도 드물지 않습니다. 나는 학창 시절에 주로 현대철학을 많이 접했었는데, 세월이 지나면서 고대철학에 관심이 깊어지게 되었고, 자연스럽게 당신에 대해 생각하는 일도 늘어나게 되었습니다. 그것은 주로 인생론적인 관심 때문입니다.

생각해보면 기나긴 철학의 역사에서 당신만큼 오해되고 있는 인물도 많지 않은 것 같습니다. 당신에게는 언제나 '쾌락주의'라는 딱지가 붙어 다니고, 그 때문에 사람들은 당신이 마치 퇴폐적인 향락을 철학적 이상으로 추구했던 것처럼 생각하기도 합니다. 참으로 어처구니없는 오해가 아닐 수 없고, 터무니없는 착각이 아닐 수 없습니다. 누구든 당신의 말을 직접 들어본다면 그런 오해는 곧바로 불식될 것입니다.

사실은 나도 처음에는 당신을, 윤리적으로 문제가 있는 조금 '이상한' 사람쯤으로 생각하고 있었습니다. 그런데, 대학원 시절 도쿄 간다神田의 한 헌책방에서 우연히 구한《원전에 의한 철학의 발걸음》이라는 책에서 당신의 말을 직접 읽으며 그 오해를 풀 수가 있었습니다.

거기서 본 당신은 결코 무절제한 향락을 추구한 것이 아니라 오히려 그 반대에 가까웠습니다. "굶주리지 않고 목마르지 않고 헐벗지만 않는다면 사람들은 제우스신과 더불어 행복의 경연을 할 수도 있을 것이다." 그렇게 당신은 말했습니다. 그 말은 곧 최소한의 육체적 만족으로 사람은 충분히 행복에 이를 수 있다는 뜻이며, 그것은 '마음의 평정'이라는 당신의 또 하나의 주제와도 연결되는 것이었습니다. "마음의 평정ataraxia과 육신의 무고함aponia은 고요한 쾌락hēdonē"이라고 당신은 말했습니다. 당신이 생각하는 '쾌락'은 그런 것이었습니다. 그것은 정신의 쾌락인 '기쁨khara'과도 '행복eudaimonia'과도 연결됩니다. 나는 당신의 그러한 방향설정 내지 통찰이 의미 있는 것이라고 받아들였습니다.

말이야 간단하지만, 실제로 살아보니까 정말이지 이 두

가지만큼 중요한 것이 없었습니다. '마음의 평온'과 '육신의 건강', 즉 심신의 편안은 참으로 지키기가 쉽지 않은 것이었습니다. 더욱이 당신은 이 둘 중 육신의 무고함 쪽에 조금 더 무게를 두고 있었는데, 그것도 나는 의미가 있는 견해라고 느꼈습니다. 인간은 일차적으로 '육체적 존재'임이 분명하니까요. "위장의 쾌락이야말로 모든 선의 근원이다. 지혜나 교양도 이 쾌락에 귀착된다"고 당신은 말했는데, 어쩌면 이런 말 때문에 오해를 받게 되었는지도 모르겠습니다. 하지만 우리 동양에도 "열흘 굶어 군자 없다"든지 "금강산도 식후경"이라든지 "꽃보다 경단"이라든지 하는 말이 있듯이 기본적인 육체적 욕구는 인간의 정당한 권리라고 봐야 할 것입니다. 내가 《인생의 구조》에서 '인생의 주체인 인간은 육체적 존재'라는 것을 강조한 것도 그런 차원입니다. 유명한 철학자 마르크스가 그의 박사학위 논문에서 데모크리토스와 당신의 철학을 주제로 다루었다는 것은 아마 이런 점들과도 무관하지는 않았을 것입니다. 계급 간의 모순으로 의식주를 걱정해야 하는 사람들에게, 그리고 몸이 탈난 사람들에게 지혜나 교양이 무슨 도움이 되겠습니까. 그런 건 아무래도 이차적이지요.

당신은 엄청난 다작가로 저서의 수에서는 모든 사람들을

능가했다고 전해집니다. 무려 300권이 넘었다지요? 데모크리토스-플라톤-아리스토텔레스의 계보를 당신이 잇는군요. 게다가 거기에는 오직 당신 자신의 말만 있을 뿐, 타인의 인용이 없다니 놀라울 따름입니다. 오늘날까지 전해지는 그 편린들을 보면 주옥과도 같은 철학적 통찰들이 여기저기에서 빛을 발하고 있습니다. "철학이란 논의와 대화에 의해 행복한 생활을 획득하는 행위"라든지, "인간의 고민을 아무것도 고쳐주지 않는 철학자들의 말은 공허하다. … 철학도 또한 영혼의 고뇌를 쫓아주지 않는 한 아무런 쓸모가 없기 때문이다"라는 말은 철학의 본질을 되새겨보게 만듭니다.

대부분의 교과서들이 해설하고 있듯이 이것을 마케도니아에 의해 정복당한 아테네의 시대적 상황(조국 상실에 따른 정신적 불안정, 내면으로의 침잠) 속에서만 이해하려는 것은 문제가 있을 수 있습니다. 나는 이것을, 철학에서의 새로운 영역개척이라는 식으로 좀 더 적극적인 의미를 부여해주어야 한다고 봅니다. 행복의 추구나 고뇌의 해소는, 시대적 상황과 상관없이, '철학'이라는 이름에 어울리는 진정한 과제라고 나는 보기 때문입니다. 물론 나는 오랜 세월 하이데거의 영향으로 순수한 현상학적 존재론에 종사해왔고 그것은 행복의 추구와 같은 인생론적 과제와는 사실상 무관한 것이지만, 나는 그것이 전부거나 최고라고 고집하지는 않습니다.

고대로 부치는 철학편지

나는 철학을 역사상 실재했던 모습 그대로 인정해주어야 한다는 입장입니다. 그렇게 보면 철학은 어디까지나 철학'들'이며, 그것들은 실로 다양한 모습으로 존재해왔습니다. 현재도 그렇습니다. 그런 다양성 속에서 당신과 같은 종류의 철학이 있었다는 것을 나는 대단히 긍정적으로 평가하고 싶은 것입니다.

뿐만이 아닙니다. '감각과 상식과 감정'을 '진리의 기준'으로 삼은 것도 나는 액면 그대로 지지할 수 있습니다. "감각aisthêseis에 의해 주어지는 것은 모두가 참이며, 존재하는 것"이고, "감정pathê에는 쾌락hêdonê과 고통algêdôn 두 가지가 있는데 … 쾌락은 본성에 친근한 것이고 고통은 본성에 거슬리는 것"이며 "이 감정들에 의해 행위의 선택과 회피가 결정된다"는 것도 모두 맞는 말이기 때문입니다(이 점에서 당신은 저 벤담의 선구자입니다). 쾌락에 관한 당신의 견해들은 따라서 재평가되어야 합니다. "우리는 쾌락을 행복한 삶의 처음이자 마지막이라고 주장한다. 왜냐하면 쾌락이 제1의 태생적인 선이라는 것을 우리는 인정하고 있으며, 또한 이것으로부터 출발해서 모든 선택과 회피를 시작하고, 그리고 이 감정을 기준으로 해서 모든 선을 판단하며, 또 쾌락으로 귀착하기 때문이다"라는 당신의 말은 정당합니다. 그렇습니다.

'마음에 좋은 것'이야말로 '진정으로 좋은 것'입니다. 가슴은 머리에 선행합니다.

　나는 사람들이 당신의 이러한 생각들을 편견 없이 제대로 이해해주었으면 좋겠습니다. 특히나, 이 쾌락이라는 것이 무절제하고 무한정한 욕망의 추구가 아니라, 반대로 대단히 절제된 최소한의 만족이라는 점을 반드시 알아주었으면 좋겠습니다. 무한정한 쾌락의 추구는 이윽고 고통으로 이어진다는 것을 당신은 꿰뚫고 있었던 것입니다. 쾌락의 한계, 그것을 우리는 당신의 글에서 분명히 확인할 수가 있습니다. "쾌락의 크기의 한계는 고통을 초래하는 모든 것이 제거되는 것이다. 쾌락이 존재하는 곳에는 어디든 신체의 고통이나 영혼의 고뇌 혹은 양쪽 모두가 존재하지 않는 것이다" "우리의 자연본성은 고통의 감정을 제거하는 데까지는 쾌감을 증대시켜가지만, 그러나 크기에 있어 그것 이상으로 진행되는 것은 허락하지 않는다"고 당신은 말했습니다. 우리는 이것이 진실임을 알고 있습니다. 아무리 맛있는 음식도 너무 먹으면 배탈이 나 괴롭고, 아무리 좋은 꽃도 경치도 계속해서 그것만 보고 있으면 특별한 느낌도 없어지는 법입니다.

　친애하는 에피쿠로스, 당신은 우리 인간의 삶을 제대로 주시했던 훌륭한 철학자였습니다. 당신은 '쾌락과 고통'을

　　　　　　　　　　고대로 부치는 철학편지

말함으로써 우리 인간들의 핵심이기도 한 '욕망과 행복' '욕망과 불행'의 메커니즘을 날카롭게 꿰뚫어보았습니다. 그러한 삶의 진실은 지금 이곳 즉 21세기의 한국에서도 그대로 확인되고 있습니다. 무절제한 욕망으로 인해 오히려 고통에 빠져 허덕이고 있는 저 수많은 인간 동료들에게 나는 한번쯤 당신의 제자가 되어보라고, 그래서 욕망을 통제하고 고통을 제거하고 그리하여 마음을 평정에 행복에 도달하라고, 그렇게 권하고 싶어집니다. 진정한 쾌락은 오늘날도 여전히 유효한 하나의 철학적 이념입니다. 아테네의 그 유명한 '정원'에서 '숨어서 살라lathē biosas'고 권하며 '우애philia'와 '자족autarkeia'을 가르치는 당신의 모습이 어렴풋이 눈에 보일 듯도 합니다. 에피쿠로스, 당신의 쾌락과 행복을 기원합니다.

Zēnōn BC 336/5경–BC 264/3경

"[괴로움을] 견뎌내고 [쾌락을] 절제하라!"

"생의 목적은 '자연과 조화롭게 사는 것 …'
이는 '덕에 따라서 사는 것'과 마찬가지다.
왜냐하면 자연은 덕을 목표로 우리를 이끌기 때문이다."

"덕은 … 행복해지기 위해 그것만으로 충분한 것이다."

BC 336/335년 그리스 식민지인 퀴프로스 섬 키티온Kition에서 무역상 무나세아스(또는 데메아스)의 아들로 태어남. 자신도 상업에 종사.

BC 313년 아테네로 감. 서점에서 크세노폰의 《소크라테스의 회상》을 읽고 감명.

BC ???년 크라테스의 가르침을 받음. 이어 스틸폰, 크세노크라테스, 필론 등으로부터 10년간 가르침을 받음. 폴레몬에게서도 배움.

BC 301년 폴뤼그노토스의 벽화가 있는 '채색된 주랑Stoa Poikilē'에서 가르침. 58년간 계속됨. 마케도니아 왕 안티고노스 2세Antigonos II도 그를 높이 평가하여 아테네에 올 때마다 그의 강의를 듣고 또 그를 자신이 있는 곳으로 수차례 초빙함.

BC 264/263년 죽음(학교 앞에서 넘어져 발가락을 다치자 스스로 숨을 멈추어 죽었다고 전해짐).

제논에게

금욕을 묻는다

이 편지가 아테네에 있는 당신의 그 '채색된 주랑stoa poikilē'으로 제대로 배달이 되어야 할 텐데 조금은 걱정이 됩니다. 그럴 일이야 없겠지만, 가끔씩 저 이탈리아의 엘레아에 있는 제논과 당신을 구별하지 못하고 헷갈리는 사람들이 없지 않기 때문입니다. 당신의 학교와 비슷하다는 아테네 아크로폴리스 아래의 그 건물, 주랑 즉 거대한 기둥들이 죽 늘어선 회랑이 있는 그 건물, 딱 한번 가본 적이 있는데 정말 멋있더군요. 당신은 그런 학교에서 제자들과 수행을 하고 철학을 논했다지요?

당신은 내게 가장 일찍 알려진 철학자의 한 사람이 아니었을까 하는 생각이 듭니다. 고등학교 윤리시간에 이미 당신의 그 '금욕주의'라는 것과 함께 '스토아학파' '아파테이아'라는 것들을 배웠고, 더구나 그 지긋지긋한 시험문제에도 단골로 출제되었기 때문입니다. 당시로서는, 죄송한 말씀이지만, 그 단어들의 내용에는 별 관심이 없었고 따라서 그것은 한갓된 지식의 일부에 지나지 않았습니다. 좀 심하게 말해도 된다면, 그것은 나를 포함한 대부분의 고등학생들에게 그저 그냥 '부담'에 지나지 않았는지도 모르겠습니다. 오늘날에도 사정은 비슷할 거라고 짐작됩니다. 그런데, 철학이라는 것이 직업이 되어버린 탓인지 나이가 들고 세상을 알게된 탓인지 모르겠습니다만, 이젠 가끔씩 당신과 관련된 그단어들의 '의미'를 진지하게 생각해보는 경우가 있습니다.

당신과 당신의 추종자들(이른바 스토아학파)의 입장은 일반적으로 '금욕주의Asceticism'라고 알려져 있습니다. 그런데 잘 모르는 일반인들은 이것을 막연히 '성욕의 절제'로만 이해하는 경우도 없지 않더군요. 확인해보지는 못했지만 그런 것도 혹시 포함되나요? 하지만 금욕주의라는 게 그런 것만은 아니겠지요. 원래 이 말이 '자제/극기/금욕askesis'에서 연유한 포괄적이고 근본적인 수행적 실천철학임을 아는 사람은 그다지 많지 않은 것 같더군요. 당신은 물질적-육체적-세속적 가치를 지양하고 정신적-도덕적-탈속적 가치를 지향했습니다. 아닌 게 아니라 내가 공부하는 과정에서 알게된 바로는 "[괴로움을] 견뎌내고 [쾌락을] 절제하라!anekhou kai apekhou/[라틴어]sustine et abstine"라는 것이 당신들의 표어였었고, 또 "한 개의 빵, 말린 무화과 그리고 물. 이 사람은 새로운 철학의 길을 걸으며, 가난을 가르치고 제자를 얻는다"는 것이 당신에 대한 평가였습니다. 다분히 금욕적인 이러한 사상이 구체적으로 어떻게 말해지고 어떻게 행동에 옮겨졌는지 그 교육법과 수행법을 정확하게 알고 싶어서 열심히 문헌을 뒤져본 적도 있는데, 아쉽게도 콕 집어 말해주는 만족스러운 부분을 발견하지는 못했습니다. 다만 한 가지 분명한 것은 당신이 '산다zēn'는 문제에, 특히 '어떻게 살아야 하나'에 관심이 있었고, 그 대답으로서 "로고스에 조화롭게 homologoumenōs"라는 걸 제시했다는 것입니다. 그것은 곧 "덕 arētē에 따라서" 사는 것이고, "로고스야말로 우리를 덕으로 이끌기 때문"이라고 했습니다. 또 "조화롭게 사는 것이 인간의 목적이며 그것은 곧 하나인 로고스에 따라서, 그것에 합치해서 사는 것"이라고도 했습니다.

덕arētē이니 조화harmonia니 로고스logos니 하는 단어들만 얼핏 보면 새로울 것은 없습니다. 당신의 말에는 소크라테스와 퓌타고라스와 헤라클레이토스가 뒤섞여 숨어 있는 듯한 느낌도 없지 않습니다. 사실 그럴 수도 있겠지요. 하지만 그 기원이 무슨 상관이겠습니까. 나는 당신이 그분들과 명백히 구별되는 하나의 철학적 의의를 지닌다고 평가합니다. 그것은 당신이 소크라테스를 계승하여, 그의 철학을 원료로 해서, '인생철학' 내지 '실천철학' 또는 '가치철학'으로서의 제 논철학을 수립했다는 것입니다. 물론 당신은 철학이라는 것을 '자연학' '논리학' '윤리학'으로 3등분하고, 자연학과 논리학에서도 큰 성과를 인정받고 있지만, 역시 가장 중요한 것은 가장 널리 알려진 '윤리학' 부분이 아닐까 합니다. 거기서 우리는 의미 있는 말들을 적지 않게 발견할 수 있습니다.

"생의 목적은 '자연과 조화롭게 사는 것 …' 이는 '덕에 따라서 사는 것'과 마찬가지다. 왜냐하면 자연은 덕을 목표로 우리를 이끌기 때문이다." "목적은 … 조화롭게 사는 것. 이는 조화로운 이치에 따라서 산다는 것이다. 왜냐하면 서로 다투면서 사는 사람들은 불행한 생을 보내기 때문이다." "덕은 … 이치에 따라서 생의 전체에 관해 조화를 유지하고 있는 영혼의 상태이다" "존재하는 것들 중 어떤 것은 좋은 것이며 어떤 것은 나쁜 것, 그리고 또 어떤 것은 선악무관한 것 adiapora이다. 좋은 것은 … 사려, 절제, 정의, 용기, 덕 혹은 덕과 관계있는 모든 것. 나쁜 것은 … 무사려, 방탕, 부정, 비겁, 악덕 혹은 악덕과 관계있는 모든 것. 또 선악무관한 것은 … 생과 사, 명성과 오명, 고통과 쾌락, 부유와 빈곤, 질병과 건강 및 이와 동류의 것들." "오직 영혼의 덕만이 선하다. … 이

고대로 부치는 철학편지

것만이 사람들의 생을 지키고 도시를 구하는 것이므로." "덕은 … 행복해지기 위해 그것만으로 충분한 것autarkeia이다." "덕은 영혼의 주도적 부분이 갖는 어떤 상태이며 이성에 의해 생겨난 능력이다." "덕은 그 차이에 따라 여러 가지가 있다. 즉 사려, 용기, 절제, 정의이다."

당신이 한 이런 말들을 더 이상 장황하게 열거할 필요는 없을 것입니다. 우리는 이 말들을 들으며 당신이 '유덕한 삶'을 살고자 했다는 것, '조화롭게' 살기를 가르쳤다는 것, 즉 가치지향적이었음을 충분히 확인할 수가 있습니다. 나아가서 삶·자연·조화·이치·이성·행복 이런 것들이 서로 연결되어 있다는 것을 배울 수 있습니다. 거기에는 사려·용기·절제·정의라는 것도 연결되어 있습니다. 소크라테스와 플라톤의 가치이기도 했던 이 말들이 하나하나 살아서 빛을 발하기만 한다면, 참으로 훌륭한 사상이라는 것을 나는 두말없이 인정합니다. 좋은 것, 나쁜 것, 중립적인 것을 각각 구별한 것도, 영혼-덕-선이 사람-삶-도시의 상태와 연관됨을 지적한 것도, 그리고 다툼이 불행의 원인임을 설파한 것도, 참으로 정곡을 찌르는 탁견입니다. 요즘 식으로는 경쟁도 그런 다툼의 한 양태겠지요. 우선 무엇보다도 당신의 이런 방향설정에 나는 존경을 표시합니다.

그런데 더욱 중요한 것은 그것이 '세상에 즉 사람들 사이에' '유통되는 가치'여야 한다는 것이 아닐는지요. 오늘날 내가 살고 있는 이 세상을 한번 둘러보면 이러한 말들이 너무나도 공허하게 들리는 것을 어쩔 수가 없습니다. 당신은 그래도 이러한 말들을 함으로써 아테네 사람들의 존경을 받고 심지어 마케도니아의 안티고노스 왕도 당신의 강의를 들으러 오곤 했다는데, 우리 시대의 철학자들도 나름대로는 당신과 비슷한 이야기를 열심히 하고 있건만, 지금 사람들은 대부분 이런 '훌륭한 말씀' '유덕한 삶'에 대해서 별반 관심이 없고 오로지 권력과 이익과 명성과 재미만을 뒤쫓고 있으니 안타까운 노릇입니다. 대통령이 철학 강의를 듣고 싶어 한다는 이야기도 접해본 적이 없습니다. 철학책을 읽었다는 이야기도 들어본 적이 없습니다.

그러나 나는 그렇게 실망하지는 않을 겁니다. 세상이란 원래 기본적으로 이익지향적인 것임을 알기 때문입니다. 그리고 또한 그렇다고 해서 사람들이 언제까지나 그렇게만 살 수도 없다는 것을 알기 때문입니다. 우리에게는 '지긋한 기다림'이 필요할 것 같습니다. 자연에, 이치에, 덕에 조화롭게 따르지 않고서, 그것을 거스르면서, 그렇게 이익을 추구하는 삶을 살다가 보면 그것만으로는 온전한 행복에 이를 수 없다는 것을 사람들은 이윽고 깨달을 때가 올 것이기 때문

고대로 부치는 철학편지

입니다. 왜냐하면 당신이 강조하듯이 거기에는 '감정pathos'
이, 즉 "영혼의 과격한 날갯짓" "이성에 귀를 기울이지 않는
충동" "자연에 반한 비이성적 운동"인 감정이 일어 사람들의
'행복eudaimonia'을 흔들어놓기 때문입니다. 그러면 사람들은
'평정심ataraxia' '부동심apatheia'이라는 것이 얼마나 중요하고
가치 있는 것인지를 자연스럽게 알게 될 것입니다. 곤이지
지困而知之라고나 할까….

   그런 경우는 당신이나 나 같은 사람의 철학적인 호소가
조금은 귀에 들어가게 되겠지요. 그런 때를 위해서 우리 그
저 우직하게 '옳으신 말씀'을 이야기하며 꿋꿋하게 기다려
보기로 합시다. 누가 알겠습니까. 아테네 사람들이 당신을
존경하여 성문의 열쇠를 맡기고 금관을 씌워주고 동상을 세
워주었듯이 언젠가는 이 땅의 사람들도 혹시 철학자에게 그
런 대접을 해주게 될지….

Plōtinos AD 204/5-AD 269/70

"'하나'는 모두이지 결코 단독자가 아니다. 왜냐하면 모든 것들에게 원천으로서 '하나'가 따로 존재하는 것이 아니라, 오히려 모든 것이 저 '하나'에서 나왔기 때문이다. … 낳음이 원천을 밝혀주는데, 그 까닭은 저 '하나'가 완전히 성숙한 상태에 있고 … 그로써 차고 넘치며, 그러한 풍요로움이 다른 존재자를 내놓기 때문이다. 나온 것들은 저 '하나'에게 소급되며 그에 힘입어 결실을 맺을 수 있다."

"그것[='하나']은 가장 자족적이요,
순수함에 머물러 있으니 모든 것의 최초인 셈이다."

AD 204/205년 이집트 뤼코폴리스Lykopolis에서 태어남.

AD 232년 철학에의 사랑이 불타오름. 알렉산드리아에 있던 당시의 고명한 학자들을 소개받으나, 실망. 친구의 권유로 암모니오스 사키스를 찾아가 강의를 듣고 감복. 그를 통해 플라톤 철학에 몰두. 11년간 그의 곁에서 철학 연구. 페르시아철학, 인도철학 등도 연구. 약간의 사람들에게 강의를 계속. 이 기간 동안 저서는 없었음

AD 243년 황제 고르디아누스Gordianus 3세가 페르시아로 진공했을 때 원정군으로 출정. 황제가 메소포타미아 지방에서 암살되었을 때 간신히 도망쳐 안티오케이아로 피난.

AD 235년 필리포스가 즉위했을 때, 로마로 감.

AD ???년 그를 높이 평가하고 경애하던 황제 갈리에누스Gallienus와 황후 살로니나Salonina에게 철학자의 국가 '플라토노폴리스'의 건설을 요망. 황제 주변 인물들의 방해로 실현되지 못함.

AD ???년 고귀한 집안의 사람들이 죽음을 앞두고 재산과 함께 의탁한 자녀들의 교육과 재산을 정성을 다하여 관리함. 26년간 로마에서 지내면서 많은 사람들의 언쟁을 조정함.

AD ???년 4차례 신비적 체험.

AD 253년 《엔네아네스》를 집필하기 시작하여 죽기 몇 달 전까지 54편을 씀([-269년], 후에 제자인 포르뛰리오스가 체계적으로 정리하여 펴냄).

AD ???년 유행병에 걸려 캄파니아로 이주.

AD 269/270년 이탈리아의 캄파니아Campania에서 죽음.

플로티노스에게

신과 세계를 묻는다

당신은 비록 이집트 지역 출신이기는 하지만 40세 이후 로마로 가 거기서 생애의 대부분을 보냈으니 이 편지가 아마 로마로 부쳐지는 첫 편지가 될 것 같군요. 그리고 (비록 기독교는 아니더라도) 종교적인 철학을 논하는 첫 편지가 될 것 같군요. 그리고 비록 204/5부터 269/70년까지 산 기원후의 인물이지만 그 학문적 맥이 중세인 기독교와 직접 관계가 없고 오히려 플라톤 등 고대철학과 닿아 있으니 고대로 부치는 마지막 편지가 될 것 같군요.

나는 당신께 대해 이중적인 느낌을 지니고 있음을 고백합니다. 한편으로는 편안한 느낌이 있고, 또 한편으로는 긴장된 느낌이 있다고나 할까요? 좀 더 정확하게 말씀드리자면, 당신의 인품에 대해서는 편안한 느낌이고, 당신의 학문에 대해서는 긴장된 느낌? 이렇게 말을 꺼낸 이상, 그 연유를 설명해야 할 것 같습니다.

당신의 제자였던 포르퓌리오스가 쓴 《플로티노스의 생애 *Peri tou Plotinou Biou*》라는 글을 본 적이 있습니다. 거기에는 이렇게 적혀 있었습니다. "그는 또한 온화해서, 그와 어떤 형태로든 면식이 있는 사람이라면 누구에 대해서도, 그 뜻에 따라주고자 했다. 그 때문에 26년씩이나 로마에 사는 동안 대단히 많은 사람들의 말다툼을 조정했지만, 한번도 정치가의 누구 하나를 적으로 돌리는 일은 없었다." 이런 온화한 조정자의 모습을 나는 참으로 좋아합니다. 뿐만 아니라 그 책에는 당신의 자선심도 소개되어 있었습니다. "아주 고귀한 집안의 남녀가 죽음을 앞두고, 자신들의 아이를, 아들 딸 구별 없이 데리고 와서 전 재산과 함께 그에게 맡기는 일이 많이 있었다. 그것은 마치 신성하고 신을 닮은 수호자를 대하는 것과도 같았다. 그의 집은 소년 소녀들로 가득했다"는 것입니다. 이게 어디 쉬운 일이겠습니까. 더군다나 당신은 그들의 재산을 성실하게 지켜주었고, 그 많은 아이들을 성심껏 돌봐주면서도 지적 활동을 소홀히 하지 않았다니, 그저 고개가 수그러질 따름입니다. 내 마음이 편안함을 느끼는 것은 당신의 그런 온화하고 자애로운 인품 때문입니다.

로마의 갈리에누스 황제와 살로니나 황후가 당신을 대단히 높이 평가하고 경애했다는 것도 충분히 이해가 되는 부분입니다. 당신은 플라톤의 철학을 흠모하고 계승한 플라톤주의자로 알려져 있죠. 그리고 그런 정신은 당신을 통해 훗날 아우구스티누스에게도 전승되었죠. 철학사에서 당신은 '플라톤'과 '아우구스티누스'를 연결하는 징검다리로 평가되기도 합니다. 특히 당신은 황제의 지원으로 플라톤의 이상국가를 현실세계에 실현하려고도 시도했었다죠? 당신의 희망대로 플라톤의 이상을 토대로 한 철학자의 국가, '플라토노폴리스'가 캄파니아에 건설되었더라면 비록 작더라도 철인정치가 구현되는 큰 의미가 있었을 텐데, 황제를 둘러싼 악한들의 질투와 악의와 방해로 그것이 무산된 것은 마치 놓쳐버린 대어처럼 역사의 아쉬움으로 남습니다. 하지만 당신의 학문은 훗날 아우구스티누스라는 거장을 만나 중세철학에 결정적인 영향을 주었고 르네상스기를 거쳐 멀리는 현대까지 그 그림자가 남아 있으니, 그것으로 위안을 삼아도 좋을 듯싶습니다. 아우구스티누스가, '그리스도의 육화 incarnatio'를 제외하고는 신학에 필요한 거의 모든 것이 당신의 철학체계에서 발견된다고 말했다니 정말 대단한 신뢰가 아닐 수 없습니다(그런 당신이 예수의 존재와 기독교에 대해 어느 정도나 알고 있었는지, 혹 영향을 받은 것은 없는지, 그런 점은 비전공자인 나에게는 늘 궁금함으로 남아 있습니다).

그런데 문제는 당신의 그 철학체계인데, 나는 그것을 접하며 솔직히 긴장된 느낌을 갖지 않을 수가 없습니다. 무엇보다도 그 주제가 녹녹치 않기 때문입니다. 당신의 철학은 형이상학인 동시에 신학입니다. 대부분의 교과서들도 당신의 철학을 이른바 '종교시대'에 편입시켜 소개하고 있습니다. 웬만한 철학도라면 당신의 이름과 함께 포르퓌리오스가 편집한 《엔네아데스Enneades》(9편집)라는 책을 알고 있고, 또 거기서 논해지는 '일자一者, to hen' '제일자to prōton' '신theos' '유출ēmānatiō' '정신nous' '영혼psychē(세계영혼, 인간영혼)' '자연physis' '선agathon' '미kalon' '악kakon/kakia' '탈아/합일ekstasis' 등의 개념을 알고 있습니다. 그런데 이게 사실 그렇게 간단한 것이 아닙니다. 그래서 나는 긴장된 느낌을 갖지 않을 수 없는 것입니다.

교과서식으로 말하는 것은 간단합니다. 그러면 이렇게 됩니다. '플로티노스는 모든 존재의 근원으로서 일자 또는 제일자라는 것을 상정했다. 이는 곧 최고의 신이다. 이 일자는 모든 좋은 것들의 원인이며 충만한 것으로서 모든 것들의 생성 내지 존재는 그 충일로부터의 유출이다. 그것에 가장 가까운 것이 정신이고, 그 다음이 영혼이며, 가장 먼 것이 자연이다. 물질은 맨 마지막이다. 이렇게 일자로부터 모든 것이 유출되어 나오지만, 일자는 태양이나 샘물처럼 언제나 충만한 상태를 유지한다. 일자에 가까운 것이 선 혹은 미이

고대로 부치는 철학편지

고 일자에서 먼 것이 악이다. 따라서 일자에서 먼 자연에는 악이 동반되지만, 이것도 일자에서 나온 만큼 여기에도 선은 있다. 일자는 시성적 파악의 대상이 아니다. 그것은 신비적 체험을 통한 탈아의 경지에서 합일됨으로써만 우리에게 알려진다. 그것이 최상의 덕이다.' 이것이 말하자면 교과서식으로 소개되는 플로티노스철학의 핵심 혹은 개요인 셈입니다. 하지만 이런 말들을 듣고 그대로 고개를 끄덕일 사람이 과연 몇이나 되겠습니까. 당신의 사상은 이해하기가 쉽지 않습니다. 그것은 당신의 글을 직접 읽어보더라도 크게 달라지지 않습니다.

당신의 말씀들은 너무나 거대한 우주론적 내용들일 뿐만 아니라 또한 추상적이어서 보통사람들의 접근을 어렵게 합니다. 하지만 당신의 시대부터 지금에 이르기까지 수많은 사람들이 당신을 추종한 것을 보면, 그게 무슨 전혀 알 수 없는 황당한 이야기가 아닌 것은 분명해 보입니다.

그래서 나는 생각해봅니다. 일자가 모든 것의 근원이라는 것, 모든 것이 일자로부터 흘러나왔다는 것은 무엇을 말함인가. 나는 오래전부터 그렇게 생각해오고 있습니다만, 우리가 평소에 보고 있는 이 세상의 모든 것들, 모든 현상들이 하나의 결과물인 이상, 그 원인을, 특히 그 궁극적 근원을 생각하게 되는 것은 이성을 지닌 우리에게 너무나도 자연스러운 일이 아닌가. 더군다나 이 만상들이 어쩌다가 우연히 제멋대로 생겨났고, 제멋대로 그리된다고 하기에는 너무나 오묘한 모습과 질서들을 가지고 있지 않은가. 그렇다면 그 바탕에 근원이 되는 무언가가 반드시 있지 않겠는가. 그것 또한 당연한 생각이 아닌가. 바로 그 무엇을 당신도 생각했던 것이고 바로 그것을 일자, 제일자라고 불렀을 것입니다. 이런 표현으로써 당신은 만물과 근본적으로 구별되는 그 절대적 근원의 특별함을 말하고 싶었던 것이겠죠. 원인인 일자와 결과인 만유는 근본적으로 다른 것이지만 결과는 원인으로부터 유래된 것이니 그 유래됨이라는 연관성을 일컬어 당신은 '유출'이라고 불렀을 것입니다. 태양과 샘의 비유(빛의 근원인 태양과 물의 근원인 샘)에서 나는 당신의 그러한 생각을 읽을 수 있습니다.

그리고 그 만유가 질적으로 동등하지 않다는 것도 우리는 특별한 논란 없이 인정할 수 있습니다. 정신/영혼/자연이라는 3단계 구분은 시비가 될 수도 있겠지만, 전적으로 황당한 것이라고 볼 수만도 없습니다. 존재하는 것들에서 질적 차이나 단계는 분명히 존재하니까요. 일자에서 먼 자연에 악이 동반된다는 것도, 그것이 선의 결핍이라는 것도, 또 그것을 빛의 결핍인 어둠으로 설명하는 것도, 훗날의 중세철학으로 미루어보면 선구적인 탁견임을 인정할 수 있습니다.

고대로 부치는 철학편지

다만, 당신이 네 번씩이나 도달했다고 하는 일자(=신)와의 그 '탈아적인 합일'은 아직 나의 설명능력 바깥에 있습니다. 그게 도대체 어떤 것인지 나는 늘 궁금합니다. 살아오면서 제법 간절하게 그것을 바란 것도 한두 번이 아닙니다만, 솔직히 그 정체는 아직도 그저 오리무중입니다. 그러나 자기가 모른다고 해서 함부로 그것을 부정할 수는 없습니다. 그래서 나는 그 부분을 괄호 속에 넣어 유보해두고 있습니다. 혹시 누가 알겠습니까. 어쩌면 내일, 어쩌면 다음 달에 그러한 합일이 내게도 주어지게 될지…. 그것을 나는 '아름다운 기다림' 또는 '숭고한 기다림'이라고 포장해두고 있습니다. 기다림은 그 자체로서 이미 하나의 종교적 행위가 되며, 그 행위는 나름의 의미를 지닌 채 '기다리는 자'의 인격의 일부를 형성하는 가치가 되는 것입니다.

친애하는 플로티노스, 나는 가끔씩, 시대를 건너뛰며 연결되고 있는 플라톤과 플로티노스 당신 그리고 아우구스티누스와 플레톤의 학맥을 감탄과 부러움으로 생각해보고는 합니다. 그 다음 순서는 어떤 인물이 될지, 그게 우리 한국인이면 좋겠다는 기대도 없지 않은데, 그 사람은 지금 어디서 무엇을 하고 있는 걸까요. 아직은 그 가능성이 멀게만 느껴집니다.

중세로 부치는 철학편지

Justinus Flavius 100/10−163/7

"예수는 … 보편적·신적 로고스, 순수 지성, 완전한 진리이다."

"인간의 영혼은 본질적으로 기독교적인 것이다."

"나는 인간이나 인간의 교설이 아니라
신과 신에 의한 교설을 따르기로 선택한다."

100/110년 이스라엘 북부 사마리아의 플라비아 네아폴리스Flavia Neapolis(현재 팔레스타인 의 나블루스Nablus)에서 프리스쿠스Priscus의 아들로 태어남. 부모는 그리스인 혹은 로마인.

???–???년 아테네와 로마에서 스토아학파, 페리파토스학파, 퓌타고라스학파 등을 통 해 진리를 찾았으나 만족하지 못했고, 결국 플라톤주의에서 답을 찾음.

???년 기독교도인 한 노인을 만나 성서를 '진정한 철학'으로 받아들임.

???년 에페소스에서 세례를 받음.

138–161년 로마 황제 안토니누스 피우스Antoninus Pius 제위 시절, 로마에서 자신의 학교 를 설립, 교육 활동. 타티아누스도 그의 제자. 《제1 변론》《유대인 트뤼폰과의 대 화》《부활에 대하여》 등을 저술.

163/167년경 로마에서 순교자로서 처형되어 죽음.

유스티누스에게

신에게로 가는 길을 묻는다

순교자martyr 유스티누스, 철학자philosophus 유스티누스, 사람들은 그렇게 당신을 부르고 있습니다(테르툴리아누스는 '철학자이자 순교자'라는 표현을 사용하더군요). 이 두 개의 서로 다른 칭호가 당신의 모습을 잘 반영하고 있다고 예전부터 나는 느끼고 있었습니다. 철학책들은 당신을 교부patres ecclesiae 또는 호교가apologist라고 부르기도 합니다. 그 또한 당신의 모습을, 아니 당신의 모습뿐만 아니라 당신이 놓여 있는 시대적인 위치를 잘 알려주고 있는 것 같습니다. 그렇습니다. 당신은 당신의 선배 철학자들과는 근본적으로 다른 시대의 근본적으로 다른 철학자인 것입니다. 즉 중세라는 시대의 기독교철학자, 특히 그 첫 부분에서 새벽별처럼 혹은 여명처럼 빛나고 있는 자, 그것이 당신의 모습입니다.

당신이 자각하고 있었는지는 모르겠지만, 당신은 우리 인류의 역사에서 아마도 가장 큰 사건이라고 할 수 있는 '그 일'이 일어난 직후에, 즉 '신의 아들'이라고 일컬어지는 예수 그리스도Iēsus Christus의 출생과 활동 그리고 죽음 이후에, 그러니까 기원후 100년경에서 165년경까지, 당신의 삶을 살았습니다. 이른바 크리스천으로서 교회에 나가느냐 아니냐하는 신앙 여부에 상관없이 우리는 '예수'가 인류사의 대사건이었음을 객관적인 역사적 사실로서 인정하지 않을 수 없습니다. 왜냐하면 그 사건은 그 후 (313년 콘스탄티누스Constantinus 황제에 의한 기독교의 공인 및 380년 테오도시우스Theodosius 황제에 의한 국교화를 통해) 로마라는 대제국을 근본적으로 뒤바꿔놓았고 그 로마의 정신적 유산이 근대 유럽 국가들로 계승되고 이어 영국과 미국이라는 새로운 대제국으로 확장되면서 오늘날 전 세계에 대해 그 막대한 영향력을 행사하고 있기 때문입니다. 성서가 인류 최대의 베스트셀러라는 것도 그렇고, 세계 최강인 미국의 대통령이 성서에 손을 얹고 취임선서를 한다는 것도 그렇고, 그리고 로마와 거의 지구 반대편이라고 해도 좋을 만큼 멀리 떨어진 이곳 한국에서 무수한 십자가들이 하나의 풍경을 이루고 있다는 것도 그 증거가 될 수 있을 것입니다.

유스티누스, 당신은 바로 그 예수의 기독교가 전 인류를 향해 걸어나가는 위대한 첫걸음을 위해 철학과 순교로서 길

중세로 부치는 철학편지

을 깐 중요한 인물의 한 사람인 것입니다. 그런 점에서 당신은, 적어도 철학의 역사에 있어서는, 저 베드로와 바울 같은 역할을 한 인물로 평가될 수도 있을 것입니다.

젊은 시절 당신은 앎에 대한 갈망으로 당시 이름이 알려졌던 여러 철학자들(스토아학파, 페리파토스학파, 퓌타고라스학파)을 찾아가 대화를 시도했다고 들었습니다. "나는 모든 체계를 알고자 노력했다"고 당신은 말하셨다죠? 하지만 당신은 만족하지 못했고 난감해하던 끝에 마지막으로 탁월한 어떤 플라톤주의자를 찾아갔습니다. 바로 그 사람과의 교유를 통해 당신은 진리를 향한 정신의 눈이 확실히 열리게 되었다고 했습니다. 그간의 사정과 그때의 심경을 당신은《유대인 트뤼폰과의 대화*Dialogus cum Tryphone*》(2-8장)에서, 그와의 논쟁과정을 통해 소상히 알려주고 있습니다. "그러자 비물체적인 것에 대한 뜨거운 인식noēsis이 나를 엄습해 이데아의 관조theorein가 나의 사려phronēsis에 날개를 달아주었습니다. 단시간이지만 나는 지혜로운 자가 된 듯하였습니다. 그리고 어리석게도 곧바로 신의 관조를 바랐습니다. 왜냐하면 신의 관조야말로 플라톤철학의 궁극적인 목적이기 때문입니다." 그렇게 당신은 말했습니다. 말하자면 그런 식으로 당신은 신을 향한 첫걸음을 내디디게 된 셈입니다. 플라톤철학, 특히 이데아의 관조라는 길을 통해서.

그 후 당신은 아무것에도 방해받지 않고 자기 자신과 대화하기 위해 어느 해변과 가까운 한적한 곳에 은거하다가 인품이 예사롭지 않은 한 노인을 만나게 됩니다. 마치 우리 동양세계의 도담에 나오는 장면 같습니다. 그 노인과의 대화를 통해 당신은 점차 플라톤철학의 진수를 깨닫고 기독교로의 회심을 준비하게 됩니다. 그 노인은 철학이라는 것을 '존재의 이해, 진리의 인식이며 행복은 이 이해와 인식의 보수이다'라고 규정하고, 나아가 신을 무엇이라 부르는가 하는 물음에 답해 '언제나 똑같은 방식으로 자기를 유지하며 다른 모든 사물의 존재원인인 것, 이것이 신이다'라고 말합니다. 그리고 '신적인 것to theion'은 다른 생물들처럼 눈으로 볼 수 없으며 오직 정신에 의해서만 인식될 수 있다고 알려줍니다. 또한 그 정신에 대해서, '인간의 정신의 눈에는 본성적으로 모든 예지적인 것의 원인인 존재 그 자체를 볼 수 있는 성질이 부여되어 있다는 것, 존재 그 자체는 색-형태-크기 등 눈으로 확인되는 것이 없다는 것, 일체의 본질을 초월해 있기 때문에 말할 수 없고 해명될 수 없다는 것, 그것만이 미이고 선인데 인간의 영혼은 본성적으로 선하게 형성되어 있어서 이 존재 그 자체와 동족관계이며 그것을 관조하고자 동경하고 있기 때문에 존재 그 자체가 돌연히 찾아든다는

중세로 부치는 철학편지

것' 등을 말해줍니다. 이런 말을 들어보면 이 노인이 뭔가 범상치 않은 인물인 것은 분명해 보입니다.

그런데 플라톤철학이 말하는 이러한 신과 영혼의 밀접한 동족관계에 대해 그 노인은 비판적인 생각을 드러냅니다. '신과 영혼 사이에는 원래 동족성이 존재하지 않으며, 영혼은 신적인 것, 불멸의 것이 아니고 또한 신적인 정신의 일부도 아니다'라는 것입니다. 바로 이 비판을 통해 당신은 플라톤철학도 궁극적인 답이 될 수 없다는 것을 깨닫습니다.

그래서 당신은 노인에게 신에 이르는 진정한 길을 묻게 됩니다. 그러자 노인은 성서biblia를 가리키며, 그것을 읽으면 원리, 목적 그리고 철학자가 알아야 할 것에 대해 유익한 것을 얻을 것이라고 말합니다. 마침내 당신에게 새로운 길이 제시된 것입니다. 그런데 노인은 성서를 읽기 전에 먼저 기도가 필요하다는 것을 강조합니다. "먼저 빛의 문이 열리도록 기도하라. 진실로 신과 그의 그리스도가 이해시켜주지 않는다면 아무도 진리를 알거나 이해할 수가 없다"라고. 노인의 그런 말들이 당신을 신에게로 인도해간 것 같습니다. 이는 좀 과장하자면 '철학과 기독교의 만남'이라는 역사적인 순간입니다. '기독교적 중세철학의 시작'이라고도 말할 수 있는 장면입니다. 적어도 그런 상징성이 있는 것입니다.

다른 말로 '그리스적 이성과 유대적 신앙의 만남'이라고도 할 수 있는, 또는 '이성에서 신앙으로의 전환'이라고도 할 수 있는, 또는 '철학과 기독교의 결합'이라고도 할 수 있는, 이러한 과정을 거쳐서 당신은 말하고 있습니다. "노인의 말을 나 자신 속에서 되새겨보는 동안 이것만이 확실하고 유익한 철학이라는 것을 알았습니다. 따라서 나는 이렇게 해서, 바로 이것 때문에 철학자philosophus인 것입니다"라고. 철학이 기독교에 발을 들여놓는 순간입니다. 이런 말을 들으며 나는 기독교의 지평 위에서 전위되고 있는 철학의 새로운 모습을 목격하게 됩니다. 당신에게서는 기독교가 곧 철학이었고 그것을 아는 이가 곧 철학자였던 것입니다(저 천 년의 중세철학이, 기독교철학이, 사실상 거기에서 출발입니다. 재미 삼아 말해, '기불이철 철불이기 기즉시철 철즉시기 基不異哲 哲不異基 基卽是哲 哲卽是基'라는 이 '기철불이基哲不二'라는 생각, 예수와 성서 안에서 철학을 찾는 유스티누스철학의 이 상징성은 결코 단순한 '호교론'으로 처리되어서는 안 될 것입니다. 철학과 기독교가 교차하는 그 역사적 시점과 위치에 마침 당신 같은 능력과 경력의 소유자가 있었던 것이니 이는 어쩌면 당신 개인뿐만이 아니라 철학 그 자체의 운명이었는지도 모르겠군요).

친애하는 유스티누스, 그런 식으로 당신은 철학에게 하나의 새로운 길을(기독교철학이라는 길을, 그리고 중세철학이라

중세로 부치는 철학편지

는 길을) 열어주었습니다. 그 길은 다름 아닌 신에게로 향한, 신에게로 가는 길이었습니다. 그 이후 천 년, 내지는 천 수백 년 동안 수많은 철학자들이 그 길을 걸었습니다. 물론 그 길의 끝에서 만나게 되는 신은 소위 '철학자의 신'이며 '아브라함의 신, 다윗의 신'과는 구별된다고 하는 주장도 있습니다. 이 점에 대해서는 끝도 없는 신학적 논쟁이 기다리고 있습니다. 하지만 신에게로 가는 의미 있는 길의 하나임은 함부로 부정할 수 없습니다. 왜냐하면 그 길은 실제로 수많은 사람들이 걸었던 역사상의 길이기 때문입니다.

로마가 끝나고 중세가 끝나고 근세를 거쳐 현대에 이른 지금도 그 길은 끝나지 않은 채 이어지고 있습니다. 그것은 철학을 위해 얼마나 큰 축복이었던가요. 그 누가 그것을 쉽게 부정할 수 있겠습니까. 철학이 곧 신을 위한 봉사였던, 심지어 신학의 시녀ancilla theologiae를 자처했던, 저 천 년 세월, 중세라는 그 시대를 그 누가 쉽게 외면할 수 있겠습니까. 적어도 철학에 있어서는, 그것은 단순한 암흑시대가 아니었습니다. 당신을 괴롭혔던 저 이단들이나 끝내 당신을 죽음으로 내몬 마르쿠스 아우렐리우스Marcus Aurelius 황제와 로마시장 루스티쿠스Junius Rusticus도 아마 당신 뒤로 이어진 저 기나긴 기독교철학의 행렬을 짐작조차 하지 못했을 것입니다. 나는 당신에게 선구자 유스티누스, 개척자 유스티누스라는 또 하나의 이름을 붙여주고 싶은 심정입니다. 결코 쉽지 않았을 당신의 선택인 그 '순교'에, 그리고 향후의 천 년을 결정하는 철학의 방향전환에, 삼가 경의를 표하는 바입니다.

Tertullianus 150/60–222/3

"불합리하기 때문에 나는 믿는다."

"신의 아들이 십자가에 못 박혔다. 그것은 부끄러워해야 할 일이기에 부끄러워하지 않는다. 신의 아들이 죽었다. 그것은 불합리하기 때문에 확고히 믿어야 한다. 장사 지낸 신의 아들이 부활했다. 그것은 불가능하기 때문에 확실하다."

150/160년경 북아프리카 카르타고Carthago에서 로마군 백부장의 아들로 태어남. 법률, 수사학 등을 공부함.

197/198년경 기독교로 개종.

202-207년경 몬타누스파에 가담. 후에 충돌이 발생해 테르툴리아누스파를 따로 결성.

???년 기독교도인 여성과 결혼.

???-???년 그리스어로 세 권의 책을 저술.

???-???년 그리스어 성서를 라틴어로 번역하는 한편, 라틴어로 기독교 관련 저술. 삼위일체trinitas 등 982개의 라틴어 신학용어를 만든 것으로 알려짐.

220/223년경 카르타고에서 죽음.

테르툴리아누스에게
불합리와 신앙을 묻는다

당신이 맨처음 나의 눈길을 끈 것은, 좀 엉뚱한 말씀이 될지도 모르겠습니다만, 당신의 '이름' 때문이었습니다. 어쩐 일인지 대학 1학년인 나에게는 그 이름이 쉽게 입에 익숙해지지를 않았습니다. 그건 훗날 내가 도쿄에서 공부를 시작했을 때 유학 동기였던 그리스 친구 '빠빨렉산드로뿔로스 스띨리아노스'의 이름을 기억하기 위해 고생했던 것과 조금 비슷하기도 했습니다. 하지만 그런 것도 어쩌면 강한 인상을 남기기 위한 하나의 방편이 될 수도 있겠다는 생각이 들어, 처음 강단에 섰을 때는 일부러 학생들에게 당신의 그 기나긴 본명 '퀸투스 셉티무스 플로렌스 테르툴리아누스 Quintus Septimus Florens Tertullianus'를 모두 외우게 한 경우도 있었습니다. 그랬더니 웬걸, 몇몇 엉뚱한 학생들은 이것을 네 명의 인물로 착각하기도 해서, 다음부터는 아예 그만두고 말았습니다.

각설하고, 나는 당신에 대해 아는 바가 그다지 많지 않은 편임을 솔직히 고백하겠습니다. 당신이 160년경에 북부 아프리카의 카르타고에서 태어났고, 190년경에 기독교로 개종했고, 202년경에 몬타누스파로 전향했고, 245년경에 사망했다는 것, 그리고, 《호교론자》 《영혼론》 《반유대인론》 《반이교도 규정》 《반마르키온론》 《반프락세아스론》 등을 썼다는 것, 그리스어 성서를 라틴어로 번역하는 한편, 라틴어로 기독교 관련 저술을 했고, 삼위일체trinitas 등 982개의 라틴어 신학용어를 만들었다는 것, 그리고 기독교와 그리스철학의 조화를 거부하는 입장을 취했다는 것 등이 거의 전부입니다.

하지만 그것을 부끄럽게 생각하지는 않습니다. 왜냐하면 중세철학을 전공한 분들도 나와 크게 사정이 다르지 않음을 보아왔기 때문입니다. 어쩌면 그것은 중세철학 전체에서 당신이 차지하는 비중이 상대적으로 좀 작다고 평가되기 때문인지도 모르겠습니다. 아닌 게 아니라 당신은 중세의 초기, 니카이아 공회의에서 이른바 삼위일체설trinitas이 교의로 확정되기 이전에 활동했던 '호교론자'의 한 분이고, 더욱이 그리스의 유스티누스나 타티아누스, 알렉산드리아의 클레멘스나 오리게네스 같은 분보다 변방에서 활동했던 이른바 '아프리카 교부'의 한 사람으로 분류됩니다. 그런데도 불구하고 내가 다른 중요한 인물들을 생략하면서도 유독 당신께 이 서신을 띄우는 것은 비교적 널리 알려진 당신의 그 '사상'이 상당히 특이하고, 상징성이 있고, 그런 만큼 이야깃거리가 된다고 생각하기 때문입니다.

그런데 당신은 아마 나뿐만 아니라 다른 여러 철학도들에게도 좀 특이한 모습으로 기억되지 않을까 하는 생각이 듭니다. 그것은, 당신의 핵심사상으로 널리 알려진 "불합리하기 때문에 나는 믿는다credo quia absurdum"는 말이 어떤 점에서 상당히 '파격적'이기 때문입니다. 이 파격적인 말을 나는 지나온 내 철학의 역정에서 종종 곱씹어보고는 했습니다.

내가 배워온 바로는, 중세철학이라는 것은 한마디로 기독교와 그리스철학의 결합의 시도, 혹은 기독교의 이론적 뒷받침이었습니다. 그런 점에서 신과 예수와 기독교가 없는 중세철학은 성립불가능입니다. 예수의 사후 기독교가 로마에 들어와 모진 박해를 받다가 이윽고 313년 콘스탄티누스 대제의 밀라노 칙령으로 공인을 받고, 325년 니카이아 공회의에서 교리가 체계화되고, 나아가 392년 테오도시우스 대제에 의해 로마의 국교로 지정이 되면서, 이질적인 종교인 기독교에 대한 철학적 해명의 필요성이 강하게 대두되었던 것입니다. 충분히 이해가 갈만한 사정입니다. 합리적인 로마인의 눈으로 볼 때 기독교의 교리들은 불합리한 것투성이었을 테니까 말입니다. '이성적으로 납득할 수 없으면 믿을 수 없다'는 분위기가 있었을 법도 합니다. 바로 그런 분위기 속에서 기독교를 이성적으로 설명하고 납득시키려는 당신네 '호교론자'들이 등장했을 거라고 짐작이 됩니다.

그런데 당신의 방식은 달랐습니다. 역설적이라고 할까, 허를 찌른다고 할까, 기독교의 불합리성을 '구차하게' 변호하기보다 너무나도 당당하고 떳떳하게 그 불합리성을 오히려 전면에 내세웠던 것입니다. "신의 아들이 십자가에 못 박혔다. 그것은 부끄러워해야 할 일이기에 부끄러워하지 않는다. 신의 아들이 죽었다. 그것은 불합리하기 때문에 확고히 믿어야 한다. 장사지낸 신의 아들이 부활했다. 그것은 불가능하기 때문에 확실하다[《그리스도의 육신에 대하여》 5]." 그렇게 당신은 말했습니다. 일견 터무니없어 보이는 이 말의 밑바탕에는 당신이 강조한 '본성적으로 기독교적인 영혼'에 대한 신뢰가 깔려 있습니다. 그 '영혼의 증언testimonium animae', '영혼의 감각sensibilitas animae'에 당신은 의존합니다. 거기에 합리적인 철학의 설 자리는 없어 보입니다.

나는 철학자이기는 합니다만, 그러한 당신의 태도에 대해 반감은 없습니다. 특별히 문제가 있다고 비판할 생각도 없습니다. 왜냐하면 나는 철학이 만능이라고 주장하는 철학지상수의자는 아니기 때문입니다. 철학에는 철학의 영역이 있고 종교에는 종교의 영역이 있습니다. 그 각각에는 각각의 직분이 있습니다. 나는 철학에 충실하고자 하는 철학자임에 틀림없으나, 철학이 함부로 종교적 내용들을 재단하여 철학의 틀 속에 가두려는 것에 대해서는 탐탁치 않게 생각하는 편입니다. 애당초 철학이 종교를 설명하고자 하는 것은 철학의 월권입니다. 그런 점에서 나는 당신에게 동조할 수 있습니다. 종교에는 '종교의 논리'가 있습니다. 철학에게 그것을 비방할 자격은 없습니다.

나는 생각해봅니다. 철학이 제아무리 합리적이라 한들, 우리들의 이 세상에는 합리와 아무 상관없는, 혹은 합리의 저편에 있는 현상들이 실제로 너무나도 많습니다. 세상이 존재한다는 이 근본적인 현상부터가 그렇습니다. 어떤 훌륭한 철학도 세상의 존재를 직시하고 그 존재의의를 역설할 수는 있지만 세상이 왜 존재하는지 그 합리적인 이유는 원천적으로 설명할 길이 없습니다. 만물의 존재와 인간의 존재에 대해서도 사정은 마찬가지입니다. 모든 사물들의 오묘하기 이를 데 없는 존재질서에 대해서도 마찬가지입니다. 인간세상이 돌아가는 모습을 보면 더욱 확연해집니다. 세상

일들이 합리적으로 돌아가는 것은 거의 기대난망입니다. 나는 일찌감치 그 기대를 반쯤 접었습니다. 무엇이 어떻게 되든 우리는 그저 그것을 받아들일 수밖에는 달리 도리가 없습니다. 노력을 통해 일이 제대로 되는 경우는 참으로 적습니다. '합리의 한계'는 하나의 보편적인 현상입니다(그러나 절반의 '기대'는 남아 있습니다. 이른바 기독교적 철학은 바로 그 지점에서 성립되는 것이지요).

신이 하시는 일은 우리 인간들의 '이해'능력 바깥에 있습니다. 그 넓고 깊은 뜻을 하찮은 우리 인간 따위가 어찌 알겠습니까. 개미가 우리 인간의 뜻을 알 수 없듯이 우리 인간도 신의 뜻을 '이해'할 수는 없습니다. 그저 믿는 것이 최선입니다. 믿을 수밖에 도리가 없습니다. 불합리하다는 것은 믿음을 방해하는 조건이 될 수 없습니다. 그것은 분명합니다. 예컨대 이렇게 생각할 수도 있습니다. 기독교에서 동정녀 마리아의 잉태와 예수의 부활은 대표적인 불합리에 속합니다. 그렇죠. 터무니없이 불합리한 이야기이죠. 황당하기 짝이 없는 이야기입니다. 틀림없습니다. 그런 말도 안 되는 엉터리가 어디 있겠습니까. 그러나 우리가 '말이 된다'고 믿어 의심치 않는 일들, 이를테면 남자를 모르는 처녀는 임신할 수 없다는 것이나 죽은 자는 되살아날 수 없다는 그 현상은 왜 말이 되는 거지요? 애당초 그렇게 되어 있고 애당초 그렇게 알

　　　　　중세로 부치는 철학편지

고 있기 때문입니다. 그런데 애당초 그렇다고 하는 것에 대해 우리 인간은 전혀 의문을 갖지 않습니다. 생각해보면 이게 애당초 그렇지 않을 수도 있는 겁니다. 우리가 막연히 자연의 질서라고 알고 있는 모든 현상들도 실은 그 근원을 알 수 없습니다. 왜 그렇게 되어 있고 왜 그렇게 되어 가는지, 과학조차도 그 궁극의 원인은 도저히 설명할 길이 없습니다. 그저 어떻게 되어 있는가 하는 것을 우리는 알 수 있을 따름입니다. 인간의 앎은 거기까지입니다.

그래서 종교적 설명이 힘을 갖는 겁니다. 그 모든 것이 신에 의한 것이라는 설명이지요. 기독교가 바로 그런 설명을 하는 겁니다. 이건 사실 너무나 그럴듯합니다. 신앙으로서 받아드리기만 한다면 말이죠. 거기서는 모든 의문들이 한 칼에, 한 큐에 다 설명됩니다. 그런 신앙의 한계 내에서라면 저 동정녀의 임신과 출산도 예수의 부활도 얼마든지 가능한 이야기가 됩니다. 왜냐하면 모든 질서를 창조한 그 질서의 주인이 신이라면, 신은 자신이 창조한 그 질서의 일부를 스스로 수정하거나 예외를 줄 권한이 당연히 있기 때문입니다. 스스로의 어떤 거룩한 뜻을 위해서라면(모든 인간을 죄에서 구원하기 위해서라면) 처녀가 임신을 하게 할 수도 있고 죽은 자를 다시 살아나게 할 수도 있는 것입니다. 만든 주인이 스스로 만든 것을 조금(온 우주질서의 먼지만한 한 부분을) 손보겠다는 데 누가 뭐라고 하겠습니다. 주인 맘대로인 거죠. 신은 그런 절대자이니까요. 말하자면 그런 식입니다. 절대자 신이라는 전제만 받아들인다면 이런 추론은 충분히 합리적일 수 있습니다. 사실 합리성의 근거인 그 이성조차도 신이 창조해 우리 인간에게 부여해준 능력이기도 하죠. 우리의 모든 것들도, 그 기원을 생각하면, 사실 우리 자신의 소유가 아닌 겁니다. 일체의 권리는 신에게 있습니다. 신은 전능입니다. 그에게는 모든 것이 가능합니다. 동정녀의 임신도 죽은 자의 부활도. 적어도 기독교의 담론체계 내에서는 그렇습니다(예수 그리스도가 '신의 아들'임을 받아들인다면, 그가 물 위는 걷는 것도, 빵 한 조각으로 수천 명을 먹이는 것도, 앉은뱅이를 걷게 하는 것도, 파도를 잠재우는 것도, 귀신을 쫓아내는 것도, 죽은 자를 살려내는 것도, 하등 이상할 게 없는 일들입니다. 신은 전능한 만유의 주인이니까요).

친애하는 테르툴리아누스, 그러니 우리는 그냥 그렇게 믿읍시다. 우직하게 믿읍시다. 애당초 세상은 절대자인 신이 좋으시기 위해 창조하신 것이고, 세상만물도 우리 인간도 그렇고, 그리고 우리가 죄에 빠졌고, 자비로우신 신이 우리를 구원하기 위해 동정녀 마리아를 통해 당신의 아들을 보내주셨고, 그분이 십자가에서 죽으심으로 우리 죄를 대속하셨다는 것, 그리고 다시 부활하셨다는 것, 이것들 모두 터무니없이 불합리한 것들이지만, 신은 모든 것을 가능하게 할 수 있는 존재이시니 충분히 그럴 수도 있는 일들이지요.

살아보니까 만사가 그렇더군요. 이 존재의 세계에서 인간이 알 수 있는 건 거대한 사막에서의 한 줌 모래 같은 것이고 망망한 대양에서의 한 잔 물과 같은 것이더군요. 그러니 우리 그냥 믿읍시다. 그것보다 더 합리적인 일은 없을지도 모르겠습니다. 역설적으로 들리겠지만, 그 어떤 이성이 이것을 쉽게 부인할 수 있겠습니까. 불합리는 합리보다 더 합리적일 수도 있다는 것을 진정한 합리주의자들은 언젠가 알게 될 것입니다.

Aurelius Augustinus 354-430

"참다운 정의는 그리스도께서 창건자요
통치자가 되는 그 공화국에만 있다."

"이 지상의 죽을 인생에서도 평화라는 말같이 들어서 즐거운 말이 없으며,
평화처럼 우리가 열망하는 것이 없으며,
평화보다 더 철저한 만족을 주는 것이 없다.
기쁨을 누리기 싫어하는 사람 없듯이
평화를 누리기 싫어하는 사람은 아무도 없다."

354년 북아프리카 누미디아Numidia의 타가스테Tagaste(현재 알제리의 수크 아라스Souk Ahras) 에서 태어남. 아버지 파트리키우스Patricius는 이교도, 어머니 모니카Monica는 독실 한 기독교도. 타가스테와 인근 마다우라에서 기초교육을 받음.

370년 카르타고로 가서 수사학을 배움. '극장의 죄'로부터 해방되기 위하여 키케로의 책 《호르텐시우스》를 애독. 이때 마니교Mani를 신봉.

371년 한 여성과 동거생활 시작. 14년간 지속.

372년 아들 아데오다투스를 낳음.

382년 아리스토텔레스의 철학을 계기로 마니교의 이원론을 떠남.

383년 로마Roma로 가서 수사학을 가르침. 신플라톤주의neo-platonism의 철학에 몰두함.

384년 밀라노Milano로 가서 교편을 잡음.

385년 동거녀와 헤어짐. 어머니가 11세의 양가 규수와 혼인을 주선하나 아우구스티누스 본인이 이 약혼을 깸.

386년 아이들의 노래 '들고 읽어라tolle, lege'를 듣고 〈로마서〉를 읽었으며 회심의 계기가 됨.

387년 영세를 받음(기독교도였던 어머니와 밀라노 주교였던 암브로시우스Ambrosius의 영향).

388/391년 아들 아데오다투스가 16세 어린 나이에 죽음.

391년 북아프리카 항구도시 히포 레기우스Hippo Regius에서 신부 서품을 받음.

395년 히포 레기우스에서 보파Boffa 시의 사제가 됨.

396-397년 히포 교구의 주교를 지냄. 이 무렵 《고백록》을 저술.

410-426년 이 무렵 《신국론》을 저술.

430년 반달족의 북아프리카 침략으로 피난온 난민들을 돌보다가 히포에서 열병으로 죽음.

아우구스티누스에게
신의 나라를 묻는다

　지난 1994년 여름 나는 유럽을 여행하던 중 밀라노를 거쳐 잠시 로마에 들른 적이 있었습니다. 그때 나는, 그곳이 시저나 클레오파트라 그리고 베드로와 바울 같은 사람들이 실제로 거닐었던 역사의 현장이라는 사실을 생각하면서 묘한 감회에 젖었습니다. 그런 감회의 한 부분에 당신의 얼굴이 함께 떠올랐었다는 것을 고백하고 싶습니다. 그것은 아마도 4세기 후반 한때 그곳에 머무르며 철학의 길을 걸었던, 그리고 마침내 성자가 된 당신의 삶이 너무나도 극명하게 대조되는 빛과 그늘을 동시에 지니고 있었고 그 양자 사이에서 당신이 보여준 진지한 고뇌가 그만큼 선명하게 내 기억에 남아 있었기 때문일 것입니다. 그 기억은 이미 아득한 과거가 되어버린 나의 대학 시절, 어설프게 기독교와 기독교철학을 섭렵하는 과정에서 접하게 되었던 당신의 《고백록confessiones》과

《신국론 *De civitate Dei*》을 통해 형성되었던 것입니다.

물론 당신은 순수한 철학적 사유에 있어서도 엄청난 대가였음을 나는 익히 알고 있습니다. 당신은 데카르트의 저 유명한 '회의', 니콜라우스의 '유식한 무지', 라이프니츠의 '예정설', 헤겔의 '역사철학', 하버마스의 '합의' 등에 대해 선구자적 위치에 있습니다. 또한 당신은 실존주의의 효시로 평가되기도 합니다. 하나하나 따져보면 엄청난 겁니다. 어찌 사유의 거장이라 아니할 수 있겠습니까. 특히나 당신이 '시간론'에 있어서 새로운 지평을 열었다는 것(과거란 '기억' 속에, 현재란 '대면' 속에, 미래란 '기대' 속에 존재한다는 것)은 내가 학문적 스승으로 받드는 소광희 교수님의 책《시간의 철학적 성찰》에서 자세히 확인할 수 있습니다. 그러나 이 모든 것에 앞서 나에게 각인된 당신의 인상은 역시 '성자의 삶'이었습니다.

북아프리카 누미디아 지방의 타가스테, 그리고 마다우라와 카르타고, 훗날의 로마와 밀라노, 그리고 만년의 히포, 그런 여러 도시들을 무대로 펼쳐졌던 당신의 드라마틱한 삶, 그것은 아주 인상적이었습니다. 이단이었던 마니교에 깊이 빠져 있었던 당신의 아버지 파트리키우스와 독실한 기독교인이었던 어머니 모니카, 그리고 당신과 어울리며 온갖 방탕한 짓을 함께했던 그 불량한 친구들, 14년 세월을 함께 살

중세로 부치는 철학편지

았던 당신의 그 동거녀와 아들 아데오다투스, 훌륭한 친구 알리피우스, 당신에게 큰 감화를 준 밀라노의 주교 암브로시우스, 영문도 모르고 어머니의 권유로 당신과 약혼했다가 이내 파혼한 당신의 어린 약혼녀, 개심에 계기를 준 친구 폰티키아누스, 그리고 당신을 주교로 앉힌 히포의 발레리우스, 그런 다양한 등장인물들 사이에서 전개되었던 당신의 삶은 그대로 한 편의 소설이었습니다. 당신의 삶에는 '하느님을 등짐aversio'과 '하느님께 돌아섬conversio'이 드라마틱하게 공존하고 있습니다. 훗날 노르웨이의 유스테인 고르더Jostein Gaarder가 당신의 삶을 소재로《인생은 짧다Vita Brevis》라는 소설을 썼다는 것은 그런 점에서 결코 우연이 아니라는 느낌이 듭니다(당신에게 버림받은 그 동거녀의 입장에서 쓴 이 소설은 당신과 당신의 어머니에 대한 통념을 완전히 뒤집어 읽게 하는 것으로 당신에게도 일독을 권하는 바입니다).

특히, 가톨릭의 교리체계를 확립하고 성자로 추앙받는 당신의 전반부 인생이 방황과 타락으로 점철되어 있다는 것은 너무나도 드라마틱하며 아이러니합니다. 어쩌면 그것은 당신이 섬겼던 하느님의 뜻에 의한 것이 아니었을까 하는 느낌조차 듭니다. 예수가 부유하고 편안한 자들 대신에 고통받고 죄지은 자들을 위해 기도하고 구원하려 했던 것도 당신의 경우와 결코 무관하지 않을 듯합니다. 그런 점에서는 당신이 저질렀던 여러 방탕한 행위들도 어떤 성스러운 의미를 지니고 있는지도 모르겠습니다. 하지만 그것은, 그로부터 용감하게 몸을 돌려 그것을 뉘우치며 고백했고, '신의 영혼'을 알고자 희구했고, 끝내는 역사에 남을 성자가 되었다는 것을 통해 비로소 빛을 발할 수 있는 것입니다.

친애하는 아우구스티누스, 당신이나 당신이 추종했던 플로티노스나 그리고 그가 추종했던 플라톤이 말하는 선악의 명백한 구별을 당신들처럼 확신하는 것은 결코 간단한 일이 아닙니다. 왜냐하면 악은 변장에 능하며 절대로 자신의 정체를 스스로 밝히지 않기 때문입니다. 하지만 우리는 적어도 우리들이 사는 이 세상에 선악이라는 상반된 삶의 모습이 명백한 현상으로서 엄존하고 있다는 것을 부인할 수는 없습니다. 이성이 그것을 가늠합니다. 투명한 이성의 거울에 비추어 보면 어떤 자들의 어떤 행동은 분명히 선한 것이며 어떤 자들의 어떤 행동은 분명히 악한 것입니다. 그것들을 통괄해서 당신은 하나의 상징으로서 '하느님의 나라civitas dei'와 '지상의 나라civitas terrena'를 구별했을 것이라고 나는 짐작합니다.

당신이 묘사하는 그 두 나라의 모습들이 한갓된 성서의 연구로 끝나는 것이 아님을 나는 인정할 수 있습니다. 신국과 지상국, 선의 세계와 악의 세계, 그것은 당신의 경우나 나의 경우나 그리고 저 성서에 등장하는 주인공들의 경우나 직접 몸으로 느낄 수 있는 실제상황입니다. 그 점은 잠시 눈을 들어 주변을 둘러보면 생생한 현실에 의해 금방 증명될 수 있습니다. 내 바로 옆에서부터 전 세계 구석구석에 이르기까지 어디에나 편재하고 있는 저 무수한 악당들…. 그리고 그런 살벌한 가운데서도 조용조용 자신의 맑은 삶을 조촐하게 이어가고 있는 적지 않은 선인들…(나는 가끔씩 그런 사람들을 발견하게 되면 눈물이 날 듯 반가운 심정이 되곤 합니다. 나는 그런 사람들 앞에서 한없이 작아집니다). 그들은 분명코 서로 다른 두 나라의 백성들입니다. 같은 사람인데도 그들은 참 너무나 다릅니다. "똑같은 바람이 불건만, 오물은 더러운 냄새를 내고, 성유는 향기로운 냄새를 뿜는다"는 말로써 당신은 선인과 악인의 그런 차이를 강조하십니다. 그 양상이 판연히 다르다는 말이겠죠. 그런 그들이 각각 하나의 나라를 형성합니다. 그리고 서로 각축합니다. 그 두 나라 간의 다툼은 역사상 언제나 존재했었고 그리고 지금 이 순간까지도 계속되고 있습니다. 당신은 어디까지나 그중 하느님의 나라를 지향하셨고 거기서의 정의를 기대하셨죠. "참다운 정의는 그리스도께서 창건자요 통치자가 되는 그 공화국에서뿐이다vera autem iustitia non est nisi in ea re publica, cuius conditor rectorque

Christus est"라고 말입니다.

그런데 참으로 특이한 것은 당신이 선bonum과 악malum을 동등하게 대립하는 것으로 보지 않는다는 것입니다. 그것은 선악이원론을 기조로 삼았던 마니교에 오랜 기간 심취했다가 개종한 당신이 진지한 고민 끝에 도달한 하나의 결론이기도 했습니다. 당신은 악을 선과 대등하게 맞서는 하나의 독립된 실체로 인정하지 않았습니다. 악은 다만 '선의 결핍 privatio boni'에 불과한 것이라고 했습니다. 어둠이 빛의 결핍이듯이. 나도 당신과 더불어 그것을 인정하고 싶습니다. 그렇지 않다면 선이 너무나 초라해집니다. 가뜩이나 막강한 악들을 상대하기가 버거운 선이니까요.

하지만 아우구스티누스, 우리들의 삶의 세계에는 빛을 가리고 어둠을 만드는 것들이 너무나 많습니다. 그래서 악이 횡행하고 거룩한 평화pax는 흔들립니다. 당신이 평화를 주제로 삼은 것은 그런 점에서 우연이 아니었지요. 오늘날 그것은 가톨릭 교회의 징표로도 사용되고 있습니다. "감미로운 평화는 모든 사람이 소중히 여기는 바이다dulcedo pacis omnibus cara est" "어떻든 평화를 사랑하지 않는다는 것은 불가능하다"고 당신은 선언하다시피 말했습니다. "이 지상의 죽을 인생에서도 평화라는 말같이 들어서 즐거운 말이 없으며, 평화처럼 우리가 열망하는 것이 없으며, 평화보다 더 철저한 만족을 주는 것이 없다. 기쁨을 누리기 싫어하는 사람 없듯이 평화를 누리기 싫어하는 사람은 아무도 없다"고도 말했습니다. 이렇듯 지상의 나라도 물론 평화를 추구합니다. 그 평화는 신국의 시민들이 향유할 평화의 기반이 됩니다. 그러나 '신국의 완전한 평화야말로 참된 평화'임을 당신은 강조하셨죠. 그것은 '은총이 복원하고 구현하는 본연의 지성, 내면적 질서에서 오는 평화'입니다. 이 평화는 '불멸을 보장하는 궁극의 승리요, 영원한 참 행복'입니다. 당신이 지향하는 참 평화는 '폭력과 불의 그리고 전쟁을 혐오하는 인간적 평화'를 바탕으로 하고, 그 평화에 새로운 가치와 활력을 부여하여 '신국의 평화'로 승화됩니다. 그것이 당신의 궁극적 지향점이었습니다. "그 평화상태에서 우리의 본성은 건전하게 죽지 않음과 썩지 않음을 즐기며 아무 죄악도 없으며, 우리 자신이나 외부로부터 오는 저항들을 당하지 않을 것이므로 이미 없어진 죄악을 이성이 다스릴 필요가 없고, 하느님이 사람을 다스리며… 이와 같이 행복한 이 평화와 평화로운 이 행복이 최고선일 것이다." 가히 아우구스티누스의 평화철학이라고 할 만합니다.

그러나 아우구스티누스, 실질적인 악은 너무나도 거대하고 강력해 보입니다. 우리는 그것을 고려하지 않을 수 없습니다. 그것과의 투쟁은 쉽지 않아 보입니다. 우선 무엇보다도 선악의 구별이 명확하지가 않아서 헷갈립니다. 사람들 populi은 그 선악의 경계를 너무나도 쉽게 넘나듭니다. 그 두 나라 사이에는 국경이 없어 보입니다. 신국의 백성인가 했던 사람들도 어느샌가 다시 지상국의 백성이 되어 있음을 보곤 합니다. 반대의 경우는 아주 드물게만 보입니다. 이중 국적자들도 많고 심지어는 무차별적으로 선을 공격하는 테러리스트들도 적지 않습니다. 그래도 그 싸움은 계속되어야 하겠지요. 그 싸움을 더욱 힘겹게 만드는 것은, 선악의 대결에 있어서 복과 화가 공평하게 주어지지 않는다는 것입니다. 선인에게도 화는 주어지고 악인에게도 복은 주어집니다. 당신은 물론 "하느님의 자비는 선인을 염려하시나, 하느님의 엄하심은 악인을 괴롭히시고 벌하신다"고 믿습니다. 단, "시간적인[현세의] 복과 화"는 두 부류의 사람들에게 공통으로 있다는 것을 인정합니다. 당신은 이러한 현실적 모순을, '받아들이는 태도'의 문제로 해결하려고 했습니다. 선인은 복을 자랑하지 않고 화로 낙심하지 않는데, 악인은 행운이 곧 파멸이라는 것입니다. 거기에 덧붙여 당신은 '마지막 날'에 있을 하느님의 공정한 심판을 신뢰하고 그리고 기다립니다.

당신이 예고했던 그 종국은, 어지러운 세상과 힘겨운 삶의 한가운데에 있는 나에게는 그저 요원해 보이기만 합니다. 영원한 축복과 영원한 형벌이 과연 어떤 식으로 주어질지 궁금하기 짝이 없습니다. 하지만, 나도 당신 못지않게 그것을 기대하고 있습니다. 이 기대와 기다림은 그 자체로 하나의 성스러운 종교적 행위가 된다고 나는 생각합니다.

친애하는 아우구스티누스, 부디 당신이 그리고 당신을 사랑으로 이끈 당신의 어머니 모니카가 그 하느님 나라의 시민으로서 지금 당신의 주제였던 그 영광gloria과 복락beatitudo과 사랑amor과 평화pax와 정의iustitia와 승리victoria와 진리veritas와 행복felicitas과 영원aeternitas을 누리고 계시기를 기원해 마지않습니다.

Boethius 480-524/5

"우리는 최고자인 신이 최고의 선과 완전한 선으로
충만해 있다는 것을 인정해야만 한다.
… 완전한 선은 참된 행복이다. …
그러므로 참된 행복은 당연히 최고자인 신에게서 찾을 수 있는 것이다."

480년 로마의 명문가인 아니키아Anicia 가문에서 만리우스Manlius Boethius의 아들로 태어 남. 어려서 고아가 되고 귀족 심마쿠스Symmachus에 의해 양육됨.

???년 아테네에 유학(불확실). 귀국 후 '수정과 상아로 장식된 서재'에서 연구생활. 그 무 렵 심마쿠스의 딸 루스티키아나Rusticiana과 결혼.

500년 《산술론》 저술.

505년경 25세에 박학다식함으로 동고트족 테오도리쿠스Theodoricus 대왕의 총애를 받아 상원의원에 임명됨.

505-506년 《정언적 삼단논법론》 저술.

510년 30세에 단독으로 서로마의 집정관이 됨(본래 집정관은 2명). 《음악론》 저술.

516-522년 《가언적 삼단논법론》 저술.

522년 《여러 토피카론》 저술. 행정과 사법의 최고위직 마기스터magister officiorum에 오름.

523년 《정언적 삼단논법 입문》 저술. 반역사건에 연루되어 실각, 투옥. 옥중에서 《철학 의 위안》 저술.

524/525년 귀양지인 파비아Pavia에서 처형당해 죽음.

보에티우스에게

철학과 보편을 묻는다

내가 당신의 이름을 기억하는 것은 전적으로 우리 가톨릭계의 권위이신 정의채 신부님 덕분입니다. 나는 학생 시절 철학과에 적을 두고 있었지만, 졸업할 때까지 (아니 대학원을 마칠 때까지도) 단 한 번도 당신에 대해 배울 수 있는 기회를 갖지 못했습니다. 그럼에도 불구하고 당신을 기억하는 것은, 내 서가 한쪽에 정 신부님이 번역하신 당신의 저서《철학의 위안 *Consolatione Philosophiae*》이 꽂혀 있었기 때문입니다. 진한 초록색 표지의 그 책은 절반 철학도였던 내 형이 구입한 것이었는데, 내가 그것을 제대로 읽었는지, 형과 그것에 대해 어떤 대화를 나누었는지, 이제는 기억조차 희미하지만, 아무튼 나는 그것을 통해 당신이 중세철학의 한 중요한 인물임을 알게 되었던 것입니다. 뿐만 아니라 그 책은, 영화를 누리며 살아왔던 당신이 적들의 모함으로 투옥되어 사형을 기다리는 사이에 쓴 것이었기에 어떤 특별한 무게를 느끼게 해주는 것이었습니다.

좀 더 자세한 내용을 알게 된 것은 훨씬 나중의 일입니다. 정 신부님과 김규영 교수님이 함께 쓰신《중세철학사》에는 당신에 대한 친절한 해설이 실려 있었습니다. 나는 김 교수님으로부터 우연한 일로 각별한 사랑을 받은 적이 있었기에 그 책은 나에게 특별한 친근감이 있었습니다. 거기에서 나는, 당신이 480년경 로마의 명문 안키우스Ancius 가문에서 출생했고, 일찍이 아테네에서 그리스 철학과 기타 문예를 광범위하게 연구했고, 테오도리쿠스Theodoricus 황제의 총애를 받아 집정관·궁중장관·원로원 의원 등을 지내며 출세했고, 공부한 철학을 정치면에 구현해보고자 노력했고, 불의에 엄격하고자 했던 것이 화근이 되어 반대파의 무고를 받았고, 이윽고 반역죄로 몰려 자기변호의 기회도 얻지 못한 채 사형선고를 받고 파비아에 유배되었다가 524년경에 처형되었다는 것도 알게 되었습니다. 중세판 소크라테스라고 한다면 좀 과잉일까요? 하여간 세상이 정의롭지 못하다는 것을 그리고 악인들은 언제나 어디서나 설쳐댄다는 것을 다시 한 번 뼈저리게 느낀 기회이기도 했습니다.

뿐만 아니라 나는 그 책들을 통해 당신이 플라톤의 영향을 강하게 받았다는 것, 그러면서 아리스토텔레스의 의의도 인정하고 있다는 것, 스토아사상도 참조하고 있다는 것 등도 알게 되었고, 523년에 쓴 당신의 책 《철학의 위안》이 (그리스어, 히브리어를 포함한) 유럽의 거의 모든 언어로 번역되면서 중세철학 전반에 큰 영향을 끼쳤다는 것도 알게 되었습니다.

　사형을 앞둔 절박한 실존적 상황에서 쓴 그 책, 철학의 여신과 당신의 대화로 구성된 그 책은 철학의 의미를 그 근본에서 음미하게 만듭니다. 여신은 당신에게 '운명의 부침'이나 '외면적인 행복'보다 '진정한 풍요' '정신' '진리' '최고의 선' 그리고 결국 '위대한 유일자인 신'으로 당신의 눈을 돌리게 합니다. '영원한 신에게 눈을 돌리는 것이 참된 행복'이라는 취지입니다. 무엇보다도 죽음 앞에서 '정신이 혼미'할 정도로 '절망'에 빠진 입장이기에 그런 당신을 '위로'하는 여신의 말은 가슴에 와닿지 않을 수 없습니다. "지난날 내 학문이 빛나던 시절엔/ 기쁨에 찬 노래를 지었건만/ 슬프다! 지금은 비탄에 잠겨/ 우수의 시를 읊어야 하는구나." 당신의 "고통, 분노, 슬픔"이 고스란히 전해집니다. 그런 당신에게 철학의 여신은 말을 건넵니다. "이 사람은 세상에 속아 환멸을 느낀 자들의 공통적 병인 혼수에 빠져 있구나. 이 사람은 지금 잠시 동안 자기를 잊고 있지만 나를 알아보게 되자 곧 기억을 돌이킬 수 있을 것이다." 철학은 그렇게 희망임을 당신은 시사합니다. 왜냐하면 철학은 "진리에 대한 학문"으로서, "이론적인 학문의 목적은 진리이고, 실천적인 학문의 목적은 행동"이기 때문입니다. 여신은 "간호"와 "치유"를 언급합니다. 당신의 "절망"을 "철학적 병"으로 간주하기 때문입니다(나는 여기서 "죽음에 이르는 병은 절망이다"라고 설파한 저 실존주의자 키에게고를 연상합니다). 철학을 절망과 고통에 대한 치유로 규정하는 여신의 이 말은 중요한 의미가 있다고 나는 봅니다. 철학의 여신은 절망에 처한 당신에게 다양한 처방을 내려줍니다. 예컨대 자기 자신이 처해 있는 상황, 즉 "가혹한 운명"을 정확하게 인식하는 일, 그리고 그러한 상황을 올바로 인식하기 위해서 필히 요구되는 '자기 자신을 아는 일' 등입니다. '인간의 자유의지'도 긍정적으로 평가됩니다. 또한 진정 치유받기를 원한다면 상처를 내보일 것도 요구합니다(이런 것도 현대 정신의학의 한 선구일 수 있습니다). 그리고 여신은 격한 감정에 휩싸여 있는 당신이 올바른 판단을 할 수 있도록 준비시키기 위해 우선 감정을 다스리는 약을 처방합니다. 즉 이성이라는 "강한 약validiora remedia" "독한 약acrius medicamen"에 앞서 감성이라는 "약한 약eniora remedia" "순한 약lenibus fomentis"을 먼저 처방합니다. 감정부터 다스리는 게 중요하다는 뜻이겠죠. 그것은 "거짓 감정의 암흑fallacium

중세로 부치는 철학편지

affectionum tenebris"으로부터 "참된 광명의 빛splendorem verae lucis"을 인식하도록 도와주는 치료제가 됩니다. 그리고 이어서 이성도 등장합니다. 그것은 "인식할 수 있는 판단능력"으로 인간은 이성적 본성을 통해서 "피해야 할 것과 원해야 할 것을 스스로 식별"하게 됩니다. 그것은 운명도 직시합니다. "모든 운명은 그것이 유쾌한 것이거나 가혹한 것이거나 선인들에게 있어서는 상이 되거나 아니면 더 굳세게 하기 위한 시련이요, 악인들에게 있어서는 벌이 되거나 아니면 교정을 위한 것이다. 그러므로 운명이란 공정한 것이거나 유익한 것이니 결국 모든 운명이란 좋은 것"이라고도 생각합니다. 독특한 운명론인 셈입니다. 여신의 이런 처방은 합리적인 이성의 빛을 통해 건강한 정신을 갖는 치료법으로서 궁극적으로는 '삶 속에서의 철학함'이라는 형태로 오늘날에도 참고될 수 있습니다. 이러한 과정을 거쳐 결국은 '신'에 도달합니다. 그 신은 "최고선bonum summum"으로서의 신입니다. 즉 신은 완전하며 충만한 존재로서 최고선이요, 참된 행복입니다. 항상 참이요 최고선인 신, 그래서 곧 "행복 자체인 신" "신이 곧 행복 자체"라는 인식입니다. 중세 기독교철학자다운 결론인지도 모르겠습니다. 이성과 신앙이 혼재합니다. 철학과 종교가 공존합니다. 이런 처방을 통해 당신이 과연 어느 정도 위안을 받고 치유를 받았는지 확인할 길은 없습니다만, 이런 철학관이 우리에게 깊은 인상을 남기는 것은 틀림없습니다.

그리고 보에티우스, 이 모든 것에 더해 내가 당신을 뚜렷하게 기억하는 것은, 당신이 그 학문적 노력의 과정에서 포르퓌리오스(플로티노스의 제자)가 쓴《아리스토텔레스 범주론에 대한 서론*Eisagōgē eis tas katēgorias des Aristoteles*》을 라틴어로 번역하면서, 이른바 '보편universalia'의 문제를 제기하였다는 것입니다. 뚜렷하게 기억할 수밖에 없는 것이, 이른바 '보편논쟁problem of universals'이라는 것은 '신의 존재증명proof of the existence of God'과 더불어 중세철학 최대의 문제였기 때문입니다. 아무리 농땡이 학생이라도 철학과라면 그 정도는 다들 상식적으로 알고 있습니다. 바로 그 보편논쟁의 불을 당신이 지펴준 셈인 것입니다.

문제는 포르퓌리오스 자신이 이미 제기하고 있습니다. 1) 유genus와 종species은 존재하는가 존재하지 않는가 2) 그런 것들은 물질적인 것인가 비물질적인 것인가 3) 만일 그런 것들이 비물질적인 것이라면 감각적 사물과 합쳐져 있는가 아닌가, 하는 것을 그는 물었던 것입니다. 다만 그는 문제제기만을 했을 뿐 답을 제시하지는 않았는데, 당신은 나름대로 정리된 답을 제시하였습니다. 1) 보편적인 것들은 존재한다.

단 그것은 보편적인 것으로서가 아니라 개체적인 것들에서 추상된 것으로서 존재한다. 2) 그런 것들은 비물질적인 것이다. 그것은 보편적인 것들은 보편적인 것으로서는 추상하는 지성 안에만 존재하기 때문이다. 3) 그런 것들이 감각적인 것들과 합치하여 있지만 감각적인 것들에서 분리된 것으로 인식된다, 는 것입니다.

다만 이것은 포르퓌리오스의 주석을 정리한 것이며, 당신 자신의 견해와는 구별됩니다. 당신 자신의 견해는, 보편적인 것에 상응하는 것이 이데아들이라는 것입니다. 보편적인 것이 본성상 먼저인 셈이 됩니다. 또 보편적 형상은 선천적 형상이며 우리 정신은 감각적 인식의 기회에 선천적 형상을 상기한다고 당신은 설명합니다. 플라톤을 따르는 것 같은 당신의 이러한 견해는, 우연인지 모르겠지만, 나의 견해와도 일치합니다.

수많은 철학교과서들은 보편논쟁에서 세 가지 상이한 입장이 있었다고 정리해 알려줍니다. 이른바 실재론realism, 유명론nominalism, 온건실재론(또는 개념론conceptualism 또는 관념론idealism)이 그것입니다. 1) (유와 종 같은) 보편자는 실재한다는 것과, 2) 보편자는 이름일 뿐 실재하지는 않는다는 것과, 3) 실재하지만 감각적 사물처럼 실재하는 것이 아니라 다만 개념/관념으로서 실재한다, 는 것이 그 내용입니다. 물론 이런 교과서적 정리가 그 다채로웠던 논쟁의 실상을 얼마나 제대로 반영하는지에 대해 나는 다소간 회의적이지만, 당신의 견해가 온건실재론의 성립에 기여했다는 것은 인정할 수 있을 것 같습니다.

예컨대 포도, 배, 딸기, 사과, 바나나 … 등의 '종genus'과 그것들을 포괄하는 '과일'이라는 '류species'를 생각할 때, 포도 등 종들의 실재는 감각으로 곧장 확인이 가능하지만, '과일'이라는 것의 실재는? … 조금 애매해지는 것이 사실입니다. 바로 거기서 문제가 시작되는 것입니다. 로스켈리누스Ros-cellinus 같은 유명론자들은 보편의 실재를 부정하며, 그런 것은 '목소리 바람flatus vocis'에 불과하다고 하지만, '류'와 같은 '보편자'를 그렇게 쉽게 부정하는 것도 분명 문제는 있습니다. 거기에도 어떤 '학문적 편견과 고집'이 있다고 나는 진단합니다.

나는 개인적으로 이러한 대립의 조정이 필요하며 또한 가능하다고 보는 입장입니다. 문제는 '실재'라는 그 말의 해석에 놓여 있습니다. 실재에도 여러 종류들이 있을 수 있습니다. 감각적 실재도 있고 개념적 실재도 있습니다. 심지어는 환상적 실재도 있을 수 있습니다. 그 어느 것도 '실재'임에는 틀림 없습니다. 다만 '어떻게' 실재하느냐 하는 그 '실재함의 성격'이 '다른' 것입니다. '실재성의 층위'라고도 할 수 있는 그 다름을 인정하면 대결은 해소될 수 있습니다. 종의 실재와 류의 실재도 그 실재함의 성격 내지 종류가 다릅니다. 따라서 보편자의 실재도 그 성격이 감각적 사물들의 실재와는 다른 것입니다.

그러한 '구별'을 인정한다면 나는 보편자가 이데아이며 그것이 본성상 '먼저'라는 당신의 견해에 전적으로 찬동할 수 있습니다. 그렇습니다 보에티우스, 만물의 표본이 되는 보편적 '이데아'들은 분명히 존재하며 그것들은 감각적 개체보다 우선합니다. 그것은 종종 논란이 되는 저 어리석은 질문, '닭이 먼저냐 달걀이 먼저냐'에 대한 대답이 되기도 합니다. 닭이 먼저인 것입니다. 왜냐하면 달걀은 이미 '닭'이 전제된 알이기 때문이고 '닭'이 낳은 알이기 때문입니다. 물론 이 경우에도 '먼저'라는 말의 다른 여러 성격들과 시점들이 미리 인정되어야 합니다.

그런 '다름'들을 인정한다면 불필요한 저 수많은 다툼들이 왜 일어나겠습니까. 문제는 단견과 고집입니다. '자기'를, 자기의 감각과 판단을 중심에 놓고 생각해야만 직성이 풀리는 오만이 문제입니다. 바로 그런 무지와 오만과 고집이 당신을 모함하고 투옥하고 그리고 처형시켰다고 해석한다면, … 그것은 과잉해석일까요?

보에티우스, 나는 사람들이 서로 다른 종류의 '실재'들을 인정하는 그런 폭넓은 사고를 지니게 되었으면 좋겠다고 기대합니다. 그것을 전제로 생각한다면, 보에티우스 당신은 지금도 실재합니다. 생명체로서의 당신은 이미 아득한 과거에 죽고 없지만, 따라서 실재하지 않지만, 철학의 역사에 남아 영향을 끼치고 있는 '하나의 정신적 존재로서' 당신은 엄연히 실재하고 있는 것입니다. 그러한 당신의 실재가 오래도록 지속되기를 나는 진심으로 바라고 있습니다.

Johannes Scotus Eriugena 810/15경-877경

"신은 모든 사물들 안에 있다."

"신은 모든 사물들의 본체이다."

"신과 피조물은 하나이고 같은 것이다."

810/815년경 아일랜드에서 태어남.

845년경 서프랑크 왕국 대머리왕 샤를 2세의 초청으로 팔라티누스 아카데미Palatinus Academy에 정착. 적어도 30년간 프랑스에서 활동. 그의 부탁으로 위 디오니시오스 아레오파기타Pseudo-Dionysios Areopagita 저작의 라틴어 번역. 그리스어에 능통.

???년 알퀸Alcuin of York의 뒤를 이어 궁정 학교장을 맡음. 카롤링거 르네상스의 일익을 담당.

855년 그의 《예정에 대하여》가 플로리우스와 프루덴티우스에 의해 문제시되고 발렌스 교회회의에서 단죄됨.

858년경 동로마 황제 미카엘Michael 3세의 부탁으로 위 디오니시오스 아레오파기타 저작의 라틴어 번역과 주석 작업.

859년 랑그레스 교회회의에서도 재차 단죄.

865-870년경 《자연의 구분에 대하여》 5권 저술.

882년 잉글랜드 서남부 웨스트색슨 왕국 알프레드Alfred 대왕의 초청으로 옥스퍼드 방문. 맘즈베리Malmesbury 수도원장 역임(확실치는 않음. 동명이인과 혼동 가능성).

877년경 죽음.

에리우게나에게
자연의 구분을 묻는다

　　당신은 이른바 '스콜라철학의 선구자' '9세기 최고의 학자' '스콜라철학의 창시자들 중 가장 중요한 사람' 등으로 평가받으며 대부분의 철학 교과서에 이름을 올리고 있는 유명한 인사입니다. 그러나 그런 것 치고는 일반인들의 입에 오르내리는 일은 좀 드문 것 같군요. 물론 당신의 출신지인 아일랜드에서는 당신의 얼굴을 지폐에 새겨 넣었을 정도로까지 자랑스러워하고 있으니 사정이 다르겠지만요(지금은 아일랜드도 유로권이 되어 고유화폐가 사라졌을 테니 어떻게 당신을 기념하고 있는지 궁금하군요). 또 845년경부터 서프랑크왕국의 대머리왕 샤를 2세Charles II의 초청으로 그의 궁정학교에서 30년간 교편을 잡으며 명성을 떨쳤다고 하니, 프랑스에서는 사정이 어떤지 모르겠군요. 당신은 당시로서는 드물게 그리스에 정통했고 위 디오니시오스 아레오파기타의 저작을 라틴어로 번역하는 등 이른바 '학문적'인 업적을 많이 쌓으셨지요. 당신은 또 플라톤까지 거슬러 올라가는 고대철학을 중세철학에 다시 연결시켰고 이른바 보편논쟁을 중세 후반기에 다시 불붙이는 계기가 되었다고 평가를 받기도 합니다. 그리고 전문가들의 이야기를 들어보면 당신의 철학은 단순히 신학의 기초만은 아니었던 것 같더군요. 철학과 신학의 관계에 대해서는 당신의 말이 중세의 신학자들에 의해 그대로 인용되기도 하지만, 당신은 사실 철학과 신학을 동일시하면서도 철학 내지 이성을 일차적인 것, 원천으로 여기고 종교와 권위는 거기서 유래하는 이차적인 것으로 생각했다지요? 당시의 분위기를 생각해보면 당신은 상당히 자유적인 사상가였던 모양입니다. 신학에 있어서도 당신은, 이를테면 정통적인 아우구스티누스와 달리, '인간이란 본래 죄로부터 자유로운 존재라고 믿었고, 죄를 지으면 혹독한 벌을 받는 것도 사실이지만, 영원히 지속되지는 않는다고 말하기도 했으니까요(이런 말을 하고도 어떻게 무사할 수 있었는지, 당시의 교계 분위기가 어땠는지, 그것도 좀 궁금하군요).

친애하는 에리우게나, 철학을 공부한 사람들은 중세철학이라고 하는 것이 철학사에서 기나긴 중간 부분을 차지하고 있으며, 그것은 다시 교부철학과 스콜라철학으로 전후 양분

된다는 것을 알고 있습니다. 중세철학이 곧 기독교철학이라는 점에서 그 둘은 공통되지만, 교부철학이 교조적인 유대인의 신앙과 합리적인 로마인의 사고가 만나는 과정에서 자연스레 발생했던 교리상의 문제들을 조금씩 이론화해나가는 형성과정이었다면, 스콜라철학은 기독교가 현세적인 로마인의 종교로 확고히 안착한 후 그 교회 또는 궁정에 부속된 학교schola에서 교리들의 체계화와 교육을 위해 학자들 scholasticus이 전개한 일종의 심화과정이었는지도 모르겠습니다.

그 내용이 기독교적인 것에 한정되어 있었고 따라서 그 형식은 꼼꼼한 논증을 통한 교리의 이론화일 수밖에 없었기에 후대의 사람들은 스콜라철학을 번쇄철학이라고 흉보기도 했고, 당대의 페트루스 다미아누스Petrus Damianus 같은 이는 스콜라철학을 아예 '신학의 시녀ancilla theologiae'로 규정하기도 했습니다. 하지만 그러한 학문적 작업이 기독교라는 종교를 유럽세계에 굳건히 뿌리내리게 하는 데 중요한 공헌을 했고, 그 유럽의 세계진출에 따라 기독교가 일종의 세계종교로 성장했다는 점을 생각해보면, 비단 그리스철학의 계승이라든지 철학적 개념의 정비 같은 공로가 아니더라도, 스콜라철학이 지니는 지성사적 의의는 결코 작지 않을 것입니다.

에리우게나 당신은 바로 그 스콜라철학의 첫 부분에 우뚝 서 있는 존재입니다. 당신은 "진정한 종교는 진정한 철학이고 또한 거꾸로 진정한 철학은 진정한 종교임이 확실하다"라는 말로 당신의 철학적 입장을 밝히고 있습니다. '철종일체' '종철일체' 혹은 '철종불이' '종철불이'라고 해도 될까요? 이 말을 통해 우리는 파리의 궁정 스콜라학자였던 당신의 철학이 곧 신앙의 내용에 대한 이성적 성찰이었다는 것을 짐작할 수 있습니다. 좋습니다. 나는 당신의 그러한 입장을 이해합니다. 당신의 말대로 당신의 철학은 종교임이 확실합니다. 그것을 나는 당신의 주저로 알려진 《자연의 구분에 대하여De divisione naturae》에서 확인합니다.

거기에서 당신은 이른바 자연natura을 네 가지로 구분하고 있습니다.

첫째는 '창조하고 그리고 창조되지 않은 자연natura creans et non creata',

둘째는 '창조되고 그리고 창조하는 자연natura creata et creans',

셋째는 '창조되고 그리고 창조하지 않는 자연natura creata et non creans',

넷째는 '창조하지 않고 그리고 창조되지 않은 자연natura non creans et non creata'

얼핏 들으면 무슨 말장난이나 수수께끼처럼 들리기도 합니다. 하지만 유심히 잘 들어보면 그 내용이 드러나기 시작합니다. 첫째는 다름 아닌 신을, 창조자 혹은 기원으로서의 신을 가리킵니다. 둘째는 신에 의해 마련된 '이데아'들을, 모든 사물들을 가능케 하는 범형으로서의 '이데아'들을, 그리고 셋째는 시공간 속의 사물들을, 그리고 넷째는 다시 신을, 목적인 혹은 종국으로서의 신을 (또는 완성 즉 신 안에서의 영원한 안식을) 가리킵니다.

'신학적으로 구분된 자연'이라고 해야 할 이 네 가지는 사실상 존재의 전체이며, 신에서 나와 신으로 돌아가는 하나의 순환적 과정을 보여주려는 것 같은 느낌이 듭니다. 존재하는 모든 것들은 보편자 혹은 개별자로서 시작인 신과 마지막인 신 사이에 놓여 있는 셈입니다. 그래서 모든 것들은 신과 무관하지 않습니다. 그래서 당신은 "신은 모든 사물들 안에 있다"든지 "신은 모든 사물들의 본체이다"라고 말했고, 또 "신과 피조물은 하나이고 같은 것이다"라고까지 말했습니다. 플라톤 및 신플라톤주의의 냄새를 물씬 풍기는 이러한 범신론적 일신론 사상이 브루노와 스피노자를 거쳐 독일의 낭만주의와 셸링에까지 이어진다는 것을 나는 잘 알고 있습니다. 당신의 이런 철학이 13세기에 이르러 교회로부터 이단으로 규정된 것은, 비슷한 말 때문에 화형을 당한 브루노나 역시 비슷한 이유로 파문을 당한 스피노자의 경우를 보더라도 별반 이상할 것이 없습니다. 학자들이 이것을 범신론이라고 부르더라도 무리는 아닐 것 같습니다(한편 당신이 쓴《예정설*De divina praedestinatione*》은 그 논조가 극단적이어서 그 신앙적 정통성까지 의심받았다죠? 아닌 게 아니라 그 논조는 극히 추론적이고 철학과 신학의 동일시를 기본자세로 삼고 있습니다. 이런 특징은 특히 교부들의 교설과 이성에 대한 위치부여에서 분명이 드러납니다. 이 저작은 플로리우스Florius와 프루덴티우스Prudentius에 의해 문제가 지적되었고 855년 발렌스Valence 회의와 859년 랑그레스Langres 회의에서 단죄되기도 했고, 심지어 그 방법론은 '악마의 발명'이라고까지 비판받았다죠? 그리고 호노리우스Honorius 교황은 당신의 저작들을 불태워버리라고도 명령했지요).

하지만 에리우게나, 비록 당시의 시대가 그랬다고는 하나, 당신에 대한 교회의 판정은 좀 편협한 듯합니다. 잘 생각해보면 당신이 신의 초월성을 부정하고 있는 것은 아니라고 나는 봅니다. 당신은 오히려 존재들의 위계를 분명히 하고 있습니다. 너무 대략적인 것이라는 인상이 없는 것은 아니지만, '자연의 구분'이라는 당신의 주제 자체가 이미 그 점을 시사하고 있습니다. 당신은 다만 창조자인 신과 피조물인 만유와의 필연적 연관성을 강조하기 위해, 즉 모든 존재

중세로 부치는 철학편지

들의 다양성이 신으로부터 오고 신 안에 존속하고 신에게로 돌아간다는 것을 강조하기 위해, 위와 같은 구분과 표현들을 사용했을 것입니다. 따라서 당신의 학설이 만일 범신론이라면 그 범신론은 만유에 대한 신의 지배 내지 내재로 해석되어야 할 것이고 그러한 해석은 신 없이는 설명될 수 없는 만유의 신비 또는 질서를 생각할 때 충분히 수긍될 수 있는 것이기도 합니다. 이렇게 본다면 당신의 철학은 절대로 신에 대한 불경이 아닙니다(만유의 창조자-지배자로서의 신을 인정한다면요). 당신은 다만 모든 존재가 그 자체에 지니고 있는 신의 표적을 보고 있는 것이라고, 그렇게 나는 당신을 범신론적 일신론으로 해석하고 받아들입니다. 교회가 세상을 지배하던 당시는 어땠는지 잘 모르겠으나 이른바 신의 현현이나 계시 같은 것이 보고되지 않고 확인되지 않는 우리의 현대에서는 사실 자연과 그 엄청난 신비를 통해서밖에 신에(혹은 신의 흔적에) 접근할 길이 없으니, 당신의 철학은 우리의 현대에 더 의미가 클지도 모르겠습니다.

친애하는 에리우게나, 내가 당신을 제대로 이해하고 있는지 여전히 걱정이 남습니다. 847년경 혜성처럼 파리에 나타난 당신의 재능을 금방 알아보고 극진히 대접한 대머리왕 샤를 2세처럼 당신을 대하지 못하는 것이 아쉽습니다. 하지만 당신에 대한 나의 관심과 해석이 나를 당신에게 한 걸음 가까이 다가서게 하고, 그리고 훗날의 버클리와 더불어 고국 아일랜드켈트어로 hériu의 자랑이 된 당신의 존재를 일반 대중들에게 알리는 계기로 작용할 수 있다면, 그것도 하나의 보람일 수는 있을 것 같습니다. 언젠가 제대로 한번 당신과 마주하게 되기를 나는 기대하고 있습니다.

Anselmus 1033/34—1109

"알기 위해서 나는 믿는다."

"사람은 믿기 위해서 이해하는 것이 아니고,
오히려 반대로 이해하기 위해서 믿는다."

"올바른 순서는, 우리가 그리스도교 믿음의 심오함을
이성으로 탐구하기에 앞서 그것을 믿을 것을 요구한다."

1033/34년 부르고뉴Bourgogne 왕국의 아오스타Aosta(현재 이탈리아 북부 피에몬테 주)에서 귀족인 아버지 곤둘포Gondulfo와 어머니 에르멘베르가Ermenberga 사이에서 장남으로 태어남.

1056년 수도원에 들어가려 했으나 아버지의 반대로 좌절. 어머니의 죽음을 계기로 집을 나와 여러 지역을 방황함.

1060년 27세에 베크Bec 수도원 수사가 됨.

1078년 베크 수도원 원장이 됨.

1076년 《모놀로기온Monologion[독백록]》 저술.

1077/1078년 《프로슬로기온Proslogion[대담록]》 저술

1092년 노르망디에서 잉글랜드로 건너감.

1093년 캔터베리 대주교 역임. 이 기간 중 성직자 서임권을 둘러싸고 윌리엄 1세, 윌리엄 2세, 헨리 1세 등 잉글랜드 국왕들과 갈등(~1109년).

1094년경 《왜 신은 사람이 되었는가Cur Deus homo》 저술(~1098년).

1097년 국왕의 허가 없이 로마 교황 우르바누스 2세Urhanus II 방문.

1098년 로마를 떠남.

1100년 새 국왕 헨리 1세의 부름으로 잉글랜드로 돌아감.

1107년 국왕의 양보로 화해 성립.

1109년 캔터베리에서 죽음.

1494년 교황 알렉산데르 6세에 의해 성자로 추대됨.

안셀무스에게

지식과 신앙을 묻는다

철학책들을 읽다보면 당신의 이름 앞에는 '스콜라철학의 아버지'라는 명예로운 호칭이 붙어 있음을 보게 됩니다. 스콜라철학philosophia scholastika이라는 것이 기나긴 중세철학의 후반부를 총괄하는 것이고, 더욱이 그 철학사적인 의의가 오늘날 상당히 긍정적으로 재평가되는 것을 감안하면 당신이 그 스콜라철학의 아버지라는 것은 대단한 영예가 아닐까 합니다. 비록 '스콜라철학의 선구자'로 평가되는 9세기의 에리우게나가 당신 앞에 위치하고 있기는 하지만 각각의 의미가 있는 것이니 그것이 11세기의 당신의 명성을 훼손하지는 않을 것 같습니다.

당신은 모르시겠지만 나에게는 당신과 얽힌 하나의 추억이 있습니다. 그것은 나의 대학 시절이었습니다. 철학사를 공부하면서 당신의 이름을 알게 되고, 당신이 남긴 그 유명한 말 "알기 위해서 나는 믿는다credo ut intelligam"와 더불어 신의 존재에 대한 이른바 '존재론적 증명'이라는 것을 알게 되었을 무렵, 독실한 가톨릭 신자였던 한 친구와 교정의 언덕에 앉아 황혼이 어둠으로 바뀔 때까지 '지식과 신앙'의 관계를 놓고 열띤 토론을 벌인 적이 있었던 것입니다. 그때만 하더라도 그러한 모습은 대학의 교정에서 드문 일이 아니었습니다. 우리는 그런 것을 대학생활의 낭만이라고 자부하고 있었습니다. 범상치 않았던 그 친구는 그 후 이 사회에 큰 발자취를 남기고 뜻하지 않게 일찍 세상을 떠나고 말았지만, 생각해보면 그날의 그 모습은 참으로 아름다운 풍경의 하나로서 내 가슴속 깊이 남아있습니다.

그런 일이 있어서인지 그 후 당신에 대해 좀 더 자세한 공부를 하게 되었을 때, 나는 어떤 각별한 친근감을 느끼며 당신에게 접근할 수가 있었습니다. 당신의 인간적인 면모들, 특히 당신이 간절하게 수도원에 들어가고 싶어했는데 귀족이었던 아버지가 강력하게 반대했다는 것, 그래서 꾀를 내어 병이 나게 해달라고 기도했더니 실제로 심하게 앓게 되었다는 것, 그러나 결국 아버지 때문에 수도원장의 허락을 받지는 못했다는 것, 그런 에피소드도 흥미로웠습니다. 훗날 사제가 된 당신이 왕의 병문안을 갔을 때, 당신을 흠모했던 동료들이 억지로 당신에게 주교의 지팡이를 쥐어주고 교회로 데리고 가 찬미가를 부름으로써 캔터베리의 대주교를 맡겨버렸다는 것도 재미있는 이야기였습니다. 물론 당신이 대주교로서 왕권과 교권 사이에서 시달리지 않았더라면 더 좋았을 텐데 하는 아쉬움은 진하게 남습니다만.

각설하고, 나는 지금도 대학 시절의 그 토론을 어렴풋이 기억하고 있습니다. 지식과 신앙은 어떤 관계여야 할 것인가…. 당신은 모든 것을 이성에 의해 설명하고 절대로 성서의 권위를 내세우지 않았다고 전해집니다. 언뜻 보기에 이 말은, 성서와 신앙보다 이성과 지식 쪽에 더 무게를 두고 있다는 듯이 들리지만 사실은 당신이 그 어느 쪽에도 기울어 있지 않다는 것이 나의 느낌입니다. 당신은 이렇게 말합니다. "사람은 믿기 위해서 이해하는 것이 아니고, 오히려 반대로 이해하기 위해서 믿는다"라고. 이렇게 말함으로써 당신은 명백히 신앙의 중요성도 인정하고 있습니다. 그렇습니다 안셀무스, 기독교적 담론체계 안에서라면 이성도 신이 부여해준 것이니, 이 양자는 서로 조화될 수 있습니다. 당신은 그 점을 분명히 하고 있습니다. 당신은, "올바른 순서는, 우리가 그리스도교 믿음의 심오함을 이성으로 탐구하기에 앞서 그것을 믿을 것을 요구한다"고 말한 동시에 "내가 믿음을 확고하게 한 다음 믿고 있는 것을 이해하려고 노력하지 않는다면, 그것은 곧 태만함이라고 생각한다"고도 말하고 있는 것입니다. 이렇게 말할 수 있는 것은, 신이 이성의 창조자인 동시에 또한 신앙의 대상이기 때문입니다. 이 동시성을 혹은 양면성을 당신은 주목한 것이겠죠.

성서에 기술된 종교적인 내용들을 그대로 믿는다는 것, 실제라고 인정한다는 것, 그리고 그와 관련된 사실들을 이성적으로, 지적으로 사유해본다는 것, 이 양자는 중세라는 시대를 살았던 당신에게는 그 어느 쪽도 피해갈 수 없는 길이었으리라고 나는 짐작합니다. 아니 그것은 비단 중세만의 문제가 아닙니다. 신앙과 사유, 그것은 당신의 시대였던 중세의 문제였던 것과 조금도 다를 바 없이 또한 나의 시대인 이 현대의 문제이기도 합니다. 기독교는 오늘날에도 여전히 유효합니다. 아니 어떤 점에서 그것은 세계사의 진행과정에서 일종의 세계종교가 되어 그 영향력은 중세 때보다 더욱 커졌다고도 할 수 있습니다. 따라서 신의 존재, 인간을 포함한 만유의 창조, 인간의 원죄, 그리고 예수 그리스도의 신성, 부활, 대속의 문제, 그런 것들은 이제 비단 기독교 신자들만의 주제가 아니게 되었습니다. 뿐만 아니라 그러한 주제들을 이성적으로 사유하고 이해한다는 것도, 창조의 결과라고 일컬어지는 일체의 세계현상들이 여전히 엄연한 현실로서 우리 앞에 펼쳐져 있는 이상, 그리고 그 현상들에 대한 이른바 '과학적 설명'이 명백한 한계를 갖는 이상, 그것에 대한 '종교적 설명'도 역시 피해갈 수 없는 주제로 남아 있습니다. 우리 인간은 '피조물'인 동시에 또한 '이성적 존재'이기 때문에 '종교적 주제'에 대한 '이성적 설명'을 필요로 합니다. 바로 그런 점에서 당신의 철학적 태도는 오늘날에도 여전히 의미를 가질 수 있는 것입니다.

당신의 그 유명한 '신의 존재증명proof of existence of God'도 바로 그러한 차원(즉 신앙을 전제로 한 이성적 사유)에서 시도된 것이라고 나는 받아들입니다. (이 증명의 시도는 당신 이후 저 유명한 보편논쟁과 더불어 중세철학의 양대 주제를 형성했죠. 당신은 그 효시로서 철학사적인 의미를 지닙니다.) 그 내용은 어떤 점에서 아주 단순명쾌합니다. 신은 '더 이상 큰 것을 생각할 수 없는 어떤 것'인데, 그것이 '인간의 지성 속에 존재하는 이상, 반드시 실제적으로도 존재해야 한다'는 것입니다. 왜냐하면, '지성 속에서만 존재하고 실제로 존재하지 않는 것은 실제로 존재하는 것보다 열등'하고 따라서 '가장 큰 어떤 것이라고 할 수가 없기 때문'입니다. 따라서 "더 이상 큰 것을 생각할 수 없는 어떤 것인 신은 지성 속에서뿐만 아니라 실제적으로도 의심의 여지없이 존재한다"고 당신은 결론지었습니다. 요컨대, '신'이란 '완전한 존재'인데, '실재성'이 없으면 완전한 존재일 수 없으므로 완전한 존재인 이상 필연적으로 실재할 수밖에 없다는 논리입니다. 신의 본질 혹은 개념 자체가 실재를 보증한다…, 참으로 훌륭한 두뇌의 소유자라고 나는 탄복합니다.

하지만 안셀무스, 나의 심정은 대학 1학년 때나 지금이나 여전히 변함없이 착잡합니다. 이 '완벽한 증명'이 과연 '성공적인 증명'인가…, 어딘가 개운하지가 않습니다. 그것은 당신의 이 논리가 형식논리학에서 말하는 이른바 '선결문제 요구의 오류petitio principii(증명을 요하는 결론적 사항을 전제 속에서 미리 인정하고 있는 오류)'를 범하고 있다는 사실 때문만은 아닙니다. 또한 가우닐로Gaunilo와 토마스Thomas Aquinas의 반대논증을 지지하기 때문만도 아닙니다. 나는 '신'이라고 하는 이 '거룩한 주제'가 한갓 인간 따위가 이렇다 저렇다 머리를 굴려가며 '논증'할 대상이 아니라고 봅니다.

솔직히 나는 신이 어떤 존재인지 잘 알지 못합니다. 그에 관한 논문도 쓴 적이 있지만 마찬가지입니다. 수많은 사람들의 간절한 부름에도 불구하고 신은 오직 '신의 언어'로만 말씀하실 뿐, 인간의 언어로 대답하는 법이 없습니다. (나는 일체의 자연현상 내지 존재현상을 특히 그 오묘한 근본질서를 곧 신의 언어라고 해석합니다. "하늘은 어떻게 말을 하느냐. 사시가 행해

중세로 부치는 철학편지

지고 있고 만물이 생육하고 있다. 하늘은 어떻게 말을 하느냐天何言哉 四時行焉 百物生焉 天何言哉"라는 공자의 말도 그런 입장입니다. 그의 '천'이 당신의 '신'과 다른 것이 아니라면요.) 저 《구약성서》에 그토록 많이 등장하는 이른바 신의 '계시revelatio'도 보통의 인간들에게는 들려오지 않습니다. 그런 들려오지 않음을 인간들은 '신의 침묵'이라고 말하기도 합니다. 하지만, 그렇다고 해서 '그 어떤 엄청난 존재'인 신이 '존재하는 것 같다'라고 하는 것만큼은 쉽게 부인할 수가 없습니다. 그것을 당당하게 부인하는 것은 오직 인간의 오만이나 무식에 의해서만 가능하다고 나는 봅니다. 나의 이 지성 앞에 펼쳐진 이 엄청난 세계현상을 보고 있노라면, '신'의 존재 없이는 도저히 그것을 설명할 길이 없습니다. 제 아무리 발달된 최첨단 과학이라도, 빅뱅 아니라 빅뱅 할아버지라도, 세계현상의 설명에는 명백한 한계가 존재합니다. '최초의 기원'에 대해서는 완벽하게 무지하기 때문입니다. 인간의 존재와 생로병사 등 삶의 현상들 또한 그렇습니다. 따라서 신은, 세계와 인간과 그 삶의 설명을 위한 '이성의 필연적 요청'입니다. 칸트는 신의 존재를 최고선의 실현을 위한 '실천 이성이 요청'이라고 말했습니다만, 나는 그것을 자연 내지 세계 내지 존재현상의 설명을 위한 '존재론적 요청'이라고도 부르고 싶군요.

친애하는 안셀무스, 나는 과학과 철학과 신학의 한계를 인정하는 나의 이러한 '겸손한 사유'가 지성의 의의를 조금도 폄하하거나 훼손하는 것은 아니라고 생각합니다. 아니 오히려 이렇게 생각하는 것이야말로 지성의 진솔한 태도가 아닐까 하는 것이 나의 솔직한 입장입니다. 지성의 의의는 인정합니다. 하지만, 과학에는 과학적 지성, 철학에는 철학적 지성, 종교에는 종교적 지성! 이것이 당신께 던지는 나의 조심스런 의견입니다. 당신의 생각은 이제 어떠하신지….

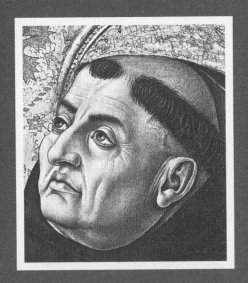

Thomas Aquinas 1224/5–1274

"…하느님이 존재한다는 것은 우리에게 있어서 자명한 것이 아니지만
우리에게 알려진 결과를 통해 논증될 수 있다."

"내가 본 것에 비하면 내가 쓴 것들은 모두 지푸라기에 지나지 않는다."

1224/1225년 나폴리Napoli 근교 로카세카Roccasecca 성에서 아퀴노 가문 란돌프Landulf 백작과 돈나 테오도라Donna Theodora의 아들로 태어남.

1230/31년 베네딕토회 소속의 몬테카시노Montecassino 수도원에서 수도사 수업을 받음.

1239년 당시 정치적 혼란으로 수도사 수업 중단. 나폴리대학 입학. 자유학예과artes liberales 과정 이수. 아리스토텔레스 사상 첫 접촉(~1244년).

1244년 가족의 반대를 무릅쓰고 도미니코회의 수도사가 됨. 알베르투스 마그누스를 만남.

1245년 알베르투스 마그누스가 있던 파리대학에서 기초강의 수강([~1248/52년]추정).

1248년 쾰른대학에서 알베르투스 마그누스의 강의 수강(~1252년).

1252-1256년 파리대학에서 신학 강의 시작. 신학교수로서 자격을 얻기 위한 명제집 주석 집필에 착수.

1257년 명제집 주석 작업 완료. 파리대학 신학교수 취임.

1259/1260년 로마교구에 대학 설치 명령을 받고 파리대학을 떠나 나폴리로 감(추정).

1265-1268년 로마 교황 우르반 4세Urban Ⅳ의 궁정 신학자로 일하며 학문활동과 문필활동 전개. 《신학 대전》 저술 시작.

1269년 아베로에스주의와 논쟁 명령을 받고 다시 파리대학 교수로 부임.

1272년 나폴리에서 저작활동에 전념.

1273년 미사 도중 신비한 체험을 하고 절필. 건강 악화.

1274년 교황 그레고리 10세Gregorius Ⅹ의 부름을 받아 리옹Lyon의 연합공의회에 참석하러 가던 중 로마 근교 포사노바Fossanova의 시토회Cisterciensis 수도원에서 죽음.

1323년 사후 49년 성자로 추대.

토마스 아퀴나스에게
신의 존재를 묻는다

이렇게 당신의 이름을 부르면서 나는 묘한 감회를 느낍니다. 왜냐하면 나의 성장과정에서 당신의 존재가 비교적 가까이 있었음에도 불구하고 나의 인생에서 당신과의 개인적 인연이 생기리라고는 전혀 예측할 수 없었기 때문입니다. 나는 아직도 내가 자란 고향의 한복판 야산 위에 우뚝 솟아 시가지를 굽어보고 있던 천주교 성당을 기억합니다. 대부분의 어린이들에게 그러했듯이 어린 내게도 그곳은 아주 특별한 놀이터였습니다. 아주 높지도 아주 낮지도 않은 언덕길, 그 중턱에서 자애롭게 방문자들을 굽어보던 성모 마리아상, 그리고 당시로서는 희귀했던 붉은 벽돌의 본당건물, 널찍한 마당과 거기서 한눈에 내려다보이던 시가지와 낙동강의 전경, 그 모든 것이 평화로움으로 어린이들의 놀이를 감싸주고 있었습니다. 그러나 당시로서는 그 건물이 무엇을 하는 곳인지, 왜 그것이 그곳에 서 있는지는 나의 관심 밖이었습니다. 더구나 그곳의 의미를 지탱하는 교리들이 당신의 머리와 손을 거쳤을 줄이야 어찌 알았겠습니까. 그런데 이제 세월의 흐름 속에서 나의 아주 가까운 사람들이 바로 그곳에 자신의 영혼을 의탁하고 나는 강의실에서 당신의 이론을 가르치게 되었습니다. 묘한 인연이 아닐 수 없습니다. 그곳을 개구쟁이 친구들과의 단순한 놀이터로 삼았던 유년 시절이나 어쭙잖게 한두 마디 주워들은 니체와 포이어바흐를 들먹이며 신앙생활을 하는 친구들을 비판하고 신의 허구성을 논쟁하던 소년 시절을 겹쳐서 생각해보면 이런 인연은 더욱더 묘하게 느껴집니다.

솔직히 고백하건대 지금까지 내가 열심히 철학책을 읽고 철학적 사색에 몰두한 결과 자신 있게 말할 수 있게 된 것은 철학이 이 세계의 비밀을 풀 수 있는 마지막 열쇠가 결코 될 수 없다는 것입니다. 무지에 기초한 오만이 아니고서는 이제 더 이상 예전처럼 '믿는 친구들'을 비판할 수 없다는 것을 고백합니다. 아니 그러한 친구들이 이제는 아름답게 보일 뿐 아니라 부럽게 보이기도 합니다. 신의 존재와 그에 대한 신앙은 인간에게 주어진 최대의 은혜이자 영광입니다. 그 신앙이 그 신의 가르침을 실천하는 것이기만 하다면 말이지요.

친애하는 토마스 아퀴나스, 13세기를 살았던 당신은 흔히 중세 스콜라철학의 최고봉으로 평가됩니다. 최고의 이론가인 셈이죠. 그것은 대단한 영예입니다.《신학 대전*Summa Theologiae*》《대 이교도 대전*Summa Contra Gentiles*》을 비롯해 당신은 실로 어마어마한 양의 저술을 남기기도 했죠. 물론 단순한 이론가만도 아니었습니다. 당신은 실천적인 수도자이자 사제이기도 했습니다. 젊은 시절 당신은 청빈을 가치로 삼는 이른바 도미니쿠스 수도회에 들어가기를 원했는데 귀족 가문이었던 집안에서는 베네딕투스 수도회 소속인 몬테 카시노 수도원의 원장이 될 것을 기대했기에 심하게 반대했고 심지어 성에 가두어지기도 했다고 들었습니다. 하지만 그 소망이 워낙 확고해 누이들이 당신을 광주리에 실어 탈출시켰고 이윽고 꿈을 이루었다고 들었습니다. 그렇게 워낙 고집이랄까 뚝심이 있는데다 과묵하기도 해서 훗날 사람들은 당신을 '벙어리 황소'라고 불렀다지요? 그리고 당신의 스승 알베르투스 마그누스Albertus Magnus는 "지금 벙어리 황소라 불리는 저 수도사의 우렁찬 목소리를 온 세상이 듣게 될 것"이라고 당신을 크게 평가했다지요? 아무튼 그 후 당신은 사제로서 학자로서 권위자가 되었고 '천사급 박사Doctor Angelicus'라고도 칭송받고 또 사후엔 성자Sanctus로까지 시성되었으니 집안의 반응이 어땠는지 궁금하군요. 내가 당신에 대해 들은 이야기 중 가장 인상적이었던 것은 만년에(죽기 1년 전인 1273년에) 당신이 뭔가를 경험하고 일생의 저작이 하찮음을 느낀 나머지 절필을 했다는 것입니다. "내가 본 것에 비하면 내가 쓴 것들은 모두 지푸라기에 지나지 않는다 mihi videtur ut palea"라고 말했다지요? 내가 알지 못하고 짐작도 하지 못하는 경지라 그 '본 것'의 내용이 어떤건지 지금까지도 궁금증이 남아 있습니다. 일설에는 예수의 환상이라고도 하던데 만일 그런 거라면 그거야말로 '이론'이나 '책'이나 그런 것과는 비교도 할 수 없는 거겠지요. 물론 그렇다고 당신의 그 학문적 업적이 폄하될 필요는 없겠죠. 당신의 업적은 정말 대단합니다. 특히 저 유명한 신의 존재증명은 압권입니다.

당신은 《신학 대전》에서 저 아리스토텔레스의 형이상학 이론에 기초해 다섯 가지 방식Quinque viæ으로 신의 존재를 확신시키려고 노력했습니다. 정리해 보겠습니다.[7]

1) 운동을 통한 증명via ex motu
- 모든 사물은 움직인다.

---

7 이 정리는 〈위키피디아〉를 참고했으나 그 내용은 원전에서 확인하였음. 훌륭하고 깔끔한 정리라고 판단함.

- 운동하는 사물res in motu은 운동하도록 만드는 자movens
  에 의해서 운동한다.
- 운동하도록 만드는 자의 무한퇴행regressio ad infinitum은
  불가능하다.
- 따라서, 모든 운동이 시작되는, 즉 다른 어떤 것에 의해
  서도 움직여지지 않으면서a nullo movetur 다른 모든 것을
  운동하도록 만드는 제일의 원동자 즉 운동을 하도록 만
  드는 첫 번째 것primum movens이 존재한다.
- 이 존재를 신이라 부른다.

2) 능동원인을 통한 증명via ex causa efficientis
- 모든 존재하는 것에는 원인이 있다.
- 모든 것은 그것과 구분되는 다른 어떤 것에 의하여 생
  겨난다.
- 원인의 무한퇴행은 있을 수 없다.
- 따라서, 모든 것을 있도록 한 제일의 혹은 첫 번째 능동
  원인이 존재하지 않을 수 없다.
- 이 제일의 능동원인을 신이라 부른다.

3) 우연적인 것과 필연적인 것을 통한 증명via ex possibilii et
  necessario

- 세상에는 존재할 수도 존재하지 않을 수도 있는 사물들이 있다. 이런 것을 우연적인 존재esse possibilis라고 한다.
- 그런데 만약 세상의 모든 사물들이 이렇게 존재하지 않을 수 있다면 어느 한 시점에 모든 것이 존재하지 않는 시점이 있었을 것이다.
- 그러나 무에서 무언가가 생성될 수는 없기 때문에 모든 세상의 사물이 우연적일 수는 없으며 이런 우연적 사물들의 근원이 되는 필연적인 것이 반드시 존재해야 한다.
- 그런데 필연적인 것은 다른 것에 의해, 즉 다른 것에게 필연성의 원인을 둠으로써 필연적이거나 그렇지 않을 것이다.
- 그런데 필연성의 원인을 소급해가는 과정은 무한퇴행이 불가능하다.
- 따라서 다른 모든 존재하는 것에 필연성의 원인을 두지 않으면서도 존재하는 필연적인 하나의 존재가 있을 수밖에 없다.
- 이러한 존재를 신이라고 한다.

4) 사물들이 드러내는 완전함의 등급에 의한 증명via ex
  gradu rei
- 우주에는 다양한 등급의 완전함perfectio이 존재한다.

중세로 부치는 철학편지

- 완전함의 등급은 어떤 가장 완전한 것과의 가까움과 멂
에 따라 다양한 양상으로 드러난다.

- 이 다양한 양상과 등급으로 드러나는 다른 모든 완전함
의 기준이 되는 가장 완전한 존재로서 완전함의 정점을 신
이라 부른다.

5) 목적 혹은 사물의 지배를 통한 증명via ex fine sive ex
gubernatione rerum

- 세상의 모든 사물들은 어떤 목적에 따라(혹은 목적을 향
해) 활동한다.

- 이것은 세상의 모든 사물들이 거의 항상 그것에게 최상
의 결과를 가져오는 방식으로 활동하는 것을 통해 확인
할 수 있다.

- 그런데 목적에 따라(혹은 목적을 향해) 활동하는 것은 지
적인 능력을 부여받음으로써 자신의 목적을 인식하고
그 목적에 따라 활동하거나, 이런 지적인 능력을 부여받
지 못한 경우 지적인 능력을 가진 것이 그들에게 각각
목적을 정해주고 그에 따라 활동하도록 질서를 갖게 됨
으로써 목적에 따라(혹은 목적을 향해) 활동하게 된다.

- 그러므로 모든 사물들을 목적에 따라(혹은 목적을 향해)
활동할 수 있도록 그들에게 지적인 능력을 부여하거나

혹은 목적을 정해주고 이들을 이끎으로써 목적에 부합하는 질서를 통해 활동하도록 만드는 어떤 지적인 존재 aliquid intelligens가 존재해야 한다.

- 이 존재를 신이라 부른다.

그러므로 신은 존재한다.

QED.

당신의 이러한 증명들이 완벽하게 성공적인 것인지에 대해서는 의심스러워하는 사람들도 많습니다. 하지만 나는 당신의 이런 설명을 들으면서 이것이 범상치 않은 노력과 능력에서 나온 것임을 감지합니다. 나폴리와 로마와 파리와 쾰른을 전전하면서 당신이 기울인 학문적인 노력, 특히 당신을 직간접적으로 계발해준 페트루스 이베리아Petrus Iberian, 알베르투스 마그누스, 보나벤투라Bonaventura, 뫼르베케Gulielmus of Moerbeke, 그리고 누구보다도 당신의 이론적 배경이 되어준 아리스토텔레스가 당신의 이론 사이사이에 끼어 있음을 느낍니다. 당신의 글을 읽고 있노라면 당신이야말로 '박사'라는 칭호에 합당한 인물이라는 것을 실감합니다. 그러나 당신이 머릿속에 지니고 있었던 이론들뿐만 아니라 또한 가슴속에 담고 있었던 주제들의 종류를 생각해보면 당신이 '성자'라고 하는 칭호에 합당한 인물이라는 것도 수긍

중세로 부치는 철학편지

이 갑니다.

친애하는 토마스, 신에 대한 인식이라고 하는 당신의 주제가, 모든 것을 정보화하고 상품화하는 이 어수선한 시대에도 여전히, 아니 오히려 이러한 시대일수록 더 절실히 요구되는 것이라고 나는 인정하고 싶습니다. 인간의 지능이 아무리 우수해도, 그것이 과학을 극단에까지 발달시키고 상상을 초월하는 기술을 개발하고 산업과 유통을 발전시키더라도, 신의 작품인 이 세계 자체와 비교해보면 그것은 기껏해야 바닷물에서 퍼온 한 잔의 물에 불과할 것입니다. 우리가 몸담고 살고 있는 이 세계현상은 정말이지 오묘하기 짝이 없습니다. 조금만이라도 검허하고 진지하게 현상들을 살펴보면 어느 것 하나 경탄의 대상 아닌 것이 없습니다. 당신의 다섯 가지 증명도 결국은 모두 다 '주어진 세계현상의 놀라운 질서'를 기초로 하는 것입니다. 그러한 질서들은 신의 존재를 전제로 하지 않고서는 설명할 도리가 없습니다. 빅뱅이니 진화니 게놈이니 하는 설명들이 마치 우주의 비밀을 모조리 풀어 밝힌 듯이 오해되는 것을 보면 실소를 금할 수가 없습니다. 이 거대한 우주에 대해 인간의 과학이 밝힐 수 있는 것은 그야말로 빙산의 일각, 아니 그 일각의 일각일 뿐입니다.

인간이 돌멩이와 근본적으로 다르듯이 신은 인간과 근본적으로 다를 것입니다. 신의 존재는 당신이 말하듯 현상들의 존재와 질서를 매개로 해서만 우리에게 알려지는 것 같습니다. 언젠가 학창 시절 이층 강의실 창가에 서서 바깥을 내다보다가 바람에 흔들리는 나뭇잎을 보며 문득 느낀 적이 있었습니다. 저 나뭇잎이 흔들리지 않는다면 달리 바람의 존재를 알 수가 있을까, 나부끼는 깃발이나 머리카락, 시원함을 느끼는 나의 뺨을 통해서 바람은 자신의 명백한 존재를 알리지 않는가, 신의 존재도 이러한 매개적 방식으로 우리에게 알려지는 것이 아닐까, 그렇게 나는 생각했습니다. 그러한 알림의 방식을 나는, 아직 내가 경험해보지 못한 이른바 '계시'와 함께 '신의 언어'라 부르고 있습니다(공자도 비슷한 생각을 했었습니다. 즉, "하늘은 어떻게 말하는가. 사시가 행해지고 있다. 만물이 생육하고 있다. 하늘은 어떻게 말하는가"라는 말이 그것을 알려줍니다. 계절의 변화와 만물의 생육 그 자체를 '하늘'의 말하는 방식으로 해석한 것입니다).

친애하는 토마스, 오늘도 인간사 돌아가는 것을 보면 인간이 마치 이 세상의 주인인 듯한 오만함을 도처에서 발견할 수 있습니다. 나는 그 점을 몹시 걱정스럽게 생각하고 있습니다. 행여나 신도 그렇게 여기고 있지나 않을까 염려되기도 합니다. 일체의 것을 지배하는 신이 마음만 먹으면 그 일체의 것이 한순간에 끝날 수도 있다는 것은 자명합니다. 그렇게 끝나기에는 너무나도 아까운 것이 이 세상이라는 것을 오만한 인간들은 느끼고나 있는지…. 당신의 이론들이 그들의 이성에 호소해서 경계의 메시지로 작용할 수 있기를 기대해봅니다. 당신의 지원군이 되기를 희망하면서.

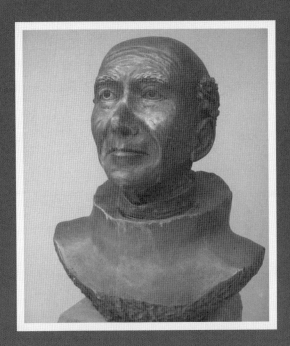

Johannes Eckhart 1260경–1328

"위로부터, 빛의 아버지로부터 받으려는 이는, 필히 올바른 겸손을 지니고 가장 낮은 아래에 있어야 한다. … 최대한 낮추지 않는 자는, 위로부터 받을 수도 없다. … 주는 것은 신의 본성이다. 신의 본성은 우리가 낮은 곳에 있는 한 주게끔 되어 있다. 우리가 받지 못했다면, 우리가 아직 낮아지지 않았기 때문인 것이다."

"시간 안에 머물며 일하고 활동하는 것이 … 영원한 거룩함을 감소시키지는 않는다."

"시간 안에서 사는 삶은 신과 만나는 시간만큼이나 고귀한 것이다."

"신비적 황홀을 체험하고 있더라도 만일 간절히 도움을 청하는 이가 있다면, 사랑의 마음으로 그 황홀을 내려놓으십시오. 그편이 더 낫습니다. 더욱 커다란 사랑으로 곤궁에 처한 이를 도우십시오."

1260년경 고타Gotha(현재 독일 튀링겐Thueringen 주)에서 가까운 탐바흐-디타르츠Tambach-Dietharz 마을에서 태어남.

1275년 에어푸르트Erfurt의 도미니코회에 가입.

1294년 페트루스 롬바르두스 명제집 강의.

1295-1298년 《영적 지도자를 위한 강론》을 도미니코회 수사들에게 강연.

1302/1303년 도미니코회 신학 학과장을 제안받고 파리대학으로 자리를 옮김. 마기스터magister로서 강의. 《파리 문제집》 저술.

1303년 독일 에어푸르트로 돌아옴. 47개의 수녀원을 담당함.

1304년 독일 작센Sachsen 주의 도미니코회 관구장이 됨.

1306년 파리에서 삼위일체의 불규칙성에 대하여 논쟁.

1307년 보헤미아Bohemia 지역의 주교 대리 법무관vicar-general에 임명됨.

1311년 나폴리에서 열린 수도회 총회에서 파리대학의 마기스터로 재임명됨. 《삼부작》 저술.

1313년 스트라스부르Strasbourg로 돌아와 설교에 전념.

1314-1322년 스트라스부르와 남부 독일 지역의 주교 총대리로 활동.

1323-1324년 스트라스부르를 떠나 쾰른의 도미니코회 수도원에 정착함.

1326년 이단 혐의로 종교재판에 회부됨.

1327년 자신의 결백을 주장하는 강연. 아비뇽을 떠남.

1328년 2월에 죽음(추정).

에크하르트에게

신과의 합일을 묻는다

내가 당신에게 느끼는 이 특별한 친근감 혹은 호감의 정체는 도대체 뭘까요. 그것은 우선, 나의 전공분야가 독일철학인 만큼 당신이 독일어로 철학을 한 사실상 최초의 '독일철학자'라는 점,[8] 내가 전공한 하이데거가 당신을 '사유의 거장Denkmeister'이라 부르며 높이 평가하고 있다는 점, 당신이 '신비주의자Mystiker'로 불리는 데서도 알 수 있듯이 단순한 스콜라학자에 머물지 않고 당신 스스로의 체험과 사유를 기반으로 발언하고 있다는 점, 당신이 한갓된 수도자나 교수로 만족하지 않고 진정한 이웃사랑을 강조한 인물이라는 점, 그리고 또한 당신이 시종일관 신을 바라보고 있었다는 점, 등등으로 인한 것인지도 모르겠군요. 이러한 점들은 모

---

8 독일 지역 출신으로는 알베르투스 마그누스도 있다. 그러나 독일어 저술은 하지 않았다.

두 다 내가 좋아하는 것들입니다.

그런데 당신은, 대부분의 철학도들에게 처음부터 어떤 '특이한' 인물로 받아들여지고 있습니다. 그것은 아마도 당신에게 항상 따라다니는 그 '신비주의자Mystiker'라는 규정 때문일 것입니다. 신비주의라는 이 말 자체가 이미 당신에게 어떤 신비적 베일을 치고 있는 것이 사실입니다.

그런데 당신의 구체적인 삶을 들여다보면, 당신 자신이 특별히 무슨 신비적인 인물은 아니었던 것 같습니다. 당신이 그것을 의도하지도 않았습니다. 당신은 독일 동부의 고타 인근 탐바흐에서 태어나 자랐고 젊은 시절 에어푸르트의 도미니쿠스 수도회에 들어갔습니다. 그 후 파리에서 공부하여 마기스터(석사)가 되었고, 여러 수도원들을 방문하며 수많은 설교를 했습니다. 한때는 저 알베르투스 마그누스처럼 파리대학과 쾰른대학에서 교수생활을 하기도 하셨지요. 라틴어와 독일어로 수많은 저술들도 하셨고요. 그리고 1314년부터 22년 사이에는 슈트라스부르크(현재 스트라스부르)와 남부 독일 지역의 주교 총대리로 일하며 도미니쿠스회 수녀원의 영적 상담역을 맡기도 했습니다. 이러한 이력들은 중세의 철학자로서 오히려 평범하기까지 합니다. 특별히 신비로운 모습은 그 어디에도 없습니다.

만년에는 당신의 사상내용이 주변으로부터 비판을 받아,

예컨대 쾰른의 대주교 하인리히 폰 피르네부르크Heinrich von Virneburg는 당신을 종교재판에 넘기기도 했는데, 당신은 변명서를 제출하며 교황에게 무죄를 탄원하기도 했습니다. 그런 노력도 헛되이 결국 교황 요한네스 22세Ioannes XXII는 교서를 통해 당신의 28개 테제를 유죄로 규정했습니다. 그나마 다행인 것은 당신이 이 판결을 알기 이전에(판결보다 1년쯤 전인 1328년 4월 말경) 아비뇽이나 쾰른 혹은 그 중간 어딘가에서 세상을 떠났다는 것입니다. 당신의 그 변명서에는 지극히 평범한 인간적 면모가 보이기도 합니다. "내가 나의 저서와 발언에서 잘못을 저지른 것은 모두 내가 잘 알지 못했기 때문이며, 이것들을 보다 나은 것들에게 유보할 용의가 항상 되어 있습니다. … 왜냐하면 나는 잘못을 저지를 수도 있기 때문입니다. 그렇다고 내가 이단자인 것은 절대 아닙니다"라고 당신은 말하고 있기 때문입니다. 그러니까, 당신으로 하여금 특이한 신비주의자가 되게 하는 것은 오직 당신의 설교와 저작에서 보이는 독특한 사상내용인 것입니다.

나는 내 철학공부의 역정에서 비교적 뒤늦게 당신의 글들을 접하면서, 조금씩 당신의 진면목을 이해할 수 있게 되었습니다. 문제는 다만 '표현'에서 생겨난 것이라는 게 나의 솔직한 느낌이었습니다. 더욱이 당신의 주제는 애당초 '신'이었던 만큼, 원천적으로 '신비적'인 것이 될 수밖에 없는 사정도 있는 셈입니다. (신은 결코 인간들이 바라는 방식으로 스스로를 드러내는 법이 없고, 그렇다고 아예 낌새가 전무한 것도 아니고, 언제나 어떤 베일의 저편에서 '보일락 말락 한 존재'로 머물기 때문에, 내 식으로 말하자면 '신기척'을 느끼게 하기에, '신비적'이라는 인상은 하나의 본질적 특징이기도 합니다.) 그러나 그렇다고 해서 당신이 우리가 전혀 알아들을 수 없는 어떤 암호같은 말을 멋대로 지껄이는 것은 아닙니다. 예컨대 당신은 '영혼의 전적인 비어버림'이나, '영혼의 근저에서 신이 태어남'이나, '신의 충만한 현존' 같은 다소 신비적인 느낌의 주제들을 사유합니다만, 이것을 신의 본성과 인간의 자세라는 측면에서 알아들을 수 있는 말로 설명합니다.

당신의 말을 인용해 보겠습니다. "위로부터, 빛의 아버지로부터 받으려는 이는, 필히 올바른 겸손을 지니고 가장 낮은 아래에 있어야 한다. … 최대한 낮추지 않는 자는, 위로부터 받을 수도 없다. … 자신을 바라보거나 어떤 사물이나 다른 누군가에게 눈길을 돌리고 있다면, 그대는 아직도 가장 낮아진 것이 아니며, 그러므로 역시 받을 수가 없다. 만일 그대가 가장 낮아졌다면, 그대는 지속적으로 온전히 받게 될 것이다. … 주는 것은 신의 본성이다. 신의 본성은 우리가 낮은 곳에 있는 한 주게끔 되어 있다. 우리가 받지 못했다면, 우리가 아직 낮아지지 않았기 때문인 것이다. 그런데도 우리가 일삼는 행위란, 폭력을 행사하면서 신을 죽이는 일이다. 우리가 신을 직접 어떻게 할 수는 없으니, 이것은 우리 안에 계신 신을 죽이는 것이다." '낮춤Erniedrigen의 철학'이라고도 할 수 있는 당신의 이런 말에서 우리가 특별히 알아들을 수 없는 말은 없습니다. '인간이 자신을 낮출 때, 신은 주신다'는 이런 사상은 일반적인 도덕으로서도 충분히 성립될 수 있는 내용입니다. 당신은 신에 대한 우리 인간의 태도를 말하고 있는 것입니다. 물론 '신을 죽인다'는 표현은 일반적 어법이 아니지만, 문학적 표현으로서는 얼마든지 가능한 것이기도 합니다(그리고 보니 이 말은 저 니체의 선구이기도 하군요).

그런데, 대부분의 철학책들은 당신의 궁극적인 지향점이 '신과의 합일Ekstase'이라고 알려주고 있습니다. 이는 나에게 있어 언제나 난감하기 짝이 없는 주제가 됩니다만, 당신은 그것이 최고선과 그 완전성에 대한 인식, 그리고 사랑에 의한 참여로써 가능해진다고 말합니다. 만일 그런 것이라면, 우리 같은 보통사람들에게도 그 통로가 열리게 되는 셈입니다.

당신은 신에게로의 그 접근을 "부정의 길via negativa"이라고 부르기도 했었죠. 즉 피조물이 지니는 불완전성을 신으로부터 제거해나가는 길입니다.

'일자das Eine' 혹은 '신성Gottheit/Godhead'에 대한 그 인식 Erkenntnis은 먼저, 이성을 통해서가 아니라, 진리와 선을 매개로 순수한 존재 가운데서 직접적으로 파악된다고 당신은 설명합니다. "진리와 선이 인식을 돌발시키며, 이러한 인식은 순수한 존재에 몸을 던져 이름 없는 신을 그대로 직접 파악하는 것입니다. 이성은 무한성의 바다 가운데서 신을 결코 알아볼 수 없습니다." 당신은 "영혼 속에서의 신의 탄생Die Gottesgeburt in der Seele" 혹은 "영혼의 불꽃scintilla animae"을 이야기합니다. "나는 영혼이 지닌 힘에 관해 말했습니다. 분출하는 영혼이 처음부터 신을 알지는 못합니다. 신이 단지 선하게만 보일 때, 영혼은 신을 안 것이 아닙니다. 신이 단지 진리로만 보일 때도 영혼은 신을 안 것이 아닙니다. 영혼은 바닥까지 내려갑니다. 그리고 계속 신을 찾아 헤맵니다. 영혼은 하나이신 신을 만나고, 황무지에 계신 신을 보며, 당신의 사막에 계신 신, 그리고 심연 가운데 계신 신을 알게 됩니다. 그러나 영혼은 이에 만족하지도 않고 더욱 깊이 파고 들어가, 신이 당신의 신성 가운데서 자신의 본성을 소유하고 계시다는 것이 무엇인지를 알고자 합니다." 이렇게 당신은 신의 인식을 위한 영혼의 노력을 요구하고 있습니다. 그것은 어쩌면 당신 자신이 신의 인식을 위해 노력한 과정을 묘사한 것인지도 모르겠습니다.

그런데 에크하르트, 어떤 면에서 이러한 인식보다 더욱 돋보이는 것이 사랑Liebe의 실천입니다. 당신은 "시간 안에 머물며 일하고 활동하는 것이 … 영원한 거룩함을 감소시키지는 않는다"는 말로써 현세적 실천의 의의를 적극적으로 승인합니다. "시간 안에서 사는 삶은 신과 만나는 시간만큼이나 고귀한 것이다. 왜냐하면 신의 순전한 본성을 관조하는 순간을 제외하고는, 모든 시간 안의 행위들은 주어질 수 있는 그 어떤 고상한 것만큼이나 우리를 신에게로 들어올려주는 것이기 때문이다."

친애하는 에크하르트, 나는 당신에게 둘러쳐진 그 어떤 신비적인 베일보다도, 가난을 괘념치 않고 사랑의 실천을 강조하는 이런 태도를 무엇보다도 깊이 흠모합니다. 그래서 나는 다음과 같은 결정적인 발언을 소개함으로써, 당신이 진정한 중세철학자, 진정한 기독교철학자의 한 사람이었음을 모든 진실된 사람들과 더불어 확인하고자 합니다.

"사람은 때때로 더 나은 사랑을 위해 환희의 절정을 포기해야 합니다. 정신적이건 육체적이건 곤궁에 처한 이들에게 사랑을 실천하기 위해서입니다. … 성 바울과 같이 신비적 황홀을 체험하고 있더라도 만일 간절히 도움을 청하는 이가 있다면, 사랑의 마음으로 그 황홀을 내려놓으십시오. 그편이 더 낫습니다. 더욱 커다란 사랑으로 곤궁에 처한 이를 도우십시오. 그런다고 해서 그대가 어떤 은총을 놓치는 것은 아닌 것입니다."

친애하는 에크하르트, 바로 이런 사랑이야말로 진정한 '신과의 합일'이 아닐는지요. 만일 당신이 이런 이해에 동의해주신다면, 당신의 그 신비주의는 충분히 '이해 가능한 철학', '접근 가능한 철학'이 될 수 있다고 나는 사람들을 안심시켜주고 싶은데, 당신의 생각은 어떠하신지….

Johannes Duns Scotus 1265/6경-1308

"의지는 지성보다 월등하다."

"[능력이 자신에게] 고유한 작용을 일으키는 방식은
일반적으로 두 가지 밖에 있을 수 없다. …
첫 번째 능력은 일반적으로 '자연'이라 불리며,
두 번째 능력은 '의지'라고 불린다."

1265/1266년경 스코틀랜드의 둔스Duns에서 태어남.

1278년 프란치스코회에 가입.

1290년 옥스퍼드대학에서 수학.

1291년 노샘프턴 성 안드레아에서 사제로 서품됨.

1300년 《옥스퍼드 작품》 저술(~1302).

1302년 파리에서 《명제집》 주석 작업에 참가. 파리대학에서 강의.

1303년 교황 보니파시오 8세Boniface VIII 와 프랑스 왕 필립 4세Philip IV 간의 분쟁에서 교
         황편에 가담했다가 추방당하여 영국에 귀국. 옥스퍼드에서 가르침(~1304).

1305년 신학박사 학위 취득.

1307년 쾰른으로 파견되어 교수로 활동.

1308년 43세의 나이로 쾰른에서 죽음. 프란치스코회의 교회에 묻힘.

둔스 스코투스에게
의지의 우위를 묻는다

　나는 소위 현대철학을 전공하였고 대학에서도 주로 그쪽을 가르치고 있기 때문에, 중세의 인물인 당신과는 이렇다 할 개인적 인연이 없었습니다. 하지만 당신이 스콜라철학의 거장 중 한 사람이라는 것은 대학 시절부터 익히 알고 있었습니다. 다만, 피상적인 몇몇 지식들을 단편적으로 알고 있었던 당시로서는, 중세철학의 최대 이슈 중의 하나였던 이른바 보편논쟁이 초창기의 실재론 우세에서 점차 유명론 우세로 기울면서 중세철학 그 자체가 말기로 치닫게 되었고, 그런 과정에서 당신이 중요한 역할을 수행한 것처럼 배웠기 때문에, 실재론에 가까운 의견이었던 나로서는 은연중에 뭔가 조금 부정적인 인상을 당신에 대해 갖게 되었던 것 같습니다. 그러나 지금의 나에게는 더 이상 그런 부정적 인상이 남아 있지 않다고 분명히 말씀드릴 수 있습니다. 아니 어떤 점에서는 오히려 그 반대라고 할 수도 있겠습니다.

  그러한 변화에는 몇 가지 이유가 있었습니다. 아주 사소한 것부터 말씀드리자면, 당신이 스코틀랜드에서 태어나 옥스퍼드, 파리, 쾰른에서 가르쳤고, 쾰른에서 세상을 떠났다는 당신의 이력이 (즉 "스코틀랜드는 나를 낳아주었고, 잉글랜드는 나를 길러주었고, 프랑스는 나를 가르쳐주었고, 쾰른은 나를 붙잡아준다Scotia me genuit, Anglia me suscepit, Gallia me docuit, Colonia me tenet[Scotland brought me forth, England sustained me, France taught me, Cologne holds me]"라고 당신 스스로도 말한 그 이력이) 나에게는 일종의 부러움의 대상이 되었다는 것입니다. 왜냐하면 나는 비록 독일철학을 전공한 사람이지만, 현대철학이라는 것이 원래 독일/프랑스/영미를 3대 축으로 해서 성립되는 것이니 만큼, 그 3대 권역 모두에 걸쳐서 활동을 한 당신이 뭔가 포괄적인 완전함을 상징하는 듯한 느낌을 주기 때문입니다. 그것은, 현대철학의 이 3대 부문들이 서로 상대를 인정하지 않고 대립각을 세우는 것이 나로서는 못마땅하기 때문이기도 합니다. 원래 모든 종류의 철학에는 각각 그 고유한 문제의식 내지 출발점, 전개방식 내지 방법론, 지향목표 내지 귀착점이 있습니다. 주제들이 애당초 다를 경우도 많습니다. 따라서 그 각각의 철학들은 자신의 고유한 범

중세로 부치는 철학편지

위 내지 체계 속에서 일종의 '개별적 완결성'을 지니는 것입니다. 그 점을 고려하여 조금만 넓은 마음으로 들여다보면 각각 나름대로의 의미가 있는 것들인데, 왜늘 그렇게 저만 옳다고 생각하는 것인지 원 참….

그러나 당신을 긍정적으로 생각하게 된 이유는 그뿐이 아닙니다. 당신이 불과 42년의 짧은 생애를 살면서《자유토론 문제집*Quaestiones Quodlibetales*》《제1원리론*Tractatus de Primo Principio*》등 수많은 저서들을 남겼고, 일찍부터 '정묘한 박사 doctor subtilis'라고 불리며 천재성을 인정받았던 것이 결코 우연이 아님을, 당신의 사상내용을 접하면서 나는 확인하였습니다. 그에 앞서 결정적인 계기를 제공한 것은 하이데거였습니다. 하이데거를 공부하는 과정에서 나는 그의 교수자격논문이《둔스 스코투스의 의미론과 범주론*Die Kategorien- und Bedeutungslehre des Duns Scotus*》이라는 것을 알게 되었습니다. 나는 그를 상당히 존경하고 있었던 만큼, 그가 당신을 교수자격논문의 주제로 다루었다는 것은 당신을 다시 보게 만들었죠. 물론 하이데거는 자기 자신의 고유한 존재론적 관심에서, 당신이 제시한 '사변적 문법학'을 '의미론으로서 해석, 서술'하고자 했고, 그것을 위해 '의미론 일반의 이해를 가능케 하는 요소들, 조건들에 관한 예비적 연구'로서 '범주론'을 전개하려 한 것이지만, 그것은 이미 당신 자신의 철학에 그러한 존재론적 문제들이 내포되어 있다는 것을 방증하는 것이었습니다. 아닌 게 아니라 당신은, 지성의 우선적 대상이며 의당한 대상은 '존재로서의 존재ens ut ens'라고 봄으로써 아리스토텔레스의 형이상학과 하이데거의 존재론을 연결시켜주고 있습니다.

그러나 그 후 하이데거와 무관하게 당신을 읽으면서 당신의 그 광범위한 논의들 중 (즉 신의 존재, 보편, 구분, 개별화 … 등등의 주제들 중) 내가 특별히 주목한 부분은 '의지voluntas/will의 우위'라는 것이었습니다. "의지는 지성보다 월등하다voluntas est superior intellectu"는 것이 당신의 근본사상이었습니다. 이것은 말하자면 지성과 의지 중 어느 쪽이 우위를 차지하는가 하는 철학적 문제에 대한 당신의 대답인 셈입니다. 아마도 대학원 시절이었던 것 같은데, 나는 이 문제를 아주 단순화시켜 생각해보았습니다. 왜냐하면, 이미 그 무렵부터 나는 '어렵기만 한 철학은 의미가 없다'고 생각하고, '나에게 이해된 철학'이 아니라면 '아무래도 좋은 것'으로 여기기로 작정했기 때문입니다. 그래서 나는 초등학교 시절부터 익숙하게 들어왔던 '지정의知情意'라는 것, 그 인간정신의 3대 요소를 되새겨보았습니다. 이 세 가지는 우리의 내면에서 분

중세로 부치는 철학편지

명히 발견되는 것이고 또 그것들은 각각 '다른' 것으로 보입니다. 우리에게는 분명히 이성적으로 사고하는 '지성'이 있고, 희로애락 등을 느끼는 '감정'이 있고, 또 무언가를 갖고자/되고자/하고자 바라는 욕구 내지 행하려는 '의지'가 있습니다. 그것들은 각각 학문과 문화예술과 삶의 현실을 생성시키는 동력이 되기도 합니다. 물론 이 세 가지가 인간정신의 전부인 것도 아니고 세 가지가 각각 독립적으로 따로 노는 것도 아닙니다. 하지만 이 중 어떤 것이 보다 강력한가를 물어보는 것은 … 글쎄요, 나름대로 재미있는 주제일 수도 있겠다 하는 생각은 들었습니다.

당신은 '인간의 자유의지human free will'를 기본적 가치로 인정합니다. 그 자유는 의지의 고유성입니다. 의지의 본질적 속성이라고 해도 좋습니다. 의지는 그것 자체 이외의 다른 어떠한 원인에 의해서도 결정되지 않습니다. 그것은 그것 자체에 의해서만 결정됩니다. 그래서 의지는 인간본질의 최고완전입니다. 그렇게 당신은 생각합니다. 그리고 당신은 바로 이 의지가 지성보다 우위에 있다고 생각합니다. 이러한 우위는 '의지가 지성에게 명령할 수 있다'는 데서 잘 나타난다고 당신은 봅니다. '의지는 지성에게 이런저런 것을 사고하도록 명령할 수 있고, 지성은 의지에 봉사합니다. 바로 이런 우위 때문에, 당신은, 의지의 타락이 지성의 잘못보다 더 나쁘다'고 생각합니다. 예컨대 의지는 신을 관조함에 있어서 신을 향유하는 중요한 위치에 있는데, 때로 신을 증오하기도 합니다. 신에 대한 이러한 증오는 신에 대한 무지나 무관심보다 더 나쁘다고 당신은 말하는 것입니다. 악에 대해서도 그렇습니다. 악을 지성적으로 사고하는 것은 죄가 아니지만, 악을 행하고자 하는 의지는 죄가 됩니다. 마찬가지로, 의지의 행위인 사랑은 사랑에 대한 지성적 사고보다 더 좋은 선이 됩니다. 당신의 이런 생각들은 나에게 '참신한 사상'으로 다가왔습니다.

그런데 이러한 의지론을 당신은 인간 이전에 이미 신에 대해서도 준용합니다. 인간들의 자유의지에 의해 새로운 사실이 생겨나는 것처럼, 절대적 자유인 '신의 의지divine will'도 근원적인 사실입니다. 의지가 신의 본질이 아니라면, 신의 전능함은 실제로 그렇듯이 무제한적인 것일 수가 없을 것입니다. 그러므로 세계가 신의 무근거적 자유의지에 의해 창조되었다는 것이 강조됩니다. '빛이 있으라!'에서부터 '안식'에 이르는 창세기의 저 모든 과정이 바로 신의 의지의 결과인 것입니다. 그래서 당신은 단순한 개념으로부터 신의 존재를 증명하기보다 신의 과업으로부터 신의 존재가 증명될 수 있다고 보았던 것입니다. 이런 생각은 적어도 나에게는 큰 설득력이 있습니다. 참으로 흥미롭습니다.

잘 생각해보면 지성에 대한 의지의 우위는 우리들의 삶의 세계 어디에서나 어렵지 않게 확인됩니다. 실제로 의지가 삶과 세계를 움직입니다. 의지는 그 동력입니다. 그런 의지의 우위는 어떤 점에서 당신의 후예라고도 볼 수 있는 쇼펜하우어와 니체도 그들 특유의 방식으로 예컨대 '의지로서의 세계' '힘에의 의지'라는 표현들을 통해 알려주고 있습니다.

하지만 둔스 스코투스, 나는 당신이 지성을 폄하한 것이 아님을 잘 알고 있습니다. 그것은 무엇보다도 '신은 이성적이다'라는 당신의 말에서 알 수 있습니다. 지성은 의지를 통제할 수 있는 원리로 작용할 수도 있는 것입니다. 그래서 우리들의 이 세상은 그나마 이렇게라도 질서를 유지하고 있는 것은 아닐는지…. 지성의 통제 없이 의지가 무제한적인 자유를 행사한다면 이 세상은 금방 거덜나고 말 것이 분명합니다. 나는 이렇게 '지성과 의지의 조화'를 생각해봅니다. 지성도 의지도 모두 다 우리의 일부이거늘 굳이 우열을 가려 한쪽을 서운하게 만들 필요가 뭐가 있겠습니까. 그렇지 않은가요? 친애하는 둔스 스코투스, 나는 지금 당신에게 보내는 나 자신의 이 글쓰기에서도 지성과 의지를 동시에 확인하고 있습니다. 알고자 하는 지성과 알리고자 하는 의지를 말입니다!

William Ockham 1285경-1347/9

"당신은 칼로써 나를 지켜주십시오.
나는 펜으로 당신을 지켜드리겠습니다."

"더 적은 것으로 될 수 있는 것을 더 많은 것으로 하는 것은 낭비다."

"자명하거나 경험에 의해 알려지거나 권위나 성전에 의해
증명되거나 하지 않는 한, 이유 없이 아무것도 가정되어서는 안 된다."

"보편자는 오직 영혼 안에만 있고, 따라서 사물 안에는 없다."

1285년 영국 남부 서리Surrey 주 옥캄Ockham 마을에서 태어남.

1309년 옥스퍼드대학 신학과에서 수학(-1320년).

1318년 옥스퍼드 대학에서 롬바르두스 명제집에 관한 강의를 함(-1320년).

1320년 옥스퍼드 대학에서 3등급 학사학위를 받음.

1323년 이단의 혐의로 교황청의 고소를 당함.

1324년 아비뇽으로 소환되어 구금. 같은 혐의로 조사받던 에크하르트와도 만남.

1326년 이단 선고. 파문.

1328년 동료들과 함께 피사에 있던 바이에른 공 루트비히 4세Ludwig IV에게 도피.

1330년 루트비히에게 보호를 요청. 그와 함께 뮌헨에 피신. 정치론 등 집필. 공의 정책 보좌.

1347/1349년 뮌헨에서 죽음.

옥캄에게
개체의 우위를 묻는다

철학의 역사를 공부하다 보면 기나긴 중세철학(2세기-14세기)의 거의 마지막 부분에서 사람들은 당신의 이름을 만나게 됩니다. 교과서들의 목차를 보더라도 당신은 '후기 스콜라철학'의 마지막 부분에 배치되어 있습니다. 집필자의 관점에 따라 당신 뒤에 니콜라우스 쿠자누스가 있는 경우도 있고 없는 경우도 있는데, 1285년생인 당신보다 약 100여 년 후에 태어난 그를 만약 중세와 근세의 과도기에 위치시킨다면, 당신은 사실상 중세철학의 마지막 거물이 되는 셈입니다. 그런데 당신에게는 묘하게도 '경애할 개시자inceptor venerabilis'라는 별칭이 붙어 있습니다. '마지막'과 '시작', 서로 반대되는 이 두 가지가 당신에게는 묘하게도 겹쳐 있는 것입니다. 물론, 개시자라는 호칭은 당신이 수사magister나 박사doctor의 과정을 다 이수했음에도 불구하고 정식으로 그 학위를 받지는 못하였기에 대신으로 붙여진 것이라지만, 이 호칭에는 묘한 역사적 울림이 있음을 느낄 수가 있습니다. 그것은 당신이, 기울어가는 중세철학(특히 실재론적인 정통 스콜라철학)에 일격을 가하고, 다가올 근세철학(특히 영국의 경험주의철학)에 새길을 준비해준 인물로 보이는 면이 없지 않기 때문입니다. 또 당신은 영국 출신의 유명인인 만큼, 어떤 점에서는 당신에게 '영국철학'의 선구자라는 의미가 주어질 수 있을지도 모르겠군요. 그런 점에서도 당신은 '개시자'일 수 있습니다(로저 베이컨도 있습니다만 지명도에서 당신이 앞서는 것은 사실입니다).

나에게 비친 당신의 모습은 상당히 인상적입니다. 당신은 런던 남쪽의 옥캄에서 태어나 프란체스코 수도회의 수사가 되었고, 옥스퍼드에서 배우고 가르쳤으며, 독특한 견해가 이단시되어 아비뇽의 교황청에 소환되었다가 탈출하여 바바리아(현 독일 바이에른)의 루트비히 왕에게로 피신하였습니다. 그때 당신이 왕에게 한 말, "당신은 칼로써 나를 지켜주십시오. 나는 펜으로 당신을 지켜드리겠습니다Defend me with the sword and I will defend you with the pen[me defendas gladio; ego te defendam calamo"는 유명합니다. 그 후 당신은 20년간 뮌헨에서 왕의 보호를 받으며 지냈고 실제로 왕의 이익을 대변했습니다. 그런데 왕이 죽은 후에는 교황과 화해하려고 애썼고 자신의 견해를 철회하기도 했습니다. 마지막에 흑사병으로 세상을 떠나게 된 것은 유감입니다. 비록 단편적이기는 하지만, 이러한 삶의 편력에서 느껴지는 당신의 모습은 상당히 현실적이고 구체적이고 실질적인 것 같습니다. 이런 것을 '영국직'이라고 한나면 영국에 대한 실례가 될까요? 아무튼 이와는 별도로, 당신의 사상에서 느껴지는 특징들이 영국적이라고 하는 것은 비단 나만의 생각은 아닐 거라고 봅니다.

당신의 사상내용을 잘 모르는 사람이라도, 철학을 조금쯤 접해본 사람이라면, '옥캄의 면도날occam's razor'이라는 말 정도는 대개 알고 있습니다. 나는 이 말을, '실재를 필요 이상으로 늘려서는 안 된다Entia non sunt multiplicanda sine necessitate' 혹은 '불필요하게 많은 원리를 내세워서는 안 된다'는 뜻으로 배웠습니다. 쓸데없는 것들을 잘라내 버리라는 점에서 면도날이라고 하는 것인데, 좀 살벌한 느낌이 없는 것은 아니지만, 취지를 명쾌하게 전달한다는 점에서는 분명히 효과적인 훌륭한 표현이라고 생각했습니다. 그런데 정작 당신 자신은 이를 좀 더 완곡하게 표현하여, "더 적은 것으로 될 수 있는 것을 더 많은 것으로 하는 것은 낭비다" "자명하거나 경험에 의해 알려지거나 권위나 성전에 의해 증명되거나 하지 않는 한, 이유 없이 아무것도 가정되어서는 안 된다"라고 말했습니다. 학자들은 이것을 '사유의 경제원리'라고도 부르고 있습니다. 참으로 멋진 말이라고 나는 박수를 칩니다. 이 원리는 오랫동안 나름대로 열심히 철학공부를 하면서 나 자신이 절실하게 그 필요성을 느낀 바이기도 합니다.

농반진반인 말씀이기는 합니다만, 우리 위대하신 철학자님들은 머리가 너무 좋은 통에 생각과 말씀들이 너무 많은 것이 사실입니다. 그래서 웬만한 사람들은 지레 겁을 먹고 철학을 멀리하기도 합니다. 철학도들의 두뇌가 고생하는 것은 말할 필요도 없지요. 나는 좀 극단적으로 철학자들의 저작이 절반쯤 불타 없어져도 철학에는 별 지장이 없다고 곧잘 목소리를 높이고는 합니다. 단편으로만 전해지는 고대철학이 엄청난 전집으로 전해지는 현대철학보다 결코 덜 위대하지 않다고도 강조합니다. 적어도 철학에서는 양과 질이 비례적 함수관계를 이루지 않습니다. 그래서 나도 즐겨 당신의 그 면도날을 애용합니다. … 각설하고, 나는 당신의 이런 명쾌한 입장을 높이 평가하기는 합니다만, 정작 그 구체적인 사상내용에 대해서는, 액면 그대로 모든 것을 인정하고 박수만 치기가 곤란합니다. 왜냐하면 당신의 그 '면도날'은 사실상 '보편universals과 실재reality'를 잘라내고 '개체individuals와 경험experience'을 옹호하는 것이기 때문입니다(또한편 당신은 그것을 직관적 인식notitia intuitiva과 추상적 인식notitia

중세로 부치는 철학편지

abstractiva의 분리에도 사용하셨고, 이성reason과 신앙belief의 분리에도 사용하셨죠. "신앙에 의해서만 인간은 신학적 진리에 도달할 수 있다. 신의 길은 이성에게 열려 있지 않다. 왜냐하면 신은 그 무엇에도 속박되지 않고 세계를 창조할 것 선택했으며, 인간의 논리나 합리성이 사물로부터 가림을 걷어내는 데 필요한 그런 법칙에 의존하는 일 없이 그 세계에서의 구제방법을 내세우고 있기 때문이다"라고 말입니다).

당신은 보편자의 실재를 단호히 반대합니다. "보편자는 오직 영혼 안에만 있고, 따라서 사물 안에는 없다"는 말에서 그런 생각이 드러납니다. 당신은 보편자를, 우리들이 그것을 통해 어떤 것을 특징짓고 확정하는 기호요 의미내용이며, 어떤 편의적인 것이며, 추상작용을 통해 생겨나는 일종의 허구이며, 우리들이 지정된 것을 부르는 이름 이상의 것이 아니라고 생각했습니다. 나는 여기에서 조금 고개를 갸우뚱하게 됩니다. 과연 그럴까? 보편자란 그런 것일까? 당신의 단정은 너무 성급합니다.

물론 당신은 그런 보편자 대신 개별자(개체)를 옹호합니다. '개별자가 맨 먼저 알려지는 것이고 또 이것만이 진정으로 알려지는 것이다'라고 당신은 생각합니다. 당신의 이런 견해를 전혀 이해하지 못하는 것은 아닙니다. 특히 인식의 문제에 있어서는 당신의 생각대로 개체의 우위가 설득력을 가질 수도 있습니다. '지금 내가 먹고 있는 이 포도는 조금 시다'라는 것과 '무릇 포도는 건강에 이롭다'는 두 인식을 비교할 때, 개별적인 '이 포도'에 대한 인식이 보편적인 '포도 일반'에 대한 인식보다 더 직접적이고 확실한 것은 분명합니다. 당신의 표현을 빌리자면, 전자는 '감각적 직관'에 의한 것이고, 후자는 '지적 추상'에 의한 것입니다. 직관은 그 능력으로 사물이 그런지 아닌지를 아는 지식이고, 추상은 그 능력으로 우유偶有에 대해 그런지 아닌지를 명백히 알 수 없는 지식이라고 당신은 생각합니다.

그러나 옥캄, 당신이 다루고 있는 이 보편과 개체의 문제에는 실은 승부를 가리기 힘든 저 플라톤과 아리스토텔레스의 대결이 고스란히 내재하고 있다고 나는 봅니다. 보편은 사실상 플라톤의 '이데아idea'이며, 개체는 사실상 아리스토텔레스의 '제1실체prote ousia' 내지 '이 어떤 것tode ti입니다. 이 양자는 모두 다 인정되어야 하고 또 인정될 수 있습니다. 다만 어느 쪽에서 이 문제를 바라보느냐 하는 시선의 방향이 다를 뿐입니다. 전자 쪽에서 후자를 바라보면 플라톤주의자인 것이고 후자 쪽에서 전자를 바라보면 아리스토텔레스주의자인 셈입니다. 보편을 인정한다고 해서 개체가 없어지는 것도 아니고 개체를 인정한다고 해서 보편이 없어지는 것도 아닙니다. '보편 없는 개체 없고 개체 없는 보편 없다'고 나

중세로 부치는 철학편지

는 말하고 싶습니다. 양자는 근본적으로 연관되어 있습니다. 그것을 굳이 외면하면서 보편을 한갓된 명사 내지 기호로 폄하한다면, 우리는 진리의 일부만을 바라보는 한계에 봉착하기 십상입니다. 그런 사람들을 나는 '고집스런 철학적 애꾸눈'이라고 부릅니다.

친애하는 옥캄, 인간적 인식에 있어서야 '구체적인 이 포도'를 통해 '포도일반'을 알게 되지만, 무릇 '포도'라고 하는 보편자가 이미 존재하지 않는다면, 우리가 어찌 '구체적인 이 포도'를 만날 수 있겠습니까. 무릇 철학적인 발언이나 주장을 할 때는 자신의 입장 내지 견지를 분명히 밝혀야만 불필요한 오해와 혼란을 피할 수 있습니다. 당신의 그 날카로운 면도날도 그것만은 잘라내지 말아야 합니다.

보편과 개체의 문제를 다룰 때에는 인식론이냐 존재론이냐 하는 자신의 입장표명이 명백하게 선행되어야 합니다. 그러면 양자가 얼마든지 조화롭게 양립할 수도 있습니다. 인식론과 존재론의 이러한 조화를 나는 당신과 당신의 후예인 영국 경험주의자뿐만 아니라, 무릇 철학적 사고에 관심을 가진 모든 지성인들에게 호소해 마지않는 바입니다.

옥캄, 이제 당신의 이름 뒤로 중세의 해가 저물어가는군요. 기나긴 저 천 년의 해가.

르네상스시대로 부치는 철학편지

Nicolaus Cusanus 1401-1464

"우리가 절대의 진리에 도달하는 것은
다만 갑자기 찾아오는 돌발에 있어서이다."

"유식한 무지는 내 이성이 열렬히 추구하는 양식이다.
무엇보다도 나는 유식한 무지를 나의 경작지 가운데서
내 자신의 것으로 생각하기 때문이다."

"…이 깊은 심연에서 우리 인간의 정신적 노력은
모든 대립자들이 종합되는 통일성으로 상승하도록
나아가지 않으면 안 된다."

1401년 독일 모젤Mosel 강변의 쿠에스Kues에서 유복한 선주 요한 크레브스Johann Krebs(혹은 Cryfftz)와 카테리나 뢰머Katherina Römer의 아들로 태어남. 영주의 원조로 네덜란드에서 공부.

1416년 하이델베르크Heidelberg대학에서 교양학을 배움.

1423년 파도바Padova대학에서 교회법 박사학위 취득.

1425년 쾰른Köln대학에서 교회법 강의와 실습을 함.

1430년 사제가 됨.

1431년 독일 서부 라인란트팔츠 주 코블렌츠Koblenz에 있는 성 플로린St. Florin 성당의 수석사제가 됨.

1433년 바젤Basel 교회회의에 참가, 트리어Trier 대주교구의 소유권과 관계된 분쟁에서 대변인으로 활약함. 교회회의를 통해 칼릭스파Calixtines가 인정되도록 주도함. 교회와 제국의 개혁을 위한 포괄적인 계획을 개설.

1437년 교황 유게니우스 4세Eugenius IV의 동서양 교회 연합운동에 전념. 콘스탄티노폴리스Constantinopolis로 파견.

1440년 《유식한 무지》를 출간.

1441년 독일 라인란트팔츠 지방 마인츠Mainz로 파견됨.

1442년 프랑크푸르트Frankfurt a.M.로 파견됨.

1444년 독일 바이에른 주 뉘른베르크Nürnberg로 파견됨.

1448년 비엔나 종교 협약에서 교황과 제국 간의 화해가 성립되자 그 보답으로 니콜라우스 5세Nicolaus V에 의해 추기경으로 임명됨.

1450년 유럽 중앙의 알프스 산맥 산간지역에 걸친 티롤Tirol 지방 브릭센Brixen의 주교가 됨. 독일어를 사용하는 지역에 교황 특사로 임명됨. 지방 교회 회의를 관장하고 수도원을 방문하여 악습을 폐지할 수 있는 권한을 부여받음.

1452년 자기 교구를 얻어 정열적으로 성직자와 교구민들의 도덕생활을 개혁함. 지기스문트Sigismund 공작과의 불화로 로마에 감. 피우스 2세Pius II는 자신의 총대리로 임명함.

1464년 이탈리아 움브리아Umbria 주 토디Todi에서 죽음.

쿠자누스에게

대립의 합치를 묻는다

철학을 공부하는 사람들은 당신을 중세의 마지막에서 만나기도 하고, 르네상스 시대의 첫머리에서 만나기도 합니다. 그것은 아마도 당신에게 중세적인 요소와 근세적인 요소가 동시에 발견되기 때문일 텐데, 그 어느 쪽을 택하느냐하는 것은 책을 쓴 사람의 시각에 따른 것이겠지요. 한 가지분명한 것은, 중세 말이든 르네상스기 초든 간에 그 과도적인 시대에 특별한 관심을 지닌 사람이 아니라면, 당신에 대해 잘 알고 있는 경우가 그다지 많지는 않다는 것입니다. 그런 점을 생각하면, 내가 당신에 대해 느끼고 있는 이 친밀감은 어쩌면 좀 예외적인 것인지도 모르겠습니다. 나는 예전에 하이델베르크에 한동안 머문 적이 있었는데, 그때 한 독일 친구와 넥카 강 건너 '철학자의 길'을 산보하면서 이런저런 이야기를 나누다가, 그곳 하이델베르크를 거쳐 간 철학자가 참으로 많다는 것과 당신도 그 중의 한 명이라는 것을 듣게 되었습니다. 아름다운 하이델베르크의 인상이 워낙 강했던 때라, 그곳에서 공부하던 10대 중후반(1416년부터였던가요?)의 당신 모습 또한 강하게 나의 뇌리에 새겨지게 되었습니다. 그 후 모젤 강변을 여행하면서 그 근처 어딘가에 있을 당신의 고향 쿠에스를 떠올리기도 했고, 또, 이탈리아의 파도바와 스위스의 바젤, 그리고 한때 콘스탄티노플로 불렸던 이스탄불과 당신이 주교를 지낸 브릭센, 그리고 당신이 임종을 맞이한 이탈리아 움브리아의 토디 같은 지명을 들을 때도 그것은 자연스럽게 당신의 이름과 연결되고는 했습니다. 또 한편 생각해보면, 이런 친밀감은 호프만이 당신의 저서 《유식한 무지》를 일컬어 "독일인이 쓴 최초의 철학서이며 사실상 전 근세철학에 기초를 부여한 저서"라고 평가함으로써 독일철학에 호의적이었던 젊은 나에게 은연중에 심어준 것이었는지도 모르겠습니다.

물론 내가 당신에 대해 알고 있는 것들도 아마 단편적인 것에 불과하겠지만, 적어도 '쿠자누스철학의 핵심'이라고도 할 수 있는 '유식한 무지docta ignorantia'와 '대립의 합치 coincidentia oppositorum(반대의 일치)'는 내 철학적 사고의 비교적 깊숙한 곳까지 들어와 있다고 말할 수 있습니다.

이 두 가지는 서로 연결되어 있습니다. 그것은 '과정과 결과'라고 해도 좋고, '방법과 내용'이라고 해도 좋습니다. 즉 당신은 '유식한 무지' 속에서 '대립의 합치'라는 것을 파악했다는 것입니다. '유식한 무지docta ignorantia'란 내가 알기로, 소크라테스의 이른바 '무지의 지'와 스콜라철학에 대비되는 이른바 '신비 신학'의 입장이 결합된 것입니다. 그것은 '감각'이나 '유한한 이성'에 의한 인식과 구별됩니다. 그것은 말하자면 '직관적 지성'에 의한 '이해 없는 직시' 같은 것입니다. 요컨대 개념적인 인식은 피상적이며 따라서 궁극적인 진리는 자신의 무능을 자각함으로써 비로소 접근 가능해진다는 것입니다. 어쩌면 당신은 중세철학 최대의 주제 중 하나인 저 신의 존재증명, 예컨대 안셀무스나 토마스 아퀴나스 등의 지적 노력이 적어도 신의 인식이라는 주제에 대해서는 적절한 접근법이 아니라는 생각이었겠지요. 그래서 당신은 "우리가 절대의 진리에 도달하는 것은 다만 갑자기 찾아오는 돌발raptus에 있어서이다"라고 말했던 것입니다. 이는 불교의 이른바 돈오頓悟를 연상케 합니다. 그 핵심은 무지의 자각입니다. "우리가 이러한 상태(즉 무지함을 아는 상태)에 충분히 도달할 수가 있다면 우리는 유식한 무지에 도달하게 될 것이다"라는 말도 그러한 무지의 자각이 지니는 의미를 알려주는 것입니다. 당신은 그러한 상태를 추구해 마지않았습니다. "유식한 무지는 내 이성이 열렬히 추구하는 양식이다. 무엇보다도 나는 유식한 무지를 나의 경작지 가운데서 내 자신의 것으로 생각하기 때문이다"라는 말에서 우리는 그러한 점을 확인하고 있습니다. 이 사상에 대한 당신의 자부심 같은 것도 느껴지는군요.

아닌 게 아니라 당신의 이러한 생각에는 일리가 있습니다. 어떠한 능력과 노력에 의해서도 우리가 도저히 알 수 없는 것들은 분명히 있습니다. 특히 우리 인간이 자랑하는 지성intellectus과 박식scientia을 총동원하더라도 말이죠. 당신이 주제로 삼았던 '신'의 실상도 '세계'의 실상도 '그리스도'의 실상도(당신의 표현으로는 '절대적 최대maximum absolutum' '축소된 최대maximum contractum' '축소된 부분이자 절대적인 최대maximum contractum pariter et absolutum'도), 다 그런 겁니다. 그런 것들에 대한 앎은 우리가 그것에 대한 무지ignorantia를 확고히 깨달았을 때 비로소 어떤 특별한 형태로 성큼 다가오게 되는 것입니다. 나는 이것을 '인식의 역설'이라고 부릅니다. '무지를 깨달아야 비로소 알려진다.' 모른다는 것을 알아야만 비로소 그 무엇이 알려질 수 있다는 말입니다.

바로 그러한 특별한 상태로서의 '유식한 무지'를 통해 당신은 '대립의 합치'를 파악했던 것입니다. '대립의 합치 coincidentia oppositorum'란 참으로 인상적이고도 의미심장한 사상입니다. '유한자에게 있어서는 갖가지 구별과 대립이 존재하지만, 무한자인 신에게 있어서는 그 모든 것이 합치된다'는 것이 그 취지라고 나는 파악합니다. 당신은 신 자신을 그러한 대립자의 합치로서 파악합니다. 신은 '극대인 동시에 극소'이며, '사물의 집약인 동시에 전개'인 무한의 일자입니다. 또한 당신은 세계 내지 우주를 '신의 전개explicatio dei'로 보고, 개개의 사물도 '유한한 무한 혹은 창조된 신quasi infinitas finita aut deus creatus'으로 설명합니다. 그래서 세계는 최선의 것입니다. 이런 생각이 아마 훗날 저 스피노자와 라이프니츠에게도 영향을 주었겠지요.

상당히 '독일적'인 느낌을 주는 이러한 사상은 언뜻 보기에 관념의 유희처럼 보일지도 모르지만, 당신은 이것을 아주 구체적인 체험 속에서 깨달았다고 나는 들었습니다. 당신이 교황청의 사자로서, 이른바 서방교회와 동방교회의 대립을 조정하기 위해 비잔티움에 파견되었다가 이탈리아로 돌아오는 뱃길에서 이것을 하나의 계시처럼 경험했다는 것이었지요. 당신은 그것을 이렇게 진술하고 있습니다. "내가 그리스로부터 돌아오고 있었을 때, 나는 먼 바다에서 이런 계시를 경험했다―저 위로부터, 빛의 아버지로부터, 모든 은사를 주시는 분으로부터의 선물이라고 믿는다―즉 내가 파악할 수 없는 것을 파악할 수 없다는 방식으로 유식한 무지 속에서 파악했다는 계시를 경험했다. 이 깊은 심연에서 우리 인간의 정신적 노력은 모든 대립자들이 종합되는 통일성으로 상승하도록 나아가지 않으면 안 된다"라고. 그렇습니다. 바다에서는 특히 그런 것을 깨닫기가 좋을 것 같군요. 나도 360도 수평선만 보이는 바다 한복판에서 그 비슷한 것을 느낀 적이 있기에 조금은 알 듯합니다. 수평선은 사실상 원주의 일부이지만 그건 그 거대한 바다에서는 대립자인 직선과 합치해버리죠. 곡즉시직 직즉시곡 곡불이직 직불이곡. 그렇게 말입니다. 거대한 우주공간에서 본다면 이 지구의, 아니 저 태양의 크기와 작기도 일치해버리죠. 그러니 절대적 최대인 신에게 있어서는 모든 대립이 다 일치하는 것, 즉 '불이'가 아니겠습니까. 잘남과 못남도, 행운도 불운도, 성공도 실패도, 승리도 패배도, 공도 색도…("천지는 어질지 않다. 모든 것을 다 풀강아지처럼 여긴다天地不仁, 以萬物爲芻狗. 聖人不仁, 以百姓爲芻狗"는 저 노자의 말도 혹시 그런 취지일까요?).

　아무튼 그렇게 당신은 대립자의 종합을 지향하고 있습니다. 그 배경에는 아마도 분열되고 대립하는 저 동서 교회들의 《보편적 화합에 대하여De concordantia catholica》라는 게 있었겠지요. 나는 마치 《십문화쟁론十門和諍論》을 쓴 원효처럼, 이러한 방향설정이 참으로 옳다고 생각하며 강력한 지지를 보냅니다. 어디 교회나 종파뿐이겠습니까. 우리들의 삶의 세계는 크고 작은 대립들로 가득 차 있습니다. 국가 간의 대립은 말할 것도 없고, 내가 사는 이 한국은 특히 그렇습니다(동서, 남북, 상하, 좌우대립에 이젠 전후[세대], 원근[경향]대립까지 있습니다). 그러한 대립들은 작게는 사람들의 마음을 불편하게 할 뿐만 아니라 크게는 반복을 넘어 선생을 일으키고 세계를 파멸로 이끌기도 합니다. 그러한 문제들은 너무나도 많을뿐더러 너무나도 심각합니다. 그러나 아무리 심각한 대립이라도 우리가 조금만 눈을 크게 뜨고 바라보면 결국은 별것 아닌 경우가 대부분입니다. 대립은 결국 유한한 인간들의 좁은 시야에서 생겨나는 것들입니다. 무한한 신의 넓은 시야에서 보면 그러한 대립들은 다 '그게 그거'일 수 있는 것들입니다. 거기에서는 모든 대립이 해소됩니다. 당신은 바로 그것을 희구하고 있다고, 그렇게 나는 당신을 읽었습니다.

친애하는 니콜라우스 쿠자누스, 당신이 말한 그 '대립의 합치'가 한갓된 철학적 개념으로 그치지 않고, 지극히 구체적이고 현실적인 삶의 지혜로서 많은 사람들에게 받아들여지기를, 그렇게 해서 이 지상의 쓰잘 데 없는 대립들을 해소하는 데 기여할 수 있게 되기를, 나는 진지하게 기대해봅니다. 지금도 여전히 사람을 불편하게 만드는 그 대립의 한복판에서 괴로워하면서….

Giovanni Pico della Mirandola 1463-1494

"세상의 장관 중에서도 가장 경탄할 만한 것이 무엇이냐
[…] 그 무엇도 인간보다 더 경탄할 만한 것은 없다."

"인간이란 참으로 위대한 기적이다!"

"[…] 인간은 태어날 때 [하느님] 아버지께서 온갖 모양의 씨앗과
온갖 종류의 종자를 넣어주셨습니다.
각자가 심은 바가 자라날 것이고 나름대로 그 열매를 맺어줄 것입니다."

1463년 이탈리아 북부 모데나Modena의 미란돌라Mirandola에서 잔프란체스코Gianfrancesco Pico della Mirandola 백작의 아들로 태어남.

1477년 10살의 나이로 볼로냐Bologna에서 교회법을 배움.

1480년 어머니를 여읨. 페라라Ferrara대학으로 전학하여 철학을 공부.

1480~1482년 파도바Padova대학에서 히브리어와 아랍어 전공.

1484년 피렌체Firenze(플로렌스)에서 로렌쪼 디 메디치Lorenzo de' Medici와 철학자 피치노Ficino를 만남.

1485년 스콜라 철학과 기독교 신학으로 유명했던 파리대학으로 여행을 감.

1486년 《명제집》《인간의 존엄에 대하여》 출간. 로마에서 철학-신학 토론회 기획.

1487년 《명제집》의 내용으로 인해 교황 인노첸트 8세Innocentius VIII가 토론회를 중단시킴.

1488년 교황 사절단의 요구 하에 프랑스에서 사보이Savoy 공 필립Philip II에게 체포되어, 뱅센Vincennes에 투옥됨. 로렌쪼 디 메디치의 노력으로 석방되어 피렌체로 감. 1493년 알렉산드로 6세 교황Alexander VI이 취임할 때까지 감시를 받음.

1494년 친구 폴리치아노Angelo Poliziano와 함께 원인 모를 독약에 중독되어 죽음.

피코 델라 미란돌라에게
인간의 존엄을 묻는다

　철학의 역사에서 당신의 이름을 만나는 것은 누구에게나 흔한 일은 아닌 것 같습니다. 내가 학창 시절에 공부했던 러셀의 《서양철학사 *A History of Western Philosophy*》나 렘프레히트 Sterling Power Lamprecht의 《서양철학사 *Our Philosophical Traditions*》같은 비교적 유명한 책들조차도 당신을 거의 다루지 않고 있었기 때문에 나를 비롯한 대부분의 학생들은 당신의 이름조차 제대로 알지 못한 채 철학과를 졸업하는 것이 보통이었습니다. 그런 사정은 당신이 속해 있다고 분류되는 15, 16세기 이른바 르네상스시대의 철학 전반에 해당하는 것이 아닐까 싶기도 합니다. 소홀히 취급하기에는 너무나 중요한 시대인데도 말입니다. 이 2백 년간 당신을 포함해 참으로 대단한 철학자들이 집중적으로 출현해 참신하고도 의미 있는 철학들을 제시했으니까요.

그런데 어찌된 인연인지 내 머리 한쪽 구석에는 아주 오랫동안, 비록 조그만 부분이기는 하지만, 당신의 존재가 항상 자리하고 있었습니다. 그것은 아마도 내가 집중적으로 철학을 공부했던 대학원 시절, 몇몇 안내서들을 통해 접하게 된 당신의 모습이 그만큼 인상적이었기 때문인 것 같습니다. 예컨대 당신은 불과 31년 남짓의 짧은 인생을 살았음에도 불구하고 적지 않은 저술을 통해 '르네상스시대의 천재'라 일컬어지며 높은 평가를 받았습니다. 무엇보다도 당신은 왕성한 열정으로 폭넓은 지식들을 흡수했고, 그것을 900개의 테제로 정리한《명제집Conclusiones》을 만들어냈으며, 그것을 발표하기 위해 로마에서 일종의 국제 철학자대회를 기획하기도 했었습니다. 그것을 통해 당신은 온갖 종교와 학문과 입장들의 편견 내지 대립을 넘어선 일종의 '팍스 필로소피카pax philosophica(철학적 평화)'를 꿈꿨던 것입니다. (당신은 고대와 중세의 철학 전반에 정통해 있었을 뿐만 아니라, 그리스의 신화와 오르페우스-퓌타고라스의 종교, 페르시아의 조로아스터교, 이슬람교, 히브리의 카발라 전승 등에도 조예가 깊었고, 그것들을 편견 없이 수용하려는 자세를 보여주었습니다. 비록 그것 때문에 많은 비난을 받았고,《변명서Apologia》를 썼음에도 불구하고 이단으로 몰리는 등 위험에 처하기도 했지만 당신은 끝내 그 자세를 포기하지 않았습니다.) 바로 그 대회의 개막연설로 당신은 그 유명한《인간의 존엄에 대하여*De hominis dignitate*》를 썼고, 그것이 불과 24세의 나이였으니, '참 대단한 친구다'라고 인정하지 않을 수 없었던 것 같습니다. 당신이 미란돌라 공국 백작의 아들이라는 귀족신분이라든지 로렌쪼 디 메디치 사촌의 아내와 목숨을 건 애정행각을 벌였다든시 볼로냐-페라라-파도바-피렌체-파리-페루지아-프라타-로마 등을 거치며 실로 다양한 학문적 편력을 쌓았다든지 하는 인간적 매력들은 어쩌면 부차적인 것인지도 모르겠습니다.

그 무엇보다 앞서 내가 당신을 주목하는 것은 당신이 쓴 그 연설문*oratio*《인간의 존엄에 대하여》때문일 것입니다. (성염 교수님의 훌륭한 번역 덕택으로 이제 우리는 그 전모를 손쉽게 접할 수 있게 되었습니다.) 비록 훗날에 붙여진 것이기는 하지만, 그 연설문의 제목에 나타난 '인간의 존엄'이라는 말은 그 글이 갖는 시대적 상징성을 표현하고 있습니다. 일반적으로 우리는 '르네상스'라는 것을, 중세를 거치며 왜곡 또는 상실되었던 '인간'과 '그리스'와 '신앙'의 재생re+naissance, 즉 회복이라고 이해하고 있습니다. 그런 점에서 당신의 연설문은 전형적인 르네상스의 시대정신을 대변하는 것으로 평가될 수 있습니다. 르네상스 전문가들이 당신을 피치노와 더불어 '플라톤주의자'의 한 사람으로 분류하는 것도 그와 무관하지는 않을 것입니다.

내가 이해하기로 당신의 연설문에서는 '인간의 존엄성'과 '진리의 보편성'이라는 두 가지의 주장이 빛을 발하고 있는 것 같습니다. 영역을 초월하는 진리의 보편성은 '철학적 평화'의 이념에서 이미 드러나 있습니다. 그리고 '인간의 존엄성dignitas', 이것은 곧 피코철학의 얼굴입니다. 당신은 그것을 이렇게 표현하고 있습니다. "세상의 장관 중에서도 가장 경탄할 만한 것이 무엇이냐 […] 그 무엇도 인간보다 더 경탄할 만한 것은 없다" "인간이란 참으로 위대한 기적이다!" "인간은 온갖 경탄을 받기에 합당한 가장 행복한 생물" "인간은 위대한 기적이요 정말 당당하게 경탄을 받을 만한 동물"이라고 말이지요. 이만하면 새로운 시대, 새로운 철학의 선언이라고 하기에 전혀 손색이 없을 것입니다. 그렇다면 이토록 거창하게 선언된 그 기적과 경탄의 내용은 무엇일까… 우리는 궁금해집니다.

친애하는 피코, 당신은 그것을 우리 인간이 '미완의' '중간자'이며, 신에게서 부여받은 '자유의지voluntas'에 따라 하위의 존재로도 상위의 존재로도 될 수 있다는 가능성 내지 가소성에서 찾고 있는 듯합니다. "인간은 피조물들의 중간자여서 상위존재들과 친숙하고 하위존재들의 군왕입니다"라는 말에서 그것을 느낍니다. 인간의 이런 특별한 지위에 대

　　　　　르네상스시대로 부치는 철학편지

해 나도 특별한 이의 없이 동의합니다. 그리고 특히 그 자유 의지에 따른 자기결정성을 주목합니다. "오, 아버지 하느님의 지존하신 도량이여! 인간의 지고하고 놀라운 행운이여! 그에게는 그가 원하는 바를 갖도록 하셨고 그가 되고 싶은 존재가 되도록 허락하셨습니다. [⋯] 인간은 태어날 때 [하느님] 아버지께서 온갖 모양의 씨앗과 온갖 종류의 종자를 넣어주셨습니다. 각자가 심은 바가 자라날 것이고 나름대로 그 열매를 맺어줄 것입니다"라는 말에서 우리는 그것을 분명히 파악할 수 있습니다. 그리고 우리는 가장 널리 알려진 당신의 다음 말에서 그것을 확인하게 됩니다. "[하느님은] 인간을 미완된 모상의 작품으로 받아들이셨고, 세상 한가운데에 그를 자리잡게 하고서 이렇게 말씀하셨던 것입니다. '오, 아담이여, 나는 너에게 일정한 자리도, 고유한 면모도, 특정한 임무도 부여하지 않았노라! 어느 자리를 차지하고 어느 면모를 취하고 어느 임무를 맡을지는 너의 희망대로, 너의 의사대로 취하고 소유하라! 여타의 조물들에게 있는 본성은 우리가 설정한 법칙의 테두리 안에 규제되어 있다. 너는 그 어느 장벽으로도 규제받지 않고 있는 만큼 너의 자유 의지에 따라서[네 자유 의지의 수중에 나는 너를 맡겼노라!], [네 본성을] 테두리짓도록 하여라. 나는 너를 세상 중간존재로 자리잡게 하여 세상에 있는 것들 가운데서 아무것이나 편한 대로 살펴보게 하였노라. 우리는 너를 천상존재로도 지상존재로도 만들지 않았고, 사멸할 자로도 불멸할 자로도 만들지 않았으니, 이는 자의적으로 또 명예롭게 네가 네 자신의 조형자요 조각가로서 네가 더 좋아하는 대로 형상을 빚어내게 하기 위함이다. 너는 [네 자신을] 짐승 같은 하위의 존재로 퇴화시킬 수도 있으리라. 그리고 그대 정신의 의사에 따라서는 신적이라 할 상위존재로 재생시킬 수도 있으리라.'"

이 유명한 말을 나는 오랫동안 내 마음 한구석에 담아두고 있었습니다. 가끔씩은 내 학생들에게 소개해주기도 했습니다. 그러면서 짐승 같은 인간들을 탓하기도 하고 신적인 인간들을 칭송하기도 했습니다. 주변을 둘러보면 정말이지 다양한 인간 군상들이 눈에 띕니다. 짐승만도 못한 인간들이 세상에는 너무나도 많습니다. 천사 같은 인간들도 적지 않게 있습니다. 그 모든 것이 그 사람들 각자가 스스로 선택해서 만든 모습들입니다.

그렇습니다 피코, 우리 인간은 분명 가능적인 미결정적 중간자입니다. 인간의 모습은 자기 자신의 자유의지에 따라 스스로가 선택하고 만드는 것입니다(이것을 나는 '인간의 가소성' 혹은 '자기결정성'이라 부르고 따라서 인간을 '가소적 존재' 혹은 '자기결정적 존재'라 부르고 있습니다. 소크라테스도 석공인 아버지로부터 이런 교훈을 배웠다는 이야기가 있더군요. 확인은 못해봤지만). 그러기에 인간은 자신의 모습에 대해 책임이 있는 것입니다. 당신의 철학은 그것을 잘 알려주고 있습니다. 그것은 오늘날도 우리에게 끊임없이 선택을 강요하고 있습니다. 당신의 말대로 우리 인간은 "자기를 온갖 육체의 얼굴로, 모든 피조물의 자질로 조형하고 형성하고 변형"합니다. "인간은 상이하고 다양하며 곡예사 같은 본성을 지닌 동물"입니다. 그렇습니다. 우리는 "우리가 되고자 하는 존재가 된다"는 그런 조건에서 탄생했습니다. 그러니 당신의 말대로 우리는 "아버지의 지극히 너그러우신 도량을 우리가 악용하여 그분이 우리에게 베푸신 자유선택을 유익하게 사용하기보다는 해롭게 사용하는 일이 없도록 [조심해야겠습니다] [기왕이면] 일종의 경건한 야심이 우리 정신에 침투하여 우리가 중도의 것으로 만족하지 못하고, 최고의 것을 동경하여 [우리가 원하면 할 수 있으니까] 그것을 획득하는 데 전력을 다하여 힘써야 하겠습니다."

친애하는 피코, 추악한 야심이 횡행하는 이 시대에, 경건한 야심이란 참으로 멋있게 들리는 말입니다. 이제 우리 함께 그렇게 결의를 다집시다. 그리하여 가능하다면 "지존하신 신성에 가장 가까운 초세계적인 어전으로 날아오릅시다." 철학의 날개를 힘차게 아름답게 펄럭이면서.

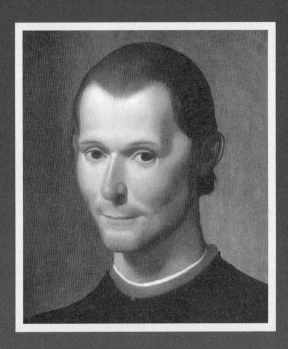

Niccolò Machiavelli 1469–1527

"나는 나의 영혼보다도 나의 조국을 더 사랑한다."

"사자는 함정을 피할 수 없고 여우는 늑대를 피할 수 없으니,
함정을 알기 위해서는 여우가 되고 늑대를 쫓기 위해서는 사자가 되라."

1469년 이탈리아 피렌체에서 베르나르도 디 니콜로 마키아벨리Bernardo di Niccolò Machiavelli와 바르톨로메아 디 스테파노 넬리Bartolommea di Stefano Nelli의 아들로 태어남.

1494년 메디치 가문이 몰락할 무렵 공직에 입신, 피렌체의 공화국 10인 위원회의 서기장 역임.

1498년 피에로 소델리니Piero Soderini 정권 제2 서기국장 역임(~1512년).

1500년 프랑스군과 벌어진 피사전선에 피렌체군 고문 부관으로 참가.

1502년 로마냐 이몰라Imola, Romagna에서 외교사절로 근무 중 레오나르도 다 빈치와 만남.

1512년 스페인의 침공에 의한 피렌체 공화정 붕괴, 메디치 가의 피렌체 지배권 회복으로 공직에서 추방됨. 독서와 집필에 전념.

1513년 메디치 군주정에 대한 반란 음모에 가담한 혐의로 투옥되었으나, 교황 레오 10세Leo X의 특사로 석방됨. 《로마사론》 저술(~1517년).

1516년 《군주론》 저술. 로렌쪼 디 메디치에게 바침.

1527년 메디치가의 몰락과 함께 마키아벨리도 실각. 피렌체에서 실의 속에 죽음. 피렌체의 산타 크로체Santa Croce 교회에 묻힘.

마키아벨리에게

군주를 묻는다

　약간은 색다른 느낌으로 나는 지금 당신을 향해 붓을 들고 있습니다. 그것은 아마 무엇보다도 당신이 나 자신과 상당히 다른 종류의 철학자이기 때문일 것입니다. 일반적으로 당신은 철학자로서보다 정치사상가로 잘 알려져 있고, 더욱이 목적을 위해서는 '권모술수'도 가리지 말라는, 즉 '목적이 수단을 정당화한다'는, 이른바 '마키아벨리즘'의 원조로 사람들의 뇌리에 각인되어 있습니다. 솔직히 말해 내가 당신의 이름을 최초로 들었던 고등학생 시절부터, 당신에 대한 나의 인상은 그다지 좋은 편이 아니었습니다. 하기야, 공자의 이른바 군자정치나 플라톤의 이른바 철인정치 같은 것을 배우며 막연한 공감을 느끼고 있었던 당시의 젊고 순수한 가슴에, 당신이 말한 '여우la golpe의 교활함과 사자il lione의 위세' 같은 말은 뭔가 조금 낯설 뿐만 아니라 오히려 거부감을 불러일으키기에 충분한 것이었습니다. 그래서 당신의 이름은 항상 나에게서 멀리 떨어져 있었습니다. 그 거리를 조금이나마 좁히는 데는 실로 수십 년의 세월이 걸렸습니다. 이제 나는 조금 다른 각도에서 당신을 바라보게 되었습니다. 그것은 내가 당신이 쓴 글을 직접 읽어보게 되었다는 이유도 있지만, 어쩌면 그보다도, 내가 이미 적지 않은 세월 동안 세상살이를 해오면서 이상과 현실의 실상을 제법 이해하게 되었고, 따라서 당신의 견해를 외면할 수만은 없게 되었다고 하는 것이 결정적인 이유가 되었을 것입니다.

그렇습니다 마키아벨리, 당신이 생각하는 '군주'는 철저하게 현실적인 군주입니다. 그것은 당신의 《군주론 *Il principe*》이 당신의 조국 피렌체의 새로운 지배자 '로렌쪼 디 메디치' 공에게 바치기 위해 씌어진 것이라는 구체적인 사실을 통해서도 확인됩니다. 그 내용을 들여다보면 더욱 확연해집니다.

편지처럼 씌어진 이 책에서 당신은 다음과 같은 문제들에 대해 의견을 개진하고 있습니다. 즉 '군주국에는 어떤 종류들이 있는지, 또 그것은 어떤 수단에 의해 획득되었는지' '세습제 군주국은 어떤 것인지' '복합형 군주국은 어떤 것인지' '알렉산더가 영유한 다리우스 왕국에서는 알렉산더 사후에 왜 대왕의 후계자에 대한 반역이 없었는지' '점령되기 이전에 시민의 자치제를 실현했던 도시나 국가는 어떻게 다스릴 것인지' '자기의 무력과 역량에 의해 손에 넣은 새 군주국은 어떤 것인지' '다른 사람의 무력 또는 행운에 의해 장악한 새 군주국은 어떤 것인지' '그릇된 수단으로 군주의 지위를 차지한 사람들은 어떤 것인지' '시민제 군주국은 어떤 것인지' '군주국의 국력은 어떻게 평가하면 좋은지' '교회국가는 어떤 것인지' '군대의 종류와 용병제는 어떤지' '외국원군, 혼성군, 자국군은 어떤지' '군비에 관한 군주의 임무는 어떤지' '인간 특히 군주는 무엇이 원인이 되어 칭찬받고 또 비난받는지' '관용과 인색은 어떤지' '잔혹성과 인정스러움은 어떤지, 또는 사랑을 받는 것과 두려움을 당하는 것 중의 어느 것이 좋은지' '군주는 어떻게 신의를 지켜야 하는지' '경멸받고 미움받는 것을 피하려면 어떻게 하면 좋은지' '군주들이 쌓는 성벽이나 그와 같은 것들은 유익한지 무익한지' '존경을 받으려면 군주는 어떻게 행동해야 하는지' '군주가 측근으로 기용하는 비서관은 어떤지' '아첨꾼들을 어떻게 피해야 할 것인지' '이탈리아의 군주들은 어떤 이유로 영토를 잃었는지' '운명은 인간의 활동에 어느 정도로 영향을 미치는지' '또 운명에는 어떻게 저항할 것인지' '이탈리아를 야만족으로부터 해방시키기 위해서는 어떻게 해야 하는지' … 등과 같은 주제들로 당신의 관심은 향해 있었습니다. 당신 자신은 이 주제들을 "국가의 성질, 그 종류, 획득의 방법, 유지의 방법, 상실의 이유"라고 빗텔리Niccolò Vitelli에게 보낸 편지에서 정리하였습니다. 이 모두가 지극히 구체적이고 현실적인 문제들입니다. 현실의 군주라면 이런 주제를 생각하지 않을 수가 없겠지요. 한가하게 이상만을 논할 수는 없을 테니까요.

그런데 마키아벨리, 이러한 문제들에 대한 당신의 견해가 더 이상 군주제가 아닌 오늘날에 이르기까지 사람들의 입에 오르내리는 것은, '국가의 통치와 그 담당자인 통치자'라고 하는 것이 사람들의 삶에서 그만큼 중요한 의미를 지니기 때문일 거라고 나는 보고 있습니다. 순수한 학문의 세계에만 머물 수 있었던 학생 시절에는 솔직히 그 의미를 제대로 인식하지 못하고 있었음을 고백합니다. 그러나 이제 나는 인간의 삶이 철저하게, 권력관계인 현실정치의 맥락 속에서 영위될 수밖에 없으며, 그리고 국가와 통치자의 역할이 한 국가에서, 그리고 결국 한 국가의 국민일 수밖에 없는 '인간'에게, 얼마나 중요한 것인가를 뼈아프게 체득하였기에, 당신의 견해들이 예사롭게 들리지를 않습니다. 통치자가 누구냐에 따라 그 국민의 삶은 완전히 달라집니다.

당신은 군주 즉 국가의 통치자에게 '여우의 교활함'과 '사자의 위세'를 갖추라고 요구합니다. "사자는 함정을 피할 수 없고 여우는 늑대를 피할 수 없으니, 함정을 알기 위해 여우가 되고 늑대를 쫓기 위해서는 사자가 되라"고 말합니다. 그것들은 군주의 '덕virtie'으로 간주됩니다. 한편 당신은 "군사와 인민을 양팔에 끼고 등에는 귀족을 업고서 가라"고 권유합니다. 뭔가 선군정치와 선민정치와 선신정치가 동시에 어우러진 느낌이군요. 그리고 "비상시에도 위기를 면할 수 있게 평소에 대비를 잘해두라"는 당연한 충고도 눈에 띕니다. 유비무환이라는 말이겠죠? 또 "유하고 선하면 도전받으니 때로는 강하게 악하게도 하라"고도 가르칩니다. "관용은 지나침이 없도록 하고 사랑보다는 두려움의 대상이 되라"고도 말합니다. 일종의 카리스마주의이군요. 또 "함부로 남의 재산과 부녀자를 건드리지 말고 특히나 군인한테는 미움 사지 말라"고도 합니다. 민심과 군심의 이탈이 권력기반을 위협할 수 있다는 걸 당신은 잘 알고 있었군요. 또 당신은 "검약과 인색을 가치로 삼고 세금은 적게 걷어 사치하지 말라"고도 합니다. 후대의 루이 16세와 마리 앙투아네트가 이 조언을 들었더라면 좋았을 것을. 또 "처벌은 부하들을 시켜서 하고 호의는 군주가 직접 베풀어주라"고도 합니다. 이런 건 참 얄미울 정도로 지혜롭다는 느낌이네요. 또 "측근들을 함부로 다루지 말고 동맹과 친선으로 힘을 빌리라"는 것도 눈에 띕니다. 무슨 일이든 세상만사 혼자 힘으로 되는 것은 없다는 걸 당신은 참 잘도 꿰뚫어보셨군요. 또 "지혜로운 관리를 잘 골라 쓰되 마지막 결정만은 군주가 직접 내리라"고도 합니다. 참 기본 중의 기본이지요. 여기엔 인사가 만사라는 말도 포함되겠지요? … 이런 당신의 견해들 속에서 나는 '정치적 이성'이라고 내가 불러왔던 현실적 지혜를 발견합니다. 그것은 권력과 국가를 건실하게 유지하기 위해 필요한 실질적인 힘이 됩니다. 이런 것을 당신은 '운명fortuna'을 끌어당기는 '기량virtu'이라고 생각하셨겠지요.

특별히 눈에 띄는 이러한 말들 이외에도 당신은 국가의 지배와 통치에 관련된 지극히 구체적인 진단과 조치들을 군주에게 권유하고 있습니다. 나 같은 사람에게는, 정복이니 지배니 통치니 식민이니 하는 그 내용들은 좀 살벌한 느낌마저 들게 합니다. 주제 자체에 대한 거부감도 없다 할 수 없습니다.

하지만 마키아벨리, 그럼에도 불구하고 내가 당신에게 이런 식으로 관심을 표명하는 것은, 당신의 모든 사상들이 결국은 당신의 조국 이탈리아에 대한 사랑 즉 "나는 나의 영혼보다도 나의 조국을 더 사랑한다"는 당신의 그 애국심, 거기서 비롯된 "어떻게 이탈리아의 모든 사람에게 번영을 가져올 수 있을까 하는 문제"로 귀결되고 있다는 것을 알기 때문입니다. 이러한 목표는 '지금 이곳' 즉 21세기의 대한민국에서도 타당합니다. 그래서 당신이 말한 '통치의 기술'들은 여전히 의미가 있습니다. 부디 그것들을 잘 터득해서 조국의 번영에 기여할 수 있는 그런 제대로 된 통치자가 이 땅에도 등장하기를, 나 또한 당신 못지않은 열정으로 기대하고 있습니다.

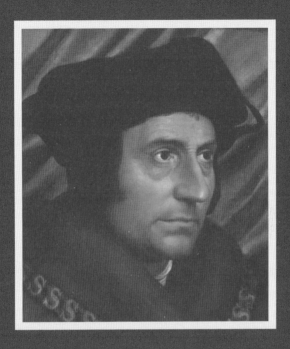

Thomas More 1478-1535

"유토피아라는 나라의 국민생활은 다른 나라 사람들도
본받을 만한 점을 많이 가지고 있다고 나는 믿는다.
다른 나라 사람들이 유토피아 인들의 생활을 본받으리라고
기대하는 건 아니지만 본받아주었으면 하고 바랄 뿐이다."

"그대의 마음을 좋은 생각들로 바쁘게 하라.
그렇지 않으면 적들이 그것을 나쁜 것들로 가득 채울 것이다."

1478년 영국 런던에서 법관이었던 존 모어 경Sir John More의 2남으로 태어남.

1492년 옥스퍼드대학에서 라틴어와 그리스어 전공. 중퇴.

1496년 링컨 법학원으로 전학.

1502년 변호사가 됨.

1504년 하원 의원이 됨.

1510년 런던 부시장, 하원 의장 역임.

1514년 소액 채권 재판소장Master of Requests, 영국 추밀원Privy Counsellor에 임명됨. 헨리 8세에게 충성.

1516년 《유토피아》 출간.

1517년 왕의 조력을 위하여 임시 섭정과 개인 공무원이 됨.

1521년 신성 로마제국의 카를 5세에게 파견되는 외교 사절을 맡으며 기사 작위를 받음.

1523년 잉글랜드 하원 의장knight of the shire이 됨.

1529년 대법관이 됨.

1530년 교황 클레멘스 7세Clemens VII에 보내는 헨리 8세의 혼인무효 요청 편지에 서명하길 거부함.

1532년 헨리 8세에게 장관직 사임을 요청함.

1534년 헨리 8세와 앤 불린Anne Boleyn 사이의 엘리자베스 공주를 제1계승자로 선언하기를 거부함. 반역죄로 런던탑에 유폐됨.

1535년 런던에서 참수되어 죽음.

1836년 교황 레오 13세Leo XIII 때 시복됨.

1934년 로마 가톨릭 교회의 성인으로 공인됨.

모어에게

유토피아를 묻는다

　당신은 아마 철학과 무관한 일반인들에게 가장 널리 알려진 인물의 한 명일 텐데도 불구하고, 정작 철학과에 몸담았던 나는 당신에 대해 배울 수 있는 기회가 전혀 없었습니다(15/16세기의 철학이 대체로 그렇습니다). 그 점은 참으로 유감입니다. 당신의 핵심개념인 '유토피아utopia'가 거의 일반명사화 되어 전 세계에 유포되어 있다는 것을 생각하면, 그것은 묘한 대비가 아닐 수 없습니다.

　그런데, 몇 년 전 나는 우연하게도 티비를 통해 당신의 일대기를 그린 영화 〈사계절의 사나이A Man for All Seasons〉를 보게 되었습니다. 그것은 '토마스 모어'라는 한 사상가에 대해 특별한 관심을 갖게 하는 계기가 되기에 충분한 것이었습니다. 당신은 사상내용에서뿐만 아니라 그 삶에서도 지워지지 않는 강한 인상을 남겼습니다.

당신이 법률가의 아들로 태어나 훌륭한 교육을 받고 의원, 대리집정관 등 공직을 거친 후 대법관에까지 올랐다는 것은 그냥 그렇다 치더라도, 당신의 마지막 모습은 결코 아무나 보여줄 수 있는 것이 아니었습니다. 당신은 1509년 헨리 8세가 왕위에 오른 후 그의 각별한 신임을 얻고 출세가도를 달려 대법관에 이르렀습니다만, 왕의 재혼문제를 계기로 관계는 악화되고 마침내 죽음을 맞게 되었던 것입니다. 그 경위를 여기서 시시콜콜 되뇔 필요는 없겠지요. 하지만 당신이 부당한 법안에 동의하는 것을 단호히 거부함으로써 왕의 노여움을 사 런던탑에 감금되었고, 결국 사형선고를 받았다는 것은 선전할 가치가 있다고 나는 생각합니다. 소신을 굽히지 않고 죽음을 선택했다는 점에서 당신은 근세초의 소크라테스라고 해도 결코 과장이 아닐 것입니다.

　더욱이 죽음을 맞는 순간에 당신이 보여준 그 의연함은 어떤 점에서 소크라테스 이상이라는 느낌조차 들게 합니다. 소크라테스는 독배였지만 당신의 경우는 참수였으니 당신의 경우가 더욱 혹독했던 것입니다. 당신을 호송대에게 넘기며 눈물을 흘리는 친구 킹스턴에게 "나를 위해 기도해주십시오. 나도 당신을 위해 기도하겠습니다. 그리고 천국에서 다시 만나 즐겁게 삽시다"라고 오히려 위로해주었다고 들었습니다. 그리고 슬피 울며 매달리는 아들과 딸에게 태연히 이별의 키스를 하며 위로해주었고, 사형집행 통보를 받고는 "이 음침한 현세에서 이렇게 일찍 벗어나게 해주시는 것은 오직 폐하의 은덕이므로 감사를 드립니다. 나는 현세에서도 내세에서도 폐하를 위해 기도하겠습니다"라고 했고, 사형집 행인에게는 "기운을 내게. 자네의 직책수행을 주저할 필요는 없네. 내 목은 아주 짧으니 조심해서 자르게"라고 농담을 건네며 위로했다니, 오직 고개가 숙여질 따름입니다. 그 누가 이런 모습을 쉽게 흉내 낼 수 있겠습니까. 특히 죽음으로 몰아넣은 그 왕에 대한 태도는 '원수를 사랑하라'는 말의 실천처럼 느껴지기도 하는군요.

친애하는 모어, 당신의 그런 인격이 당신의 사상을 돋보이게 한다는 것을 굳이 감추지 않겠습니다. 그런 점에서 '유토피아utopia'도 새로운 모습으로 읽혀집니다. 일반적으로 당신의 유토피아는 비현실적인 이상사회에 대한 공상 정도로 받아들여집니다. 물론 그렇겠지요. 말 자체도 애당초 '어디에도 없는 곳nowhere(ou-[οὐ]="not", topos[τόπος]="place", - iā[-íα]=suffix of toponym)'이라는 뜻이니까요. 하지만 나는 당신의 문맥 속에서 '이 음침한 현세'라고 당신이 표현한 그 시대의 참담한 현실을 함께 읽습니다. 오죽했으면⋯ 하고 나는 당신을 이해합니다. 현실은 그때나 지금이나 유토피아와는 반대인

'디스토피아'에 가깝습니다.

내가 알기로 당시는 산업혁명의 초기로 새로운 생산양식이 도입되었고 실업자가 속출하여 사회는 일대 혼란을 겪었습니다. 특히 농촌은 피폐하여 종래의 논밭은 목장이 되고 농부는 유랑민으로 전락하였습니다. 그런 참담한 현실에 대한 고뇌와 아픔이 있었기에 당신은 하나의 비판 내지 대안으로서 '유토피아'를 그린 것이지, 결코 한가로운 공상과 망상으로 허황된 꿈을 꾼 것은 아닐 것입니다. 진정한 철학은 원래 현실에 뿌리를 박고 자라는 한 그루 지성의 나무인 것입니다.

1516년 라틴어로 나오고 1551년 영어로 번역된 당신의 그 책에는 원래 《사회생활의 최선의 상태에 대한, 그리고 유토피아라는 새로운 섬에 대한 유익하고 즐거운 저작Libellus vere aureus, nec minus salutaris quam festivus, de optimo rei publicae statu deque nova insula Utopia》이라는 긴 제목이 붙어 있습니다. 거기에서 당신은 '국가의 최선의 상태' '훌륭한 법률 및 제도' '도시의 모습' '관리' '지식 기술 및 직업' '사람들의 생활과 교제' '노예·병자·결혼' '전쟁' '종교들'에 대한 밑그림을 그리고 있습니다. 유토피아라고 불리는 그곳은 극소수의 법률로 만사가 순조롭게 운영되고, 덕이 존중되며, 모든 사람이 모든 것을 풍부히 갖고 있는 나라입니다. 거기에서는 교육이 원만히 시행되고, 정치는 민주적으로 이루어지며, 신앙의 자유가 보장되고, 국민은 올바른 도덕심을 지닙니다.

당신이 그리고 있는 유토피아의 구체적인 모습들은 당신의 표현대로 '즐거운' 것입니다. 거기서는 금은보배가 가득 넘쳐도 아무도 내 재산으로 탐하지 않습니다. 거기서는 사람들이 도시 농촌 가리지 않고 오가면서 차별 없이 열심히 일하며 삽니다. 일은 그저 하루 여섯 시간쯤 하지만 놀고 먹는 자는 아무도 없습니다. 필요한 물건은 모두가 함께 만들고 필요한 대로 공평하게 나누어 사용합니다. 모두가 똑같은 옷을 입고 살면서 아무도 사치 따위엔 관심이 없습니다. 여행은 누구나 자유이지만 어딜 가나 할 일은 하며 삽니다. 남은 물건은 수출해서 금은을 벌고 그 돈은 만일을 위해 쌓아둡니다. 금은은 평소에 변기나 쓰레기통을 만들어 쓰고, 부당하게 노예가 되는 자는 아무도 없습니다. 불치병자는 원하는 대로 안락사하고 훌륭한 선택이라고 모두에게 존경을 받습니다. 자살은 없고 간음도 없고 누구든지 전쟁을 싫어하지만 부득이한 경우에는 목숨 걸고 싸우기도 합니다. 모두가 살아 있는 유일신을 믿고 살면서 문제도 범죄도 사라진 곳, 그런 곳이 바로 '유토피아'의 모습입니다. 비록 그 많은 내용들을 여기에 다 옮길 수는 없지만 그런 것들이 모두 실현된다면 그곳이 '좋은 사회'인 것만은 분명합니다.

친애하는 모어, 이런 것들은 그저 황당한 꿈에 불과한 것일까요? 그렇다면 우리는 이러한 이상의 실현을 애당초 포기해야 하는 것일까요? 그게 현명할지도 모르겠습니다. 왜냐하면 우리 인간은 분명 '욕망과 더불어 사는 존재'이기 때문입니다. 특히 추악한 욕심이 삶의 전부인 사람도 적지 않기 때문입니다. 그러나! 우리는 또한 동시에 '이상을 추구하는 존재'인 것도 분명합니다. 적어도 그런 양면이 있는 게 사실입니다. 나는 전자를 '하향적 존재 혹은 하향적 인간'이라 부르고 후자를 '상향적 존재 혹은 상향적 인간'이라 부르고 있습니다. 후자인 '상향성'이 철학에서는 의미가 있는 것이지요. 실제로 우리 인간들은 그런 노력을 기울여왔고 일정 부분 성공을 거두기도 했습니다. 그런 것을 우리는 발전 또는 진보라고 부르고 있습니다. 당신이 기대하는 '재산공유'나 '계획생산' 같은 것은 20세기의 공산주의 실험을 통해 그 한계가 드러나고 말았지만, 당신의 시대에 한갓 꿈이었던 '선거에 의한 통치자의 선출'이나 '신앙의 자유' 같은 것은 오늘날 많은 국가에서 현실이 되어 있습니다.

꿈은 꾸고 볼 일입니다. 물론 꿈은 아무나 꾸는 것은 아닙니다. 꿈꾸는 자는 이미 그 자체로서 잘못된 문제적 현실과 거리를 두고 있습니다. 그렇게 잘못된 현실을 부정하면서 새로운 현실을 구상한다는 것, 그것이 철학함의 한 형태라는 것을, 모어 당신은 '유토피아'라는 멋진 형식으로 우리에게 알려준 것입니다. 당신의 영혼이 부디 그런 곳에서 편히 쉬고 계신다면 좋겠군요.《태양의 도시*The City of the Sun*》를 쓴 토마소 캄파넬라Tommaso Campanella,《크리스티아노폴리스…*Description of the Republic of Christianopolis*》를 쓴 요하네스 발렌티누스 안드레아Johannes Valentinus Andreae,《뉴 애틀랜티스*New Atlantis*》를 쓴 베이컨Francis Bacon,《캉디드*Candide*》를 쓴 볼테르Voltaire 등과 함께라면 더욱 좋고요. 외롭지 않을 테니까. 이상을 포기하지 않는 지상의 모든 이들을 대신하여 나는 당신과 당신의 그 동지들에게 깊은 존경을 전하고자 합니다.

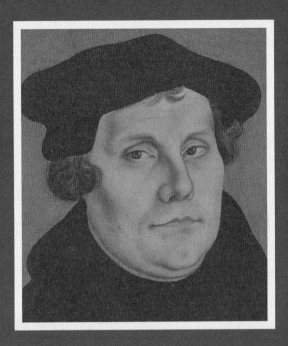

Martin Luther 1483–1546

"면죄증서에 의하여 자신의 구원이 확실하다고 스스로 믿는 사람은
그것을 가르치는 사람들과 함께 영원히 저주 받을 것이다."

"사랑이 없는 신앙은 아무런 가치도 없다."

"내일 세계의 종말이 올지라도 나는 오늘 한 그루의 사과나무를 심겠다."

1483년 독일 작센안할트 주의 아이스레벤Eisleben에서 광산업에 종사하는 한스 루터Hans Luther와 마르가레데 린데만Margaretta Lindemann의 아들로 태어남.

1505년 1월 에어푸르트대학에서 문학 석사 학위. 5월 법률 공부 시작. 7월 뇌우를 하나님의 계시로 받아들이며 아우구스티누스 은둔자 수도회 소속 검은수도원 수사신부가 됨.

1517년 로마 가톨릭교회의 면죄부 판매를 비판하며 95개 논제를 비텐베르크Wittenberg 교회 문에 게시.

1518년 하이델베르크에서 자신의 의견 발표. 논쟁.

1519년 라이프치히에서 재차 논쟁.

1520년 교황 레오 10세로부터 자신의 주장 철회 요구를 받았으나 거부함.

1521년 보름스 회의Reichstag zu Worms에서 신성 로마제국의 카를 5세 황제로부터 같은 요구를 받았으나 거부함. 파문 선고. 바르트부르크Warburg에서 10개월간 은신.

1522년 라틴어 《신약성서》를 독일어로 번역하여 출간.

1525년 16년 연하의 전직 수녀인 카타리나 폰 보라Katharina Von Bora와 결혼(42세).

1525-1529년 개신교의 본부 설립.

1534년 《구약성서》를 번역하여 출간.

1536년 신장 방광 결석, 관절염, 귀의 질병으로 투병.

1544년 협심증 발생.

1545-1546년 투병 중에도 독일 헤센 주 마르크트 교회에서 3번의 설교를 이어감.

1546년 고향인 아이스레벤에서 63세로 죽음.

루터에게

종교개혁을 묻는다

일반적으로 사람들은 '종교개혁자'로서 당신을 기억합니다. 따라서 '철학의 역사'에서 당신을 언급하는 것이 과연 적절한 일인지 미심쩍어 하는 사람도 있을 겁니다. 하지만 나는 너무나도 큰 역사적 의미를 지닌 당신의 이름을 철학의 역사에 꼭 기록해야 한다는 입장입니다. 철학의 역사에서 당신을 다루는 것은 가능하다고 봅니다. 왜냐하면, 웬만한 사람들은 다 알고 있듯, 서양의 철학사라는 것은 사실상 '신학'과 무관할 수 없을뿐더러, 특히 중세 이래로는 철학과 신학의 경계가 모호해진 것도 사실이기 때문입니다. 더욱이 나는 '철학'의 본질 자체를 열려 있는 것으로 이해하고 있는 만큼, 거의 모든 학문적 주제가 다 철학의 영역 속에서도 다루어질 수 있다는 생각입니다. 그래서 적어도 나에게 있어서는, 당신은 사제인 동시에 또한 철학자인 것입니다. 그러니 여기서 내가 당신께 글을 올리는 것을 자연스러운 것으로 양해해주시면 좋겠습니다.

나는 가끔씩 철학사의 중요한 사건들을 마치 영화 속의 한 장면처럼 떠올려 보고는 합니다. 충분히 영화의 한 장면이 될 법한 그런 드라마틱한 일들이 많기 때문입니다. 예컨대 젊은 파르메니데스가 진리의 여신을 만나는 장면이라든가, 소크라테스의 제자 카이레폰이 델포이의 신전에서 신탁을 구하는 장면이라든가, 플라톤이 시라쿠사이에서 디온을 만나 악수를 나누는 장면이라든가, 아리스토텔레스가 알렉산드로스 왕자의 가정교사로서 첫 대면을 하는 장면 등이 그렇습니다. 아우구스티누스가 밀라노에서 암브로시우스의 강론을 듣고 감화를 받는 장면도 그렇고, 토마스가 말년에 예수의 환상을 본 후 절필을 결심하는 장면도 그렇습니다 (우리의 시대인 현대에도, 쇼펜하우어가 우파니샤드Upaniṣad를 처음 펼치는 장면, 니체가 질스마리아에서 차라투스트라를 착상하는 장면, 사르트르가 몽파르나스의 카페에서 레이몽 아롱Raymond Aron으로부터 처음 현상학 이야기를 듣는 장면, 비트겐슈타인이 포로수용소에서 '논고'를 쓰고 있는 장면, 등 무수한 명장면들이 있습니다).

그런 것처럼, 나는 당신이 1517년 저 비텐베르크 교회의 정문에 이른바 '95개조 반박문'을 게시하는 장면을 철학사의 한 명장면으로 떠올립니다. 그것은 비단 철학과 신학에

르네상스시대로 부치는 철학편지

국한되지 않는 하나의 '인류사적 대사건'이었다고 말할 수도 있을 것입니다. 오늘날 전 세계의 구석구석까지 침투해 있는 이른바 '개신교protestant'의 무수한 교회들과 그 교회에 소속된 무수한 교인들을 보면 이 말이 결코 과장이 아님을 인정할 수밖에 없을 것입니다. 그 모든 것이 바로 그 반박문에서부터 시작된 것이니까요.

친애하는 루터, 당신의 이른바 종교개혁Reformation은 '프로테스탄트Protestant[항의자]'라는 말 자체에서 알 수 있듯이 일종의 저항운동이었다고 나는 이해합니다. (츠빙글리와 칼뱅의 경우도 마찬가지겠죠.) 그 저항은, 오늘날의 신학적 개념으로 이야기하자면, '교회의 세속화Säkularisierung'에 대한 저항입니다. 아닌 게 아니라 가톨릭교회는 당신의 시대에 이르러 초창기의 여러 고난들과는 너무나도 대조적으로 하나의 거대한 세속적 권력으로 화하고 말았습니다. 예컨대 교리의 확립과정에서 이단으로 규정된 사람들을 가차 없이 처단한 것이라든가, 교세의 확장을 위해 전쟁도 불사한 것이라든가, 또 어떤 점에서는 교회직의 계급화 같은 것도 모두 다 다분히 세속적입니다.

그러한 세속화의 절정이 다름 아닌 '면죄부Ablaßbrief'였을 것입니다. 면죄부를 돈으로 삼으로써 세속의 죄를 용서받을 수 있다니! 참으로 기가 막힌 발상이 아닐 수 없습니다. 신과 그리스도가 기겁할 일이지요. 당신이 내건 95개조를 보면, 면죄부와 그에 대한 교황의 권한을 비판하는 것이 유달리 눈에 띕니다. 당신은 "그러므로 교회의 면죄로써 인간이 모든 형벌로부터 해방되며 구원받을 수 있다는 것을 선전하는 면죄부 설교자들은 모두 오류에 빠져 있는 것이다"라고 말했으며, "사실상 교황은 연옥에 있는 영혼에 대해서 어떤 형벌도 사할 수 없다. 이 형벌은 교회법에 의하여 현세에서 받아야만 하는 것이다"라고 말했습니다. 심지어 당신은 "면죄 증서에 의하여 자신의 구원이 확실하다고 스스로 믿는 사람은 그것을 가르치는 사람들과 함께 영원히 저주 받을 것이다"라고까지 심한 어조로 비난했습니다.

그 당시, 교회의 권위가 시퍼렇게 살아있던 상황에서 이러한 발언을 하는 것은 쉽지 않은 일이었을 것입니다. 그런 점에서 나는 당신이 보여준 그 방향과 소신과 용기에 대해 경의를 표하지 않을 수 없습니다. 왜냐하면 그것은 타락한 기독교적 신앙을 최초의 진실했던 모습으로 되돌려놓고자 하는 숭고한 뜻이었기 때문입니다. 그것은 구원의 장소여야 마땅할 교회가 도리어 하나의 속박이 되어버린 어처구니없는 현실에 대한 저항이었기 때문입니다. "기독교인은 모든 사람의 가장 자유로운 군왕이요 아무의 신하도 아니다"라는 말도 나는 같은 맥락에서 이해합니다. 이 말은 근대적 자유주의의 선구로도 읽을 수 있습니다.

사람들은 당신의 사상을 '오로지 신앙sola fides' 혹은 '오로지 성서sola scriptura'라는 말로 축약합니다. 또는 '나는 신 앞에 홀로 설 수 있다'는 문장으로 표시하기도 합니다. "사랑이 없는 신앙은 아무런 가치도 없다Glaube ohne Liebe ist nichts wert"는 말도 같은 선상에 놓일 수 있겠지요. 이러한 말들은 공통적으로, 세속화된 교회의 권위에 대한 저항을 나타내고 있습니다. 여기에는 신앙 대 교회, 성서 대 교회, 신 대 교회라고 하는 하나의 도식이 그려지고 있습니다. 원 세상에! 이것은 기독교와 교회의 본질적 관계를 생각해볼 때, 말도 안 되는 난센스일 것입니다. 그런데도 불구하고 당신이 그런 말을 할 수밖에 없는 '탈 기독교적 현실'이 그때 거기에서는 펼쳐지고 있었던 것입니다.

당신이 뿌린 개혁의 씨앗은 그 후 새로운 모습의 교회를 이 지상 곳곳에 세웠습니다. 또 한편으로는 가톨릭의 개혁도 촉발했지요. 그 공헌은 결코 작지 않습니다. 하지만 루터, 그렇다면 오늘날의 개신교 교회들은 과연 그러한 순수한 모습을 견지하고 있는 것일까요? 안타깝게도 무수히 많은 선량한 하나님의 백성들이 교회 안에서 하나님을 만나지 못하고 실망을 가슴에 가득 안은 채 교회를 떠나는 모습을 우리는 오늘날에도 심심찮게 목격하고 있습니다. 오늘날에도 교회와 성직자는 하나의 권력이 되어 있음을 부인할 수 없는 것입니다. 상업화도 그다지 변한 게 없어 보입니다. 물론 묵묵히 신의 가르침을, 특히 그 핵심인 '사랑'을, 실천하고 있는 진정한 하나님의 자녀들도 적지 않지만요.

루터, 어쩌면 지금 이 시대는 또 한 명의 루터와 또 하나의 95개조 반박문을 필요로 하고 있는 지도 모르겠습니다. 그리하여 저 어수선한 기독교계의 현실들을 내가 지향하는 이른바 '성스러운 원점'으로 '리셋reset'할 수 있었으면 좋겠습니다. 그리고 만일 가능하다면 당신 이후에 전개된 이른바 개신교와 가톨릭의 대립도 원점으로 되돌려, 하나된 '신의 교회'로 모두가 손을 맞잡았으면 좋겠습니다. 말도 안 되는 반기독교적 종교전쟁, 그런 것 말고. 그러기 위해서라도 우리는 당신의 목소리에 진지하게 귀를 기울여봐야겠습니다.

"어떠한 그리스도인이고 진심으로 자기 죄에 대하여 뉘우치고 회개하는 사람은 면죄부 없이도 형벌과 죄책에서 완전한 사함을 받는다"라고 당신은 말했습니다. "참다운 그리스도인은 죽은 자나 산 자나 면죄부 없이도 하나님께서 주시는 그리스도와 교회의 모든 영적 은혜에 참여하는 것이다"라고도 말했습니다. 그렇습니다 루터, 진정한 기독교적 세계에서는 모든 인간이 하나님의 피조물로서, 하나님과 직접 연결될 수 있습니다. 사하든 벌하든, 우리 인간에 대한 모든 권한은 궁극적으로 하나님 자신에게 있는 것입니다. 우리는 교회와 성직자들이 좀 더 하나님의 말씀에 충실해지고, 따라서 좀 더 겸손한 모습으로 사람들에게 다가오기를 기대해 봅니다. 그렇게 할 때 비로소 교회의 진정한 권위도 싹트게 되는 것이 아닐는지요.

현실은 언제나 녹녹치 않습니다. 그러나 희망은 언제나 유효합니다. 그리고 의지는 언제나 필요합니다. 그래서 나는 당신이 남긴 저 유명한 말을 어려울 때마다 가슴속에서 되뇌어보곤 합니다. "내일 세계의 종말이 올지라도 나는 오늘 한 그루의 사과나무를 심겠다Auch wenn ich wüsste, daß morgen die Welt zugrunde geht, würde ich heute noch ein Apfelbäumchen pflanzen"라고.[9] 그리고 "청하라, 부르라, 외치라, 찾으라, 두드리라, 떠들어라! 그것을 우리는 중단 없이 언제까지나 해나가지 않으면 안 된다Bittet, rufet, schreiet, suchet, klopfet, poltert! Und das muß man für und für treiben ohne Aufhören"라고.

---

9 누군가의 실수로 우리나라에서는 이것이 스피노자의 말로 잘못 알려져 있음.

Michel Eyquem de Montaigne 1533–1592

"나는 무엇을 아는가?"

"사람은 마음먹기에 따라 행복하기도 하고 불행하기도 하다."

"고통을 주지 않는 것은 쾌락도 주지 않는다."

"참으로 인간은 놀랄 만큼 덧없고 변덕스럽고 불안정한 존재다.
인간에 대해 영원히 변치 않는 판단을 내리기란 어렵다."

1533년 프랑스 서남부 아키텐Aquitaine 지역 몽테뉴Montaigne 성에서 부유한 유대계 상인
        의 아들로 태어남.

1546년 툴루즈Toulouse대학에서 법학 공부.

1557년 보르도Bordeaux 고등법원 법정변호사가 됨.

1561-1563년 법정 조신courtier으로 샤를 9세 보좌.

1565년 결혼.

1568년 아버지의 죽음으로 몽테뉴 성을 상속.

1571년 법관을 사직하고 귀향하여 《수상록》 등 저술 활동에 몰두.

1577년 나바르Navarre 공 앙리 4세Henri IV의 시종이 됨.

1580-1581년 프랑스, 독일, 오스트리아, 스위스, 이탈리아 등지로 요양 여행(1774년 《여행
        일기》로 사후 출간).

1583-1585년 보르도 시장으로서 가톨릭교와 프로테스탄트교 사이에서 중재 역할.

1586년 흑사병과 종교전쟁으로 피신.

1588년 《수상록》 출간.

1592년 몽테뉴 성에서 후두염으로 죽음.

몽테뉴에게

지적 겸손을 묻는다

이른바 르네상스 시대에 활동한 수많은 철학자들 중에 내가 굳이 당신을 빠트리지 않고 선택한 것은 아마 우선 무엇보다도 당신의 지명도 때문일 것입니다. 아닌 게 아니라 내가 당신에 대해 거의 아무것도 알지 못했던 고등학생 시절에도 나는 당신의 이름과 함께 《수상록*Les Essais*》이라는 저작을 알고 있었습니다. 다른 많은 사람들도 그렇게 한번쯤은 당신의 이름과 저작을 들은 적이 있을 것입니다. 철학의 인기가 바닥을 치고 있는 지금도 당신의 책은 어느 서점에서나 비교적 손쉽게 찾아볼 수 있는 것 중의 하나가 되어 있습니다. 거기에는 아마 여러 가지 이유가 있겠지만, 무엇보다도 '수상록'이라는 당신의 저술방식이 사람들에게 상대적으로 접근하기 쉬울뿐더러 그 주제들이 대부분 인간의 일상적인 삶에 밀착되어 있다는 것을 손꼽지 않을 수 없습니다. 요컨대 당신의 철학은 내가 학생들에게 늘 말하는 바로 그런 '친근한 철학' '가슴으로 읽히는 철학'입니다. 그 점에서 당신은 하나의 새로운 분야를 개척한 선구자라 해도 과언이 아닐 것입니다. 이른바 '에세이의 효시'로서 뿐만 아니라 새로운 형태의 철학자로서도(물론 고대의 세네카나 마르쿠스 아우렐리우스도 비슷한 계통이긴 합니다만, 당신의 근대성은 따로 평가되어야 한다고 나는 봅니다). 아, 그러고 보니 당신은 프랑스철학의 대표적 선구자로 손꼽을 수도 있겠군요. 데카르트 이후 근세철학에서 특히 콩트와 베르크손 이후 현대철학에서 프랑스철학이 철학사의 결정적인 한 축을 이루었다는 사실을 생각해보면 철학사에서 당신이 등장했다는 것은, 특히 프랑스어로 글을 썼다는 것은, 역사적인 의미가 있는 일이기도 합니다.

단, 당신이 르네상스 시대에 활동한 사상가였다는 것이나, 고대의 이른바 회의주의를 되살린 인물이라는 것, 지식의 상대성을 강조했다는 것 등을 알게 된 것은 훨씬 나중의 일이었습니다. 당신의 이름을 내 머릿속에 뚜렷이 새긴 하나의 인상적인 계기는 내가 도쿄에서 공부하고 있을 무렵, 헌책방에서 우연히 마주친 '끄세주문고Que sais-je' 시리즈가 당신의 말에서 연유되었다는 것을 알게 된 것이었습니다. 그것을 계기로 내가 당신에 대해 이것저것 뒤져보지 않았더라면 나는 어쩌면 지금까지도 당신을 그저 한 사람의 문필가 정도로만 알고 지나쳤을 것입니다.

친애하는 몽테뉴, 나는 몇 가지 점에서 당신에 대해 우호적이라는 것을 감추지 않겠습니다. 예컨대 당신이 당신 자신을 책의 소재로 삼았다는 것, 자유로운 형식으로 글을 썼다는 것, 특별히 고약한 철학적 개념들을 구사하지 않고 알아들을 수 있는 언어로 말하고 있다는 것, 그런 것들이 내 마음에 들뿐더러, 1568년 부친이 돌아가신 후 학문적 활동에 몰두하였고, 1570년 보르도 시의 재판소 평의원직을 물러난 후에는 명상과 독서와 집필로 당신의 인생을 채워나갔다는 것이 '훌륭하다'고 나는 평가하기 때문입니다. 이런 형태의 삶은 아마 나뿐만이 아니라 공부라는 것을 좋아하고 그것에 가치를 부여하는 많은 사람들의 이상이기도 할 것입니다. 물론 그 집필의 결과가 당신처럼 사람들에게 호응을 얻을 수 있다면 더할 나위 없는 금상첨화겠지요.

이 짧은 편지에서 당신의 주제들을 일일이 다 음미하는 것은 애당초 불가능한 일입니다. 당신은 그것을 이해해 주시겠지요. 당신의 주제들은 참으로 다양합니다.《수상록》에서 당신은 '감정은 세상 너머에까지 이른다'는 것, '진실한 목적 없이는 영혼이 그릇된 목적에 정열을 쏟는다'는 것, '의 사는 행동을 판단한다'는 것, '거짓말쟁이들에 대하여', '공포심', '사람의 운수는 사후에야 판단한다'는 것, '철학은 죽는 법을 배우는 일'이라는 것, '아이들의 교육', '우정', '절도', '옷 입는 습관', '이름', '판단력의 불확실성', '언어의 허영됨', '나이', '행동의 일관성 없음', '양심', '실천', '부성애', '교만', '모든 일에는 때가 있다'는 것, '도덕', '분노', '후회', '세 가지 사귐', '기분전환', '대화의 기술', '허영', '인상' … 등등에 대해 당신의 생각을 자유롭게 기술하고 있습니다. (이 책은 플라톤, 아리스토텔레스, 플루타르코스, 세네카 등 고대 문헌에서의 인용이 많은 반면 성서에서의 인용이 거의 없는 게 특징인데 그 배경이 뭔지는 좀 궁금하군요. 그게 훗날 이 책이 무신론적이라 비판받으며 금서가 된 것과도 무관하진 않겠죠?) 혹자는 당신의 이러한 주제들이 '통속적'이라고 비난하기도 합니다. 이런 것들은 철학이 아니라고 경멸하기도 합니다. 하지만 몽테뉴, 나는 당신의 이러한 주제들이야말로 '잃어버린 철학의 보물들'이라고 생각하는 입장입니다.

이것들은 물론 철학이 오랜 세월 자랑해왔던 형이상학 내지 존재론과는 거리가 멀어 보입니다. 또 근래에 인기를 누렸던 인식론, 논리학, 분석철학과도 무관해 보입니다. 당신의 주제들은 다분히 '인생론적'입니다. 내가 듣기로 당신의 서재 천장 들보에는 읽은 책에서 고른 경구가 여럿 쓰여 있는데 그중에는 테렌티우스Publius Terentius Afer의 "내가 인간이라면 인간과 관련된 것은 어느 것도 나와 무관하지 않다"는 말도 있다지요?(문헌학자인 아우어바흐Erich Auerbach는 당신의 수상록이 인간의 생활, 자신의 생활을 근대적인 의미에서 문제삼은 최초의 책이라고 평가하기도 하죠). 나는 당신의 주제들이 인생의 실질적인 구성내용들이라는 것을 인정하며, 이것이 철학에서 경시되는 것은 부당하다고 생각하고 있습니다. 철학이 진정으로 탐구해야 할 것에서 이러한 것들이 빠져서는 안 된다는 것이 나의 입장입니다. 그것은 철학의 직무유기가 될 수도 있습니다. '끄 세 주?Que sais-je?(나는 무엇을 아는가?)'라는 당신의 유명한 말은 물론 불변하는 진리에 대한, 그리고 인간 이성의 능력에 대한 회의를 나타내는 것이기도 하지만, 이것은 동시에 우리가 진정으로 알아야 할 내용들이 무엇이어야 할 것인가 하는 점에 대한 진지한 반성과 음미를 촉구하는 문구로도 이해될 수 있다고, 그렇게 나는 확대해석하고 있습니다.

당신의 글을 읽다보면 나는 여러 인생론적 주제들에 대한 당신의 날카로운 통찰들을 발견하며 놀라곤 합니다. 예컨대 당신은 다음과 같이 말하고 있습니다. "가난과 부유는 각자의 마음가짐에 달려 있다." "부는 권세와 건강과 마찬가지로 그것을 가진 사람이 느끼는 아름다움과 기쁨에 따라 다르다." "사람은 마음먹기에 따라 행복하기도 하고 불행하기도 하다." "가장 명백한 지혜의 징표는 항상 유쾌하게 지내는 것이다." "건강은 유일무이의 보배이며, 이것을 얻기 위해서는 생명 자체까지도 내던진다." "결혼은 새장 같은 것이다. 밖에 있는 새들은 함부로 들어오려고 하나, 안에 있는 새들은 함부로 나가려고 몸부림친다." "부부 사이는 항상 같이 있으면 오히려 소원해진다." "고통을 주지 않는 것은 쾌락도 주지 않는다." "국가 간의 전쟁 역시도 우리가 이웃과 다투는 것과 같은 이유로 시작된다." "탐욕은 일체를 얻고자 욕심내어서, 도리어 모든 것을 잃어버린다." "노쇠는 얼굴보다는 마음속에 더 많은 주름을 남긴다." "우리는 한 푼 돈에는 인색하면서도 시간과 생명을 한없이 낭비하고 돌아보지 않는다." "독서만큼 값이 싸면서도 오랫동안 즐거움을 누릴 수 있는 것은 없다." "마음에도 없는 말을 하기보다 침묵하는 쪽이 차라리 그 관계를 해치지 않을 지도 모른다." "책에서도 인간에서도, 그 가면을 벗겨내지 않으면 안 된다." "되도록 자세히 나를 살펴보고 끊임없이 나를 지켜보고 있지만 내 안에서 발견되는 허약함은 감히 입 밖에 내어 말하기 힘들다. …조금만 방향을 바꾸거나 관점을 바꾸면 내 안에서는 온갖 모순이 발견된다. 수줍음이 많으면서 건방지고, 정숙하면서 음탕하고, … 박식하면서 무식하고, 거짓말쟁이면서 정직하고,

관대하면서 인색하고, 구두쇠이면서 낭비가다." "참으로 인간은 놀랄 만큼 덧없고 변덕스럽고 불안정한 존재다. 인간에 대해 영원히 변치 않는 판단을 내리기란 어렵다." … 이런 말들은 인생론적 지혜라 해도 과언이 아닐 정도로 삶의 실상을 잘 꿰뚫어보고 있습니다.

나의 개인적 공부법 중의 하나입니다만, 나는 텍스트를 읽으며 핵심단어들에 연필로 동그라미를 치는 습관이 있습니다. 그러면 그 텍스트의 주제랄까 관심사가 드러납니다. 당신의 텍스트에 그것을 적용해보면, 가난, 부유, 마음가짐, 마음먹기, 권세, 건강, 아름다움, 기쁨, 행복, 불행, 지혜, 유쾌, 결혼, 부부, 고통, 쾌락, 전쟁, 다툼, 탐욕, 노쇠, 시간, 생명, 낭비, 독서, 즐거움, 침묵, 관계, 가면, 나, 허약함, 모순, 인간 … 등등이 당신의 관심사였음을 알게 됩니다. 솔직히 이런 문제와 무관한 사람이 과연 있을까요? 당신은 당연히 다루어야 할 주제를 다룬 것입니다. 이런 당신을 그 누가 철학자가 아니라 할 수 있겠습니까.

이런 것을 포함해서, 당신은 진정으로 중요한 많은 것들을 알고 있습니다. 그런데도 '나는 무엇을 아는가?'하고 묻습니다. 그것은 단순한 회의주의가 아니라 인간의 한계를 솔직히 인정하는 학문적 겸양으로 들리기도 합니다. 그런데도 오늘날 우리 주변을 둘러보면 그다지 삶에 도움도 되지 않는 쓰잘 데 없는 지식들을 머릿속에 잔뜩 집어넣고, 그것으로 학문적 권위를 유지하며 거들먹거리는 인사들이 너무나도 많습니다. 그런 분들을 보면 나는 안타까운 심정을 금할 길이 없습니다. 그래서 나는 이 시대의 지식인들을 향해서 당신과 함께 호소하고자 합니다. '끄 세 주?' '나는 무엇을 아는가?' '알아야 할 것을 아는가?' '과연 제대로 알고 있는가?'….

Galileo Galilei 1564–1642

'그래도 지구는 돌고 있다.'

"철학은 우주라는 드넓은 책에 씌어 있다.
이 우주라는 책은 수학적 언어로 씌어 있고,
그 자모는 삼각형이나 원, 그 밖의 기하학적 도형으로 구성되어 있다."

1564년 이탈리아 피사Pisa에서 음악가인 빈첸쪼 갈릴레이Vincenzo Galilei의 장남으로 태어남.

1581년 피사대학 의학과에서 수학 중, 진자의 등시성 발견, 맥박계 고안. 피사대학 의학과 중퇴.

1585년 가족과 함께 피렌체로 이주.

1589년 피사대학 수학과 교수가 됨.

1592년 파도바대학에서 기하학, 수학, 천문학 강의(~1610년).

1599년경 마리나 감바Marina Gamba와 결혼. 1남2녀를 낳음.

1610년 세계 최초의 천체관측을 보고한 책《별 세계의 보고Sidereus Nuncius》출간(망원경을 개량하여 관찰한 목성의 위성, 달의 반점, 태양의 흑점 등을 발견하여 코페르니쿠스의 태양중심설 입증).

1612년 이후부터 우주의 태양 중심 이론에 대한 반발이 일어남.

1623년《시금자》출간.

1630~1632년《두 가지 주요 세계관에 대한 대화》출간 허가를 받기 위해 로마에 돌아왔으나, 책은 금서로 지정되고 신성재판소에서 가택 연금이라는 처벌을 받음.

1634년 피렌체 근교 아르체트리Arcetri의 별장에서 지냄.

1638년 실명. 탈장과 불면증으로 고통받음.

1642년 아르체트리에서 죽음. 성 십자가 예루살렘 성당에 묻힘.

갈릴레이에게

자연법칙을 묻는다

당신을 철학자로 간주하며 철학편지를 쓰는 것은 부당하다고, 어쩌면 자연과학자들이 이의를 제기할 지도 모르겠습니다. 특히, 스티븐 호킹은 당신이 누구보다도 현대과학의 탄생에 책임이 많다고 했고, 알베르트 아인슈타인은 당신을 현대과학의 아버지라고 했다는 점을 알게 되면 더욱 그럴 겁니다. 실제로 당신이 과학을 철학과 종교로부터 분리시키는 데 큰 기여를 한 것도 사실입니다. 하지만 나는 당신이 살았던 근대 초, 이른바 르네상스 시대의 기준으로 보았을 때는 철학과 과학이라는 엄격한 배타적 구별이 무의미하다고 항변하겠습니다. 실제로 적지 않은 철학책들이, 이를테면 레오나르도 다 빈치, 코페르니쿠스, 케플러Johannes Kepler 등과 함께 당신의 철학사적 의의를 거론하고 있기도 합니다. 적어도 자연 내지 자연의 탐구에 대한 나름대로의 소견을 지니고 있었다는 점에서, 그리고 당신 자신이 스스로의 학문에 철학이라는 말을 사용하고 있다는 점에서, 나는 당신을 자연철학자의 한 사람으로 취급하고자 합니다. 그것은 무엇보다도 철학의 역사에서 당신의 소중한 존재를 놓치고 싶지 않기 때문입니다. 그리고 나는 애당초 철학이라는 것을 인간과 세계에 대한 포괄적이고 근원적인 설명의 시도라고 이해하는데, 자연이라는 것은 그 '세계'의 다른 이름이므로 그것을 이성적으로 설명하고자 한 당신은 당연히 철학자의 자격이 있는 것입니다.

당신의 이름은 사람들에게 비교적 잘 알려져 있습니다. 웬만큼 교육을 받은 사람이라면, 당신이 1564년 이탈리아의 피사에서 태어나 피사와 파도바에서 수학교수를 지냈고, 1609년 망원경을 개량하여 이것으로 목성의 위성, 달의 반점, 태양의 흑점 등을 발견해 코페르니쿠스의 지동설이 정당함을 입증하였고, 고전역학(예컨대 관성의 법칙, 낙하의 법칙 등)의 개척자이기도 했던 당신이 그 유명한 피사의 사탑에서 속도와 가속도의 실험을 했고, '그래도 지구는 돌고 있다'는 말을 남겼다는 것 정도는 알고 있을 것입니다. 그 실험이나 그 발언이나 모두 사실 여부는 좀 불투명하지만 하여간에 너무나도 유명한 이야기들입니다. 당신은 코페르니쿠스의 지동설을 지지했기 때문에 이단으로 몰려 종교재판에 회부되었고, 그 판결에 따라 자신의 입장을 철회하기로 서약을 강요당했습니다. 그리고 당신은 그에 복종했습니다. 1633년 6월22일이었던가요? 전설처럼 전해지는 이야기로는, 당신이 그 서약을 마치고 재판정을 나오면서 '그래도 지구는 돌고 있다Eppur si muove!'고 중얼거렸다는 것입니다. 이게 만일 사실이라면 철학사의 명장면 중 하나가 아닐 수 없습니다. 혹자는 당신이 독배를 마신 소크라테스나 참수를 당한 토머스 모어나 화형을 당한 조르다노 브루노Giordano Bruno처럼 소신을 위해 자신을 희생하지 않았다고 비난할 지도 모르겠습니다만, 적어도 나는 그럴 생각이 추호도 없음을 밝혀둡니다. 오히려 나는 당신의 그 말에서 당신의 시대를 잘 알려주는 어떤 상징성을 발견합니다. 즉 당신은 지구를 포함한 자연이라는 것을, 인간의 말이나 학설 따위와 전적으로 무관하게, 더욱이 종교재판의 판결 따위와 완전히 무관하게, 오직 그 자신에게 내재하는 법칙에 따라 움직이고 있는 어떤 것으로 파악하고 있었다는 것입니다. '나 갈릴레이라고 하는 인간이 지구의 편을 들어주건 태양의 편을 들어주건 지구와 태양의 관계 자체가 변할 일은 전혀 없다'는 생각이 당신의 말에서 읽혀지는 것입니다.

친애하는 갈릴레이, 결국은 당신이 옳았고 재판정이 틀렸다는 것을 오늘날의 우리는 너무나도 잘 알고 있습니다. 그런데 바로 거기에서 나는 하나의 거대한 역사적 전환을 보게 됩니다. 즉 당신은 바로 그 지점에서 우리 인간을 자연으로부터 분리시켜놓고 있는 것입니다. 당신은 아마 의식하지 못하고 있었을 테지만, 거기에는 자연을 자체적인 법칙에 따라 움직이는 일종의 자동기계로 보는 기계론적 자연관이 전제되어 있다고 볼 수 있습니다. 그 점은 인간이 스스로를 자연의 일부로 생각했던 그 이전과 비교할 때, 중대한 역사적 전환이 아닐 수 없습니다. 그렇게 해서 자연은 인간의 '객관'으로, 인식의 '대상'으로 변모하게 된 것입니다. 당신의 업적을 포함한 이른바 자연과학은 바로 그러한 변화를 배경으로 해서 눈부시게 발전해가기 시작했던 것입니다.

그 발전의 근간에는 이른바 '자연법칙'의 해명이 자리하고 있습니다. 그리고 그것을 위한 새로운 시선이 자리하고 있습니다. 그 법칙은 무엇보다도 '수학적 질서'입니다. 그리고 그 시선은 수학적인 시선입니다. '수학적'이라는 것 자체가 하나의 철학인 셈입니다.[10] "철학은 우주라는 드넓은 책에

---

10 "수학은 존재론이다"라는 현대 프랑스철학자 알랭 바듀의 말도 같은 맥락에서 참고할 수 있음.

씌어 있다. 이 우주라는 책은 수학적 언어lingua matematica로 씌어 있고, 그 자모는 삼각형이나 원, 그 밖의 기하학적 도형으로 구성되어 있다"고 《분석자Il Saggiatore》에서 당신은 말했습니다. 바로 우주 안에 내재하는 그러한 수학적 언어(즉 자연법칙)를 읽어내는 것이 당신의 자연탐구였던 것입니다. 나는 그렇게 당신을 이해하고 있습니다. 당신에게는 자연현상의 배후에 숨어 있다고 간주되었던 이른바 형상이나 본질과 같은 '숨겨진 질qualitas occulta'은 배제되고, 오직 자연현상에 내재하는 측정가능한 수학적 관계가 문제되었습니다. 그것을 당신은 사고와 경험의 협력에 의한 실험으로 읽어내려 했습니다. 그것은 먼저, '분석적 방법método resolutivo'에 의해 개개의 요소로 나눠지고, 그리고 이어, 수학적 처리에 의한 이 요소들의 결합과 실험에 의한 그 확인이라는 '종합적 방법método compositivo'을 통해 하나의 수학적 질서로 파악됩니다. 이렇게 파악된 양적인 관계 즉 역학적 세계가 유일한 자연탐구의 대상이 되었던 것입니다. 바로 그러한 자연탐구를 오늘날 우리는 '과학' 혹은 '자연과학'이라는 말로 부르고 있습니다.

친애하는 갈릴레이, 자연과 인간의 분리, 객관적-수학적 자연법칙의 파악, 그런 것으로 시작된 과학의 발달은 그 후

기술과 산업의 진보를 가능케 했고, 그것은 또한 교역과 교통과 통신의 발달로 이어졌습니다. 지금 나를 비롯한 우리 현대인들은 그 연장선상에서 삶을 살아가고 있습니다. (인터넷과 휴대폰이 그러한 현대적-과학적 삶을 상징합니다.) 그 혜택은 실로 엄청나다고 아니할 수 없습니다. 참으로 고마운 일이기도 합니다. 나는 그 편리함과 풍요함을 '현대의 복락'이라고 부르기도 합니다. 그 복락의 기원이 바로 당신의 시대, 당신에 의한 사고방식의 전환, 즉 자연 내지 우주에 대한 객관적-수학적 시선, 그런 것에 있다고 나는 파악합니다. 당신은 어떤 점에서 근세 초의 퓌타고라스라고 할 만큼 역사적인 인물입니다.

하지만 갈릴레이, 당신은 아마 짐작도 못하실 겁니다. 우리는 동시에 그 자연의 신음소리를 듣기 시작하고 있습니다. 이른바 자연파괴, 환경오염 등의 문제가 전 지구적인 규모로 진행되어 전 인류의 생존을 위협하는 지경에까지 이르렀습니다. 심각한 문제입니다. 대체 그것이 근대적 자연과학과 무슨 상관이냐고 당신은 불만스럽게 물으실지 모르겠습니다만, 이 문제의 뿌리 또한 분명 당신의 시대에서부터 자라기 시작했습니다. 살아있는 자연을 기계 취급한 것이 화근이었습니다. 지구를 포함한 자연은 우리 인간과 무관할 수 없습니다. 이제는 우리 인간이 지구를 움직이게 할 수도 있고 멈추게 할 수도 있는 것입니다. 그래서 문제인 것입니다. 우리 인간의 문제이기도 하고 자연의 문제이기도 합니다. 이제 우리는 그러한 문제의 해결을 하나의 커다란 숙제로 안고 있습니다. 갈릴레이, 결자해지라고… 당신이 그 해결의 실마리를 주실 수는 없으신지…. 나도 진지하게 그것을 찾아보기로 하겠습니다.

근세로 부치는 철학편지

Francis Bacon 1561-1626

"아는 것은 힘이다."

"자연은 복종함으로써 극복된다."

"손도 도구가 있어야 일을 할 수 있듯이
지성도 도구가 있어야 무슨 일을 할 수 있다."

"인간의 지성을 고질적으로 사로잡고 있는 우상과 그릇된 관념들은
인간의 정신을 혼미하게 할 뿐만 아니라
우리가 얻을 수 있는 진리조차도 얻을 수 없게 만든다."

1561년 영국 런던의 요크 하우스York House에서 성주인 니콜라스 베이컨 경의 아들로 태어남.

1573년 존 휘트기프트John Whitgift의 문하에서 배우기 위해 케임브리지대학 트리니티 칼리지Trinity College 입학.

1576년 아미아스 파울렛 경Amias Paulet을 따라 파리로 감.

1579년 법학협회인 그레이 협회Gray's Inn에 입주. 아버지가 죽고 적은 재산을 상속받음.

1582년 변호사가 됨.

1584년 멜코움 레지스Melcombe Regis를 대표하는 하원의원이 됨.

1597년 36세 때, 20세의 미망인 엘리자베스 해튼Elizabeth Hatton과 결혼. 후에 그녀가 돈 많은 다른 남자에게로 감.

1598년 빚 때문에 체포됨.

1603년 기사작위를 받음.

1605년 《학문의 진보》 출간.

1606년 45세 때, 14세의 소녀 앨리스 반험Alice Barnham과 재혼.

1613년 사법장관이 됨.

1617년 국새상서Lord Keeper가 됨.

1618년 대법관이 됨.

1620년 알반스 자작The Viscount St Alban의 작위를 받음.

1621년 뇌물사건으로 공직에서 물러남.

1623년 국왕을 알현하는 것이 허락되나 그의 오명을 씻어줄 완전 사면은 나오지 않음.

1626년 런던 교외 하이게이트Highgate에서 기관지염으로 죽음.

베이컨에게
우상과 귀납을 묻는다

　나는 당신에 대해 좀 특별한 호감과 존경심을 갖고 있습니다. 그러나 그것은 당신이 남작을 거쳐 자작의 작위를 받았다거나 변호사자격을 지닌 대법관이었다거나 하는 당신의 현실적 조건들과는 전혀 상관이 없습니다. 그도 그럴 것이 나는 사회적 지위 내지 신분으로 인간의 수준을 평가하는 것이 대부분 오류라는 것을 뼈아프게 체험해본 사람이고, 더구나 당신이 뇌물을 받은 혐의로 모든 공직에서 물러난 사람이니 그걸로 호감을 살 수는 도저히 없는 일입니다. 오히려 당신 같은 역사적 인물이 어떻게 그런 어처구니없는 범죄를 저질렀는지 한심스럽기도 합니다. 당신은 그 점에 대해 반성해야 합니다. 그러나 하나 때문에 열을 다 부정하는 것도 또한 논리적인 오류라고 나는 배웠습니다. 죄는 죄대로 공적은 공적대로 각각 그에 합당하게 평가받아야 한다고 나는 봅니다. 그래서 나는 당신이 남긴 아름다운 수상록과 시대를 선도한 철학적 정신에 대해 호감을 갖는다고 거리낌 없이 말하는 것입니다. 당신은, 적어도 철학에서는 저 프랑스의 데카르트와 더불어, 근대라는 새로운 시대를 본격적으로 연 영웅입니다. 당신은 영국에서 '경험주의'라는 깃발을 들고, 그리고 데카르트는 프랑스에서 '이성주의'라는 깃발을 들고.

친애하는 베이컨, 얼핏 생각해보면 16세기와 17세기를 살았던 영국인 프란시스 베이컨과 20세기와 21세기를 사는 한국인 이수정과는 너무나도 멀리 떨어져 있어서 아무런 관련도 없을 것 같습니다. 하지만 잘 생각해보면 나는 당신의 유산을 물려받은 후손이라는 것이 드러나게 됩니다. 당신이 섬겼던 엘리자베스 여왕과 똑같은 이름을 지닌 또 하나의 엘리자베스 여왕이 몇 해 전 내가 자란 고향을 방문했다고 하는 것이 그러한 연관성을 상징적으로 말해주는 듯도 합니다. 내가 말하는 연관성이란 21세기 현재의 나의 삶이 철저하게 근대성의 지배를 받고 있으며 그 근대성의 형성에 당신이 결정적으로 기여했다는 것입니다. 그렇지 않은가요? 나는 그렇다고 봅니다.

생각해보십시오. 나는 분명히 한국인이지만 내가 만일 지금 있는 그 모습 그대로 한 2백 년 타임슬립을 한다면 아마도 동헌에 끌려가 사또 나으리께 취조를 받을 게 분명합니다. 차림새는 말할 것도 없고 사고방식도 행동양식도 영락없는 서구인일 테니까요. 어디 그뿐이겠습니까? 나의 생활 구석구석에 근대의 산물들이 자리잡고 있어서 이제 그것들 없이는 삶 자체가 불가능할 지경인 것입니다. 시계가 그렇고 자동차가 그렇고 전기가 그렇고 … 주변에 보이는 거의 모든 것이 다 근대적 사고의 산물들입니다. 체제와 제도는 기본이지요. 바로 그 근대적 사고의 선봉에 당신이 깃발을 높이 들고 서 있는 것입니다.

친애하는 베이컨, 모든 것이 아직은 희뿌연 안개 속에 휩싸인 가운데 가능성으로 머물고 그 속에서 한 줄기 희망의 빛을 모색하던 나의 소년 시절, 나는 한 선배의 하숙방에서 당신을 처음 만났습니다. 그 방 책상머리에 붙어 있던 당신의 문구 "아는 것은 힘이다scientia potentia est"는 당신의 이름 석 자와 더불어 하나의 교양으로서, 하나의 멋으로서 내게 다가 왔습니다. 당시로서는 이 문구가 홉스의 손질에 의한 것이라는 것도, 당신은 '아는 것 그 자체가 힘이다'라고 말했다는 것도, 그리고 최초의 발언자는 아랍의 이만 알리Iman Ali라는 것도 아직 몰랐을 뿐더러, 더욱이 이 말의 의미 따위는 그저 어렴풋이 짐작이나 할 따름이었습니다.

그러나 베이컨, 이제 나는 당신이 왜 앎과 힘을 함께 병치시켜 놓고 있는지를 진지하게 생각해봅니다. 이 짧은 문구에는 당신의 시대가 — 따라서 당신과 나를 함께 포괄하는 우리들의 근대가 — 압축되어 있습니다. 이 말은 당신이 남긴 또 하나의 문구 "자연은 복종함으로써 극복된다natura parendo vincitur"와 함께 짝을 이루고 있습니다. 내가 생각하기에 당신이 생각하는 앎은 아마도 '자연'에 관한 앎이며 당신이 생각하는 힘이란 아마도 그 자연을 '극복'하는 힘이 아닌가 싶습니다. 우리는 오직 하나의 자연 속에서 우리의 삶을 영위하고 있건만 그 자연의 모습은 당신의 시대에 결정적인 탈바꿈을 하고 완전히 새로운 모습으로 우리 인간에게 다가왔습니다. 고대인들에게 있어 자연은 불생불멸의 존재요, 이치요, 질서요, 조화요, 정신이었습니다. 중세인들에게 있어 그것은 신의 피조물이었습니다. 그것은 또한 인간에게 맡겨진 신의 선물이기도 했습니다. 그것이 이제 근대인들에게 있어서는 인간 앞에 버티고 선 '대상object'으로 '객관으로' 변모한 것입니다. 교회의 권위는 퇴색되었고 인간은 자연과 대립하게 되었습니다. 여기서 내가 '적을 알고 나를 알면 백번 싸워도 위태롭지 않다知彼知己, 百戰不殆'는 말을 연상하는 것은 지나친 것일까요? 꼭 적절한 것은 아니겠지만 전혀 영

근세로 부치는 철학편지

뜻한 것도 아닐 것입니다. 앎을 힘으로 규정한다는 것은 이미 그 앎의 대상인 자연을 극복해야 할 적으로 설정하고 있다는 것과 통할 수 있는 부분이 있습니다.

친애하는 베이컨, 서글픈 일이지만 그것은 우리 인간이 그만큼 잘났다는 것이 아니라 역으로 우리가 그만큼 허약한 존재라는 것을 반증하고 있는 것이 아닐까요? 그런 '인간의 허약성'은 당신이 네 가지의 '우상들idola'을 경계하는 데서도 드러납니다. 우리 인간들의 앎이란 그 우상들에 의해서 끊임없이 방해받고 있습니다. '종족의 우상idola tribus'은 우리들의 감각이 그만큼 부실하다는 것을, '동굴의 우상idola specus'은 우리들의 안목이 그만큼 좁다는 것을, '시장의 우상idola fori'은 우리들의 언어가 그만큼 엉성하다는 것을, '극장의 우상idola theatri'은 우리들이 그만큼 권위에 약하다는 것을 여실히 보여줍니다. 당신이 지적해준 이 네 가지는 생각할수록 내 무릎을 치게 합니다. 기발한 용어선택도 그렇지만 그 내용이 또한 의미심장합니다. 하나씩 살펴봅니다.

종족의 우상? 인간이라는 종족이 원천적으로 지닌 감각의 한계라는 말이죠? 아닌 게 아니라 우리가 그토록 믿는 눈도 실은 독수리만 못하고 귀도 박쥐만 못하고 코도 개만 못합니다. 어디 그런 감각뿐이겠습니까. 좀 엉뚱한 해석을 덧붙이자면 인간들이 '보아야 할 것을 보지 않고 들어야 할 것을 듣지 않는 것'도, 혹은 '잘못 보고 잘못 듣는 것'도 다 종족의 우상 때문인지 모르겠습니다. 제대로 된 눈으로 제대로 보고 제대로 된 귀로 제대로 듣는 사람은 참으로 드뭅니다. 오죽하면 '눈 뜬 장님'이라든지 '귀 있는 자는 들을지라' 같은 말이 있겠습니까.

동굴의 우상도 그렇습니다. 좁은 세계에 갇혀 있다는 말이죠? 사람들은 정말 '우물 안 개구리'입니다. '나'라는, 자기라는 좁은 틀에 갇혀 바깥을 내다볼 줄 모릅니다. 혹은 기껏해야 '우리'라는 패거리에 집착합니다. 내다보려 하지도 않습니다. 그 바깥은 오히려 적으로 간주합니다. 자기가 아는 것만이 전부입니다. 거기서 무수한 문제들이 생겨납니다.

시장의 우상도 그렇습니다. 거래의 수단인 언어가 문제라는 말이죠? 언어의 혼란은 정말이지 심각한 문제를 야기합니다. 사람과 사람 사이에 도무지 말이 통하지를 않습니다. 영어와 한국어만 안 통하는 게 아닙니다. 같은 한국어인데도 '아'를 '어'로 알아듣습니다. 진리라는 말도 말은 같은데 사람마다 생각하는 내용은 다 다릅니다. 정의라는 말도 그렇고 좋다-나쁘다는 말도 그렇습니다. 좀 과장하자면 모든 개인들 사이에 초고성능 번역기가 필요한 실정입니다.

극장의 우상도 그렇습니다. 무대 위의 것들을 맹신한단

　　　　　　　　근세로 부치는 철학편지

말이죠? 그렇습니다. 사람들은 오직 권위자만을 쳐다봅니다. 있는 자, 센 자, 유명한 자에게 껌뻑합니다. 무대에 오르지 못한 사람은 거들떠도 안 보고 그런 사람의 말은 옳은 말 좋은 말이라도 귀담아듣지 않습니다. 시시하게 봅니다. 조선의 유학이 공자왈 맹자왈을 팔아먹은 것도, 한국의 철학계가 유럽과 미국의 철학자들을 그토록 파고들면서 정작 그들의 문제 자체를 잘 보지 못하는 것도 다 극장의 우상에 홀린 때문입니다. 사실은 그 권위보다도 그 내용이 중요한 거지요.

특히나 우리가 권위를 맹신하기 쉽다는 점에서 극장의 우상을 조심하라는 당신의 권유는 참신합니다. 공자왈 맹자왈이 무의미한 것은 절대로 아니지만 그것을 절대시하는 태도는 결국 진정한 앎의 진보를 가로막습니다. 당신은 그것을 몸으로 실천해 보였습니다. 천 년 이상의 권위로 군림해온 아리스토텔레스에게 도전할 생각을 했다는 것 자체만으로도 당신은 철학적인 멋쟁이로 평가될 수 있습니다. 당신의 논리학이 《새로운 기관*novum organum*》이라는 제목을 달고 있다는 것은 학생 시절의 나에게 정말 신선하게 다가왔습니다(이 제목 자체가 이미 아리스토텔레스의 '기관organon'에 대한 도전인 셈입니다). 《학문의 진보The advance of learning》나 《대혁신instauratio magna》이라는 다른 제목들도 똑같은 인상을 주었습니다. 당신에 대한 나의 호감은 아마도 그런 것들을 통해 싹튼 것이 아니었나 싶습니다. 짐작컨대 그것은 내가 아직도 조선시대인 양 유학의 본향임을 자랑스러워하는 특이한 보수적 분위기에서 자라나면서 그곳을 지배하고 있는 독특한 '권위적' 느낌이 그만큼 싫었기 때문인지도 모릅니다(별 내용 없는 권위, 권위적인 권위는 내가 가장 혐오하는 것 중의 하나입니다). 아리스토텔레스의 연역법deductio은 일반적이고 보편적인 대전제에서부터, 즉 이미 정해진 대원칙에서 시작되기 때문에 그 구조 자체가 권위적입니다. 그러나 당신의 '귀납법inductio'은 구체적이고 개별적인 경험사례에서부터 출발하기 때문에 민주적입니다. 대상인 자연으로부터 새로운 앎을 얻어낼 힘으로 삼고자 했던 당신에게는 귀납이야말로 효과적인 방법이었을 것입니다(현대철학에서는 이 귀납의 한계가 시빗거리가 되긴 합니다만, 나는 개인적으로 경험의 내적 절차인 귀납의 의의를 지지하는 편입니다. 왜냐하면 귀납의 성립 근거가 다름 아닌 자연의 일양성uniformity임을, 즉 그것이 자연 자체의 아프리오리a priori한 보편적 질서에 근거함을, 나는 인정하기 때문입니다).

그러나 친애하는 베이컨, 이제 당신으로부터 수백 년이 지난 시점에서 나는 생각해봅니다. 우리들이 추구하는 것이 앎이고 학문이고 철학이라면 그것을 위해서는 아리스토텔

근세로 부치는 철학편지

레스와 베이컨이 다 함께 필요한 것이 아닐는지요. 귀납과 연역은 서로 맞물려 돌아가고 있습니다. 귀납이 연역의 대전제를 가능케 하며 연역이 귀납의 결과를 활용합니다. '배우고 생각하지 않으면 막막하며, 생각하고 배우지 않으면 위태롭다'고 공자가 말하듯 배움學과 생각思도 서로 도와주고 현상학과 해석학도 상호 보완적입니다. '반대의 공존'은 일종의 '학문적 선善'입니다. 그것은 수레의 두 바퀴와도 같고 안경의 양쪽 렌즈와도 같습니다. 귀납과 연역에 대해서도 그런 균형감각을 잃지 않으려고 나는 노력하고 있습니다.

친애하는 베이컨, 당신과 당신의 시대가 이룩한 근대성의 덕분에 지금 현재 누리고 있는 온갖 혜택에 대해 모든 현대인을 대신하여 깊은 감사를 전합니다. 그것은 분명 좋은 것이기 때문입니다.

Thomas Hobbes 1588-1679

"자연 상태의 인간은 … 만인의 만인에 대한 투쟁에 다름 아니다."

"인간은 인간에 대해 늑대이다."

1588년 영국 윌트셔 주의 맘즈베리 근교인 웨스트포트Westport에서 성공회 목사 토마스 홉스의 둘째 아들로 태어남.

1600년 아버지가 죽고 삼촌 프랜시스 홉스의 집에서 자람. 로버트 라티머의 사립학교에 입학.

1603년 옥스퍼드대학 모들린 홀에 입학(1608년 졸업).

1620년 프랜시스 베이컨의 조수가 됨.

1629년 투키디데스Thucydides의 《펠레폰네소스 전기》의 번역판을 출간.

1636년 갈릴레이를 방문.

1640년 최초의 저서 《법학 요강The elements of law》을 썼으나 인쇄하지 않고 원고 그대로 회람하게 함. 한편 정치적 이유로 위험을 느끼고 프랑스로 망명.

1642년 《시민론De cive》을 익명으로 출간.

1646년 네이즈비의 전투에서 패배한 황태자가 파리로 망명하여 생 제르맹Saint-Germain에서 망명궁정을 설치. 황태자에게 수학을 가르침.

1647년 영국 국교회의 세례를 받음.

1649년 《시민론》의 프랑스어 번역판을 암스테르담에서 출간.

1650년 《법학 요강》이 2부로 나뉘어져 출간.

1651년 《시민론》의 영어판을 출간, 여름 《리바이어던Leviathan》을 런던에서 출간(이 출판으로 무신론자라는 낙인이 찍혀 망명궁정의 출입이 금지됨. 51년 말 비밀리에 귀국하여 공화국 신정부에 귀순. 귀국 후는 정쟁에 말려드는 것을 극히 조심함).

1655년 《물체론De Corpore》을 출간.

1658년 《인간론De Homine》을 출간.

1666년 홉스주의에 대한 종교계, 대학, 왕당 우익의 비난이 심해짐. 찰스 2세Charles Ⅱ로부터 정치적 종교적 저작을 출판하지 못하도록 명령을 받음.

1668년 퓨리턴 혁명사 연구로 유명한 《비히모드Behemoth(1679)》를 완성.

1671년 라틴어 자서전 저술.

1675년 런던을 떠나 더비셔Derbyshire의 하드위크Hardwick Hall로 이주.

1679년 더비셔에서 죽음.

홉스에게

인간과 국가를 묻는다

    생각해보면 한 가지 이상한 점이 있습니다. 고등학교에서 서양의 사상을 처음 배우기 시작할 때 학생들은 어김없이 당신의 이름을 접하게 됩니다. 적어도 시험을 치면서 당신의 이름을 '리바이어던Leviathan'이라는 이상한 단어와 연결시키는 것쯤은 누구나가 하게 됩니다. 만일 당신의 이름을 잊어버리더라도 '만인의 만인에 대한 투쟁bellum omnium contra omnes'이라는 말쯤은 언젠가 어디선가 한번쯤 들어본 적이 있는 말로서 기억의 어디쯤엔가 자리잡게 됩니다. 그런데 내가 이상하다고 하는 것은, 정작 대학의 철학과에서 본격적으로 철학을 배우게 될 때에는, 당신의 이름과 사상이 누락되어버리는 경우가 적지 않다는 것입니다. 심지어 입문적 교과서에서조차 당신의 이름이 빠져 있는 경우가 있습니다.

    왜 그럴까 하는 것을 나는 생각해본 적이 있습니다. 하나의 짐작이지만 나는 그 이유를 이렇게 보았습니다. 즉, 철학의 교과서들은 대부분 철학의 역사를 축으로 해서 기술되고 있으며 그럴 경우 사상의 경향, 흐름, 맥락 같은 것을 강조해서 설명하게 되는데, 당신이 속해 있는 영국의 경우, 아무래도 경험주의 인식론이 '영국의 근세철학'을 대표하게 되고, 따라서 당신의 정치철학 내지 국가론은 철학사의 주류에서 약간 비켜나게 되기 때문이라고 말입니다. 나의 이런 짐작은 아마 크게 틀리지는 않을 것입니다.

물론 당신도 영국적 경험주의자의 한 사람인 것은 분명해 보입니다. 당신은 인식의 제1근원을 '감각sensation'으로 보고 있습니다. 그리고 감각은 '인간의 감각기관이 외부에 있는 물체의 운동에 의해 자극되고 이에 따라 신체의 내부에 어떤 반응작용이 생김으로써 성립된다'고 설명합니다. 이렇게 성립된 감각들은 자극이 없어진 뒤에도 남게 되는데 그것이 바로 '기억memory'이며, 이 기억 속에 보존된 것들의 총체가 다름 아닌 '경험experience'이라고 당신은 말하고 있습니다. 이런 것은 경험주의의 전형적인 모습이기도 합니다.

그러나 당신이 철학의 역사에서 두드러지는 것은 역시 뭐니뭐니 해도 인간과 국가에 대한 깊은 관심과 날카로운 통찰입니다. 이 점에 대해 나 또한 점수를 아끼지 않고 있습

　　　　　　　　　근세로 부치는 철학편지

니다. 2,600년 서양철학의 역사가 한마디로 '인간과 그 인간의 삶의 장소인 세계(자연적 세계와 사회적 세계)에 대한 근원적이고도 종합적인 이성적 관심 내지 설명'이라고 생각하는 나의 입장에서 보면, 당신의 사상은 생략될 수 없는 철학 그 자체가 아니 될 수 없는 것입니다.

고등학교 시절 처음 당신의 사상을 접했을 때, 나는 약간의 거부감 같은 것을 느꼈었습니다. 왜냐하면 세상의 모든 것을 아름답게 보고자 했던 한 낭만적 문학소년의 입장에서는 '인간은 인간에 대해 늑대lupus est homo homini'라든지, '만인의 만인에 대한 투쟁'으로 세상을 설명하는 것은 너무나도 살벌하게 들려왔기 때문입니다. 지금 돌이켜봤을 때, 내가 느꼈던 그런 거부감은 부모의 사랑, 형제의 우애, 친구의 우정, 스승의 교유, 이런 따뜻하고도 포근한 보호막이 인간세상의 거친 비바람을 막아준 가운데서 있을 수 있었던 철부지 감상주의의 결과였음을, 안타깝지만 시인할 수밖에 없을 것 같습니다.

그 이후 수십 년, 세상의 온갖 풍파에 시달려본 지금의 나로서는 당신의 그 날카로운 통찰에 대해 그저 고개를 끄덕일 수밖에 없습니다. 물론 '늑대'라는 당신의 말은, 지금도 세상을 가득 채우고 있는 저 무수한 여우들, 너구리들, 뱀들 구렁이들 기타 등등을 모두 포괄하는 것임을 사람들은 알아야 할 것입니다. 나도 어쩌면 살아남기 위해 내 속에 늑대 몇 마리를 키우고 있는 지도 모르겠습니다.

아무튼, 인간의 '자연상태the state of nature'를 당신은 그렇게 파악하고 있습니다. 옳습니다. 그것은 지금도 타당한 진실이고 앞으로도 계속 그럴 것입니다. 서글프지만 인정하지 않을 수가 없습니다. 이기심과 경쟁심과 남의 위에 서고자 하는 우월주의가 인간들의 삶을 이끌고 있습니다. 그것은 실질적인 힘입니다. 오로지 기만이 이 늑대들의 투쟁에서 승리를 거두고 있습니다. 선량함이 이기는 경우는 참으로 보기가 어렵습니다. '고독하고 가난하고 불쾌하고 잔인하고 단명한solitary, poor, nasty, brutish, and short, 그래서 비참하고 한심한 삶'이 거기 남게 됩니다. 양처럼 사슴처럼 살고자 했던 나도 이미 몇 차례나 늑대들의 피문은 이빨에 물어뜯겼는지 모릅니다. 당신 또한 그랬지 않았을까요?

그러나! 인간이 그뿐이라면 그냥 늑대지 어디 인간이겠습니까. 인간에게는 그런 자연상태에서 벗어나고자 하는 욕구와 능력이 있어 보통의 늑대와 구별됩니다. 당신은 그 해결의 실마리를 '국가nation' 또는 '사회society'에서 찾고 있습니다. '패배와 죽음에 대한 공포를 벗어나 평화를 얻기 위해, 사려를 통해 각자가 고유하게 지니고 있는 이른바 자연권을 억제하고, 일종의 협정으로 사회 또는 국가를 형성한 것'이라고, 그렇게 당신은 설명하고 있습니다. 자연상태의 불행을 방지하기 위해, 평화와 안전을 지키기 위해, 선악이니 정사正邪니 의무니 하는 규범들도 필요하다고 당신은 말합니다. 그것을 위해 개인의 권리를 국가와 그 권력자에 양도하고 복종해야 된다고, 그것이 '상호계약mutual contracts'이라고 그렇게 당신은 말합니다. 그렇게 당신은 최초의 사회계약론자가 되었지요.

당신의 이런 사상에는 물론 문제도 있을 것입니다. 당신의 동시대 반대자들이 이미 지적했듯이 당신의 견해는 스튜어트 가의 왕권신수설을 옹호하고 있다는 인상을 줄 수도 있습니다. 역사상에서 보이는 실제 국가의 기원이 그런 사회계약과는 한참 다르다고 반론을 펼칠 수도 있습니다. 국가의 기원과 발전은 그렇게 단순한 것이 아니라고, 엄청나게 복잡하고 다양한 것이라고 당신을 나무랄 수도 있을 것입니다.

하지만 홉스, 당신네 경험주의자들이 입을 모아 말하고 있듯이, 어떤 복잡한 관념들도 최초에는 단순한 인상에서 시작되었던 것처럼, 아무리 복잡한 국가의 양상들도 그 단초는 지극히 단순한 것일 수 있다는 가능성을 나는 인정합니다. 최초에 모든 백성들이 권리를 권력자에게 양도하고 국가에 위탁한다는 문서에 서명을 하지는 않았다 하더라도,

현실의 국가가 이미 그러한 역할을 하고 있다는 것에서 우리는 그 기원을 거슬러 유추해볼 수가 있습니다. 그렇게 보면 당신의 견해는 타당합니다. 실제로 자연상태의 인간들이 늑대이고 인간들의 삶이 투쟁인 것은 명백한 사실입니다. 그런 자연의 상태를 그대로 둘 수는 없는 노릇입니다. 인간들은 안녕과 행복을 희구합니다. 그것을 위해서도 인간 세상에는 질서와 규범이 반드시 필요합니다. 현실적으로 국가가 그것을 맡을 수밖에 없습니다. 그래서 지금도 우리는 국가에 비싼 세금을 납부하고 있는 것입니다.

중요한 것은 그렇게 성립된 국가가 제대로 기능을 해야 된다는 것입니다. 당신은 인간을 하나의 자동기계로 보고, 국가도 하나의 거대한 자동기계로 보고 있습니다. 그런 기계론적 세계관을 갖고 있다는 점에서 당신은 전형적인 근세인입니다. 마치 시계가 태엽에 의해 자동적으로 움직이듯이, 인간도 그렇다고 당신은 설명합니다. 심장은 태엽, 신경은 선들, 관절은 톱니바퀴, 라고 당신은 비유합니다. 국가도 인간의 기술이 만든 하나의 거대한 인공적 인간이라고 당신은 말합니다. 주권은 혼, 관리는 관절, 상벌은 신경, 가문과 재산은 체력, 안보는 역할, 고문관들은 기억, 형평과 법은 이성과 의지, 평화는 건강, 소요는 질병, 그리고 내란은 죽음에 해당한다고 당신은 비유합니다. 재미있습니다. 그런데 결국 가장 중요한 것은 이 모든 부품들과 기관들이 각자 제 역할을 잘하며 제대로 돌아가주어야 한다는 것입니다. 그럴 때 우리 인간들은 비로소 늑대들의 투쟁인 자연상태에서 벗어나 나름대로의 인간적 행복을 누릴 수 있게 될 것입니다.

그런데 문제는 항상 그것들이 제대로 움직이지 못한다는 데 있는 것 같습니다. 우리의 국가를 보면, 머리는 머리대로, 몸은 몸대로, 팔다리는 팔다리대로, 하나같이 부실한 것투성입니다. 국가의 주요 기관들은 걸핏하면 고장을 일으킵니다. 이럴 땐 도대체 어쩌면 좋겠습니까. 친애하는 홉스, '고장 난 국가의 수리'를 나는 언제부턴가 철학의 중요한 업무 중의 하나로 추가해두고 있습니다. 거기서 가장 중요한 것은 '정의의 확보'입니다. 그것은 제대로 된 국가를 바라는 모든 이들의 숭고한 사명입니다. 국가는 인생의 궁극목표인 행복을 위해 결정적인 조건 중의 하나입니다. 보다 좋은, 보다 나은 국가의 건설과 유지는 인생의 과제가 되기도 합니다. 그러니까 그것을 위해 우리는 끝없이 국가의 실상을 주시하는 '홉스적 노력'을 계속해야 할 것입니다.

René Descartes 1596–1650

"양식[이성]은 이 세상에서 가장 공평하게 분배된 것이다."

"나는 생각한다. 고로 나는 존재한다."

"그리하여 나는 나 자신 안에서 찾아낼 수 있는 학문,
혹은 세계라는 커다란 책 안에서 찾아낼 수 있는 학문 이외에
어떠한 학문도 추구하지 않기로 결심했다."

"…모종의 자연인식을 얻고자 힘쓰는 일에만
나의 여생을 보내기로 결심했다."

1596년 프랑스 투렌Touraine 주의 라 에이La Haye에서 귀족의 아들로 태어남.

1606-1614년 라 플레쉬 콜레주Collège la Flèche에서 문학, 과학, 고전어, 스콜라 철학 등을 공부.

1614년 푸아티에Poitiers대학에 입학. 법학과 의학 공부.

1617년 네덜란드로 가서 나사우Maurice de Nassau 공의 군대에 입대, 수차 종군.

1618년 30년 전쟁 발발, 독일로 가서 막시밀리안Maximilian 군대에 입대.

1619년 도나우 강변 노이부르크Neuburg에서 휴가 중 꿈을 꾸고 철학적 영감을 얻음.

1621년 학문에 전념하기 위해 군대를 떠나 프랑스로 돌아감. 이후 헝가리, 폴란드, 북구, 독일, 네덜란드 등지로 방랑.

1623년 파리에 들렀다가 다시 스위스, 이탈리아로 여행, 다시 프랑스로 귀국.

1625년 2년 동안 파리에 머물면서 연구에 몰두. 메르센느Mersenne 학회의 살롱에 출입.

1628년 네덜란드로 가서 철학에 몰두(주요 저서는 약 20년간의 네덜란드 체제 중에 저술).

1633년 지동설에 기초를 둔 《우주론》를 탈고. 코페르니쿠스의 지동설을 지지했다는 이유로 종교재판을 받음.

1634년 암스테르담에서 헬레나Helena Jans van der Strom라는 하녀와 관계를 갖고, 프랑신 Francine이라는 딸을 낳음(1640년 프랑신 죽음).

1637년 메르센느의 요청에 따라 《방법서설》과 함께 《우주론》을 수정하여 익명으로 출간.

1647년 라이든Leyden대학의 신학교수인 리비우스로부터 신교로 개종할 것을 권유받았으나 거절.

1649년 스웨덴 여왕 크리스티나Christina의 초빙으로 스톡홀름으로 감. 새벽 강의.

1650년 스톡홀름에서 폐렴으로 죽음.

데카르트에게

명증한 사고를 묻는다

    우리 또래의 세대라면 누구에게나 그렇겠지만, 프랑스는 일찍부터 동경의 대상이었습니다. 파리, 베르사유, 마르세유…, 그리고 '루브르, 샹젤리제, 몽마르트르…, 그런 것들은 이름만 들어도 가슴을 설레게 하는 것이었습니다. 인문학도인 우리에게는 프랑스의 철학도 그런 것 중 하나였습니다. 그런데 프랑스가 철학의 무대에 정식으로 등장하게 된 것이 바로 당신을 통해서였으니, 당신은 프랑스가 세계에 자랑해야 할 위대한 인물의 하나로 손꼽아도 좋을 것 같습니다.

    친애하는 데카르트, 고등학생 시절 나는 데칸쇼라는 이름으로 당신에 관한 이야기를 처음 들었습니다. 칸트, 쇼펜하우어와 더불어 당신은 철학적 지성을 대표하고 있었던 것입니다. 칸트와 쇼펜하우어는 일반에게 제법 알려진 이름이었지만 당신은 아직 그렇지 못했기에 이 둘을 거느리고 맨 앞에 등장하는 데카르트가 도대체 어떤 인물인지 나는 자못 궁금했습니다. 그러다가 대학생 시절 나는 한 학기 동안 당신의 《방법서설Discours de la méthode》을 배울 수 있게 되었습니다. 그때는 이미 "나는 생각한다 고로 나는 존재한다cogito ergo sum" 정도는 들어서 알고 있었습니다.

그런데 사람들은 이 말을 '생각하는 인간의 존엄성' 같은 뜻으로 받아들이고 있었습니다. 그건 아마도 '인간은 생각하는 갈대'라는 블레즈 파스칼의 말과 혼동했기 때문일 거라고 짐작됩니다. 당신이 이 유명한 말을 내뱉게 된 배경을 지금의 나는 이해하고 있습니다. 그것은 한마디로 '사고의 명증성evidentia'을 위한 것이고, 철학을 확고한 기반 즉 '명석하고 판명한clara et distincta' 제1원리 위에 세워 놓기 위한 것이었습니다. 이른바 '방법적 회의doute méthodique'는 그것을 위한 방편이었던 것입니다. 그것은 나름 인상적이었습니다. 당신은 상징적인 그 '코기토'를 통해 '제대로 생각하기'의 본때를 보여준 셈입니다.

사실, 당신은 그 누구도 회의할 수 없는 명석판명한 즉 확고부동한 제1원리 내지 진리를 확보하기 위해 일부러 회의라는 절차를 수행했던 것이죠. 조금이라도 회의할 수 있

근세로 부치는 철학편지

는 것은 철저히 회의해서 배제해야 한다는 것입니다. 그래서 우선 누구나가 확실하다고 믿는 감각적 지식connaissance sensitive을 회의하고 배제했었죠. 아닌 게 아니라 감각도 때로는 잘못된 정보를 주기도 하니까요. 우리는 때로 잘못 보기도 하고 잘못 듣기도 합니다. 맛도 또한 사람에 따라 다를 수 있는 게 사실입니다. 누구는 김치를 엄청 좋아하는데 누구는 엄청 싫어합니다. 치즈도 청국장도 그렇습니다. 또 누구는 재즈음악을 엄청 좋아하는데 누구는 아주 질색합니다. 그러니 감각적 지식도 진리의 기준이 될 수는 없지요. 그 다음으로 당신은 수학적 지식connaissance mathématique을 회의하셨죠. 2+2=4 같은 수학적 지식은 누구나가 확실하다고 믿는 바이지만 사실은 사악한 악마가 그렇게 믿으라고 속이고 있는 것일 수도 있다는 식입니다. 그렇습니다. 억지로 회의하자면 그럴 수도 있겠지요. 그런데! 그렇게 생각하던 바로 그 순간, 당신의 머리를 스쳐간 것이 '그렇게 생각하는 나 자신의 존재'였습니다. 그렇게 회의하는, 혹은 악마에게 속고 있는 나 자신의 존재는 도저히 회의할 수가 없다는 것이었죠. 그건 직관적 지식connaissance intuitive입니다. 그게 바로 '나는 생각한다, 고로 존재한다je pense donc je suis'라는 말의 문맥입니다. 과연 데카르트! 그건 그 누구도 인정하지 않을 도리가 없습니다. 내가 생각하는 한 그 생각하는 나의 존재는 자명한 것으로 직관되니까 말입니다. '나의 생각이 곧 나의 존재'와 필연적으로 연결됩니다. 당신은 그것을 '정신mens'이라고 명명하셨죠. 그리고 그것을 최상의 존재인 '실체substantia'로 규정했습니다. 그리고 정신이라는 그 실체의 속성을 '사유'로 규정했습니다. 거기서 유명한 '사유 실체res cogitans'라는 개념이 등장했지요. 한편 당신은 그것에 절대적으로 대비되는 '연장 실체res extensa'로서의 '물체corpus'를 함께 지적해서 이른바 '이원론' '심신론' 어쩌고 하는 철학적 논란의 단초를 제공하기도 했었죠.

당신이 바다 건너 영국의 프란시스 베이컨과 함께, 아니 때로는 그를 제치고 단독으로, '근세철학의 아버지'라 추앙받고 있는 것은 그만한 이유가 있다고 나는 인정합니다. 그 것은 당신이 등장한 시점이 우연히도 근세의 초기였기 때문만은 결코 아닐 것입니다. 당신은 하나의 시대를, 하나의 대단한 시대인 근대를, 내가 사는 이 시점까지도 길게 그림자를 드리우는 새로운 시대를 여는 선봉장의 역할을 해낸 사람입니다. 물론 이 시대가 남긴 폐해에 대해서도 생각해봐야 하지만 그럼에도 불구하고 당신의 공적이 빛을 잃어서는 곤란합니다(단, 당신에게도 중세적인 요소가 일부 잔존하기는 했지요. 나는 그것을 당신의 '신 존재증명'에서 감지합니다. 저 '제1원

근세로 부치는 철학편지

리'의 확보 바로 뒤에 이어지는 이 신론은 제법 장황하지만 그 핵심은 '완전성'이라는 신의 본질에서 그 '존재'를 유추하는 것이었습니다. 즉 '완전한 존재라는 관념이 불완전한 존재인 나로부터 유출되었다고는 생각할 수 없으므로, 완전한 존재인 신 자신이 그 원천이라고 생각할 수밖에 없다. 따라서 완전한 존재로서의 신은 현존한다'라는 것이었습니다. 그리고 '이 세계에 어떤 물체가 있고, 또 거의 완전하지 않은 어떤 예지나 다른 본성이 있다면, 그들의 존재는 신의 능력에 의존해야 한다'라는 것도 있었습니다. 안셀무스의 증명과 토마스의 증명이 그 배후에 어른거리고 있음이 느껴집니다. 그러나 이런 중세적 요소가 당신의 역사적 의의를 축소시키지는 않는다고 나는 봅니다. 새 시대의 첫 부분과 옛 시대의 끝 부분이 일부 겹쳐지는 것은 너무나 자연스런 일이니까요).

친애하는 데카르트, 솔직히 말해 내가 맨 처음 당신에게 강력하게 이끌렸던 것은 당신의 그 유명한 '코기토 에르고 숨' 때문이 아니라 그에 앞서 당신이 소개한 당신의 학문역정 때문이었습니다. 《방법서설》에서 당신은 라 플레쉬에 있던 당신의 학교와 선생들과 친구들에 대해 이야기했습니다. 그리고 교묘하게도 당신 자신의 자랑을 늘어놓은 후에 그곳에서의 공부가 만족스럽지 못했음을 토로하였고, 그러고 나서 내가 아마도 평생 잊지 못할 그 멋진 말을 내뱉었습니다.

'나 자신moi-même'과 그리고 '세계라고 하는 커다란 책le grand livre du monde'을 직접 읽어나가기로 결심했다는 당신의 그 선언, ("그리하여 나는 나 자신 안에서 찾아낼 수 있는 학문, 혹은 세계라는 커다란 책 안에서 찾아낼 수 있는 학문 이외에 어떠한 학문도 추구하지 않기로 결심했다") 그것은 철학에 첫발을 내디딘 젊은 나에게 하나의 신선한 충격으로 다가왔습니다. 이렇게 멋있는 말을 할 줄 알다니! 과연 데카르트! 과연 프랑스! 하고 나는 속으로 탄복했습니다. 약간의 부러움과 질투를 느끼면서. 왜냐하면 그건 바로 내가 하고 싶은 종류의 말이었기 때문입니다. 하지만 정말로 대단한 것은 당신이 그 선언을 한치도 모자람이 없는 실천에 옮겼다는 사실입니다. 졸업 후 당신이 행한 여행과 군생활과 궁정의 견문과 그리고 깊은 사색이 그것을 증명합니다. 그것은 아무나 쉽게 할 수 있는 일이 절대 아니었습니다.

친애하는 데카르트, 나는 당신이 무엇에 관심을 두었는지, 왜 그것에 관심을 두었는지 유심히 살펴보았습니다. 많은 사람들이 당신의 '코기토…'에 관심을 두면서도 그 책의 마지막 부분에서 당신이 '자연의 인식'을 주제로서 선언하고 있다는 것은 잘 모르고 있습니다. ("…모종의 자연인식을 얻고자 힘쓰는 일에만 나의 여생을 보내기로 결심했다") 나는 그것이 당신의 관심사에 대한 솔직한 고백이라고 받아들입니다. 그리고 그것은 시대의 관심사이기도 했습니다. 그런 점에서 당신은 베이컨과 학문적 사촌입니다. 자연의 인식을 위해서 당신은 사고를 올바로 이끄는 것이 필요하다고 느꼈을 것입니다. 이른바 '방법적 회의'도 그런 취지에서 제시되었겠지요.

그런데 데카르트, 당신이 내 마음에 드는 것은 철저한 회의에도 불구하고 당신이 우리에게 주어진 것을, 특히 결정적으로 중요한 무언가를, 꿰뚫어보고 주제화시켰다는 것입니다. 그게 바로 '양식' 즉 '이성'이었습니다. 그래서 당신의 묘비명인 "데카르트, 유럽 르네상스 이후 인류를 위해 처음으로 이성의 권리를 쟁취하고 확보한 사람"이라는 말은 참으로 적절합니다. 이성은 곧 데카르트의 상징입니다. 당신은 그것을 명확히 인지했습니다. "양식은 이 세상에서 가장 공평하게 분배된 것이다Le bon sens est la chose du monde la mieux partagée"라고 다짜고짜 선언하면서 당신은 《방법서설》의 본론부를 시작하고 있습니다. 이 '양식bon sens' 내지 '이성raison' 또는 '정신mens'에 대한 전폭적인 신뢰를 당신은 숨기지 않습니다. 그리고 그 근거를 당신은 '완전한 존재'인 신의 성실성veracitas Dei'에서 찾고 있습니다. 당신의 목표인 '명증성' '명석판명함'의 근거도 결국은 신이 부여해준 이성 자체의 빛에 의한 것임을 당신은 인정하고 있습니다. 그래서 이 이성을 잘 이끌어서 학문에서의 진리를 발견하라고 당신은 가르쳤을 것입니다(바로 이 '이성'이야말로 오늘의 서양을 있게 한 핵심요소이며, 따라서 우리 한국이 서양으로부터 들여와야 할 최우선적 수입품이라고 나는 기회 있을 때마다 강조하고 있습니다).

그런 취지에서 당신이 제시한 사고의 네 가지 규칙, 즉 1) 명증한 것만을 인정하고, 2)문제들을 가급적 세분하고, 3)쉬운 것에서 복잡한 것으로 단계적으로 질서를 부여하고, 4)전체적인 열거와 일반적인 검증을 실시하라, 라는 것은 많은 근대인들에게 훌륭한 지침으로 작용했을 것입니다. 그것도 모자라 당신은《정신지도의 규칙*Regulae ad Directionem ingenii*》에서 무려 21개의 규칙을 제시하기도 했습니다. 그 모든 철학적 노력들과 함께 당신이 곁들인 수학적·자연과학적 업적들이 근대성의 형성에 기여했음을 그 누가 부인하겠습니까?

친애하는 데카르트, 당신의 이런 이성주의(=합리론)는 이제 이곳 한국에서도 제법 유명합니다. 하지만 이성주의 철학뿐만 아니라 해석기하학의 창시자이기도 한 당신이 동시에 인간의 마음을 속속들이 꿰뚫어본《감정론 *Les Passions de l'ame*》의 저자라는 사실을 아는 사람은 그리 많지 않습니다.

사유실체인 동시에 감정실체라는 인간의 실상을 제대로 본 당신, 참 대단하십니다. 그런 통찰력은 정말 부러운 일입니다. 경이·존경·정열·질투·숭배·멸시·사랑·미움·희망·망설임·경쟁·공포·가책·선망·후회·호의·감사·긍지·수치·혐오·희열 … 등을 상세히 들여다본 그 감정론의 저자답게 당신은 "이 지상에서 가장 영광스러운 직업을 내게 주신 사람보다도 나의 한가함을 방해함이 없이, 나로 하여금 그 한가함을 누릴 수 있도록 해주는 사람들을 더 고맙게 생각한다"는 말로 당신의 주저인 《방법서설》을 끝맺었습니다. 이 말은 어쩌면 당신을 한가롭게 내버려두지 않고 저 춥고 음습한 스톡홀름으로 불러 개인교수를 맡김으로써 결국 54세의 젊은 나이에 폐렴으로 당신을 죽게 한 스웨덴의 크리스티네 여왕에 대한 원망인지도 모르겠습니다. 이제 내가 알 수 없는 그 어떤 곳에서 당신은 그 한가함을 누리고나 있는지. 제발 누리고 있기를 나는 진심으로 희망합니다. 이는 한가하지 못한 자로서의 동병상련입니다.

Blaise Pascal 1623-1662

"클레오파트라의 코가 조금만 낮았더라면
세계의 얼굴이 달라졌을 것이다."

"저 무한한 우주의 영원한 침묵은 나를 두렵게 하는구나."

"인간은 하나의 연약한 갈대에 지나지 않는다. …
그러나 그것은 생각하는 갈대이다. … 인간의 존엄성은 그의 사고에 있다."

"우주는 공간으로서 나를 포용하고 하나의 점인 양 나를 삼켜버린다.
그러나 나는 사고로써 우주를 포용할 수 있다."

1623년 프랑스 클레르몽-페랑Clermont-Ferrand 지방에서 회계사 에티엔 파스칼Étienne Pascal의 아들로 태어남.

1626년 3살 때 어머니가 죽음.

1631년 아버지를 따라 파리로 이주.

1635년 12세에 삼각형의 내각이 180도라는 사실을 오직 자력으로 발견하여 주위 사람들을 놀라게 함.

1636년 '블레즈 파스칼의 삼각형'을 발견.

1637년 현재는 프랑스 학술원이 된 프랑스 수학자 단체의 정기 회동에 매주 참가.

1639년 사영기하학의 기초가 되는 '블레즈 파스칼의 정리'를 증명.

1640년 '블레즈 파스칼의 정리'를 이용하여 명제 400개를 도출.

1642년 회계사인 아버지의 일을 돕고자 최초의 계산기인 파스칼라인Pascaline을 발명.

1644년 수은기 등을 사용한 일련의 실험으로 유체정역학의 기초를 다지는 '파스칼의 법칙'을 정립.

1646년 생 시랑Saint-Cyran의 제자들과 만나 신앙에 눈뜨고 장세니슴Jansénisme에 다가감.

1651년 아버지가 죽음. 누이 자클린느Jacqueline Pascal가 포르 루아얄 수도원Port-Royal des Champs에 들어감.

1654년 사두마차를 타던 중 말의 고삐가 풀려 다리와 충돌 사고. 다행히 생명에는 지장이 없었지만, 이후 수학을 멀리하고 신학에 몰두함.

1656년 《프로방시알》 발표. 《팡세》의 내용이 될 메모들을 작성(사후1670년 출간).

1658년 치통에 시달림. 통증으로 불면증이 너무 심해 4년 동안 정신적으로 엄청난 고통(이 통증을 잊고자 연구한 '사이클로이드'가 수학의 발전에 크게 기여).

1662년 5솔Sols의 마차(버스에 해당하는 세계 최초의 공공교통기관) 발명, 실제로 파리에서 창업.

1662년 천연두에 걸린 가난한 가족에게 자기 집을 내주고 누이의 집에 들어가 지냄. 39세로 파리에서 죽음(사체를 해부한 결과, 위장과 중요 기관들이 정상이 아니었고 뇌에도 심각한 외상이 있었음).

파스칼에게

인간의 본질을 묻는다

　왜일까요? 당신의 이름은 언제나 조금 색다른 느낌으로 내게 다가옵니다. 아마도 그것은 당신의 이름이 보통의 철학 교과서에는 잘 등장하지 않고 따라서 내가 당신의 이른바 '학설'에 대해 따로 배운 적도 따로 가르친 적도 없었기 때문일 가능성이 큽니다. 왜 교과서들은 당신을 본격적으로 다루지 않고 있을까요? 아마도 그것은 당신이 39세의 젊은 나이에 요절을 했고, 또 철학자로서보다는 수학자나 물리학자로서 더 잘 알려져 있고, 더욱이 당신의 사상이 그 시대적 특징을 대변하기보다 어떤 점에서 시대를 앞서가는 선구적인 것이었기 때문인지도 모릅니다. 하지만 짧은 인생에도 불구하고 광범위한 영역에서 당신이 이룩한 업적들을 생각해보면 옷깃을 여미고 경의를 표하지 않을 수 없습니다. 이 경의에는 약간의 부끄러움도 함께 숨어 있습니다. 왜냐하면 어느샌가 나 자신이 당신의 일생보다도 훨씬 더 많은 세월을 살고 있기 때문입니다. 그런 느낌은 내가 젊은 나이에 죽은 예수를 생각할 때에 언제나 느끼는 것과 비슷한 것입니다.

아무튼 내게 있어 당신은 매력적인 사람입니다. 내가 당신을 최초로 접한 것은 고등학교 1학년 사회시간이었습니다. '칸트'라는 별명을 가진 김성진이라는 선생님이 당신의 이름과 함께 소개한 말 "클레오파트라의 코가 조금만 낮았더라면 세계의 얼굴이 달라졌을 것이다Le nez de Cléopâtre, s'il eût été plus court, toute la face de la terre aurait chang"와 "저 무한한 우주의 영원한 침묵은 나를 두렵게 하는구나Le silence éternel de ces espaces infinis m'effraie" 하는 것이 너무나도 멋있게 들려왔기 때문에 나는 아직까지도 그때의 그 장면을 손에 잡을 듯이 생생하게 기억하고 있습니다. 특히 후자, 낮이건 밤이건 무한한 우주공간을 볼 때마다 나는 당신의 이 말을, 《팡세 Pensées》 95쪽에 등장하는 이 말을, 언뜻언뜻 떠올리곤 합니다. '별 반짝이는 하늘…'이 경이로써 가슴을 가득 채운다고 했던 칸트도 필시 그랬을 거라고 짐작이 됩니다. 당신을 두렵게 한 그 공간이 물론 기하학적인 공간은 아닐 것입니다. 그것은 실 공간입니다. 그것은 감각적으로 파악할 수 있는 모든 것들을 실제로 담고 있는 근원적인 그릇입니다. 사람들은 바빠서 별로 그럴 틈이 없어 보이지만, 한번쯤 정색을 하고 '이것이 얼마만큼 큰 것인가'를 생각해보면 실로 정신이 아득해지는 느낌이 듭니다. 사람들은 백두산이 높다고 하고 서울에서 창원이 멀다고들 하지만 지구와 달의 거리, 지구와 태양의 거리, 지구와 안드로메다의 거리를 생각해보면 우리가 사는 생활상의 거리는 거리라고 할 것도 못되고 하나의 점으로 사라지고 맙니다. '저 무한한 우주'는 우리가 생각할 수 있는 모든 거리를 다 자신 안에 담고 있는, 상상을 초월할 만큼 엄청난 크기를 가지고 있습니다. 그것은 우리가 짐작도 할 수 없는 저 '태초'의 비밀을 그 굳게 다문 입속에 간직하고 있습니다. 어찌 두렵지 않을 도리가 있겠습니까.

친애하는 파스칼, 당신에 대한 많은 교과서들의 무관심에도 불구하고 당신이 꼭 기억되어야 하는 것은 우리들 '인간 l'homme'에 대한 당신의 관심과 통찰 때문입니다. 인간을 하나의 '갈대roseau'로 본 것은 너무나도 타당합니다. 그토록 인간들은 연약합니다. 그것을 확인하기 위해 굳이 고릴라와 씨름을 붙여볼 필요도 없습니다. 눈에 보이지도 않는 바이러스나 박테리아한테도 꼼짝을 못하고 죽어 넘어지는 것이 우리들 인간입니다. 조그만 사건들 때문에도 울고불고 죽고 살고 하는 것이 우리들 인간입니다. 당신 말처럼 인간을 상대로 우주 전체가 무장을 할 필요는 애당초 없는 것입니다. 우리가 연약하다는 것은 우리 자신들이 너무나도 잘 알고 있습니다.

그래도 당신은 '인간의 위대함la grandeur de l'homme'을 인간들의 '고귀'와 '우월'과 '존엄'을 이야기합니다. 그 점에서 당신은 영락없는 근대의 아들입니다. 더군다나 당신은 그 존엄의 근거를 '안다'는 것, '생각'한다는 것에서 찾고 있습니다. 그래서 "인간은 생각하는 갈대L'homme n'est qu'un roseau le plus faible de la nature: mais c'est un roseau pensant"라고 당신은 말했습니다. "공간에 의하여 우주는 나를 포함시키고 한 점으로 나를 삼켜버린다. 생각에 의하여서는 나는 우주를 포함시킨다"고 당신은 말했습니다. 멋있는 말이라고 나는 거기에 밑줄을 그었습니다. 생각은 온 우주를 담을 수 있는 그릇입니다.

하지만 파스칼, 당신의 말은 헷갈립니다. 인간은 결국 못난 놈이란 말입니까 잘난 놈이란 말입니까. 누군가가 그렇게 따지고 대든다면 어쩔 작정입니까. 파스칼, 곤란한 질문입니까? 나는 지금 짓궂게 웃고 있습니다. 그것은 당신을 궁지에 몰아넣는 데 성공했다고 해서가 아니라 이미 당신의 대답을 예상하기 때문입니다. 당신이 '중간milieu의 균형'을 몹시도 강조했다는 것을 나는 최근에 와서야 알았습니다.

"인간이란 무엇인가? 무한에 비교하면 무이며 무에 비교하면 전체로서 무와 전체의 중간이다qu'est-ce que l'homme dans la nature? Un néant à l'égard de l'infini, un tout à l'égard du néant, un milieu entre rien et tout"라고 당신은 이미 대답하고 있습니다. "과도한 것은 우리들의 적"이라고도 말했습니다. 그래서 우리는 "확실하게 알 수가 없고 완전히 모르지도 않는다"고 말했을 것입니다. 당신의 말대로 우리는 "늘 불확실하고 유동적인 넓은 중간지대에서 이 끝에서 저 끝으로 밀리면서 떠돌아다닙니다." 그러한 유동성과 불확실성 또는 인간들의 헛됨과 비참함, 불안과 비통함, 그런 것들을 우리 인간들의 실상으로서 꿰뚫어보고 설파했기 때문에 똑똑한 사람들은 당신을 '실존주의의 선구자'라 추켜세우고 있을 것입니다. 인간의 실상에 대한 당신의 날카로운 통찰은 우리 자신들의 삶을 되돌아볼 때 충분히 수긍이 갑니다. 특히 '인간의 비참'에 대한 지적이 그렇습니다. 마치 키에게고식 실존주의를 보는 듯한 당신의 발언을 확인 삼아 적어봅니다.

"자기 자신의 비참을 모르고 신을 앎은 역시 위험한 일이요, 또 그러한 비참을 고쳐줄 수 있는 구세주를 모르고서 자기의 비참을 안다는 것도 역시 위험한 일이다. 이러한 인식 가운데서 그 어느 한쪽에 머무르기 때문에 신을 알면서도 자기의 비참을 모르는 철학자들의 오만이나, 구세주를 모르고서 자기의 비참함을 아는 무신론자들의 절망 따위가 생기는 것이다."

인간의 삶에 대해 장밋빛 환상만을 늘어놓는다면 그것은 분명히 사기입니다. 인간의 하나인 나를 보더라도 그것은 분명합니다. 다른 것은 다 그만두더라도 지금까지 내게서 나왔던 수많은 한숨과 눈물들만 가지고도 충분한 증명이 될 수 있을 것입니다. 당신의 철학은 인간의 그런 어두운 곳을 비춰주는 등불입니다.

그러나! 그러나! 그러나! 당신의 그러한 통찰이 우리 인간을 좌절로 인도하기 위한 것이 아니었음을 사람들은 알아야 합니다. 그 유명한 《팡세》의 대부분이 실은 종교적 주제를 다루고 있다는 것을 아는 사람들은 의외로 많지 않습니다. 뛰어난 수학자요 물리학자요 철학자였던 당신이 결국은 예수 앞에 엎드려 있는 모습을 보면 많은 생각을 하게 됩니다. 예수에 대해 당신은 이런 말을 했지요.

"예수 그리스도를 통한 신, 우리는 예수 그리스도를 통해서만 신을 알 수 있다. 이 매개자가 없으면 신과의 교제는 완전히 끊어져버리고 만다. 예수 그리스도에 의해서 신을 알게 된다. 예수 그리스도 없이도 신을 알 수 있고 신을 증명할 수 있다고 생각하는 사람들은 헛된 증서를 가지고 있다. 그러나 예수 그리스도를 증명하는 것으로서 우리에게는 예언이 있다. 그것은 분명한 증거이다. 그리고 이 예언은 이루어졌고 그것이 진실임이 실제로 증명되었으므로, 이 진리의 정확성을 따라서 예수 그리스도가 신이라는 증거를 보여주고 있는 것이다. 그러므로 그에 있어서, 그리고 그에 의해서 우리는 신을 안다. 그를 떠나서는 성서도 없고 원죄도 없으며, 약속대로 강림하신 필요한 매개자 없이는 인간이 신을 완전하게 증명할 수 없을 뿐만 아니라 올바른 도덕과 교리를 가르칠 수도 없는 것이다. 그러나 예수 그리스도 안에서 사람은 신을 증명하고 도덕을 가르친다. 그러므로 예수 그리스도는 인간의 참된 신이다. 그러나 우리는 그와 동시에 우리의 비참한 상태도 알고 있다. 왜냐하면 이 신은 바로 우리의 비참을 구원해줄 분이기 때문이다. 그래서 우리는 자신의 죄악을 분명히 알게 됨으로써만 신을 뚜렷이 알 수 있는 것이다. 따라서 자신의 비참함을 알지 못하고 신을 알게 된 사람들은, 신을 숭배하는 것이 아니라 사실은 자기 자신을 숭배한 데 불과한 것이다."

도대체 예수란 누구인가? 그는 과연 당신의 말대로 신인가, 혹은 예수 주변의 사람들이 칭했듯 '신의 아들'인가, 혹은 예수 본인의 말대로 '사람의 아들'인가. 도대체 어떤 맥락에서, 어떤 의미에서 그는 우리 인간의 메시아, 그리스도, 구원자인가. 쓸데없이 분주하기만 한 생활이지만 어떻게든 시간을 내서 언젠가는 당신과 함께 이런 주제를 진지하게 논의해 봐야겠다는 생각이 듭니다. 신앙 여부를 떠나 예수는 만인에게 그 어떤 특별한 존재임에는 틀림없으니까요. 그때는 아마도 이성이 아닌 '마음의 논리logique du coeur'로 무장을 해야겠지요. "신이여, 영원히 나를 버리지 마소서"하며 당신은 이 세상을 떠났습니다. 나도 그렇게 빌겠습니다. 신이여, 선량하고 총명했던 블레즈 파스칼을 영원히 버리지 마소서!

John Locke 1632-1704

"인간의 정신은 애당초 아무것도 적혀져 있지 않은
'빈 판' 또는 '백지'와 같으며,
인간의 분주하고 수많은 환상이 거의 무한하리만큼 다양하게
정신을 색칠하는 저 풍부한 관념의 저장물은 … 모두 다 경험으로부터 온다."

"나의 목적은 … 인간 지식의 기원과 확장을
그리고 또한 신념-의견-동의의 바탕과 정도를 탐구하는 것이다."

로크에게

경험을 묻는다

당신의 이름을 들을 때 나는 언제나 세 가지의 인상을 한 꺼번에 떠올립니다. 그것은 '영국'과 '경험'과 '민주주의'입니다. '한꺼번에'라고 하는 것은 아마도 이 세 가지가 서로 얽혀 하나의 전체를 이루고 있기 때문일 겁니다. 비단 나뿐만 아니라 모든 한국인들에게 당신이 하나의 의미가 될 수 있다면 바로 이러한 것들이 그 실마리가 될 거라고 나는 믿습니다.

지난 2013년 내가 미국의 케임브리지에 머물고 있을 때, 우연히 영국의 케임브리지에서 온 존이라는 친구를 알게 돼 가까이 지내면서 영국의 이런저런 이야기들을 듣게 되었습니다. 그때 꼭 한번 영국에 가보고 싶다는 동경을 느끼면서 묘하게도 당신의 이미지가 거기에 겹쳐오던 것을 기억하고 있습니다. 그것은 어쩌면 히르쉬베르거Johannes Hirschberger라고 하는 권위가 그의 《서양철학사 *Geschichte der Philosophie*》에서 당신을 단적으로 '영국의 철학자'라 소개했었기 때문일지도 모르겠습니다. 그는 당신에 대해 '현명하고 균형이 잡혀 있으며 모든 극단적인 것을 다 피해가는 판단력, 냉철하고 실질적인 객관성, 보수성과 진보성이 잘 합쳐져 있는 것, 자유주의, 관용 및 실제 생활에 대한 감각' 등의 특징이 있다고 찬사를 보내면서 이러한 특징이 곧 영국 국민성의 특징이라고 규정했습니다.

정말로 그렇습니까? 이러한 특징들은 나 자신의 지표이기도 한 반면, 우리 한국의 실정과는 너무나도 다르고 너무나도 대비되기 때문에 나는 상당한 관심과 흥미를 가지고 있습니다. 여러 가지 사정들로 나는 아직까지 영국을 가볼 형편이 되지 못하고 따라서 당신이 태어난 린턴이나 당신이 공부한 웨스트민스터 스쿨 및 옥스퍼드대학이 어떤 곳인지 잘 모르지만, 그런 만큼 영국과 영국인, 그리고 당신에 대한 나의 인상은 아직도 고스란히 동경으로 남아 있습니다.

이 동경에는 소년 시절 나를 매료했던 〈마이 페어 레이디〉라든가 〈메리 포핀스〉 같은 영화들, 또는 어린 시절 나를 사로잡았던 〈소공자〉나 〈걸리버 여행기〉 같은 이야기들, 그리고 대학 시절 깊이 빠져 있었던 셰익스피어와 워즈워드, 또는 딸과 함께 즐겼던 조앤 롤링의 《해리포터》 등이 결정적으로 기여했음을 고백하지 않을 수 없습니다. 그리고 지금까지도 이 동경이 사그러들지 않고 있는 것은 인류사 전체에서 당신의 영국이 끼친 영향 내지는 차지하고 있는 위치 때문입니다. 당신이 일상적으로 사용했던 언어인 영어가 지금 거의 전 세계적인 공용어가 되다시피 한 것은 절대로 예삿일이 아닙니다. 물론 결정적인 것은 미국의 역할이지만 미국의 뿌리가 영국이며 영국이 이른바 '해가 지지 않는 나라'로서 세계화의 기틀을 마련했다는 것은 이미 누구나가 다 아는 사실입니다. 물론 그 기저에는 영국의 식민주의가 있었지만 그게 다는 아니었을 겁니다. 그렇다면 도대체 무엇이 그것을 가능케 했는가? 하는 점을 생각하면서 당신을 연상하는 것이 완전히 잘못된 일일까요?

친애하는 로크, 나와 당신의 최초의 만남에서 비쳐진 당신의 얼굴은 '정치사상가'였습니다. 대부분의 학생들처럼 나도 고등학교 윤리시간에 시험의 답안지를 메우기 위해 당신의 이름과 함께 밑줄을 그어가며 '이권 분립'이라는 것을 외었습니다. 물론 그때는 당신이 입법권 행정권과 함께 '연합권'이라고 하는 제3의 권력을 말했다는 것과 그것이 사실상의 외교권을 의미한다는 것 등은 제대로 알지 못했습니다. 사실 그때는 당신조차도 내게는 약간쯤 원망의 대상이었습니다. 왜냐하면 당시의 나는 '학생'이었고 학생에게 있어 당신은 단순한 '학습'의 내용이었기 때문입니다. 하지만 '정부'와 '정치'와 '권력'과 그것의 '분립' 같은 주제는 이제 내게 지극히 현실적인 관심사의 하나로 다가옵니다. 왜냐하면 그런 것들은 삶의 필연적 조건이 되기 때문입니다.

'정부government' 내지 정치권력에 대해 관심을 갖는다는 것은 사상가로서는 말할 것도 없고, 이제는 우리의 필연적인 삶의 조건이 되어버린 시민사회의 일원으로서도 반드시 요구되는 덕목입니다. 더욱이 당신은 그 권력이 특정인에게 미리 결정되어 있다거나 세습된다는 것에 대해 명백히 반대하고 있으며, 또 정치적 권력이 오직 공공의 복지만을 위해 행사되어야 한다는 입장이었습니다. 더욱이 당신 글의 행간에서는 '소유권'이라든지 '평화'라든지 '자연법의 우위'라든지 '주권재민'이라든지 '권력의 분리'라든지 하는 사상들을 어렵지 않게 찾아볼 수 있습니다. 이러한 생각들은 칭찬 받아 마땅한 '의로운 사상'입니다. 1688년의 명예혁명에서 당신이 구체적으로 어떤 역할을 수행했는지는 자세히 모르겠지만, 적어도 그 혁명 이후 당신이 5년간의 네덜란드 망명생활을 청산하고 귀국했으며, 새 정부가 당신에게 명예로운 직위를 수여하려 했었던 것을 생각해보면 당신이 그것과 전혀 무관하지 않았음을 짐작할 수 있습니다. 당신은 민주주의의 공로자인 것입니다. 내가 영국이라는 말을 들으면서 베이컨도 홉스도 아닌 당신을 가장 먼저 연상하는 것도 바로 그 점 때문입니다.

당신과 당신의 영국이 이룩한 그러한 전통이 이른바 '민주주의democracy'라는 이름으로 전 인류에게 끼친 영향을 나는 절대로 가볍게 보지 않습니다. 그것은 인류의 소중한 자산이 되어 이 지상에 남게 되었습니다. 할 수만 있다면 나는 민주주의의 이름으로 당신에게 훈장이라도 바치고 싶습니다. 그리고 만일 당신이 그 훈장을 받으러 나타나주신다면, 민주와 반민주가 엉망진창으로 뒤얽혀 굴러온 역사를 한숨과 눈물과 피로써 경험한 수많은 이 땅의 '국민'들이 아낌없이 당신에게 박수를 보낼 거라고 나는 확신합니다.

친애하는 로크, 그러한 실천적 공로만 해도 이미 크건만, 당신은 또한 근대적 인식론의 수립에도 결정적인 발자취를 남겨주었습니다. 《인간 오성론An Essay Concerning Human Understanding》에서 펼친 본유관념의 부정이라든지, 인식의 기원으로서의 '경험'이라든지 '감각과 반성' '단순관념과 복합관념' '제1성질과 제2성질' 등의 주제에 관한 당신의 철학적 논의는 당신 이후의 전개와 결과를 볼 때 또 하나의 훈장감에 해당한다고 볼 수도 있습니다. 무엇보다도 그 지향이 역사적인 의미를 갖고 있었기 때문입니다. "나의 목적은 … 인간 지식의 기원과 확장을 그리고 또한 신념-의견-동의의 바탕과 정도를 탐구하는 것이다My purpose, therefore, is to enquire into the origin, certainty, and extent of human knowledge, and also into the grounds and degrees of belief, opinion, and assent"라고 당신은 말했습니다. 나는 언젠가 호숫가 잔디밭에서 야외수업을 하며 나의 학생들에게 당신에 관한 이론들을 '학습'시켰습니다. 아무리 우수한 이론이라도 그것이 '나'의 관심 속에 들어가지 않으면 의미가 없다는 것이 내 오랜 경험의 결과이기 때문에 나는 학생들에게 한껏 당신을 선전해서 관심을 불러일으키고자 했습니다. 일단은 그들의 귀를 열어 그 정신 속에 당신에 관한 관념 내지 지식을 새겨놓는 것이 필요하다고 나는 생각했습니다. 그러한 것을 포함해 외부로부터 인간의 정신 속에 들어가는 일체의 것을 일컬어 당신은 '경험'이라고 했을 것입니다. 《인간 오성론》에서 당신은 우리들 "인간의 정신은 애당초 아무것도 적혀져 있지 않은 '빈 판table rasa'[11] 또는 '백지white paper'와 같으며, 인간의 분주하고 수많은 환상이 거의 무한하리만큼 다양하게 정신

---

11   이 용어는 라이프니츠가 로크를 비판하기 위해 사용한 것이며, 로크 자신은 정신을 '백지' '빈방' '암실' 등에 비유했다.

을 색칠하는 저 풍부한 관념의 저장물"은 한마디로 모두 다 "경험으로부터from the experience" 온다고 단언했습니다. 그래서 "정신 안에는 어떤 내부적인 사변적 원리도 없다No innate·speculative·principles in the mind" "어떤 내부적인 실천 원리도 없다No innate·practical·principles" 같은 소제목들도 붙였겠지요. '경험'에 대한 절대적인 신뢰가 엿보이는 부분입니다. 이른바 영국 경험주의의 상징적인 장면이라고 보아도 좋겠군요. 관념의 기원으로서의 경험, 가장 넓은 의미에서 나는 그것을 인정합니다. 그래서 나의 언어가 그들(학생들)의 경험이 되기를 바랐던 것입니다.

그러나 로크, 나는 그때 호숫가의 산들바람을 맞으며 나의 학생들에게 한마디를 더 보탰습니다. 경험으로부터 정신에 새겨진 수많은 관념과 지식들은 분말처럼 어지럽게 우리의 정신 속을 떠다니다가 시간이 흐르면서 이윽고 심장에까지 스며들게 되며 그렇게 해서 박동하는 혈관을 타고 흘러 세포 구석구석에까지 미치게 될 때, 그때 비로소 '의미'라는 것을 갖게 된다고! 당신의 사상은 그러한 의미의 지적 자양분이 될 수 있다고 나는 판단합니다. 당신이 스스로 의식하고 있었는지는 알 수 없으나 당신이 파헤친 '인간의 지식'은 근대라는 시대의 상징이 되었습니다. 버클리와 흄과 칸트가 그것을 인정하고 있습니다. 그들과 함께 당신의 이름도 철학의 역사에 길이 기억될 것입니다. 인식론자-경험론자로서. 그리고 또한 민주주의의 공로자로서.

Baruch[Benedictus] de Spinoza 1632–1677

"신이 곧 자연"

"모든 것은 그저 존재하고 있을 뿐만 아니라,
또한 일정한 방식으로 존재하고 작용하도록
신적 본성의 필연성으로부터 결정되어 있는 것이며,
그리고 하나라도 우연한 것은 없다."

1632년 네덜란드 암스테르담에서 무역상인 미구엘 데 에스피노자Miguel de Espinoza와 아나 데보라Ana Débora의 아들로 태어남. 부모는 포르투갈에서 이주한 유대인.

1637년 유대인회 에츠 하임에 등록되어 탈무드 학교의 랍비 사울 레비 모르테이라Saul Levi Morteira 밑에서 유대철학과 신학을 배운 것으로 보임.

1653년 아버지가 죽음. 아버지가 경영하던 수입상품점을 물려받음.

1660년 무신론자라는 혐의로 유대인 교단으로부터 파문 당함. 그 후 가족과의 결별. 생계 유지를 위해 안경 렌즈 연마를 배움. 라이프니츠와 개인적인 관계를 유지.

1660년 린스뷔르흐Rijnsburg에서 《지성개선론》을 저술, 《데카르트 철학의 여러 원리 Descartes principles of philosophy》를 출간.

1663년 보르뷔르흐Voorburg에서 네덜란드 공화국의 정치적 지도자 얀 데 빗트Jan de Witt 와 친교관계를 가짐.

1673년 독일 팔츠 선제후로부터 하이델베르크대학 교수로 초빙되나 거절.

1670년 네덜란드 서부의 행정상 수도인 덴하흐Den Haag(헤이그)로 이주. 《신학·정치론》을 저술했으나, 신을 모독했다는 이유로 비난 받음.

1675년 《윤리학》을 완성하나 생전에 출간하지 못함(사후 1677년 출간).

1676년 라이프니츠의 방문을 받음.

1677년 44세에 덴하흐에서 폐병으로 죽음.

스피노자에게

신과 자연을 묻는다

　그때가 8월이었는데도 날씨는 그리 무덥지 않았습니다. 처음 찾은 암스테르담은 강물을 끼고서 늘어선 그림 같은 집들이 기막힌 풍경을 연출하고 있었습니다. 이미 여러 해 전이지만 나는 당신이 태어나 자란 그 암스테르담의 워털루 광장(와텔로플레인)Waterlooplein에서 당신을 생각한 적이 있었습니다. 당신과 나 사이에는 300년 이상의 시간이 가로놓여 있지만 그때는 근처 어디에선가 사색에 잠겨 있는 당신의 존재가 손에 잡힐 듯한 착각이 들기도 했습니다. 대학 시절 처음으로 당신의 이름을 듣고 당신의 철학적 개념들로 시험 답안을 매울 때엔 설마하니 내가 당신의 고향땅을 밟게 되리라고는 상상도 하지 못했습니다.

　대단히 미안한 말씀이지만 대학생 때 알게 된 당신에 대한 나의 첫인상은 그다지 좋은 것이 아니었습니다. 무엇보다도 그것은 '신성한' 철학책을 정의, 공리, 정리, 증명 운운하며 군이 수학책처럼 써 내려간 것이 수학을 싫어했던 내게는 영 못마땅한 일이었고,《윤리학*Ethica*》이라는 제목을 달아놓고 그것도 '기하학적 질서로 증명된 윤리학Ethica, ordine geometrico demonstrata'이라는 부제목까지 달아놓고, 다짜고짜 '자기원인causa sui'이 어쩌고 '실체substantia'가 어쩌고 하며 형이상학적인 사변을 늘어놓는 부조화도 별로 고와 보이지 않았던 데다, 솔직히 말해 '신=자연deus sive natura'이라는 이른바 범신론적인 당신의 일원론이 데카르트의 이원론을 성공적으로 극복했다고 보이지도 않았기 때문입니다.

그러면서도 내가 당신을 마음에 담고 있었던 것은 당신이 속해 있었던 유대인 사회의 회유와 압력에도 불구하고 당신의 학문적 소신을 굽히지 않았다는 기개, 그에 따른 파문 이후의 곤궁에도 불구하고 사고의 자유와 독립을 위해 하이델베르크대학의 교수초빙과 루이 14세의 연금제안도 거절했다는 고집 등이 젊은 시절의 나에게는 제법 멋있게 비쳤기 때문이었습니다. 말이야 쉽지만 유대인 사회에서 파문은 곧 사회적 사형선고와 비슷할진대 그 고난의 길을 실제로 걷기가 어디 쉬운 일이었겠습니까. 그런 삶의 태도에서 나는 당신이 강조한 '코나투스conatus' 즉 '힘/충동'을 느끼기도 했습니다. 코나투스는 살고자 하는 욕구 내지 의지, 특히 윤리학·인간학적 의미에서, 자아를 보존·발전·완성하려는 욕구 내지 노력이라고 할 수 있으니까요. 당신은 이 코나투스의 완전한 표출을 행복으로 보았고, 또한 이 코나투스를 발휘할 수 있는 정치체제가 최고라고 보기도 했었죠.

내가 당신을 긍정적으로 보기 시작한 또 하나의 계기는 졸업 후 조교를 하고 있을 때였습니다. 제법 나를 따르던 한 후배가 당신의 철학을 주제로 졸업논문을 쓰겠다면서 종종 사무실을 찾아와 조언을 부탁했고 그를 위해 대화를 나누는 가운데 당신의 '신'이 세속화된 교회의 '신'에 대한 극복의 가능성이 될 수 있다는 점을 감지했다는 것입니다.

친애하는 스피노자, 언젠가부터 신의 존재가 내 가슴속 깊숙한 곳에 자리잡고 난 뒤 여러 가지 기회에 여러 가지 형태로 신에 관한 이야기들을 들어보았지만 언제나 내 머리를 떠나지 않았던 생각은 신이 결코 교회 안에만 있지는 않다는 것이었습니다. 당신이 말했듯이 신이 자신의 존재를 위해 다른 것의 도움을 필요로 하지 않는 '자기원인'이요 '실체'라면 그것은 신 이외의 다른 모든 것들은 자기 바깥에 자신의 원인을 가지고 있다는 뜻이 되며 결국은 '신 안에 있다'는 뜻이 됩니다. 우리가 자연이라고 알고 있는 모든 것들이 신에 의한 것이며 신 안에 있다는 점에서, 즉 신과 연결되어 있다는 점에서 나는 당신의 '신즉자연'이라는 말을 이해했습니다. 그렇게 이해한다면 이 말은 결코 신을 자연으로 격하시키는 것이 아닙니다. 그리고 신을 자연으로 표현하는 것은 이미 저 중세의 에리우게나가 시도한 선례도 있는 것이니, 그것으로 당신을 몰아붙일 수도 없겠지요.

아니 오히려, 자연을 우연한 것으로 보지 않고 거기서 필연성을 읽어냈다는 것은 수긍할 수 있는 당신의 탁견이기도 합니다. "모든 것은 그저 존재하고 있을 뿐만 아니라, 또한 일정한 방식으로 존재하고 작용하도록 신적 본성의 필연성으로부터 결정되어 있는 것이며, 그리고 하나라도 우연한 것은 없다"고 당신은 분명히 말했습니다. 그런 질서와 필연성을 나는 봄만 되면 피어나는 민들레에서도 확인하고 때만 되면 밥을 찾는 우리 인간들에게서도 발견하고 심지어는 동그란 지구 껍데기에 다닥다닥 붙어 있는 온갖 사물들(즉 이른바 중력의 작용)에게서도 발견합니다. 자연의 질서가 우연이 아니라 필연인 것은 대한민국 창원에서 그렇던 것이 당신의 고향 암스테르담에서도 똑같이 그랬다는 것만 봐도 알 수 있습니다. 그와 같이 '낳아진 자연natura naturata' 즉 사물들의 필연성으로부터 '낳은 자연natura naturans' 즉 신의 필연성을 연결시키는 것은 결코 비약이 아닙니다. 그렇게 해석하면서 나는 당신에게 호감을 갖기 시작했습니다.

근세로 부치는 철학편지

친애하는 스피노자, 그와 같이 당신의 최대주제가 신이었음에도 불구하고, 심지어 노발리스Novalis 같은 이는 당신을 '신에 취한 사람'이라고까지 평했음에도 불구하고, '무신론자'라며 당신을 매도하고 추방한 교단의 경직성을 나는 안타깝게 여깁니다. 만일 교단이 당신의 그 유니크한 신관을 부정한다면 그것은 어떤 의미에서 자연에 대한 신의 창조와 지배를 부정하는 것과도 같습니다. 당신의 신관이 신에 의해 부여된 이성 내지 직관, 즉 당신이 말한 '제3종 인식tertium cognitionis genus'에 의한 것임에도 그것을 부정한다는 것은 이성과 직관에 대한 신의 지배를 부정하는 것과도 같습니다(확인이지만, 당신이 말한 제1종 인식은 상상의 인식, 즉 "우연적인 경험들" 및 "기호들"을 통해 획득되는 것이고, 제2종의 인식은 "공통의 통념"에 기초한 이성의 인식이고, 제3종 인식은 직관, 혹은 "직관적 인식", 즉 "특정한 신의 속성들의 형식적 본질에 대한 적합한 관념으로부터 사물들의 본질에 대한 적합한 인식으로 나아가는" 그런 인식이었죠?《지성개선론》과《윤리학》에서 당신은 그렇게 말했습니다). 당신은 인간의 정신이 신의 정신의 일부라고 생각하고 있었습니다. 얼핏 보기에는 이상한 생각으로 비칠지 몰라도 사실 정신 뿐만 아니라 우리 인간들의 능력이라고 하는 것이 애당초 우리가 잘나서 가진 것이 아니라 철저하게 '주어진 것'이라는 점을 생각해보면 당신의 말에는 충분한 일리가 있습니다.

더군다나 당신은 '신에 대한 지적인 사랑amor Dei intellectualis'을 부르짖었습니다. 거기서 당신은 최고의 '복락'을 찾았습니다. 그것은 얼마나 가상한 일입니까. 그러한 사랑이 당신의 말대로 신의 무한한 자기사랑의 일부라면 신에 대한 당신의 사랑도 그 사랑을 알게 한 당신의 인식도 모두 신의 자기사랑의 구현인 것입니다. 나는 당신의 이러한 철학이 나름대로 신앙의 한 형태라는 것을 인정해야 한다고 보는 편입니다. 그것을 가지고 '무신론'이라 비난하는 것은, 아니 처벌까지 하는 것은 너무나도 터무니없습니다. 그들은 필시 속이 좁았을 것입니다. 혹은 어리석어서 그것을 잘 이해하지 못했을 것입니다. 오죽하면 당신도 "모든 고귀한 것은 드물게 있을 뿐만 아니라 찾아보기 어려운 것"이라는 말로《윤리학》을 끝맺었겠습니까.

그들도 최소한 저 '탈무드'를 통달하고 있었을 테니 바보는 아니었을 텐데, 그럼에도 당신을 이해하지 못했다는 것은 최소한 당신처럼 사태를 '영원의 상 아래서sub specie aeternitatis' 볼 수 있는 눈을 가지지 못했기 때문일 것입니다. 즉 "우리의 정신은 그 자신 및 신체를, 영원의 상 아래서 인식하는 한, 필연적으로 신의 인식을 가지며, 스스로가 신 안에in Deo esse 있고, 신에 의해 인식된다per Deum concipi는 것을

근세로 부치는 철학편지

안다"는 사실을 잘 몰랐기 때문일 것입니다. 당신이 하고많은 일 중에서 안경알을 가는 것으로 생계를 유지했다는 것은 예사롭게 보이지가 않습니다. 그것은 '제대로 좀 보라'는 시위였는지도 모르겠다고 언젠가 생각한 적이 있습니다. 혹시 그런 것이었습니까? 우리가 눈을 똑바로 뜨고 제대로 보아야 할 것들이 참으로 많습니다. 그런데도 사람들의 철학적 시력은 점점 더 떨어져가고 있습니다. 상가에서는 안경집들이 나날이 번창하지만 지혜와 인식의 안경을 파는 대학의 안경집인 철학과는 어디 할 것 없이 폐업의 위기에 처해 있습니다.

친애하는 스피노자, 지금 이곳에서도 사람들의 눈은 온통 부귀공명만을 바라보고 있지만, 그래도 주변을 둘러보면 당신과 당신의 주제에 관심을 가진 사람들도 의외로 적지는 않아 보입니다. 그도 그럴 것이 세상이 어떻게 변하더라도 '윤리학'에서 당신이 펼친 신(제1부), 정신의 본성과 기원(제2부), 감정의 본성과 기원(제3부), 인간의 굴종 혹은 감정의 힘(제4부), 지성의 힘 혹은 인간의 자유(제5부) 같은 주제, 그리고 자연 – 신 – 영원 – 완전성 – 선 – 악 – 행복 같은 주제는, 그리고 그것을 바라보고자 하는 인간의 관심은 영원히 고갈되지는 않기 때문입니다. "인간의 정신은 신체와 함께 완전히 파괴될 수 없고 그 가운데 영원한 어떤 것이 남는다."고 당신도 말하셨죠? 그런 맥락에서 나는 당신에게 보내는 이 한통의 편지가 그런 영원의 샘에서 물을 퍼올리는 한 그릇의 마중물이 되기를 간절히 염원하고 있습니다.

헤겔이 모든 근대 철학자에 대해 "그대는 스피노자주의자거나 아예 철학자가 아니다"라고 말한 것, 그리고 레싱Gotthold Lessing이 "스피노자 철학 외는 진정한 철학이 없었다"고 말한 것, 그리고 들뢰즈가 당신을 "철학의 왕자"라고 칭한 것, 그것을 지금의 나는 어렴풋이나마 이해하고 있습니다. 물론 좀 과대포장이 없는 것은 아니겠지만.

Gottfried Wilhelm von Leibniz 1646–1716

"단자는 … '부분이 없는 단일체'로서 …
오직 창조에 의해서만 발생하고 종말에 의해서만 소멸될 수 있다."

"단자는 우주를 비추는 영원히 살아있는 거울이다."

"이 세계는 모든 가능한 세계들 중 최선의 것이다."

1646년 독일 작센 주의 라이프치히Leipzig에서 라이프치히대학 교수인 프리드리히 라이프니츠Friedrich Leibniz와 카타리나 슈무크Catharina Schmuck의 아들로 태어남

1652년 6살에 아버지가 죽고 홀 어머니 밑에서 자람. 어머니의 교육이 많은 영향을 미침.

1661년 아버지가 교수로 재직했던 라이프치히대학에 입학. 수학과 철학 공부.

1663년 4개월간 예나대학에서도 공부. 라이프치히대학 철학학사 학위.

1664년 동 대학 철학석사 학위.

1666년 첫 저작 《결합법론De Arte Combinatoria》 저술.

1667년 알트도르프Altdorf대학에서 법학박사 학위 취득.

1670년 당시 신성로마제국에서 가장 중요한 재판소의 하나였던 마인츠Mainz 선제후국 상고심법원의 고문관이 됨.

1673년 마인츠 선제후의 죽음으로 실직. 파리에서 구직 활동.

1675년 미적분법 창시.

1676년 네덜란드 덴하흐의 스피노자를 방문. 카렌베르크 제후 요한 프리드리히에 의해 고문관 겸 도서관장으로 임명되어 하노버로 이주.

1695년 《자신의 신 체계》 출간.

1697년 《중국의 최근 사정》 출간.

1700년 프랑스 학술원 외국회원으로 선출됨. 베를린 학술원 설립에 진력하고 초대 원장이 됨.

1711년 신성로마제국 카를 6세의 궁정고문관이 됨.

1714년 《단자론》 완성(1720년 사후 출간), 《자연과 은총의 원리》 출간.

1716년 독일 하노버Hanover에서 죽음.

라이프니츠에게

단자와 최선을 묻는다

한때 하이델베르크에 살고 있을 때, 내가 군이 먼 라이프치히를 찾았던 이유 중의 하나는 라이프니츠 당신의 흔적을 더듬어보고 싶어서였습니다. 그러나 내가 본 그곳은 이미 당신이 태어나 자라고 공부한 그곳이 아니었습니다. 그곳은 비교적 번잡한 도회지가 되어 있었고 그리고 구 동독 시절 새로 지어진 대학건물도 사진으로 보았던 것과는 전혀 다른 고층빌딩이었습니다. 그럼에도 불구하고 시가지의 아름다움은 지금까지도 선명하게 나의 인상에 남아 있습니다. 그 인상을 비교적 상세하게 나의 학생들에게 들려주었으니 그들도 이제 더 이상 당신의 이름과 고향을 혼동하지는 않을 것입니다. 라이프치히의 라이프니츠! 철학과는 어울리지 않게 나는 그때 배낭을 짊어지고 아이스크림을 먹으면서 당신의 고향 거리를 거닐었지만 먼 길을 달려간 나의 발걸음은 그 자체로 당신에 대한 나의 조촐한 기념이었습니다.

　비록 당신의 대표작인 《단자론*La monadologie*》이 프랑스어로 씌어지기는 했지만 나는 당신을 '최초의 본격적인 독일철학자'로 기억하고 있습니다. (물론 알베르투스 마그누스, 에크하르트, 니콜라우스 쿠자누스 등 독일지역 출신이 있었지만, 중세의 그들을 '독일철학자'라고 하기엔 약간의 어폐가 없지 않지요.) 적어도 칸트 이후의 철학사를 독일이 주도해왔다는 점을 생각해보면 당신의 등장은 역사적인 의미가 있습니다. 당신의 나라 독일 속담에 '모든 시작은 어렵다Aller Anfang ist schwer'는 것이 있지 않습니까? 그것을 당신은 해낸 셈이니 당신은 훈장감입니다. 비록 한때 영미철학과 프랑스철학이 이곳 한국에서 크게 유행하기는 했지만 오늘날도 많은 사람들이 철학이라는 말을 들으면서 가장 먼저 '독일'을 떠올립니다. 당신이 말한 '충족이유율principium rationis sufficientis'에 따르면 모든 것에는 그 이유가 있게 마련입니다. 철학과 독일의 연관에도 분명한 이유가 있습니다. 당신은 그 이유에 실마리를 제공했습니다. 그런데도 라이프치히의 역 앞에 왜 당신의 동상이 서 있지 않은지 나는 좀 많이 아쉬웠습니다. 음악이 독일을 빛냈듯이, 문학이 독일을 빛냈듯이, 철학 또한 독일을 빛냈음을 독일인들 자신이 좀 더 높이 평가할 필요가 있습니다. 벤츠보다도 지멘스보다도 철학은 훨씬 더 높은 부가가치를 지니고 있습니다. 언젠가 독일 수상님이나 라이프치히 시장님을 만날 수 있다면 꼭 당신의 동상을 세우도록 건의할 작정입니다.

친애하는 라이프니츠, 하지만 당신의 철학은 다소간 어렵습니다. 좀 더 쉽게 설명해줄 수는 없었습니까? 나는 한국철학회 회장을 지낸 이초식 교수님이나 일본철학회 이사장이었던 야마모토 마코토 교수님이나 하이데거 전집의 책임편집자인 폰 헤르만 교수님 같은 훌륭한 분들로부터 당신의 철학을 배웠지만, 그리고 나 자신이 당신의 철학을 강의한 적도 있지만, 어려움은 아직도 완전히 가시지 않고 있습니다. 하지만 라이프니츠, 나는 우리가 몸담고 살고 있는 이 우주의 근본 실상을 이해·설명하고자 한 당신의 형이상학적인 노력을 당신이 발견해낸 미적분법보다도 훨씬 더 높게 평가합니다. 당신 스스로도, 예컨대 '역학을 기하학에만 의존해서는 안 되고 형이상학이 결여되어서는 안 된다'고 말하지 않았습니까? 미적분이 쉽지 않듯이 그보다 더 중요한 형이상학이 쉬울 턱이 없습니다. 쉽지 않더라도 미적분이 필요하듯이 역시 쉽지 않더라도 형이상학은 필요한 것입니다. 그것은 철학의 기초이기 때문에 누군가의 능력이 그것을 담당해야만 합니다. 그런 식으로 겨우겨우, 어렵다고 투덜대는 나의 학생들을 달래고 있습니다. 하지만 친애하는 라이프니츠, 나는 당신의 통찰이 나에게 어떤 의미가 될 수 있기를 바라고, 나의 학생들의 가슴속에 남을 수 있게 되기를 진심으로 바라고 있습니다. 골치만을 썩이고 끝나버린다면 라이프니츠 아니라 그 할아버지의 철학이라도 그것은 '지적 공해'에 불과할 것입니다.

'단자monade'라는 당신의 말은 오랫동안 나를 괴롭혀왔습니다. 그것이 '실체Substance'라고 당신은 말했습니다. 단자나 실체나 모두 다 금방 이해되는 말이 아님을 나는 애석하게 여깁니다. 당신은 그것을 '자연에서의 진정한 원자'라든지, '삼라만상의 요소'라고 설명하고 있습니다. '부분이 없는 단일체'로서 '오직 창조에 의해서만 발생하고 종말에 의해서만 소멸될 수 있다'는 점을 강조하고 있습니다. 그것은 외부의 영향에 의해 변질되거나 변화되는 일이 없고 그래서 "단자에는 창이 없다les monades n'ont pas de fenêtre"고 당신은 설명했습니다. 그러나 내적인 원리에 의한 자연적 변화는 인정하고 있습니다. 멋있는 말이기는 하지만 그것은 또 다른 수수께끼의 씨앗일 뿐입니다. 그것이 성질을 갖는다는 것은 인정하고 있습니다. 서로 다른 성질이 단자들을 서로 구별하는 기준이 된다는 뜻이겠지요? 움직임과 관계, 그리고 그 내부에서의 표상과 그 변화라고 하는 내적작용도 당신은 인정하고 있습니다. 요컨대 당신은 단자가 일종의 자족성을 가진 무형의 자동기계인 것처럼 설명하고 그래서 그것을 '완성태enteléquia'라는 이름으로 부르자고 제안하고 있습니다.

친애하는 라이프니츠, 여기서 나는 당신의 이러한 통찰들이 나에게서 가질 수 있는 하나의 의미를 발견합니다. 나는 생각해봅니다. 당신이 본 것은 결국 이 세계의 기본적인 요소들 하나하나가 각각 그것에 고유한 모습과 역할들을 부여받고 있다는 근본사실이 아니었던가라고. 당신의 의도에 꼭 들어맞는지 자신은 없지만 나는 우리가 어떤 이름으로 부르는 세계의 온갖 것들이 우리 인간들의 의사나 능력과는 완전히 무관하게 이미 자족적으로 마련되어 있다는 사실을 엄청나게 중요한 형이상학적 사실로서 주목하고 있습니다. 모든 것이 각각 '그것으로서' 존재하고 있습니다. 전체로서 혹은 부분으로서 독립적으로. 그것들의 결합에서 혹은 조합에서 세계가 성립합니다. 나의 짐작대로 당신이 만일 그것을 보고 모나드monade라 지칭한 것이라면 나는 아낌없이 당신을 찬양할 것입니다. 아마도, 아마도 나의 짐작은 빗나가지 않았을 것입니다. 어떻게 보면 그것은 저 아낙사고라스의 '씨앗'이나 플라톤의 '이데아'와 별개의 것이 아닐 수도 있습니다. 세계를 구성하는 불변의 기본 단위들인 한에서 말이죠.

학부생 시절 나를 크게 감동시켰던 하이데거의 말이 있었습니다. 그의 취임강연 마지막에 나오는 '도대체 왜 존재하는 것이 있으며 도리어 무가 아닌가?' 하는 것이 그것이었습니다. 내가 '최고의 형이상학적 고백'이라고 감탄하는 이 말이 실은 당신의 입에서 나온 것이라는 사실이 이미 당신의 철학적 능력을 증명합니다.

내가 당신의 통찰을 하나의 능력으로서 인정하는 또 하나의 근거를 나는 '예정된 조화harmonie prèètablie'라는 당신의 말에서 발견합니다. 각각의 단자들이 서로 영향을 줄 수 없는 '창이 없는' 것인데도 불구하고, 즉 각각 그 자체로서 일단 완결된 것인데도 불구하고(독립적인 것인데도 불구하고), 그것들이 서로 대응─결합되어 갖가지 관계를 갖고 거기서 다른 모든 것들을 반영 내지 표출하고 있다는 사실을 당신은 주목하고 있습니다. 예컨대 위장은 입을 반영하고 입은 음식인 바나나를 반영하고 바나나는 나무를 반영하고 나무는 땅을, 땅은, 비를, 비는 구름을 반영하고 … 그런 식인 거죠. 그렇게 온 우주가 연결됩니다. "단자는 우주를 비추는 영원히 살아있는 거울이다Chaque substance simple est un miroir vivant perpétuel de l'univers"라고 당신은 멋지게 그것을 표현했습니다. 그러한 근본연관이 예정된 조화에 의해 가능하다는 것은 역시 당신의 탁견입니다. 정신과 육체를 갈라버린 데카르트의 난점도 당신은 그렇게 해결했습니다. 당신의 그 '예정조화론'내지 '거울론'은 분명히 하나의 해결입니다. 해맑은 내 아내의 미소라는 단자를 보고서 나의 기분이라는 단자가 행복감을 느끼는 것도, 물이라는 단자로 인해 갈증이라는 단자가 해소되는 것도 그런 예정조화의 결과라고 나는 납득합니다. 만물들은 모두 그렇게 서로 얽혀 타자들을 반영하고 있습니다.

친애하는 라이프니츠, 내가 이토록이나 열성적으로 당신을 선전하고 있는 것은 내가 당신의 독일에서 맛있는 빵과 소시지와 맥주를 조금 먹어봤다고 신세를 갚자는 것은 결코 아닙니다. 나는, 비록 100퍼센트 납득하는 것은 아니지만, 그래도 당신이 '신의 완전성'을 들먹이며 우리들의 이 세계가 "있을 수 있는 세계 중 가장 좋은 것le meilleur des mondes possibles"이라고 하는 당신의 이른바 '최선주의optimisme'가 나의 기본적 세계관·인생관인 '긍정의 철학'과 그 방향을 같이하기 때문입니다. 엄청난 문제들이 있음에도 불구하고 이 세계보다 더 좋은 세계를 나는 아직 알지 못합니다. 완전한 신께서 어련히 알아서 만드셨을라고… 하는 마음이 나와 당신을 함께 지배하고 있습니다.

친애하는 라이프니츠, 사람들이 단자론의 첫 부분이 아니

라 마지막 90절부터 찬찬히 거꾸로 읽어 올라가면서 당신의
의도가 '신의 나라의 완전한 통치'를 찬양하는 데 있었다는
것을 알게 된다면 그들은 더 이상 당신의 형이상학이 어렵
다고 아우성치지는 않을 것입니다. 라이프니츠, 철학사에서
의 당신의 화려한 등장과 당신의 후예들이 이룩한 독일철학
의 성공을 위하여 나는 아낌없는 박수와 갈채를 보냅니다.

근세로 부치는 철학편지

George Berkeley 1685–1753

"존재는 지각이다."

"하늘의 모든 합창단과 대지의 모든 가구들도
—즉, 세계의 틀을 구성하는 저 모든 신체들도—
정신이 없이는 그 어떤 것도 유효하지 않다."

"감각적 사물은 마음 또는 생각하는 것 밖에서는 존재할 수 없다."

버클리에게

존재와 지각을 묻는다

    내가 당신의 존재를 안 것은 이미 40년도 더 되었지만 특별한 개인적 인연은 없었던 것 같습니다. 굳이 억지로라도 한 가지를 찾아보자면, 몇 해 전 내 가까운 동료교수 한 분이 아일랜드의 더블린으로 파견되어 가셨을 때, '아 거기 그 트리니티 칼리지가 바로 경험주의 철학자로 유명한 버클리의 모교이자 펠로우로 근무했던 곳인데' 하고 당신을 선전했던 일이 있었다는 정도일까요. 물론, 해마다 철학사 수업에서 당신의 사상을 가르친다거나 현대철학 시간에 무어의 이른 바 신실재론을 강의하면서 무어와 함께 당신의 '관념론'을 논박하는 일은, 어떤 점에서 일상적인 '일'이니 예외로 치겠습니다.

    하지만 나는 당신의 삶에서 보이는 그 '활동성'에 대해서는 늘 호감이 있었음을 전하고 싶습니다. 당신은 아일랜드의 킬케니에서 태어나 자랐고, 더블린에서 대학을 다녔으며, 졸업 후 펠로우로서 일하며 중요한 저작들을 발표했고, 후에 런던에서 여러 인사들과 교류도 했고, 프랑스와 이탈리아를 여행하기도 했습니다. 그러나 무엇보다도 눈에 띄는 것은 신대륙에 이상적인 기독교 사회를 건설하겠다는 꿈을 안고 건너가 버뮤다에 그 거점이 될 대학을 창설하려고 시도했다는 것입니다. 비록 실현되지는 못했지만, 그 뜻은 나에게 강한 인상을 남겼습니다. (나는 미국생활 중 뉴헤이븐의 예일대학에 잠시 들렀다가 그곳에 당신이 재산과 책들을 기증했었다는 사실을 떠올리기도 했었습니다.) 그 점에 더해서, 당신이 남부 아일랜드 클로인의 주교로서 만년의 한때를 보냈다는 것은 기독교에 대해 선망을 지니고 있는 나에게는 일종의 존경스러움인 것도 사실입니다.

하지만 당신의 철학은, 나의 경우 쉽게 수용하기 어려웠다는 것을 솔직히 말씀드리지 않을 수 없습니다. 당신을 대표하는 저 너무나도 유명한 명제 "존재는 지각이다their esse is percipi"는 실로 자극적입니다. 이 말로써 당신은 모든 실체, 모든 대상의 외재적-객관적 실재성에 일정한 한계를 긋고, 그 모든 것을 지각-관념-표상-경험-정신이라는 주관적 존재로 환원시켜버리고 맙니다. 당신의 선배격인 로크는 그래

근세로 부치는 철학편지

도 실체의 존재만은 (그것이 복합관념이라고 하면서도) 전제하고 있었는데, 당신은 아예 그것마저도 용인하지 않았던 것입니다. 로크가 구별했던 사물의 제1성질primary quality과 제2성질secondary quality에 대해서도 당신은 우리 인간의 감각과 관련해서 존재하는 제2성질만을 남겨두고 연장·형태·수 등, 사물 그 자체에 내재하는 이른바 제1성질은 인정할 수 없다고 배제하였습니다. 우리가 물체라고 부르는 것에서 감각에 의해 주어지는 관념들을 제거하면 남을 것은 아무것도 없다는 게 당신의 논거입니다. 그렇다면 존재하는 것은 오직 정신이라고 하는 자아와 그것을 채우는 주관적 관념들뿐입니다. 그런 생각을 사람들은 독아론 혹은 유아론solipsism이라 부르며 비판합니다. 지각하는 내가 없으면 아무것도 없다는 말인가! 그래서 당신은 방어를 준비합니다. 나(자아)의 정신이 지각하지 않을 때는 다른 누군가(타아)의 정신이 그것을 지각하고, 그렇지 않을 때는 또 다른 누군가의 정신이 그것을 지각하고 … 그렇게 해서 그것의 존재는 성립되며, 그 누구의 정신도 그것을 지각하지 않을 때는 신이라는 정신이 그것을 지각함으로써 그 존재가 성립된다는 것입니다. 이것이 말하자면 비교적 널리 알려진 버클리철학의 핵심입니다.

친애하는 버클리, 나는 당신의 이론이 지니는 그 영어권 특유의 정밀함 내지 치밀함을 인정하면서도 이러한 이론이 과연 성공적인 것인지, 우리 인간의 '건전한 이성'에 대해 어느 정도의 설득력을 갖는지에 대해 좀 회의적입니다. 그것은 무어가 논박했듯이 당신의 명제가 원천적으로 갖는 언어적 모순 때문만은 아닙니다. 존재는 곧 지각이라고요? 글쎄요… 하고 나의 이성은 고개를 갸우뚱합니다. 물론 그런 측면이 있다는 것은 분명히 인정합니다. 백합이 곱다는 것은 내 시각이 알려준 관념이고, 꾀꼬리 소리가 아름답다는 것은 내 청각이, 아카시아가 향기롭다는 것은 내 후각이, 파인애플이 새콤달콤하다는 것은 내 미각이, 실크가 보드랍다는 것은 내 촉각이 알려준 관념임에 틀림없습니다. 그러한 관념들이 우리의 정신을 가득 채우고 있다는 것도 인정합니다. 하지만 그러한 관념만이 존재이고 그것이 전부라는 생각은 납득하기 곤란합니다. 내가 보기에 그러한 생각에는 일종의 고집이 있습니다. 일종의 오만이 있습니다. 그러한 생각에는 '중심'이랄까, '치우침'이랄까 그런 것이 있습니다. 바로 그 중심에, 인간이, 정신이, 주관이, 내가, 우리가 있습니다. 그것이 잘났고 최고이고 전부라는 그런 고집과 편견이 암암리에 자리잡고 있는 것입니다. 그것은 위험합니다. 주관과 객관, 안과 밖, 나와 그것, 그 균형을 깨트리기 때문에 위험합니다. 조화를 파괴하기 때문에 위험합니다. 그러

　　　　　　　　근세로 부치는 철학편지

한 인간중심주의적-주관주의적 사고가 오늘날의 자연파괴로까지 연결되고 있다는 것은 결코 과장이 아닙니다. 그래서 나는 '균형의 철학' '조화의 철학' '공존의 철학'을 그토록 강조하는 것입니다(물론 당신도 '나' 혹은 나의 의지 내지 정신이 전부가 아님을 인정하고는 있습니다. 즉 당신은 이렇게 말한 적이 있으니까요. "내가 나 자신의 생각에 대해 어떤 권한을 갖더라도, 나는 사실상 감각에 의해 지각된 관념들만을 발견한다. 그 감각은 내 의지에 대해 비슷한 의존성 같은 것을 갖지 않는 그런 것이다. 가득한 햇빛 속에서 내가 눈을 떴을 때, 내가 볼 것인지 말 것인지를 선택하는 것은, 혹은 어떤 특정한 대상들이 내 시야에 나타날지를 결정하는 것은, 나의 권한 속에 있지 않다. 그리고 청각과 다른 감각들에 대해서도 마찬가지다. 그것들에 새겨지는 관념들은 내 의지의 산물들이 아니다. 따라서 그것들을 산출하는 어떤 다른 의지 혹은 정신이 존재하는 것이다." 결국 신의 의지, 신의 정신을 염두에 둔 말인데, 그 의지 내지 정신과 감각 내지 지각의 관계는 어떻게 설정되는지 궁금해지는군요).

친애하는 버클리, 나는 당신을 포함한 당시의 경험주의자 모두의 근본적인 철학적 문제의식이 자연에 대한 우리 인간의 지식을 해명하는 데 있었다고 감히 단언합니다. 거기에는 '인간 대 자연' '이쪽 대 저쪽'이라는 대결구조가 은연중에 작용하고 있었던 것 같습니다. 당신들은 철저하게 인간편에 서서 자연을 바라보고 있었던 것 같습니다. 그러니까, 자연편의 기본인 물체 따위에게 객관적인 실재성을 인정해 주고 싶지 않았는지도 모르겠습니다. '경험'이라는 대전제가 (그것이 '인간의' 경험인 이상) 이미 그러한 시각을 시사하고 있습니다.

나는 인간 '대' 자연이 아닌, 인간'과' 자연이라는 그 공동성, 연결성을 호소하고 싶습니다. 그것은 사실 주객의 관계가 아닙니다. 따라서 주관과 객관의 관계도 아닙니다. 그런 표현에도 이미 자연에 대한 인간의 자기중심주의, 자기우월주의가 나타나 있습니다. 칸트를 선취해서 하는 말은 아닙니다만, 지식은 주관만으로도 객관만으로도 성립되지 않습니다. 극단적으로 단순화시켜보면, '안다'는 것은 '아는 나'와 '알려지는 그것'이 함께 어우러져야만 비로소 성립될 수 있는 하나의 현상입니다. 그것은 '먹는다'는 것이 '먹는 나'와 '먹을 것'이 함께 있어야만 비로소 가능한 것과 조금도 다를 것이 없습니다.

나는 항상 강조합니다만, 이러한 문제를 넘어서기 위해서는 하나의 엄격한 구별이, 그러나 아주 간단한 구별이 반드시 필요합니다. 그것은 우리 철학도들이 '무언가'를 다룰 때, 그 무언가가, '그것 자체로서의 무언가'인지 '나에게, 우리에게, 우리 인간에게 있어서의 무언가'인지를 구별해야 한다는 것입니다. 실물과 사진의 구별에 비유될 수 있는 이 너무나도 간단한 구별을 너무나도 쉽게 무시하는 경우가 의외로 많이 있습니다. 그러한 불철저함이 혼란과 문제를 야기합니다. 그러지 않도록 당신에게도 삼가 '구별의 절차'를 먼저 밟으시라고, 그리고 지각과 무관한 존재 그 자체를 인정하시라고, 권유하는 바입니다. 훗날 무어가 논증했듯이 존재 그 자체와 그 존재에 대한 지각은 명백히 다른 것입니다. 사과 그 자체는 먹을 수 있지만 사과에 대한 지각은 먹을 수 없지 않습니까?

(철학에서는 이런 구별의 부재랄까, 존재성의 혼란 같은 것이 의외로 자주 있어 문제를 야기합니다. 내가 '존재성'이라고 말하는 것은 문제되는 그 무언가가 '어떻게 존재하는가' 하는 것입니다. 사과 그 자체의 존재와 사과에 대한 지각의 존재는 그 존재성이 다른 것입니다. 우리 동양식으로 말하자면 '색성향미촉법'과 '안이비설신의'의 존재성이 다른 것입니다. 이 양자는 필연적으로 서로 연관되지만 엄연히 다른 존재성을 갖는 셈입니다. 색성향미촉법은 안이비설신의라는 '지각' 속에 존재하지만, 그 바깥에 독자적인 '그 자체적 존재'가 없이는 애당초 지각 속에 들어올 수가 없는 것입니다. 그것은 '지각의 가능적 내용'이라고 부를 수도 있겠네요. 그 차이에 대한 인식이 철학자에게는 꼭 필요합니다.)

친애하는 버클리, 아무튼 '존재는 지각'이라고 당신은 말

씀합니다. 그렇습니다. 맞습니다. 분명히 그런 면이 있습니
다. 그런데 그 존재는 어디까지나 '지각된 존재'일 따름입니
다. '지각되지 않은 존재' '지각과 무관한 존재 그 자체'는 명
백히 따로 존재합니다. 그것은 '지각될 존재'이기도 합니다.
존재와 지각은 서로가 서로를 기다리고 있습니다. 그것들이
만나 비로소 하나의 '지식'이 성립하는 것입니다. 주관과 객
관은 각각 그 독자적인 존재성을 인정받아야 합니다. 그리
고 양자의 필연적 연관성은 결코 간과되지 말아야 합니다.
그러한 조화들이 모이고 모여 우리들의 이 우주가 구성되어
있음을 부디 거시적으로 지각해주신다면 좋겠습니다.

근세로 부치는 철학편지

David Hume 1711-1776

"우리가 한 대상의 존재로부터 다른 대상의 존재를 추론할 수 있는 것은,
'경험'에 의해서 뿐이다."

"대상 간에 발견 가능한 결합이 있는 것이 아니다.
우리가 한 대상의 출현으로부터
또 한 대상의 존재에로 추론할 수 있는 것은
상상에 작용하는 '습관'에 의한 것이며,
다른 어떠한 원리에 의한 것도 아니다."

흄에게

인과를 묻는다

　나의 철학 역정에서 당신이 나에게 특별한 '인상'을 준 적이 있었다는 것을 아마 당신은 모르실 겁니다. 나는 철학공부를 시작하면서 일찌감치 독일현대철학에 마음이 기울어 있었고, 또 졸업논문은 한국철학 쪽으로 썼기 때문에, 당신이 속한 영국철학, 특히 경험주의는 특별히 내 눈에 들어오지 않고 있었습니다. 그런데 인연이란 묘한 것이어서, 내 지도교수였던 천옥환 선생님이 무슨 바람인지 당시로서는 아주 드물게 당신의 철학에 흥미를 갖고 논문을 쓰신 적이 있었습니다. 그때 그 호랑이 선생님의 지엄하신 '분부'로 나는 자료를 챙긴다든지 번역을 한다든지 하면서 시중을 든 적이 있었던 것입니다. 그 고생이 제법 만만치 않았었기 때문에 나는 처음부터 흄 당신에 대해서 그다지 '좋은 인상'을 가지지 못했습니다. 그러나 그렇게 해서라도 일단 당신과 '일대일'의 관계를 맺을 수 있었기 때문에 그 인상이 '특별'했던 것은 부인할 수 없는 사실입니다. 그런 덕분에 예전 하이델베르크에서 연구년을 보내고 있을 때, 가까운 사이였던 한 목사님이 당신의 고향인 '에딘버러'를 다녀와 찍어 오신 사진을 보면서 나름대로 감회에 젖은 적이 있었습니다. 아직까지도 직접 가보진 못했지만, 사진으로 본 그곳은 좀 황량한 느낌이더군요.

물론 나는 기본적인 공부를 통해 당신이 영국 경험주의의 완성자이며, 한때 개인적인 친분도 있었던 루소와 더불어 칸트철학에 결정적인 영향을 주기도 했고, 비록 희망했던 대학교수가 되지는 못했지만, 저서들을 통해 상당한 호평을 받았다는 것도 알고 있었습니다. 따라서 그 철학이 중요한 철학사적 의의를 지닌다는 것도 잘 알고 있었습니다. 그런데 나는 당신의 책들을 직접 접하며, 못내 떨칠 수 없는 한 가지 의문을 갖게 되었습니다. 그것은 당신의 최대 성과라고도 하는 '인과'와 관련된 문제입니다.

당신은 유명한 《인간 본성론A Treatise of Human Nature》에서 우리 인간의 '정신mind'을 분석하면서, 그 내용인 '지각perception'을 두 종류로 환원시키고 있습니다. 그것이 '인상impression'과 '관념ideas'이었죠? 그 차이는 지각이 정신을 자극하며 들어오는 힘과 생동성의 정도라고 했습니다. 감각, 감정, 정서 등 생생한 것이 인상이고, 사유와 추론에서 작용하는 인상의 희미한 상들을 관념이라고 했습니다. 인상과 관념은 각각 '단순한simple' 것과 '복잡한complex' 것들이 있는데, 그중 복잡한 것들은 단순한 것들의 '연합association'으로 생성된다고 설명했고, 그 연합의 세 가지 법칙이 바로 '유사similarity', (시공상의) '근접contiguity', 그리고 '계기invariable sequence'라고 했습니다.

당신은 이 관념들 중 '인과관계'를 특별히 상세하게 논의하고 있습니다. 인과관계, 즉 원인cause과 결과effect의 관계에 있다고 하는 두 대상을 보면 그 대상들 각각에는 어디에도 원인이나 결과라고 하는 성질이 없고, 그것(인과라는 관념)은 오직 대상 간의 관계로부터만 생긴다고 했습니다. 그 관계로서는 '근접'과 '계기'가 있다고 했습니다. 그러나 그것이 곧 두 대상의 '필연적 결합'을 보증해주는 것은 아니라고 했습니다.

그렇다면 인과란 무엇인가? 당신은 그 대답을 '경험experience'에서 찾고 있습니다. "우리가 한 대상의 존재로부터 다른 대상의 존재를 추론할 수 있는 것은, 오직 '경험'에 의해서이다. 그 경험의 본성은 다음과 같다. 우리는 먼저 한 종류의 대상의 예가 종종 존재했음을 생각해낸다. 그리고 이어, 그 대상들에는 언제나 또 한 종류의 대상이 동반되어, 앞선 대상에 대한 근접 및 계기라고 하는 규칙적인 질서를 가지고 존재하고 있었음을 생각해낸다. … 나아가 우리는 또, 과거의 모든 사례에서 그러한 항상적 연접을 마음에 불러일으킨다. 그리고 그 바탕 위에서 아무런 망설임 없이 한쪽을 원인, 다른 쪽을 결과라 부르며, 한쪽의 존재로부터 다른 쪽의 존재를 추론하는 것이다." 그러니까 "대상 간에 발견 가능한 결합이 있는 것이 아니다. 우리가 한 대상의 출현으로부터 또 한 대상의 존재에로 추론할 수 있는 것은 상상에 작용하는 '습관custom'에 의한 것이며, 다른 어떠한 원리에 의한 것도 아니다." 그렇게 당신은 말하고 있습니다. 인과란 결국 관념 간의 항상적 연접을 경험함으로써 생기는 마음의 습관이 우리의 상상에 작용하여 성립되는 '신념belief'이라는 것이 당신의 생각입니다.

이와 같이 당신은 외적 대상의 객관적인 인과관계를 부정하고 그것을 내적인 '신념'으로 귀속시키고 있습니다. 당신의 이런 치밀한 생각이 칸트로 하여금 '독단의 미망에서 깨어나게 했다'는 것을 나는 충분히 이해할 수 있습니다.

하지만, 바로 그 점에 대해서 나는 떨칠 수 없는 하나의 의문을 갖게 됩니다. 왜냐하면 당신이 그토록 강조하는 바로 그 경험에 의해서 우리는 경험과 무관하게 성립되는 인

　　　　　　　　　　근세로 부치는 철학편지

과관계를 얼마든지 발견하기 때문입니다. 예컨대 '출혈이 과도하면 사망에 이른다'든지 '100도로 가열하면 물이 끓는다'든지 '물을 부으면 불이 꺼진다'든지 하는 등등의 현상은 결코 단순한 항상적 연접으로 인한 신념에 불과한 것이 아닙니다. 그런 것들은 명백히 그것 자체로서 성립되는 인과관계입니다. 그 원인이 필연적으로 그 결과를 야기한다는 것, 이것은 '철학적 판단'의 근거로서 충분히 의미가 있습니다. 그래도 아니라고 당신이 버티신다면, 나는 '녹차를 많이 마시면 소변이 마려워진다'는 인과관계가 당신의 신념에 대해 의존적인 것인지 아니면 객관적인 것인지를 당신에게 물어보고 싶습니다. 당신에게 하루 종일 녹차를 마시게 하면서 말이죠.

물론 당신은, 그 두 사태들 간의 항상적 연접에 대한 경험이 없다면 그 인과관계를 확인할 길이 없다고 항변하시겠지만, 경험주의가 간과하고 있는 것이 바로 '인과관계 그 자체'와 '인과관계의 관념 내지 지식 혹은 확인'에 대한 '구별'입니다. 의식적이든 무의식적이든 거기에는 어떤 '혼동'이 있음을 인정해야 합니다. '인과관계의 관념'에 대해서는 당신의 주장이 타당할 수 있습니다. 그러나 그것이 곧 '인과관계 그 자체'를 부정할 수 있는 논거가 될 수는 없습니다.

사태 그 자체라는 것은 분명히 존재하며, 그것은 우리의 경험과 아무런 상관없이 처음부터, 그리고 언제나 '그렇습니다'. 거기에는 인과관계도 포함되어 있습니다. 그것을 부인하는 것은 인간의 오만이자 월권입니다. 좀 심하게 말씀드려도 된다면 그것은 일종의 '요설'입니다. 왜냐하면, 흄 당신이 세상을 떠나고 더 이상 아무런 '경험'도 습관도 신념도 가질 수 없게 된 지금도, 당신과 아무런 상관없이 여전히 봄이 오면 꽃이 피고, 겨울이 오면 눈이 내리고, 물은 불을 끄고, 불을 나무를 태우고 있기 때문입니다. 이토록 명백히 그러한 것을 그렇지 않다고 한다면 그것은 억지입니다.

친애하는 흄, 이것은 내가 당신 때문에 고생 좀 했다고 드리는 말씀이 절대로 아닙니다. 우리의 건전한 이성이 보증하는 대로, 그런 것을 그렇다고 순순히 인정하는 것이 어떻겠습니까. 우리의 경험은 분명히 우리 인간의 것이지만, 그 경험의 엄청난 내용들은 대부분 우리 인간의 바깥에, 그것 자체로서 존재하는 것들입니다. 경험은 어디까지나 그것에 '관한' 경험임을, 우리 진지하고 솔직하게 받아들이는 것이 어떻겠습니까. 그것은 조금도 경험의 의의를 훼손시키는 것이 아닙니다. 적어도 나는 그렇게 보고 있습니다.

말을 하다 보니 경험 및 그로 인한 습관 신념 등에 대해 좀 비판적인 투가 되어버린 듯도 합니다만, 실은 나 자신도

근세로 부치는 철학편지

'경험'이 갖는 철학적 의의는 군말 없이 인정합니다. 경험은 뭐니뭐니 해도 가장 효과적인 인식의 원천이지요. 단순한 학문적 지식 뿐만 아니라 우리 인간들의 삶을 생각해보면 그건 더욱 분명합니다. 삶의 과정에서 경험은 무수히 많은 지식들을 축적해줍니다. 무엇은 어떻고 무엇은 어떻고 …, 그것들은 삶의 소중한 자산들이 됩니다. 그 내용은 자연에 관한 지적 정보들로 한정되지 않습니다. 거기에는 삶의 소중한 지혜들도 포함됩니다. 무수한 전투를 경험한 백전노장은 그만큼 승리의 요령들을 잘 알고, 무수한 학생들을 경험한 노교육자는 그만큼 학생들을 잘 이끌어줄 수가 있게 됩니다. 일반적으로 노년의 지혜를 무시할 수 없는 것도 그런 경험들 때문입니다. 문제는 그 경험의 내용입니다. '무엇'을 경험했는가 하는 것입니다. 그 점에 대해서는 당신이나 기타 경험주의자들도 특별한 논의가 없지만, 나는 가능하다면 그런 것까지도 당신들의 철학이 논해주었으면 더 좋지 않았을까, 그런 생각을 해봅니다. 언젠가 다른 제3의 세상에서라도 당신과의 대화가 가능하다면 서로의 삶에서 경험한 그 내용들에 대해서도 깊은 이야기를 나누어보기로 하십시다. 나의 이런 생각들이 부디 깨어나야 할 '독단의 꿈'이 아니기를!

Jean-Jacques Rousseau 1712–1778

"이제까지 정치사회의 기초를 연구한 철학자들은
모두 자연상태로 거슬러 올라갈 필요를 느껴왔다."

"…사람들 역시 본래는 서로 간에 평등하다는 것이
일반적으로 인정되고 있다."

"모든 인간은 자기 자신의 주인으로서 자유롭게 태어났기 때문에,
어느 누구도 그 어떠한 이유 하에서도
다른 사람을 그의 승인 없이 복종시킬 수 없다. …"

1712년 스위스의 주네브Genève(제네바) 공화국에서 시계제조업자 이자크 루소Issac Rousseau의 2남으로 태어남. 신교도로서 세례를 받음. 어머니 쉬잔느 베르나르 Suzanne Bernard가 산욕열로 사망. 숙모의 손에서 양육됨.

1728년 15세 때 주네브를 떠남. 안시의 바랭 부인Françoise-Louise de Warens 집에 잠시 머문 후 이탈리아 토리노의 개종자 구호소에 들어감. 가톨릭교로 개종, 세례를 받음. 29년 바랭 부인에게 돌아옴.

1730년 방랑에 나섬. 음악가, 음악교사로 스위스와 프랑스를 두루 다님. 31년 바랭 부인과 재회. 34년 바랭 부인과 처음으로 사랑의 경험을 가짐. 35년 바랭 부인의 시골집 '레 샤르메트Les Charmettes'에서 목가적인 생활을 시작.

1737년 화학실험 중 폭발사고가 있어 눈을 다침. 주네브의 내란을 목격, 무질서, 폭력에 대한 혐오감을 느낌. 바랭 부인이 다른 애인을 들임. 결별하고 부인을 떠남.

1742년 새로운 음보 표기법을 착안, 파리로 감. 궁핍하게 지내며 디드로와 친교.

1743년 주 베네치아 대사의 비서로 잠시 베네치아 근무. 파리로 돌아옴.

1744년 23세의 호텔 여급 테레즈 르바쇠르Thérèse Levasseur와 내연관계. 결혼하지 않은 채 평생을 함께함.

1746년 테레즈와의 사이에 첫째 아들 탄생. 고아원에 보냄. 이후 모두 다섯 아이를 고아원에 보냄. 후일 《에밀》을 통해 깊은 후회.

1750년 《학문 예술론》이 디종 아카데미 현상공모에 당선되어 일약 문명을 높임.

1754년 신교에 재 개종. 칼뱅 교회의 품 안에 다시 받아들여짐. 주네브로 돌아와 시민권 획득. 《인간불평등기원론》을 출간.

1755년 디드로의 백과전서 제5권에 《정치경제론》을 기고.

1756년 몽모라시Montmorency에서 지냄.

1762년 암스테르담과 및 파리에서 《사회계약론》과 《에밀》 출간. 이에 대해 주네브 등지에서 유죄 판결. 체포령을 피해 도망 다님. 66년 흄을 따라 런던으로도 가나 결별하고 귀국.

1770년 《고백》 제2부 완성. 《고백》 낭독회를 시작했으나 경찰에 의해 낭독회가 금지됨.

1776년 생애 마지막의 자서전적 수기 《고독한 산책자의 몽상(1782)》을 저술(미완성). 정신병(추적망상) 때문에 사람들로부터 고립됨. 재정적 어려움을 겪음.

1778년 지라르댕Girardin 후작의 영지 에름농빌Ermenonville로 이주. 몇 달 후 죽음. 에름농빌 공원 호수의 포플라 섬l'île des Peupliers에 묻힘.

1794년 프랑스혁명 후 그의 유해가 에름농빌에서 파리의 팡테옹Panthéon으로 옮겨져, 볼테르와 나란히 묻힘.

루소에게

자유와 평등을 묻는다

애석하게도 나는 당신에 대해 한 번도 제대로 배울 수 있는 기회를 갖지 못한 채 오늘에 이르고 말았습니다. 나의 선생님들도 또 상당수의 철학교과서들도 특별한 언급 없이 당신을 생략하기가 일쑤였기 때문입니다. 그건 아마도 당신이 속한다고 분류되는 넓은 의미의 '계몽철학philosophie de la lumière'이 서양철학사의 정통에서 약간 비껴난 '곁가지'에 해당한다고 보기 때문인지도 모르겠습니다. 하지만, 소위 일반인들 사이에서는, 한다 하는 정통파 철학자들보다 당신의 지명도가 훨씬 높은 것이 현실이고, 인류의 실제 역사에 끼친 영향도 무시할 수 없는 만큼, 당신은 결코 가볍게 볼 수 없는 사상가임을 나는 인정하고 있습니다. 그래서 나는 늘 마음 한 구석에서 당신에 대한 관심의 끈을 놓지 않고 있었습니다.

당신의 그 기구한 삶의 모습도 나의 관심을 자극한 면이 없지 않습니다. 당신은 스위스의 주네브(제네바)에서 파란만장한 인생을 시작했습니다. 내가 직접 가서 본 주네브는 그림처럼 아름다운 곳이었습니다. 루소 섬에 있는 당신의 동상 앞에 멍하니 앉아 당신도 보았을 레만호Lac Léman를 바라보며 나는 한참 동안이나 당신이 남겨놓은 삶과 사상을 생각해본 적이 있었습니다.

태어난 지 9일 만에 어머니를 잃고 양육에 별반 관심이 없었던 아버지마저 재혼하면서 당신은 일찌감치 고생길로 접어들었었죠. 그나마 15세 때 29세의 바랭부인을 만나 여러 가지로 후원을 받으며 공부를 할 수 있었던 것은 당신의 일생에 큰 힘이 되었을 거라고 짐작이 됩니다. 한때 그녀의 정부가 되었다는 것도 이해 못할 일만은 아닌 것 같습니다. 그런데 당신의 삶에서 가장 눈에 띄는 사건은 하숙집 세탁부 하녀였던 테레즈 르바쇠르와의 관계인 것 같습니다. 33세에 시작된 그녀와의 동거는 5명의 자녀를 낳기에까지 이르렀지만 그때마다 그 아이들은 고아원에 버려지고 말았었죠? 물론 기근이 심했던 당시로서는 그런 것이 흔한 일이었고, 테레즈의 대규모 친정식구들을 먹여 살려야 했던 상황, 그리고 당신의 집필을 위해 필요했던 테레즈의 보살핌을 아이들의 양육에 빼앗기고 싶지 않았던 심정이더라도,

아무래도 그건 너무 심했던 것 같습니다. 당신이 훗날 그것을 후회하고 아이들을 찾으려 《고백*Les Confessions*》을 썼고, 또 그 일을 의식하며 《에밀*Emile ou de l'educations*》을 썼다고 하더라도 너무한 건 너무한 일입니다. 하지만 어쩌면 그 덕분에 전 인류가 이 위대한 작품들을 얻을 수 있었다고 생각하면 참으로 묘한 역사의 아이러니가 아닐 수 없습니다.

이런 묘한 인연은 당신의 다른 위대한 작품들의 경우에도 해당되는 일이었습니다. 옥중의 디드로를 면회하러 가면서 당신이 〈메르퀴르 드 프랑스*Mercure de France*〉라는 잡지를 가지고 가지 않았더라면, 또 그것을 우연히 펼쳐보고 디종 아카데미의 논문 현상공모 기사를 보지 않았더라면, 그리고 그 주제가 만일 '학문과 예술의 발달이 도덕의 순화에 기여했는가, 타락에 기여했는가' 하는 것이 아니었더라면, 그랬다면 당신의 그 《학문·예술론*Discours sur les sciences et les arts*》은 인류에게 주어지지 않았을 것이고, 그 이후의 《인간불평등기원론*Discours sur l'origine et les fondements de l'inégalité parmi les hommes*》 및 《사회계약론*Du contrat social*》도 존재할 수 없었을지 모릅니다. 물론 당신 개인에게는 그것이 반드시 영광만은 아니었고 그것으로 인한 박해와 추방 등이 잇따랐으니, 당신은 어쩌면 고생을 타고난 팔자였는지도 모르겠습니다. 딱한 노릇입니다.

친애하는 루소, 그러나 내가 당신에 대해 특별한 관심을 갖는 것은 그 어떤 인간적 연민 때문만은 아닙니다. 나는, 당시로서는 너무나 파격적이어서 박해의 대상이 되기까지 했던 당신의 그 사상이, 비단 철학의 거장 칸트를 놀라게 했을 뿐 아니라, 저 대단한 프랑스혁명과 미국독립운동에 영향을 주었다는 것을 특별한 눈으로 주목하고 있는 것입니다. 그 핵심에 놓여있는 것이 다름 아닌 '자유liberté'라고 나는 봅니다.

내가 살고 있는 이 시대에는 '자유'라고 하는 이 숭고한 가치가 어쩌면 조금 진부한 것이 되어버렸는지도 모르겠습니다. 그것은, 예컨대 정보와 통신, 경쟁과 효율, 이익과 재미, 이런 21세기적 가치들에 묻혀 빛을 잃고 있거나, 혹은 자유라고 하는 그 가치가 이미 보편적으로 실현되어 있어 너무나 당연한 것으로 여겨지기 때문인지도 모르겠습니다. 하지만 루소, 당신이 대전제로 삼았던 그 철학적 통찰, "인간은 자유인으로 태어났다. 그럼에도 불구하고 인간은 도처에서 질곡에 매여 신음한다"는 것, 이것은 오늘날에도 여전히 유효한 것임을 사람들은 알아야 합니다. 자유는 너무나도 소중한 것입니다. 그것을 우리 인간은 '질곡entraves' 또는 '속박servitude'이라 표현되는 자유의 결핍상태를 겪으면서 실감하게 됩니다. 전 인류가 그러한 과정을 실제로 겪으며 살아왔습니다. 그 질곡에서 벗어나기 위해 세계 곳곳에서 얼마나 많은 희생을 치러야 했는지! 어떤 처절한 투쟁을 통해 인류가 어렵게 어렵게 그것을 쟁취해왔는지! 그것을 인류는 잊지 말아야 합니다.

당신은 자유와 질곡이라는 이 대립개념에 대해 각각 '자연적 상태l'état de nature'와 '사회적 상태l'état social'라는 것을 설정해서 설명하고 있습니다. 자연적 상태란 '생산기술이나 언어가 없어도 숲속을 헤매어서 먹고 마실 것과 잠잘 곳을 해결할 수 있고, 전쟁을 벌이거나 동맹을 맺지 않아도 이웃을 해치거나 특별히 그들을 기억하지 않으며, 매우 적은 정념에 따라 자족하면서 이 상황에 알맞은 감정과 지식만을 갖고 있는 상태'입니다. 당신이 상정하는 이러한 상태에서는 사람들이 기본적인 욕구충족으로 만족하고 타인을 지배하려 하지 않기 때문에 예속과 불평등이 없습니다. 거기서는 '자연적 자유'가 실현됩니다. 바로 이런 강조 때문에 당신의 철학은 '자연으로 돌아가라Retour à la nature'는 표어로 세상 사람들에게 회자되기도 했죠. (이 말은 당신 자신의 표현은 아니라죠?) 그런데 '사회적 상태'가 되면서 불평등은 시작됩니다. 당신은, 땅에 울타리를 치고 '이것은 내 땅'이라고 선언한 사람이 불평등을 처음 발생시켰다고 설명합니다. 그리고 다른 사람들이 이를 순순히 받아들인다는 것을 알게 된 사람이 바로 사회와 정치의 창설자라고 설명합니다. 이렇게 사유재

산이 발생하고 지주에 예속된 노동이 필요해지면서 가난과 노예가 생기고, 인간은 문명화되며, 이 문명화가 빈부격차와 욕망의 충돌로 야기된 지배와 종속의 굴레로 인간을 내몰아 사회를 전쟁상태로 만듭니다. 이런 전쟁상태에서 가진 자들은 그들의 위기와 손실을 최소화하기 위해 최선의 방책을 고안해내는데 이것이 바로 사회와 법률입니다. 이 법률들은 약자에게는 또 다른 멍에가 되지만 부자에게는 새로운 권력을 부여함으로써 인간 본연의 자유와 평등은 완전히 말살되며, 이렇게 해서 인간불평등의 영구화 가능성이 마련됩니다. 그렇게 당신은 설명합니다. 부든 권력이든 '가진 자'들에게는 드러내고 싶지 않은 진실이겠지요.

여기서 당신의 사상을 더 이상 장황하게 확인할 필요는 없을 것입니다. 중요한 것은, 당신이 자유를 소중한 가치로 여긴다는 것, 속박으로부터 벗어날 힘이 생기면 그 구속을 제거하고 자유를 되찾아야 한다는 것, 이것입니다. 자유의 속박은 부당하며 구속의 제거는 정당하다는 것, 나는 당신의 이러한 생각을 '의로운 사상'이라고 봅니다. 말하자면 그것은 홍길동의 철학, 로빈후드의 철학인 것입니다.

단, 루소가 루소다운 것은 당신이 계약social contract에 의해 성립되는 사회질서를 신성한 법으로 존중하고 있다는 사실입니다. 당신은 무절제한 폭력주의자가 아니었던 것입니다. 당신은 이른바 순수하고 선한 '일반의지volonté générale'를 신뢰합니다. 그것에 기초한 계약으로써 사회를 구성하고 그 주권자인 국민의 공통이익과 공동선을 추구합니다. 그것을 통해 당신은 상실된 '자연적 자유' 대신 '사회적 자유'를 확보하고자 합니다.

친애하는 루소, 역사의 진행과정 속에서 당신의 이러한 사상은 상당 부분 현실화되었습니다. 프랑스혁명을 비롯한 많은 희생이 그것을 가능하게 만들었습니다. 그 덕분에 오늘날은 지구의 구석구석에 이르기까지 광범위하게 '사회적 자유'가 향유되고 있습니다. (물론 아직도 그게 절실히 요구되는 억압적 사회도 적지 않습니다만) 적어도 표면적으로는 표방되고 있습니다. 그것은 고마운 일입니다. 프랑스혁명의 와중에서 당신의 유해가 국가유공자 묘소인 '팡떼옹Panthéon'으로 옮겨진 것처럼, 이제 세계의 모든 자유인들은 당신의 이름을 기억하며 당신의 사상적 업적에 경의를 표해야 한다고 봅니다. 그런 생각을 하며, 이곳저곳으로 쫓겨 다니는 당신의 모습을 마치 영화의 한 장면처럼 잠시 겹쳐 그려봅니다.

Immanuel Kant 1724–1804

"사람들은 철학을 배울 수 없다. … 오직 철학함만을 배울 수 있다."

"네 의지의 준칙이 항상 동시에
보편적인 입법의 원리가 될 수 있도록 그렇게 행위하라."

"네 자신의 인격에서나 다른 모든 사람의 인격에서나
인간성을 단지 수단으로서만 대하지 말고
항상 동시에 목적으로 대하도록 그렇게 행위하라."

1724년 독일(당시 동 프로이센)의 쾨니히스베르크Königsberg(현 러시아 칼리닌그라드 Kaliningrad)에서 마구 제작자인 요한 게오르크 칸트Johann Georg Kant와 아나 레기나Anna Regina의 넷째로 태어남.

1730년 생가에 가까운 양육원 부설 초등학교에 입학.

1732년 경건주의 계통의 콜레기움 프리데리치아눔Collegium Fridericianum(김나지움에 해당) 입학.

1737년 어머니 아나 레기나가 죽음.

1746년 쾨니히스베르크대학 졸업. 아버지 요한 게오르크가 죽음.

1755년 쾨니히스베르크대학 강사. 첫 논문 《천계의 일반적 자연사와 이론Allgemeine Naturgeschichte und Theorie des Himmels》 출간.

1762년 루소의 《에밀》을 읽고 감명을 받음.

1769년 에어랑엔Erlangen대학, 예나Jena대학의 교수초빙을 원거리라는 이유로 거절.

1770년 쾨니히스베르크대학 교수가 됨. 논리학과 형이상학 강의. 76년 철학부장.

1778년 할레Halle대학 교수 초빙을 거절.

1780년 대학 평의회 위원이 됨.

1781년 《순수이성비판》 출간.

1786년 쾨니히스베르크대학 총장에 취임.

1787년 왕립 베를린 학술원 회원이 됨.

1788년 《실천이성비판》 출간. 다시 총장에 취임.

1790년 《판단력비판》 출간.

1796년 쾨니히스베르크대학 교수 은퇴.

1804년 쾨니히스베르크에서 죽음. 평생 독신. 쾨니히스베르크 돔 묘지에 묻힘.

칸트에게

인식과 행위를 묻는다

예전에 나는 '어린이 서양철학'이란 책을 감수하면서 그 일부를 공동집필한 적이 있습니다. 그 책에 제목을 달기 위해 한참을 고심했었는데, 결국은 출판사의 권유에 따라《달려라 플라톤 날아라 칸트》라는 것으로 낙착이 되었습니다. 만화 같은 제목이지만 독자가 '어린이'라는 점을 생각할 때 그런대로 마음에 들었습니다. 그런데 플라톤이야 몇 가지 점에서 철학의 대표성을 갖는다지만, 당신은 어떤 점에서 플라톤과 나란히 등장하는가 하고 나는 가끔씩 장난스런 의문을 가져보곤 합니다. 그것은 아마도 당신이 수많은 근세 철학자들 중에서 상대적으로 더 많이 알려진 때문이겠지요. 한참 옛날이지만 TV 연속극에서 최불암이 당신의《순수이성비판》을 뒤적이며 금방 잠에 떨어지는 장면을 본 적이 있는데, 그런 설정은 이미 당신이 대중들에게 어느 정도 알려져 있음을 보여줍니다.

하지만 생각해보면 이상한 일입니다. 독일이라면 몰라도, 아니 하다못해 다른 유럽 국가나 미국이라면 또 몰라도, 이곳 한국에서 당신의 이름이 알려져 있다는 것은 의외일 수 있습니다. 당신에게 무슨 특별한 재미가 있는 것도 아니고 당신의 철학이 특별히 어떤 대중성을 갖는 것도 아닙니다. 오히려 그것과는 정반대가 아닙니까? 당신의 소위 비판철학은 그 무엇보다도 전문적입니다. 그리고 당신은 철저한 규칙적 생활로 유명해서 동네 사람들이 산책하는 당신을 보고 시계를 맞출 정도였다는 점을 빼고는 거의 이야깃거리도 없는 사람입니다. 한평생 고향인 쾨니히스베르크를 벗어난 적도 없는 사람입니다. 그 당연한 결혼조차도 하지 않은 사람입니다. 흄의 영향으로 독단의 잠에서 깨어났다든지 루소의 《에밀》을 읽다가 산책시간을 잊어버렸다는 것이 그저 유명하다면 유명한 이야기입니다. 그리고 당신의 《영구평화론 *Zum ewigen Frieden*》이 국제연맹의 창설에 영향을 주었다는 것도 언급할 만은 하겠군요. 아, 그리고 생의 마지막 순간, 충복인 람페에게 포도주를 한잔 청해 마시고 한 "좋군*es ist gut*"이라는 말이 대철인의 의미 있는 메시지처럼 해석되고 있다는 것도 좀 화제가 되던가요?

근세로 부치는 철학편지

당신의 철학은 《…이성비판》이라는 제목이 이미 말하듯 무미건조하기 짝이 없습니다. 그것은 분명합니다. '선천적 종합판단synthetische Urteile apriori'이니 '선험철학 Transzendentalphilosophie'이니 하는 당신의 주제들을 들으면 왜 최불암이 잠에 떨어지게 되는지 누구라도 쉽게 수긍할 수 있습니다. 하지만 내가 짐작하기로는 한평생 그런 철학을 철저하게 수행할 수 있었다는 점이 역으로 당신을 돋보이게 한 것인지도 모르겠습니다. "사람들은 철학Philosophie을 배울 수 없다. … 오직 철학함Philosophieren만을 배울 수 있다"는 당신 말대로 당신은 철학함의 모범을 보여주었습니다. 독일적인 '철저함'을 당신은 몸으로 보여준 것입니다.

물론 한국에서 당신의 지명도가 높아진 실제 이유는 이 나라에 철학이 본격적으로 소개된 1930년대가 일제 강점기였고, 따라서 당시의 일본 지식인들은 동맹국이었던 독일의 사상에 특별한 관심을 갖는 것이 자연스러웠습니다. 또 당시의 독일에서는 이른바 신칸트주의가 위세를 떨치고 있었던 관계로 당신식의 인식론이 대표적인 철학으로 일본과 조선에 소개되었고 그러한 인상이 지금에 이르기까지 지속되었기 때문일 것입니다.

나 역시도 그러한 분위기 속에서 당신을 대표적인 철학자로 여기며 당신의 비판철학을 배우기 시작했습니다. 학부

2학년 때부터 《순수이성비판》을 원문으로 읽기 시작했으니 혹독한 훈련이었던 셈입니다. 그리고 《실천이성비판》과 《도덕 형이상학 원론》의 저 '정언명령(무조건적 명령)kategorischer Imperativ' 즉 도덕적 '의무Pflicht'들은 또 다른 종류의 매력을 제공하기도 했죠. "네 의지의 준칙이 항상 동시에 보편적인 입법의 원리가 될 수 있도록 그렇게 행위하라Handle so, daß die Maxime deines Willens jederzeit zugleich als Prinzip einer allgemeinen Gesetzgebung gelten könne" "네 자신의 인격에서나 다른 모든 사람의 인격에서나 인간성을 단지 수단으로서만 대하지 말고 항상 동시에 목적으로 대하도록 그렇게 행위하라Handle so, daß du die Menschheit sowohl in deiner Person, als in der Person eines jeden anderen jederzeit zugleich als Zweck, niemals bloß als Mittel brauchst" 참으로 가슴에 와닿는 윤리적 지향이었습니다. 거기서의 당신은 영락없이 도덕군자였죠. 그리고 《판단력비판》은 또 다른 가치의 세계, 즉 미학의 세계를 열어 보여주었습니다. '취미Geschmack' '주관적 보편성Subjektive Allgemeinheit' '미와 숭고함Das Schöne und das Erhabene' '천재Das Genie', 그런 주제들은 흑백의 칸트철학이 컬러로 바뀌는 듯한 느낌을 주기도 했었습니다. 그렇게 당신은 이른바 진-선-미를 다 섭렵했습니다. 당신은 그야말로 천재였습니다.

근세로 부치는 철학편지

그러나 이제 나는 그 모든 선입견을 접어두고 생각해봅니다. '칸트의 철학은 도대체 무엇이었던가'라고. 당신의 글을 읽다보면 나는 당신이 어쩔 수 없는 근세의 아들이라는 인상을 강하게 받습니다. 흔히들 당신을 저수지에 비유합니다. 당신 이전의 모든 철학이 당신에게로 흘러 들어왔고 당신 이후의 모든 철학이 당신에게서 흘러 나갔다는 점 때문입니다. 그것은 당신이 베이컨-홉스-로크-버클리-흄, 데카르트-스피노자-라이프니츠-볼프 같은 선배들, 그리고 피히테-셸링-헤겔 같은 후배들과의 관계 속에 위치하고 있다는 것을 뜻합니다. 베이컨이 쓴 《대혁신*Instauratio magna*》의 머리말을 《순수이성비판》의 첫머리에 내세우는 데서도 드러나듯이 당신은 베이컨으로 대표되는 근세의 영향권 속에 있습니다. 왜 하필 대혁신이었나요? 그것은 '인류의 복지와 존엄' 일반의 확립보다도 '혁신'이라는 말의 매력 때문이었을 것입니다. 혁신이란 '무한한 것, 초인간적인 것을 내세우지 않으며', '끝없는 착오와 그에 속하는 한계를 종결짓는 것'이라고 베이컨은 말합니다. 바로 이것이 당신 자신의 의도이기도 하다는 것은 명백합니다.

도대체 어떤 오류와 한계를 당신은 혁신하고 종결짓고 싶은가요? 나의 이해가 잘못되지 않았다면 그것은 철학 특히 형이상학의 오류와 한계입니다. 형이상학은 "거부할 수도 없고 대답할 수도 없는 문제로 괴로워하는 운명에 처해 있다"고 당신은 진단합니다. 형이상학은 그러한 문제들에 대해 무관심할 수도 없지만 그것이 '학문으로서의 확고한 길'을 걸어오지는 못했다는 게 당신의 안타까운 지적이었습니다. 특히 수학과 자연과학에 비교할 때 더욱 그렇습니다. 이를테면 옆집의 '수학이'와 '과학이'는 저렇게 똑똑한데 우리 집 '철학이'는 왜 맨날 요 모양 요 꼴이냐 하는 것이 당신 철학의 출발점이었습니다. 특히 너 '형이상학이'는 맏이라는 녀석이 막내인 '논리학이'처럼도 못되느냐 하는 것이 당신으로 하여금 이성비판이라는, 선험철학이라는 회초리를 들도록 한 것입니다. 그런 점에서 당신은 근세의 아들입니다. 당신이 집착한 것은 결국 철학의 '학문성Wissenschaftlichkeit' 즉 '학문의 확고한 길der sichere Gang einer Wissenschaft'입니다. 그것은 왕국 국무대신 폰 체틀리츠Von Zedlitz 남작에게 바치는 당신의 헌사에서도 드러납니다. 그러나 칸트, 학문성이란 도대체 무엇입니까. 당신은 그것을 완전성과 면밀성, 확실성과 명석성에서 찾고 있습니다. 그것은 어떻게 확보될 수 있습니까. '선천적인 순수인식reine Erkenntnis a priori!'이라고 당신은 말합니다. 그 모범을 당신은 수학과 자연과학에서 발견합니다. 거기에서 당신은 '사고방식의 혁명' '사고방식의 전향'을 보고 있습니다. 요컨대 인식의 성립을 대상의 주도에 의한 수동적 '경험Erfahrung'이 아니라, 이성 자신의 주도에 의한 능동적 '구성Konstruktion'에 맡기는 것이, 즉 객관이 아니라 '주관' 저쪽이 아니라 '이쪽'에 주도권을 주는 것이 학의 확고한 길을 보장한다고 당신은 설명합니다. 그것이 곧 '코페르니쿠스적 전환kopernikanische Wendung'이라고 당신은 생각합니다. 당신이 '선천적 종합판단은 어떻게 가능한가'고 묻는 것도 바로 그 때문입니다. 만일 우리가 당신의 이러한 기본전제들을 수용한다면 당신이 왜 '선험적 철학'을 수립하려 하는지를 우리는 이해할 수 있습니다. 당신은 '대상들을 다루는 것이 아니라 대상들 일반에 관한 우리의 선천적인 개념들을 다루고자' 합니다. 그러한 인식능력Erkenntnisvermögen, 그러한 개념들의 체계를 당신은 선험철학이라 부르고 있습니다. 그 구체적인 전개는 이미 우리에게 잘 알려져 있습니다.

당신은 먼저 인식의 직관능력인 '감성Sinnlichkeit'을 주목합니다. 시간과 공간이라는 두 가지 형식Formen을 지닌 이 감성은 '수용성'이라는 성격을 갖습니다. 이 감성에 의해서 대상이 (사물 자체Ding an sich가 아닌 현상Erscheinung으로서) 우리에게 주어집니다. 이러한 주어짐 즉 '경험과 더불어' 모든 인식은 출발합니다.

다음으로 당신은 인식의 사고능력인 '오성Verstand(이해력)'을 주목합니다. 분량-성질-관계-양상이라는 네 가지의 범주Kategorien를 지닌 이 오성은 '자발성'이라는 성격을 갖습니다. 이것들은 각각 세 가지의 '순수개념'들을 갖습니다. 분량은 '단일성-다수성-전체성'을, 성질은 '실재성-부정성-제한성'을, 관계는 '속성-인과성-상호성'을, 양상은 '가능성-현존성-필연성'을 갖습니다. 오성이 이러한 순수개념들을 선천적으로 내포한다고 당신은 봅니다. 오성은 이러한 순수개념들에 의해서 직관의 다양성 안에 있는 그 무엇을 이해할 수 있다고 당신은 봅니다. 즉 직관되는 객관을 사고할 수 있다고 당신은 봅니다. 감성과 오성, 직관과 개념은 상호보완적입니다. 감성 없이는 대상이 주어지지 않고 오성 없이는 대상이 사고되지 않습니다. "내용 없는 사고는 공허하고 개념 없는 직관은 맹목이다Gedanken ohne Inhalt sind leer, Anschauungen ohne Begriffe sind blind"라는 당신의 유명한 말을 나는 이런 뜻으로 이해합니다. 여기서 그 구체적인 논의전개 과정을 일일이 추적할 수는 없습니다. 그러나 이러한 선천적 인식능력의 자발적 구성에 의해, 양자의 결합에 의해, 선천적 인식이 성립한다고 보는 것은 분명합니다.

그런데 당신은 그 다음으로 '이성Vernunft'이라는 제3의 능력을 이야기합니다. "우리의 모든 인식은 감관에서 출발하여 오성으로 나아가고 이성에서 끝난다"고 당신은 말합니다. 이성은 당신 말대로 오성, 판단력과 더불어 고급 인식능력에 속합니다. 그것은 최상의 인식능력입니다. 그것은 원리들의 능력입니다. 이 능력은 순수이성의 개념들 즉 이념들 Ideen을 갖습니다. 예컨대 신의 존재, 의지의 자유, 영혼의 불멸이라는 것이 거기에 포함됩니다. 이 이성이 이른바 이율배반Antinomie을 포함한 여러 형이상학적 주제들을 다루는 능력으로 남게 됩니다.

당신은 이 세 가지 인식능력의 상호작용으로서 우리의 인식을 설명합니다. "인간의 모든 인식은 직관으로써 출발하고 거기서 개념으로 나아가며 이념으로써 끝맺는다"는 말을 나는 칸트 인식론의 한 정리로서 이해합니다. 이 세 가지 요소는 선천적인 인식원천들입니다. 이것들은 얼핏 보기에 경험의 한계를 넘는 듯하지만 실은 가능한 경험분야를 넘어갈 수 없다고 당신은 지적합니다. 이성 또한 통일을 가능케 하는 원리들에 따라 자연을 그 근저에 이르기까지 탐구하지만 자연의 한계를 넘지 않기 위해 모든 방법과 원칙을 사용할 뿐이라고 당신은 지적합니다.

친애하는 칸트, 질식할 정도로 치밀한 당신의 논의는 수많은 철학자들을 매료하기에 충분합니다. 나 또한 한때는 칸트주의자였음을 고백합니다. 당신의 그 철저한 비판을 뒤따라가면서 나는 보이지 않는 우리의 정신 속을 훤히 들여다보는 듯한 느낌을 가졌었고, 그것은 소설 동의보감에 나오는 허준이 스승 유의태의 시신을 해부하며 사상 처음으로 인체의 내부를 들여다보는 심정과 유사한 것이었습니다. 인간에게 오장과 육부가 선천적으로 갖춰져 있듯이 또한 감성과 오성과 이성이 선천적으로 갖춰져 있었구나! 위장이 음식물을 받아내고 심장이 피를 돌리고 신장이 오줌을 걸러내듯이, 감성은 경험된 것을 직관하고 오성은 개념들을 사고하고 이성은 이념들을 추론하는구나! 그런 느낌은 철학함의 긍지로 이어지기도 했습니다.

하지만 친애하는 칸트, 나는 당신의 그 엄청난 권위에도 불구하고 당신의 이성비판에 의해 형이상학의 학문성이 과연 원만하게 확보되었는지 상당히 조심스러운 생각이 듭니다. 내가 생각하기에 인식Erkenntnis은 인간이 수행하는 여러 활동 중의 하나입니다. 인간의 모든 활동은 인간 자신에게 미리 갖추어진 것과(이것을 나는 분명히 인정합니다) 인간 바깥에 미리 갖추어진 것(이것도 또한 인정되어야 합니다)의 상호연관에서 비로소 성립되는 것이라는 기본인식을 지니고 있습니다. 예컨대 '먹는다'고 하는 활동도 '먹을 것'이 '먹는 기관'을 만나면서 비로소 성립됩니다. 아니 인간에게 먹는 기관들이 미리 갖추어져 있다는 사실 자체가 이미 인간 바깥의 먹을 것들을 전제로 하고 있습니다. 인식능력의 선천적인 내재도 이미 인간 바깥의 인식될 것들(이를테면 자연의 법칙들과 이념들)을 전제로 하고 있다는 생생한 증거가 아닐는지요. 인식될 것들과 인식의 능력, 즉 객관과 주관은 별개입니다. 어떤 점에서는 인간에 내재하는 인식의 능력조차도 인간의 바깥에 있는 인식될 것으로 간주될 수 있습니다. 그것이 선천적이라는 사실 자체가, 그것이 인간의 능력임에도 불구하고 인간의 소유물이 아니라는 것을 말해줄 수 있습니다. 그렇다면 우리의 인식도 인식능력과 인식내용의 상호연관에서 성립하는 것으로 인정하는 것이 더욱 타당한 것이 아닐는지요. 그것은 학문성의 훼손이 아니라 오히려 진정한 학문성의 확립이 아닐까 합니다. 인식내용은 언제나 우리 앞에서 우리에게 인식되기를 기다리고 있습니다. 그것은 맛있는 복숭아가 우리의 식욕을 자극하듯이 우리의 인식능력을 자극하고 그 활동을 촉발합니다.

중요한 것은 결국 그 내용들임을 우리는 잊지 말아야 합니다. 물론 당신도 그 점을 잘 알고 있었다고 나는 봅니다.

그것을 나는 저 유명한 《실천이성비판》 결론부의 첫머리에서 확인합니다. 당신을 말했습니다. "내가 그것에 대해 오래 생각할수록 그리고 자주 생각할수록 점점 더해지는 경탄으로 내 가슴을 가득 채우는 것이 두 가지 있다. 그것은 내 위에 있는 별 반짝이는 하늘과 내 안에 있는 도덕법칙이다Zwei Dinge erfüllen das Gemüt mit immer neuer und zunehmender Bewunderung und Ehrfurcht, je öfter und anhaltender sich das Nachdenken damit beschäftigt: Der bestirnte Himmel über mir, und das moralische Gesetz in mir"라고. 예컨대 바로 그런 '철학적 현상'들이 객관적 내용으로서 우리의 주관적 인식을 촉발할 때 진정한 인식은 시작되는 것입니다. '현상의 인식 촉발'은 결코 우연이 아닙니다. 그것은 그 자체로서 이미 충분한 학문성을 보장해 주는 근거가 되는 것입니다.

인간지식의 실제적인 발전사를 돌아보건대 모든 진정한 인식은 (형이상학까지도 포함해서) 그런 촉발에 의해 비로소 성립된 것이었다고 말할 수 있습니다. 형이상학은 결코 당신이 생각하는 그런 못난이가 아니었습니다. 그것은 미운 오리새끼 같은 것이었습니다. 문제는 그것이 우아한 백조인 줄 알아차리지 못하는 오리의 눈인 것이지 백조 자신에게 문제가 있는 것은 아닙니다. 백조에게는 우아한 비상이 어울리듯 형이상학에게는 형이상학 나름의 방식이 어울리는

근세로 부치는 철학편지

것입니다. 철학이 어설프게 수학과 과학의 흉내를 낼 필요는 없습니다. 근세의 안경을 벗으면 문제는 간단하게 해결됩니다. 왜냐하면 자연은 본래 탐구와 이해와 정복의 대상이 아니라 노래와 경탄과 사유의 대상으로서 철학과의 만남을 시작했기 때문입니다.

친애하는 칸트, 나의 이런 조심스러움이 당신의 권위에 대한 결례가 되지 않기를 진심으로 바라며 조심스럽게 붓을 거두겠습니다.

Johann Gottlieb Fichte 1762–1814

"자아는 근원적으로, 그리고 단적으로 자기 자신의 존재를 정립한다. …
자아에 대하여 단적으로 비아가 반정립된다. …
자아는 자아 속에서 가분적 자아에 대하여 가분적 비아를 반정립한다."

"나는 행동한다. 고로 나는 존재한다!"

피히테에게

자아를 묻는다

당신께 편지를 드리는 것이 나에게는 마치 하나의 모험처럼 느껴짐을 솔직히 고백합니다. 그것은 당신이 반대자를 격렬하게 비난하는 과격한 성격의 소유자라는 것과도 무관하지는 않지만, 그것보다도 내가 평소에 '추상의 극치'라는 말로 일정한 거리를 유지하고 있는 이른바 '독일 관념론der deutsche Idealismus'의 철학이 사실상 당신에게서 시작되었다는 것에 대한 나 나름의 어떤 불편함 때문입니다. 물론 나는 당신과 셸링, 헤겔 등의 독일 관념론이 한때 전 유럽의 주류 사상이었으며 그것이 마르크스주의로 이어지고 길게는 프랑크푸르트학파의 비판이론에까지 맥이 닿는, 결코 무시할 수 없는 철학사조의 원류라는 것을 모르는 바가 아닙니다. 하지만 그러한 철학사적 공로가 추상성의 불편을 덜어주는 것은 아닙니다. 나는 지금도 '좀 더 사람들이 알아들을 수 있는 언어로 말해줄 수는 없었을까'하는 아쉬움을 마음 한구석에서 버리지는 못하고 있습니다. 그것은 당신이 어릴 적부터 보여준 그 경이로운 천재성을 생각할 때 더더욱 커지는 것을 어쩔 수 없습니다. 그 점을 부디 나의 '무식함'과 '무능력'으로 탓하지는 말아주기 바랍니다.

당신은, 훗날 당신의 결정적인 후원자가 된 밀티츠Haubold von Miltitz 남작이 당신의 고향마을 라메나우Rammenau의 교회에 방문했을 때, 갑작스런 사고로 설교시간에 지각한 그를 위해 설교를 통째 암기해 들려줌으로써 남작을 경악시켰습니다. 그만하면 타고난 천재성의 소유자임을 여지없이 증명한 셈입니다. 그 때문에 당신은 어려운 집안 형편에도 불구하고 남작의 후원으로 공부를 계속해나갈 수가 있었지요. 당신이 훗날, 예나대학-라이프치히대학에서 공부를 마쳐 박사가 되고 신설 베를린대학의 첫 철학교수로 부임하여 초대 총장이 된 것도, 또한 나폴레옹의 독일침공으로 나라가 위태로울 때 〈독일국민에게 고함Reden an die deutsche Nation〉이라는 명연설을 남김으로써 확고히 역사에 이름을 새기게 된 것도 당신에게 뛰어난 천재성이 있었기 때문이겠지요. 그러나 내가 당신에게 느끼는 유감 또한 바로 그것과 연관이 있습니다. 거기서 비롯되는 추상성이 적지 않은 사람들로 하여금 당신에게로의 접근을 어렵게 하기 때문입니다.

근세로 부치는 철학편지

당신의 주저《전 지식학의 체계*Grundlage der gesammten Wissenschaftslehre*》에서 우리는 그 점을 확인하게 됩니다. 당신은 거기서 저 위대한 거인 칸트를 계승하고자 합니다. 칸트 본인의 추천으로《모든 계시의 비판 시도*Versuch einer Kritik aller Offenbarung*》를 출간함으로써 당신이 일약 스타가 된 점을 생각하면 그것은 아주 자연스럽습니다(내가 듣기로 이 책은 밀티츠 남작의 사후 경제적으로 다시 어려워진 당신이 칸트를 찾아가 경제적 원조를 부탁했는데 난감해진 칸트가 직접적인 지원 대신 출판을 주선해줬고 그 출판과정에서 편집자의 우연한 실수로 저자의 이름이 빠진 채로 책이 나와 그렇지 않아도 칸트의 종교비판서를 기다리던 독자들이 칸트의 책으로 오해하는 해프닝이 생겨 당황한 칸트의 직접해명으로 그 책의 수준이 더욱 주목을 받았다지요? 그래서 당신이 일약 스타가 되었다는 일화는 참으로 흥미로운 에피소드가 아닐 수 없습니다).

당신은 칸트가 남긴 과제들, 즉 카테고리들의 분리, 감성·오성·이성 등 인식능력들의 분리, 이론이성과 실천이성의 분리를 체계적으로 통일하고자 했습니다. 아니 그 이전에 주관과 객관, 현상과 물자체를 하나의 관념 속에서 통일하고자 했습니다. 그렇게 해서 '전 지식학의 체계'를 수립하고자 했던 것입니다. 그것을 위해 '자아*Ich*'라는 개념을 도입했다고 나는 파악합니다. 그것은 좋습니다. 그런데 문제는 이 개념이 보통의 경우와는 약간 다르다는 데 있습니다. 특별한 의미로 사용됩니다. 보통은 '자아Ich'라는 것이 개별적이고 구체적이고 유한한 '나'를 뜻하는 것으로 그치지만, 당신은 이것을 이른바 '절대적 자아absolutes Ich'라는 포괄적이고 추상적인 것으로 생각하고 있는 것입니다. 그러니까 개별적인 인간을 가리키는 게 아닌 거지요. 이는 누구나가 쉽게 파악할 수 있는 것은 아닙니다. 당신은 이것의 '자기정립Selbstsetzen'을 '사행Tathandlung(현실적 행위?)'이라는 아주아주 특이한 말로 표현하고 있는데, 이를 "객관을 전제하지 않고 그 스스로 산출하는 순수활동, 행위가 곧바로 사태가 되는 그런 순수활동reine Thätigkeit, die kein Object voraussetzt, sondern es selbst hervorbringt, und wo sonach das Handeln unmittelbar zur That wird이라고 설명하고 있습니다만, 이는 설명이라기보다는 혼란을 가중시킬 따름입니다. 물론 나는 당신의 이 설명이 '자아'에게 사실행위의 주체, 실천적 활동의 주체, '노력'의 주체라는 성격을 확고히 부여함으로써 순수학적 인식의 주관이라는 좁은 틀에서 해방시켰다는 철학사적 의의를 인정합니다. 그러나 이 점을 알게 되기까지 보통 사람들은 많은 시간과 많은 사유적 노고를 필요로 하게 됩니다. 아무튼 그런 의미의 자아와 그 활동이 무엇인지를 이해하는 게 피히테철학을 이해하는 시발점이 되겠지요.

　당신은 앞서 말한 과제를 해결하기 위해 3개의 근본명제
들을 제시합니다. 첫째는, "자아는 근원적으로, 그리고 단
적으로 자기 자신의 존재를 정립한다Das Ich setzt ursprünglich
schlechthin sein eigenes Sein"는 것이고, 둘째는, "자아에 대하여
단적으로 비아가 반정립된다Dem Ich wird schlechthin ein Nicht-
Ich entgegengesetzt"는 것이고, 셋째는, "자아는 자아 속에서 가
분적 자아에 대하여 가분적 비아를 반정립한다Ich setze im Ich
dem teilbaren Ich ein teilbares Nicht-Ich entgegen"는 것입니다. 내가 이
런 말을 하면 당신은 또 흥분하여 화를 낼지 모르지만, 이 명
제들은 보통사람들을 거의 절망의 상태에 빠트립니다. 도대
체 무슨 소린가…. 그래서 나는 못나고 불쌍한 보통사람들
을 위해, 감히 이것을 '쉬운 말'로 번역해봅니다. 첫째는, '실
천의 주체는, 언제든 어디서든 하나의 상태를 맞는다'는 것
이고, 둘째는, '살다보면 그 상태에 대해 대립되는 하나의 상
태가 생긴다'는 것이고, 셋째는, '이러한 대립을 통해, 원래의
상태도 그리고 대립되는 상태도 각각 부분적으로 변화된 상
태를 갖게 된다'는 것입니다. 당신은 불만일지 모르지만, 이
정도면 그래도 보통사람들도 약간은 안심하게 될 것입니다.
더 쉽게 말해보겠습니다. 예컨대, 한 총각이 있습니다. 이 총

각이 한 처녀를 만납니다. 이 총각은 남편이 되고 이 처녀는 아내가 됩니다. 물론 이 남편은 여전히 그 총각이고 이 아내는 여전히 그 처녀입니다. 각각 부분적으로 변화된 것입니다. 이렇게 설명하면 보통사람들도 마침내 이해하겠지요. 부디 나의 이 과감한 단순화를 용납해주시기 바랍니다.

친애하는 피히테, 나는 당신의 이 이론이 훗날 헤겔에 의해 완성되는 이른바 변증법Dialektik(정-반-합These-Antithese-Synthese의 발전구조)의 초석을 놓았다고 평가합니다. 나는 개인적으로 헤겔의 이론이 얼마만큼 유효한 것인가에 대해 약간의 회의를 느끼기도 하지만, 그의 개인적 위대함이나, 그의 이론이 인류역사에 미친 실질적인 영향을 영미권 철학자들처럼 과소평가하지는 않습니다. 그 점을 생각하면 당신이 갖는 철학사적 의의는 결코 작지 않습니다. 그렇습니다, 피히테. 당신은, 스스로가 의식했건 하지 않았건, 철학이라는 우리의 이 학문을 강의실에서 거리로 나가게 했고 그리고 행동에 나서게 한 결정적 공로자의 한 사람임을 나는 사람들에게 알려주고 싶습니다. 그것을 위해 이제 당신이 남긴 저 유명한 말을 이곳에 옮겨놓고자 합니다. "나는 행동한다. 고로 나는 존재한다!Ich handle, also bin ich"

그런데 피히테, 그 나는 도대체 누구입니까, 많은 사람들이 지금도 묻고 있습니다. 나는 누구인가라고. 그것은 여전히 철학의 한 핵심주제로서 물어지고 있습니다. 물론 이제 우리는 최소한 그것이 단순한 인식주관으로 끝나지 않는다는 것을 알게 되었습니다. 나란, 하나의 실천적 존재이며 행위적 존재입니다. 그래서 나란, 사회적 존재이며 역사적 존재이기도 합니다. 그 핵심에는 변화·발전이 있습니다. 거기에는 '변화의 구조' 내지 '발전의 법칙'이 숨어 있습니다. 바로 그것을 당신이, 당신의 철학이, 알려준 것입니다. 하지만 피히테, 나는 당신이 또 다른 대답의 가능성에 대해서도 가슴을 열어주셨으면 하고 기대합니다. 나란, 자아란, 바라보는 시각에 따라 전혀 다른 모습을 보여주는 일종의 '존재 x' 입니다. 이 '엑스'는 예컨대 부처가 될 수도 있고 군자가 될 수도 있고 자연이 될 수도 있습니다. 나는 거기에 '신분'이라는 것을 대입하기도 합니다. 이러한 규정이 좀 마음에 안 드시더라도 부디 화는 내지 마시기 바랍니다. 이 자아론은 어쩌면 당신의 자아론에 대해 반정립된 하나의 비아일 수도 있으니까요. 그렇다면 당신의 이론 자체가 이미 당신과 다른 자아론의 가능성을 허용하고 있는 것이 아니겠습니까. 그래서 나는 앞으로도 계속 새로운 답을 모색하며 물어볼 것입니다. '나란 도대체 누구인가…' 라고. 당신이 남긴 유명한 말대로 "사람이 어떤 철학을 선택하느냐는 그 사람이 어떤 사람인가에 달려 있다Was für eine Philosophie man wähle, hängt ... davon ab, was für ein Mensch man ist"고 할 수 있으니 이런 나의 철학도 부디 탓하지는 말아주시기를 부탁드립니다. 헤겔의 요청으로 사후 이웃이 된 당신의 묘소에서 묵념도 미리 해두었으니까요.

Friedrich Wilhelm Joseph von Schelling 1775–1854

"자아의 본질은 자유이다."

"객체는 오직 주체와의 연관 하에서만 사유 가능하므로,
[…] 그 둘은 서로에 의해 제약되고 서로에 의해 동시에 정립된다."

1775년 독일 뷔르템베르크Württemberg 공국의 레온베르크Leonberg에서 태어남.

1790년 15세에 튀빙겐대학 신학부Tübinger Evangelische Stift에 입학. 동기인 헤겔, 횔덜린과 친교.

1797년 《자연철학의 이념Ideen zu einer Philosophie der Natur》 출간.

1798년 피히테의 제자 및 협력자로 있다가 그의 후임으로 예나대학의 조교수가 됨. 99년 정교수. 예나에서 잡지 〈사변적 물리학Zeitschrift für spekulative Physik〉를 간행. 헤겔과 〈철학 비평 잡지Kritisches Journal der Philosophie〉를 냄.

1803년 슐레겔의 부인이었던 카롤리네와 연애사건. 이혼 후 결혼. 뷔르츠부르크Würzburg 대학의 철학 정교수가 됨.

1807년 신설된 바이에른 학술원 정회원이 되어 뮌헨으로 이주.

1808년 야코비 서거 후 바이에른 학술원의 원장이 됨.

1809년 《인간적 자유의 본질》 출간. 카롤리네 병사.

1813년 괴테의 주선으로 파울리네 고타Pauline Gotter와 재혼.

1820년 에어랑엔대학 교수.

1827년 뮌헨대학 교수.

1841년 베를린대학 교수. 〈신화와 계시의 철학〉에 대해 강의. 바쿠닌, 키에게고, 엥겔스, 훔볼트 등이 청강. 그러나 그의 철학에 대한 심한 공격으로 인해 45년 교수직을 떠남.

1854년 스위스의 바트 라가츠Bad Ragatz에서 죽음.

셀링에게

자연과 자아를 묻는다

대단히 실례되는 말일지 모르겠습니다만, 나는 당신에게 대해 일종의 연민 같은 심정을 지니고 있습니다. 독일 관념론의 대단한 거장 셀링에게 연민이라니! 그런 무엄한! 비단 당신뿐 아니라 무수히 많은 당신의 추종자들도 그렇게 화를 내며 나를 힐난할지 모르겠습니다. 특히나 당신이 어릴 때부터 두각을 나타낸 신동이었고, 15세의 어린 나이에 명문 튀빙겐대학에 입학했으며 5년이나 연하였음에도 역사에 이름을 남긴 헤겔·휠덜린과 단짝 친구가 되고 더구나 그들보다 훨씬 더 빨리, 19세의 어린 나이에 쓴 첫 저서《철학 일반의 형식의 가능성에 관하여*Über die Möglichkeit einer Form der Philosophie überhaupt*》(1795)부터 이미 피히테의 칭송을 듣는 등 학계의 인정을 받아 승승장구하며 출세가도를 달렸다는 점을 생각하면 연민이란 터무니없는 모독이 될지도 모르겠습니다. 물론 나는 당신을 모독할 의사는 추호도 없으며 그럴 위치에 있지도 못합니다. 나의 연민은, 단지 당신의 그 천재성으로 말미암아 너무 일찍 두각을 나타낸 것이 반드시 좋은 것만은 아니었던 듯하다는 것, 굼뜬 친구 헤겔에게 일자리까지 주선해주곤 했는데, 뒤늦게 그가 자신의 《정신현상학》에서 당신의 이론을 치고 나서며 각광을 받고 이윽고는 당신을 훨씬 능가하는 철학사의 영웅으로 등극했을 때 당신이 느낀 배신감과 질투심이 얼마나 컸을까 하는 것, 그리고 당신이 말년에 이른바 '실존주의의 선구'라고도 할 수 있는 '적극철학positive Philosophie'을 제시했음에도, 시대를 너무 앞선 탓에 그다지 주목받지 못했다는 것, 베를린에서 직접 당신의 강의를 들은 키에게고조차도 당신에게서 실망을 느꼈다는 것, 이런 사정들을 나 나름대로 깊이 이해하기 때문인 것입니다. 그러니 부디 너무 언짢아하지는 마시기 바랍니다 (그래도 솔직히 좀 걱정이 되기는 합니다. 왜냐하면 헤겔과의 관계가 틀어진 후 언젠가 카를스바트Karlsbad 온천에서 당신이 우연히 그와 재회했을 때, 헤겔이 그의 부인에게 그 반가움을 전하는 편지를 쓴 반면, 당신은 당신의 부인에게 그 불쾌함을 전하는 편지를 썼다는 에피소드를 나는 알고 있기 때문입니다).

사실 나는 당신과 당신의 철학에 대해 자세히 배울 수 있는 기회를 갖지 못했습니다. 학부 시절 내가 알고 있었던 것

근세로 부치는 철학편지

은 위의 일화들과 슐레겔Wilhelm Schlegel의 부인 카롤리네 Karoline를 연모해 훗날 결국 그녀와 결혼하게 되었다는 이야기 정도? 그리고 그 철학사상은 더욱 그렇습니다. 내가 배운 교과서들은 지금 돌이켜보면 '전상Potenz'이니 '절대적 동일성absoluten Identität'이니 '무차별성Indifferenz'이니 '초월론적 관념론transzendentaler Idealismus'이니 하는 거의 절망적일 만큼 어려운 단어들을 거두절미한 채 나열하고 있었고 그 어떤 선생님도 그것을 알아들을 수 있게 설명해주지 않았기 때문에 당신의 철학은 내게 오래도록 '꺼림칙한 그 무엇'으로 남아 있을 수밖에 없었습니다. 그런데 계기는 우연히 찾아오는 법인가 봅니다. 대학원 시절 탁월한 실력자였던 나의 지도 교수님이 당신의 책《인간적 자유의 본질에 관한 철학적 탐구Philosophische Untersuchungen über das Wesen der menschlichen Freiheit》을 번역했었고, 나의 가까운 한 후배가 당신의 주저 중 하나인《초월적 관념론의 체계System des transzendentalen Idealismus》를 연구하여 박사학위를 받은 것이, 그리고 고등학교 선배이기도 한 김상현 교수님이 당신의 그《철학의 원리로서의 자아Vom Ich als Prinzip der Philosophie oder über das Unbedingte im menschlichen Wissen》를 해설한 책을 낸 것이 계기가 되어 나도 그저 막연한 친근감을 당신에게 갖도록 되었습니다. 그 후 나 자신이 이제 가르치는 입장이 되고, 나의 학생들에게 당신의 '관념론' '자연철학' '동일철학' '자유론' '예술철학' '적극철학' 등을 설명해야 되는 의무를 갖게 되면서 나는 비로소 당신과 일대일로 마주하게 되었던 것입니다.

이제 나는 나 나름대로 당신의 철학을 옹호하고 대변할 자세가 되어 있습니다. 그것은 당신이 넓은 의미의 낭만주의Romantik와 무관하지 않다는 것을, 그리고 당신에게 탁월한 예술철학이 있다는 것을 내가 다행스럽게 생각하고 있기 때문이기도 합니다. 나는 낭만주의와 예술철학을 좋아합니다. 현실의 엄중함을 모르는 철부지라서가 아니라 그것을 너무나도 잘 알고 있기 때문에 오히려 더 좋아합니다.

당신의 견해를 사람들은 흔히 '자연철학Naturphilosophie'이라고 부릅니다. 실제로 당신은 '자연Natur'을 주목하고 있습니다. 그로써 당신은 '행위하는 실천적 자아'를 내세우는 피히테와 대비되고 있습니다. '자연'을 앞세운다는 것은 적어도 나에게는 매력적인 일입니다. 사실 자연은 기나긴 철학의 역사를 출발시킨 첫 번째 주제이기도 했습니다. 물론, 당신이 말하는 자연이 고대 그리스인들이 말한 그 자연과는 내용이 다르겠지만, 그것이 근세 초에 화려하게 등장했던 저 새로운 자연, 자연과학의 자연, 기계적인 작용과 반작용에 의해 지배되는 물질의 세계로서의 자연, 인식대상으로서의 자연, 극복 대상으로서의 자연은 아니며 그것과 확연히 다른 것이라는 점을 나는 사람들에게 알려줘야 할 것 같습니다. 좀 오버해서 말하자면, 당신의 자연은 숨쉬는 자연, 말하는 자연, 노래하는 자연, 춤추는 자연, 예술의 내용이 되는 그런 살아있는 자연입니다. 당신의 분명한 한 가지 매력은 자연을 인간의 주관 내지 실천적 자아와 양분적으로 대립시키지 않는다는 것입니다. 당신은 이 양자를 통일적으로 보고자 합니다. 이게 아마도 셸링철학의 핵심일 거라고 나는 파악합니다. 《철학의 원리로서의 자아에 관하여》를 나는 그렇게 이해했습니다.

당신은 '자연Natur'과 '자아Ich'를 하나로 보고 있습니다. 객관Objekt과 주관Subjekt을 동일시합니다. 응? 어째서죠? 엄연히 다른 이 둘이 어째서 같다는 거죠? 보통사람이라면 누구나 고개를 갸우뚱합니다. 그런데도 당신은 굳이 그 동일성 Identität을 언급합니다. 그것은 기본적으로는 주객 상호 간의 원천적 연관성 (즉 "객체는 오직 주체와의 연관 하에서만 사유 가능하므로, […] 그 둘은 서로에 의해 제약되고 서로에 의해 동시에 정립된다"는 것) 때문이겠지만, 궁극적으로는 아마도 그 양자를 하나의 '절대자das Absolute' 내지 '무제약자das Unbedingte(사물이 될 수 없는 것)' 속에서 보고 있기 때문이겠죠? 혹시 이것도 저 스피노자의 '영원의 상 아래서' 보기 때문인가요?

그 연관성이 좀 궁금하기도 합니다. 자연도 당신에게는 하나의 생명, 하나의 영혼, '볼 수 있는 정신der sichtbare Geist' 그 자체이며, 자아도 당신에게는 자연과 융합된 것, 자연 그 자체에서의 주관성, 정신성, 즉 '볼 수 없는 자연die unsichtbare Natur' 그 자체입니다. 당신의 자연은 풍요로운 자연, 살아있는 자연이며, 당신의 자아는 주객을 포괄하는 자아, 주객을 초월하는 자아, 전체적인 자아입니다. 그래서 당신은 자연과 자아, 객관과 주관의 '무차별성Indifferenz' '절대적 동일성 die absolute Identität'을 말하고 있습니다. 사실 이른바 낭만파들이 그려내는 예술세계에서는 그렇지 않습니까. 나도 자연이고 자연도 나일 수 있습니다. 그렇게 이해한다면, '동일철학 Identitätsphilosophie'이라는 것도 받아들일 수 있는 여지가 생겨나게 됩니다. 나는 추상적 어려움으로 인해 당신을 피해가려는 사람들을 그렇게 설득할 생각입니다. 셸링의 자연철학, 초월론적 관념론, 동일철학은 실은 '아름다운 철학' '낭만적인 철학'이라고(당신의 이런 절대적 동일성을 "모든 소가 검게 보이는 밤Nacht, in der alle Kühe schwarz sind"이라고 비판했던 헤겔은 아마 납득하지 않겠지만요).

물론 당신이 자연을 물질, 전기/자기/화학적 현상, 유기체로 나누거나, 혹은 질료, 무기물들, 무기적 과정들, 유기체들, 및 인간에 이르기까지 그 단계를 인정하여 그 대자연의

근세로 부치는 철학편지

산출과정을 '전상Potenz(또는 세위勢位)'이라 부르고 있는 것은 다소 도식적이긴 하지만, 생생한 대자연이 절대자의 두 원리, '중력'과 '빛', 개별성-보편성이라는 원리의 전개에 의해 생겨나는 것인 이상, 그것이 자연과학의 탐구대상이 되는 박제된 자연, 딱딱한 자연이 아닌 것은 명백해 보입니다.

친애하는 셸링, 나는 지금 21세기라는 시대를 살고 있습니다. 이 시대는 당신이 아마 상상도 못했을 정도로 변화된 '인간의 시대'입니다. '주관의 전성시대'입니다. 당신이 말한 자연은 지금 전 지구적인 규모로 인간에 의해 학대당하며 신음하고 있습니다. 자연은 오직 이용의 대상이고 개발의 대상입니다. 자연의 아름다움조차도 한갓 관광산업의 자원으로 전락해가고 있습니다. 이미 자연의 대반란도 시작되고 있습니다. 이른바 환경철학적 관점에서 당신의 철학을 해석하는 것은 너무 앞서가는 과잉해석이라고 잘난 누군가가 금방 반격하려 들겠지만, 자아와 자연을 이른바 주관과 객관으로 분리하여 대립시키지 않고 그 절대적 동일성을 말했다는 것은, 당신의 후기 적극철학이 실존주의의 선구였던 것처럼, 그 자체만으로 21세기 환경철학의 선구가 될 수 있는 거라고, 그렇게 나는 당신을 선전할 작정입니다.

친애하는 셸링, 당신의 친구 헤겔이 당신보다 더 유명해졌다고 해서 너무 기죽거나 속상해하지는 마십시오. 당신은 당신대로 충분한 의미가 있는 것이니까요. 당신 식대로라면 셸링도 헤겔도 절대자의 품안에서는 무차별한 절대적 동일성일 테니까요. 색즉시공이요 공즉시색이라, 자아가 곧 자연이요 자연이 곧 자아라, 셸링이 곧 헤겔이요 헤겔이 곧 셸링이라, 절대적 동일이로다, 절대적 동일이로다…!

근세로 부치는 철학편지

Georg Wilhelm Friedrich Hegel 1770–1831

"진리는 전체이다."

"이성적인 것은 현실적인 것이고 현실적인 것은 이성적인 것이다."

"세계역사는 자유의식에서의 발전이다."

"세계역사는 세계의 심판정이다."

"민족들의 역사로부터 우리가 배울 수 있는 것은,
민족들이 역사로부터 아무것도 배우지 않았다는 사실이다."

1770년 독일 뷔르템베르크Württemberg 공국의 수도 슈투트가르트Stuttgart에서 운송회계
       사 고문 게오르크 루트비히 헤겔Georg Ludwig Hegel 과 마리아 막달레나 루이자 프
       롬Maria Magdalena Louisa Fromm의 장남으로 태어남.

1777년 슈투트가르트 김나지움에 입학.

1788년 튀빙겐Tübingen대학 신학부에 입학. 2년간 철학과정. 3년간 신학과정 이수. 셸링,
       횔덜린과 친교.

1790년 튀빙겐대학 철학 석사Magister.

1793년 스위스 베른에서 가정교사 생활.

1797년 프랑크푸르트에서 가정교사 생활. 횔덜린과 재회.

1801년 《피히테와 셸링 철학체계의 차이Die Differenz des Fichteschen und Schellingschen
       Systems der Philosophie》 출간. 예나대학 사강사.

1805년 괴테의 추천으로 예나대학 조교수가 됨.

1807년 예나대학 폐쇄로 실직. 《정신현상학》 출간. 밤베르크에서 〈밤베르크 신문
       Bamberger Zeitung〉 편집장으로 생계. 거주하던 집의 주인이 죽고 그의 아내 크리
       스티아나Chistiana Burkhardt와 정을 맺어 아들 루트비히 피셔Georg Ludwig Fischer를
       낳음.

1808년 뉘른베르크 김나지움의 교장으로 부임. 고교반에서 철학을 가르침.

1811년 41세 때, 20세의 마리 폰 투허Marie von Tucher와 결혼.

1812년 《대논리학》 제1권 제1부 출간. 13년 제2부 출간.

1816년 하이델베르크대학 정교수가 됨. 아들 루트비히를 데려옴.

1817년 《엔치클로패디》 출간.

1818년 작고한 피히테의 후임으로 베를린대학 정교수가 됨.

1821년 《법철학 강요》 출간.

1823년 헤겔학파가 형성되기 시작함.

1827년 파리로 여행. 귀로에 바이마르의 괴테 방문.

1829년 베를린대학 총장 취임.

1831년 콜레라에 걸려 61세로 베를린에서 죽음.

헤겔에게

정신을 묻는다

　당신을 향해 붓을 들기까지 참으로 오랜 시간이 필요했습니다. 그것은 내가 당신의 이름을 처음 들은 것이 중학교 시절이었다거나, 또는 당신이 서양철학사 특히 이른바 근세철학의 끝자락을 장식하는 인물이라는 그런 시간적 의미 때문만은 아닙니다. 당신에게 보내는 글을 오랫동안 망설이게 한 가장 큰 이유는, 내가 당신의 철학을 '이해했다'고 하는 확신을 갖기가 결코 쉽지 않았기 때문입니다. 그것은 어쩌면 지금도 크게 다를 바 없을지 모르겠습니다. 그럼에도 불구하고 이제 감히 용기를 내보는 것은, 나도 이제 제법 나이를 먹어버렸고 나름대로 열심히 공부도 해봤으니, 지금 이 상태에서 내가 알 수 없는 것이라면, 이젠 할 수 없다고 포기를 하거나 혹은 알 필요가 없다는 배짱으로 나갈 수밖에 없다고 생각했기 때문입니다. 물론 나도 엉터리 철학자는 아니라고 자부하는 사람이니 당신의 철학에 대해서 알 만큼은 안다고 생각합니다. 다만 그 앎이 내용과 무관할 수 없는 만큼, 당신에 대한 내 이해의 타당성은 당신의 철학 그 자체가 당신이 좋아하는 말로 얼마만큼 '객관성'을 지니느냐 하는 것에 달려 있다고 할 수 있습니다.

대단히 죄송한 말씀이지만, 나는 학창 시절 여러 차례 당신에 대해, '엄청난 통찰력을 가진 위대한 천재이거나 엄청난 머리와 말재주를 가진 희대의 사기꾼'이라고 평한 적이 있었음을 고백합니다. 그것은, 당신의 말들이 극도로 사변적이고 관념적이며 추상적인 것이기 때문에 초심자로서는 불가피한 것이었음을 이해해주시기 바랍니다. 예나와 하이델베르크, 베를린 대학에서 당신에게 배운 학생들은 당신의 그 '어려운' 혹은 '난해한' 철학에 대해 열광하고 그 어려움은 오로지 자신들의 무지와 무능 탓으로 돌렸다고 하지만, 나는 당신의 학창 시절 당신에게 그다지 좋은 점수를 주지 않았던 당신 선생님의 입장에 어느 정도 동조하면서, '좀 더 친절하게 좀 더 알기 쉽게 써줄 수는 없었을까' 하는 아쉬움을 버릴 수가 없습니다. 나는 나의 이런 소감이 《정신현상학 *Phänomenologie des Geistes*》이나 《대논리학 *Wissenschaft der Logik*》이나 《엔치클로패디 *Enzyklopädie*》나 또는 《역사철학 강의 *Vorlesungen über die Philosophie der Geschichte*》나 《법철학 강요 *Grundlinien der*

근세로 부치는 철학편지

Philosophie des Rechts》을 읽은 수많은 독자들에 의해 지지를 받을 수 있을 거라고 기대하기도 합니다. 아, 그리고 무엇보다도 당신에 대해 반기를 들면서 '현대철학'의 새로운 영지를 개척해 나간 쇼펜하우어, 키에게고, 베르크손, 무어 등도 나의 편을 들어주겠군요.

그럼에도 불구하고! 나는 사실 어느 틈엔가 당신의 팬이되어 있는 나를 발견합니다. 나는 학부 시절 헤겔연구의 대가로 알려졌던 김계숙 교수님께 당신의 철학을 배우면서 자진해서 당신에 관한 발표도 했었고, 대학원 시절에는《정신현상학》과 씨름하며 밤새 보고서를 작성하기도 했었습니다. 당시 모두들 그랬듯이 나도 당신의 그 어려운 원서를 자랑스럽게 옆구리에 끼고 다니기도 했었습니다. 처음으로 하이델베르크에 갔을 때, 당신을 기념하는 강의실 '헤겔 잘Hegel-saal'에서 기념사진을 찍기도 했고, 당신이 살았던 '플뢱Plöck' 거리의 집을 일부러 찾아가 보기도 했고, 당신의 심정이 되어 넥카 강 건너 산중턱의 그 유명한 '철학자의 길'을 산보하기도 했었습니다. 베를린에 놀러 갔을 때도 당신이 근무했던 대학을 빠트리지 않고 찾아가보았고, 당신이 김나지움 교장을 지냈던 뉘른베르크에 갔을 때도 가장 먼저 당신을 떠올렸었습니다. 아니, 당신의 고향인 슈투트가르트를 일부러 찾아 당신의 생가를 방문하기도 했고, 당신이 셸링, 횔덜린과 우정을 나누던 튀빙겐대학의 그 신학부 기숙사도 일부러 찾아갔었습니다. 이만하면 팬이 아니라고 할 수는 없겠지요? 물론 그것뿐만은 아닙니다. 학문적으로도 이제 나는 은근히 당신을 변호하고 다니는 나를 발견합니다.

19/20세기 현대철학이 영국·프랑스·독일 할 것 없이 당신에 대한 반발에서부터 시작된다고, 그것은 러셀이나 베르크손이나 키에게고만 봐도 확인된다고, 그만큼 당신은 거장이라고, 근세철학의 정점이었다고, 그렇게 선전하면서 나는 내 현대철학 강의를 시작합니다. 그리고 다른 강의에서도 나는 빠트리지 않고 당신에 대해 언급합니다. 나는 당신의 매력에 대해 잘 알고 있습니다. 맞고 틀리고 좋고 나쁘고를 떠나 당신은 그 누구도 이루지 못한 독보적인 경지에 올라 있습니다. 그것은 엄연한 사실입니다. 분석철학자들이 당신을 애써 외면하려 해도 당신이 마르크스의 사상적 원류가 됨으로써 20세기의 인류역사에 깊이 개입했다는 것을 부정할 수는 없습니다. 그것은 우리 한국의 역사와도 무관하지 않습니다.

당신의 철학은 무릇 우리 인간이 생각할 수 있는 거의 모든 것을 하나의 '체계System' 속에 질서 지어 편입시키고 있습니다. 실로 거대한 관념의 성을 당신은 건축하셨죠. 당신이 '의식 경험의 학Wissenschaft der Erfahrung des Bewußtseins'이라고도 불렀던 《정신현상학》에서는, 의식과 자기의식과 이성에 이르기까지, 나아가서는 인류 교양 도덕에까지, 그리고 종교(자연종교-예술종교-계시종교), 그리고 종국에는 '절대지 absolutes Wissen'에 이르기까지 '거의 모든 것'을 다 망라해서 담으려 하고 있습니다. 그 엄청난 논리적 사유, 그게 어디 보통 일이겠습니까. 《논리의 학문》[이른바 대논리학]에서는 '객관적 논리학'과 '주관적 논리학'을 나누어 존재 내지 진리 그리고 인식을 다 함께 다루고 있습니다. 그 또한 어디 보통 일이겠습니까. 그 구체적인 세목들은 일일이 다 열거조차 할 수가 없습니다. 더욱이 당신 스스로가 《철학적 학문들의 집대성》이라고 제목을 단 이른바 《엔치클로패디》는 가히 그 절정이라고 해도 과언이 아닐 것입니다. 자신의 책에 '백과사전'이라는 제목을 단 이 스케일! 이 포부! 이 자신감! 이런 외양만 보더라도 당신은 분명 보통사람이 아닙니다. 그 내용에서도 당신은 '논리학[이른바 소논리학]'과 '자연철학'과 '정신철학'을 망라하고 있습니다. 더욱이 정신철학에서는 '주관적 정신'(인간의 본성과 능력들)과 '객관적 정신'(사회 및 국가의 기반이 되는 요건들)과 '절대적 정신'(예술·종교·철학)을 역시 망라하고 있습니다. 당신은 아무래도 모든 것을 총망라하지 않으면 성이 차지 않았던 모양입니다. "진리는 전체이다Das Wahre ist das Ganze"라는 유명한 말에서도 우리는 그것을 느낍니다. 이런 크기와 깊이를 볼 때, 당신의 그 추상성과 관념성과 사변성은 어쩌면 불가피한 것이었는지도 모르겠습니다.

당신의 《역사철학》은 내게 특별히 인상적이었습니다. (이건 당신의 사후 학생들의 강의노트를 편집해 출판한 것이라죠?) 보통은 역사적 사건들과 그 사건의 핵심에 있었던 이른바 영웅들을 역사의 주역으로 인식하지만, 당신은 그 이른바 '세계사적 영웅welthistorisches Individuum'들도 실은 꼭두각시에 불과한 것이고 진짜 주역은 그 배후에 따로 있다고 설명하고 있습니다. 그게 바로 '이성Vernunft'이라고, '정신Geist'이라고, '절대적 정신absoluter Geist'이라고, 말하고 있습니다. 그 정신이 '이성의 계략List der Vernunft'으로 영웅들을 움직여 자신의 '이념Idee'을 실현해나가는 발전의 과정을 변증법적으로 밟아 나간다고 당신은 설명합니다. 그 변증법Dialektik'의 구조를 당신은 정-반-합These-Antithese-Synthese으로 그리고 지양Aufheben으로 정식화하셨죠. ('부정tollere' '보존reservare' '고양elevare'이라는 세 가지 요소를 함께 지니는 이 '지양'은 변화-발전의 설명도구로서 대단히 매력적입니다.) 물론 그 이념인 '자유Freiheit'의 실현을 당신 자신의 조국 프로이센에서 찾고자 한 미숙함 혹은 국가주의를 많은 사람들이 꼬집고는 있지만 당

근세로 부치는 철학편지

신의 설명방식은 사실 너무나도 특이하고 그럴 듯합니다. 기독교적 전통 위에 서 있는 서양에서는 사람들이 열광하는 것도 무리가 아니라고 생각됩니다. 그 절대정신이 결국은 신과 무관한 게 아니니까요(또, 자유의 실현을 프로이센과 연결시키는 것도 "모든 철학은 시대의 아들이다alle Philosophie ist der Sohn der Zei"라고 했던 당신의 말을 고려하면 이해가 안 되는 것도 아닙니다. 당신의 철학 자체도 그 시대의 영향을 받을 수밖에 없었을 테니까요).

물론 당신의 그 정신/이성/자유론은 '존재-무-생성'이라는 당신의 존재론, '질-양-도량'이라는 논리학, '의식-자기의식-이성'이라는 정신론, '본질-현상-현실'이라는 본질론, '주관-객관-이념'이라는 개념론 등과 함께 아직도 확인이 불가능한 하나의 사변으로 내게 남아 있습니다. 그렇다고 하기에는 확인할 길이 없고, 아니라고 하기에는 너무나도 그럴듯합니다. '시대정신Zeitgeist'이라는 말도 똑같이 추상적이지만 이제 그것은 누구나가 받아들이고 있는 보통명사가 되었습니다. 우리는 그런 것을 '이해'하고 있습니다. 그렇게 당신의 다른 말들도 '이해'될 수 있을 거라고 나는 기대하고 있습니다. "이성적인 것은 현실적인 것이고 현실적인 것은 이성적인 것Was vernünftig ist, das ist wirklich; und was wirklich ist, das ist vernünftig"이라는 말도 그렇습니다. 현실의 변화 발전이 이성적 구조를 갖는다는 것을 우리 한국인들은 열암 박종홍 교수님을 통해 배우기도 했습니다(그런데 '정-반-합'을 비롯해 당신의 철학에 등장하는 저 수많은 '3요소'들은 참 특이합니다. 나는 대학생 때 당신의 머릿속에 수많은 삼각형들이 들어있는 것은 아닌 가, 그런 이미지를 떠올린 적도 있었습니다).

과거에 그랬던 것처럼 아직도 그리고 앞으로도 많은 사 람들이 당신의 추상성 앞에서 절망할 것은 틀림없을 것입니 다. 그런 사람들에게 나는 그래도 끝까지 헤겔의 말을 음미 해보라고, 그러면 뭔가 배울 게 있을 거라고 설득해볼 것입 니다. 왜냐하면 "이 세상에서는 일과 사랑스러운 아내가 있 으면 모든 것은 안정될 수 있다. 이 둘은 우리들이 전 인격을 걸고 노력해 찾아야 하는 것이다. 그러나 다른 것들은 독립 된 장들이 못 되고 작은 항목이나 주기에 지나지 않는다"든 지, '인류역사를 이끌어온 실질적인 힘은 권력과 재화(힘과 돈)다'든지 하는 지극히 구체적인 삶의 진실을 당신은 언급 하고 있기 때문입니다. 그것은 내가 지향하는 '인생론'의 관 점에서 볼 때 한 치도 틀림이 없는 사실이기 때문입니다. 그 러니 당신이 말한 그 이성 내지 정신도 진실이라 믿고 자유 실현을 향한 그 자기 전개에 나도 기대를 걸어보기로 하겠 습니다. 현실 속에 역사 속에 정말로 그런 게 있어 작용하고 있다면야 그보다 든든한 게 어디 있겠습니까.

친애하는 헤겔, 이제 당신의 등 뒤로 근세의 해가 저물어 가는군요. 그러나 그만큼 당신의 그림자도 길게 드리워지고 있습니다. 현대라고 하는 새로운 시대 쪽으로. 아주 깊숙이.

부록

- 인명의 표기는 가능한 원래의 발음에 충실하게 했다.
  예) 피타고라스→퓌타고라스, 포르피리→포르퓌리오스, 파라첼수스→파라켈수
  스 등.
- 그리스어의 에타$H\eta$와 오메가$\varOmega\omega$는 각각 Ēē, Ōō로 표기하였다.
- 생몰연도는 자료에 따라 약간의 차이가 있을 수 있다.
- 주요저서와 주요개념은 '잘 알려진' 것으로 최소화하였다.
- 이 부록의 정리에는 창원대 대학원 철학과의 박창용 군이 많은 도움을 주었다. 여
  기에 적어 감사를 표한다.

부록

- 철학사 주요인물
- 철학사 주요저작
- 철학사 주요개념

• 철학사 주요인물

* 시대별
* 연령순
* 단, 데모크리토스/소크라테스, 프로티노스/유스티누스, 셸링/헤겔은
  철학사적 흐름을 고려하여 예외적으로 관례를 따랐다.

【 고대 】

01. 탈레스(Thalēs, BC 645/40경-BC 545경)

02. 아낙시만드로스(Anaximandros, BC 611/10-BC 547/6경)

03. 아낙시메네스(Anaximenēs, BC 585경-BC 528/5경)

04. 퓌타고라스(Pythagorās, BC 569경-BC 490경)

05. 헤라클레이토스(Hērakleitos, BC 535경-BC 475경)

05. 파르메니데스(Parmenidēs, BC 515/10경-BC 450/45경 이후)

07. 엠페도클레스(Empedoklēs, BC 495/90경-BC 435/30경)

08. 아낙사고라스(Anaxagoras, BC 500/497경-BC 428경)

09. 데모크리토스(Dēmokritos, BC 460/57경-BC 370/67경)

10. 프로타고라스(Prōtagoras, BC 490경-BC 411경)

11. 고르기아스(Gorgias, BC 483-BC 376)

12. 소크라테스(Sōkratēs, BC 470/69-BC 399)

13. 플라톤(Platōn, BC 428/7-BC 347)

14. 아리스토텔레스(Aristotelēs, BC 384-BC 322)

15. 디오게네스(Diogenēs, BC 412-BC 323)

16. 퓌론(Pyrrhōn, BC 360-BC 270)

17. 에피쿠로스(Epikouros, BC 342/1-BC 271/0)

18. 제논(Zēnōn, BC 336/5경-BC 264/3경)

19. 플로티노스(Plōtinos, AD 204/5-AD 269/70)

【 중세 】

20. 유스티누스(Justinus Flavius, 100/10-163/7)

21. 테르툴리아누스(Tertullianus, 150/60-222/3)

22. 아우구스티누스(Aurelius Augustinus, 354-430)

23. 보에티우스(Boethius, 480-524/5)

24. 에리우게나(Johannes Scotus Eriugena, 810/15-877경)

25. 안셀무스(Anselmus, 1033/34–1109)

26. 토마스 아퀴나스(Thomas Aquinas, 1224/5–1274)

27. 에크하르트(Johannes Eckhart, 1260경–1328)

28. 둔스 스코투스(Johannes Duns Scotus, 1265/68–1308)

29. 옥캄(William Ockham, 1285경–1347/9경)

【 르네상스Renaissance기 】

30. 쿠자누스(Nicolaus Cusanus, 1401–1464)

31. 피코 델라 미란돌라(Giovanni Pico della Mirandolla, 1463–1494)

32. 마키아벨리(Niccolò Machiavelli, 1469–1527)

33. 모어(Thomas More, 1478–1535)

34. 루터(Martin Luther, 1483–1546)

35. 몽테뉴(Michel Eyquem de Montaigne, 1533–1592)

36. 갈릴레이(Galileo Galilei, 1564–1642)

【 근세 】

37. 베이컨(Francis Bacon, 1561–1626)

38. 홉스(Thomas Hobbes, 1588–1679)

39. 데카르트(René Descartes, 1596–1650)

40. 파스칼(Blaise Pascal, 1623–1662)

41. 로크(John Locke, 1632–1704)

42. 스피노자(Baruch[Benedictus] de Spinoza, 1632–1677)

43. 라이프니츠(Gottfried Wilhelm von Leibniz, 1646–1716)

44. 버클리(George Berkeley, 1685–1753)

45. 흄(David Hume, 1711–1776)

46. 루소(Jean-Jacques Rousseau, 1712–1778)

47. 칸트(Immanuel Kant, 1724–1804)

48. 피히테(Johann Gottlieb Fichte, 1762−1814)

49. 셸링(Friedrich Wilhelm Joseph von Schelling, 1775−1854)

50. 헤겔(Georg Wilhelm Friedrich Hegel, 1770−1831)

• 지면 관계로 빠진 인물들 포함 전체 명단

【 고대 】

┌ 탈레스 (BC 624경−BC 548/5경)

│ 아낙시만드로스Anaximandros (BC 611/10−BC 547/6경)

└ 아낙시메네스Anaximenēs (BC 585경−BC 528/5경)

퓌타고라스Pythagorās (BC 569경−BC 490경)

헤라클레이토스Hērakleitos (BC 535경−BC 475경)

┌ 크세노파네스Xenophanēs (BC 570경−BC 478경 이후)

│ 파르메니데스Parmenidēs (BC 515/10경−BC 450/45경 이후)

│ 제논Zēnōn of Elea(BC 490/85경−BC 430경)

└ 멜리소스Melissos (BC 411경 한창때)

엠페도클레스Empedoklēs (BC 495/90경−BC 435/30경)

아낙사고라스Anaxagoras (BC 500/497경−BC 428경)

┌ 레우키포스Leukippos (BC 430경 한창때)

└ 데모크리토스Dēmokritos (BC 460/57경−BC 370/67경)

〈 소피스트들Sophistai 〉

┌ 프로타고라스Prōtagoras (BC 490경−BC 411경)

│ 고르기아스Gorgias (BC 483−BC 376)

│ 힙피아스Hippias (BC 481−BC 411)

│ 크리티아스Kritias (BC 460경−BC 403)

| 프로디코스Pródikos (BC 465경–BC 395경)

| 트라쉬마코스Thrasymachos (BC 459경–BC 400경)

| 칼리클레스Kallikles (BC 5세기 후반)

| 안티폰Antiphon (BC 5세기 후반)

└ 에우튀데모스Euthydemos (BC 5세기 후반)

소크라테스Sōkratēs (BC 470/69–BC 399)

플라톤Platōn (BC 428/7–BC 347)

아리스토텔레스Aristotelēs (BC 384–BC 322)

〈소小 소크라테스학파〉

┌ [퀴니코스Kynikos학파]

| 안티스테네스Antisthenēs (BC 445–BC 365)

| 디오게네스Diogenēs (BC 412–BC 323)

├ [퀴레네Kyrēnē학파]

| 아리스티포스Aristippos (BC 435경–BC 350경)

| 헤게시아스Hegesias(BC 3세기 초)

├ [메가라Megara학파]

| 에우클레이데스Eukleidēs (BC 325경–BC 270경)

| 스틸폰Stilpon (BC 360경–BC 280경)

| 디오도로스 크로노스Diodoros Krónos (BC ???–BC 284경)

├ [엘리스-에레트리아 lis-Eretria학파]

| 파이돈Phaidōn(BC 4세기–BC 3세기)

└ 메네데모스Menedēmos(BC 345/4–BC 261/0)

〈아카데메이아Akademeia학파〉

크세노크라테스Xenokratēs (BC 396/5경–BC 314/3경)

스페우시포스Speusippos (BC 408경−BC 339/8경)

아르케실라오스Arkesilaos (BC 316/5−BC 241/40)

카르네아데스Karneadēs (BC 214/3−BC 129/8)

〈 페리파토스Peripatos학파 〉

테오프라스토스Theóphrastos (BC 371경−BC 287경)

스트라톤Straton (BC 355경−BC 269경)

안드로니코스Andronikos (BC 70−BC 50)

알렉산드로스Alexandros (AD 200경)

〈 에피쿠로스Epikouros학파 〉

에피쿠로스Epikouros (BC 342/1−BC 271/0)

메트로도로스Mētrodōros(BC 4세기)

루크레티우스Lucretius (BC 99−BC 55경)

〈 스토아Stoa학파 〉

제논Zēnōn (BC 335경−BC 264/3경)

클레안테스Kleanthēs (BC 331/30−BC 230경)

크뤼시포스Chrysippos (BC 279경−BC 206경)

파나이티오스Panaitios (BC 185−BC 110/09)

포세이도니오스Poseidōnios (BC 135−BC 51/50경)

세네카Lucius Annaeus Seneca (BC 5/4−AD 65)

무소니오스Musōnios (BC 25−AD 101)

에픽테토스Epiktētos (AD 55−AD 135경)

아우렐리우스Marcus Aurelius Antoninus (AD 121−AD 180)

〈 회의Skepsis학파 〉

퓌론Pyrrhōn (BC 360–BC 270)

티몬Timōn (BC 320–BC 230경)

아르케실라오스Arkesilaos(BC 316/5–BC 241경)

카르네아데스Karneadēs(BC 214경–BC 129경)

아이네시데모스Ainēsidēmos (BC 80–AD 10)

아그리파Agrippa(AD 2세기경)

섹스토스-엠페이리코스Sextos-Empeirikos (AD 200–AD 250)

〈 절충학파 〉

키케로Marcus Tullius Cicero (BC 106–BC 43)

플루타르코스Ploutarchos (AD 46–AD 120경)

〈 알렉산드리아Alexandria학파 〉

필론Philōn(BC 25경–AD 50경)

안티오코스Antiochos(BC ?–BC 64경)

〈 신 퓌타고라스Neo-Pythagorās학파 〉

아폴로니오스Apollonios(1세기경)

모데라토스Moderatos(1세기경)

〈 신 플라톤Neo-Platōn학파 〉

암모니오스 삭카스Ammonios Sakkas (175–242경)

플로티노스Plōtinos (204/5–270)

포르퓌리오스Porpyrios (232–305경)

얌블리코스Iamblichos (245경–325경)

율리아누스Julianus(331/2–363)

프로클로스Proklos (412-485)

【 중세 】

예수 그리스도IĒSOUS CHRISTOS (BC 4경-AD 30/33경)

〈 이단들Haeresis 〉

┌ 그노시스주의Gnosticism (발렌티누스Valentinus, 바실리데스Basilides)

│ 마르키온주의Marcionism (마르키온Marcion)

└ 마니교Manichaeism (마니Mani)

〈 교부들Patres ecclesiae 〉

[그리스 호교론자]

폴뤼카르푸스Polycarpus (70-156경)

클레멘스 로마누스Clemens Romanus (92-101 교황 재위)

이그나티우스Ignatius Antiochenus (?-107)

유스티누스 플라비우스Justinus Flavius (100/10-163/7)

아리스티데스Aristides (???-???)

이레나이우스 Irenaeus (140-202경)

헤르마스 파스토르Hermas Pastor (140/155)

타티아누스Tatianus (120경-180경)

아테나고라스Athenagoras (133경-190경)

테오필루스 안티오케누스Theophilus Antiochenus (169-182경 교황 재위)

[알렉산드리아Alexandria학파]

판타이누스Pantaenus (???-200경)

클레멘스 알렉산드리누스Clemens Alexandrinus (150-211/5)

오리게네스Origenes (185경-254경)

[아프리카 교부들]

미누키우스 플렉스Minucius Felix (???-250경)

테르툴리아누스Tertullianus (150/60-222/3)

아르노비우스Arnobius (???-330경)

삭타니우스Sactanius (???-???)

[동방 교부들]

아타나시우스Athanasius (296/98경-373)

쉬네시우스Synesius (373경-414경)

네메시우스Nemesius (390경 활동)

디뒤무스 알렉산드리누스Didymus Alexandrinus (313-398)

그레고리우스 나치안체누스Gregorius Nazianzenus (329-390)

바실리우스Basilius (330-379)

그레고리우스 뉘세누스Gregorius Nyssenus (335-394)

요하네스 크뤼소스토무스Johannes Chrysostomus (349경-407)

디오뉘시우스Dionysius (???-???)

세르기우스Sergius (650경-701)

파울루스Paulus (???-???)

요하네스 다마스케누스Johannes Damascenus (675경-749경)

[서방 교부들]

힐라리우스Hilarius (315-367)

암브로시우스Ambrosius (340-397)

히에로뉘무스Hieronymus (347-420)

아우구스티누스Aurelius Augustinus (354-430)

보에티우스Boethius (480-524/5)

위僞 디오뉘시우스 아레오파기타Pseudo-Dionysius Areopagita (5세기
     말-6세기 초)

그레고리우스 마그누스Gregorius Magnus (540-604)

레오 마그누스Leo Magnus (???-???)

이시도루스 히스팔렌시스Isidorus Hispalensis (560-636)

〈 스콜라학자들Scholasticus 〉

(9C 카롤링거 르네상스~15C 이탈리아 르네상스 전까지, 엄밀히는 12C~14C)

(전기)

에리우게나Johannes Scotus Eriugena (810/15-877경)

안셀무스Anselmus (1033/34-1109)

로스켈리누스Roscellinus (1050경-1120경)

기욤 드 샹포Guillaum de Champeaux (1070경-1120)

아벨라르두스Petrus Abaelardus (Pierre Abélard 1079-1142)

[샤르트르 학파]

베르나르두스Bernardus (?-1126)

길베르투스 포렌타누스Gilbertus Porrentanus (1085경-1154)

테에리 드 샤르트르Thierry de Chartres (?-1155경)

기욤 드 콩쉬Guillaume de Conches (1090경-1154)

요하네스 사레스베리엔시스Johannes Saresberiensis (1115경-1180)

[상·빅토르 학파]

베르나르두스 클라라발렌시스Bernardus Claravallensis (1090-1153)

페트루스 롬바르두스Petrus Lombardus (1095경-1160)

후고 드 상 빅토르Hugo de St. Victor (1096-1141)

리카르두스Richardus (?-1173경)

고드프루아Godefroid (?-1194)

고티에Gauthier (?-1180)

(중기)

[이슬람계]

알-킨디Al-Kindi (801경-873경)

알-파라비Al-Farabi (870경-950경)

아비켄나Avicenna (아부 이븐 시나Abu Ibn Sina 980-1037)

알-가잘리Al-Ghazali (1058-1111)

아베로에스Averroes (이븐 루쉬드Ibn Rushd 1126-1198)

[유대계]

사디아 벤 파유미Saadya ben Joseph al Fajjumi (892-942)

마이모니데스Moses Maimonides (모세스 벤 마이몬Moses ben Maimon 1135-
    1204)

아비케브론Avicebron (살로몬 이븐 가비롤Salomon Ibn Gabirol 1021경-1070경)

[서방계]

알렉산더 헬렌시스Alexander Halensis(1185-1245)

알베르투스 마그누스Albertus Magnus (1200경-1280)

로저 베이컨Roger Bacon (1219/20-1292경)

보나벤투라Bonaventura (지오반니 피단차Giovanni Fidanza 1221-1274)

토마스 아퀴나스Thomas Aquinas (1224/5-1274)

시게루스 데 브라반티아Sigerus de Brabantia (1240경-1284)

(과도기)

아이기디우스 로마누스Aegidius Romanus (1243경-1316)

헨리쿠스 간다벤시스Henricus Gandavensis (1217-1293)

(말기)

둔스 스코투스Johannes Duns Scotus (1265/6경-1308)

옥캄William Ockham (1285경-1347/9)

[신비주의]

 ┌ 에크하르트Johannes Eckhart (1260경-1328)

 │ 조이제Heinrich Seuse (1295-1366)

 │ 타울러Johannes Tauler (1300경-1361)

 │ 로이스브루크Jan Ruysbroeck (1293-1381)

 │ 흐로테Geert Groote (1340-1384)

 └ 토마스 아 켐피스Thomas á Kempis (1380-1471)

【 르네상스Renaissance기 】

〈 인문주의 〉

 ┌ 플레톤Georgios Gemistos Plethon (1355경-1452/4)

 │ 베사리온Basilius Bessarion (1403-1472)

 │ 피치노Marsilio Ficino (1433-1499)

 └ 피코 델라 미란돌라Giovanni Pico della Mirandolla (1463-1494)

페트라르카Francesco Petrarca (1304-1374)

발라Laurentius Valla (로렌초 델라 발레Lorenzo della Valle 1407경-1457)

폼포나치Pietro Pomponazzi (페트루스 폼포나티우스Petrus Pomponatius 1462-
  1525)

에라스무스Desiderius Erasmus (1466-1536)

비베스Juan Luis Vives (요하네스 루도비쿠스Johannes Ludovicus 1493-1540)

라 라메Pierre de La Ramee (페트루스 라무스Petrus Ramus 1515-1572)

 ┌ 몽테뉴Michel Eyquem de Montaigne (1533-1592)

 │ 샤론Pierre Charron (1541-1603)

 └ 산체스Francisco Sanchez (1550-1623)

립시우스Justus Lipsius (1547-1606)

가상디Pierre Gassendi (1592-1655)

〈자연철학〉

쿠자누스Nicolaus Cusanus(니콜라우스 크렙스Nicolaus Krebs 1401-1464)

코페르니쿠스Nicolaus Copernicus (1473-1543)

파라켈수스Theophrastus Bombastus Paracelsus (Philippus Aureolus Theophrast
   Bombast von 1493-1541)

카르다누스Hieronymus Cardanus (1501-1576)

텔레시오Bernardino Telesio (1508-1588)

파트리치Francesco Patrizzi (1529-1597)

브루노Giordano Bruno (1548-1600)

갈릴레이Galileo Galilei (1564-1642)

캄파넬라Tommaso Campanella (1568-1639)

〈종교철학〉

루터Martin Luther (1483-1546)

츠빙글리Ulrich Zwingli (Huldereich Z. 1484-1531)

멜란히톤Philipp Melanchthon (1497-1560)

칼뱅Jean Calvin (1509-1564)

┌ 슈벵크펠트Caspar Schwenckfeld (1489/90-1561)

│ 프랑크Sebastian Franck (1499-1543경)

│ 바이겔Valentin Weigel (1533-1588)

└ 뵈메Jakob Böhme (1575-1624)

〈정치철학〉

마키아벨리Niccolò Machiavelli (1469-1527)

모어Thomas More (1478-1535)

보댕Jean Bodin (1530-1596)

알투시우스Johannes Altusius (1563-1638)

그로티우스Hugo Grotius (1583–1645)

【 근세 】

〈 경험주의 〉

베이컨Francis Bacon (1561–1626)

홉스Thomas Hobbes (1588–1679)

로크John Locke (1632–1704)

버클리George Berkeley (1685–1753)

흄David Hume (1711–1776)

〈 이성주의 〉

데카르트René Descartes (1596–1650)

(파스칼Blaise Pascal 1623–1662)

(겔링크스Arnold Geulincx 1624–1669)

(말브랑쉬Nicole de Malebranche 1638–1715)

스피노자Baruch de Spinoza (Benedictus S. 1632–1677)

라이프니츠Gottfried Wilhelm von Leibniz (1646–1716)

〈 관념주의 〉

칸트Immanuel Kant (1724–1804)

피히테Johann Gottlieb Fichte (1762–1814)

셸링Friedrich Wilhelm Joseph von Schelling (1775–1854)

헤겔Georg Wilhelm Friedrich Hegel (1770–1831)

〈 영국 계몽철학 〉

┌ 허버트Herbert of Churbury (에드워드 허버트Edward Herbert 1583–1648)

│ 컴벌랜드Richard Cumberland (1631–1718)

| 톨랜드John Toland (1670-1722)

| 맨드빌Bernard de Mandeville (1670-1733)

| 샤프츠베리 경Earl of Shaftesbury (본명 앤서니 애쉴리 쿠퍼Anthony Ashley

  Cooper, 1671-1713)

| 클라크Samuel Clarke (1675-1729)

| 콜린스Anthony Collins (1676-1729)

| 버틀러Joseph Butler (1692-1752)

| 허치슨Francis Hutcheson (1694-1746)

| 리드Thomas Reid (1710-1796)

└ 스미스Adam Smith (1723-1790)

〈프랑스 계몽철학〉

┌ 몽테스키외Baron de La Brède et de Montesquieu (1689-1755)

| 볼테르Voltaire (본명 프랑수아-마리 아루에François-Marie Arouet 1694-1778)

| 라 메트리Julien Offroy de La Mettrie (1709-1751)

| 루소Jean-Jacques Rousseau (1712-1778)

| 디드로Denis Diderot (1713-1784)

| 콩디약Étienne Bonnot de Condillac (1715-1780)

| 엘베시우스Claude Adrien Helvétius (1715-1771)

| 달랑베르Jean Le Rond D'Alembert (1717-1783)(백과전서파Encyclopédistes)

└ 돌바크Paul Henri Dietrich D'Holbach (1723-1789)

〈독일 계몽철학〉

┌ 토마시우스Christian Thomasius (1655-1728)

| 뤼디거Andreas Rüdiger(1673-1731)

| 볼프 Freiherr Christian von Wolff (1679-1754)

| 라이마루스Hermann Samuel Reimarus (1694-1768)

| 크누첸Martin Knutzen (1713-1751)

| 바움가르텐Alexander Gottlieb Baumgarten (1714-1762)

| 크루지우스Christian August Crusius (1715-1775)

| 플루케Gottfried Plouquet(1716-1790)

| 람베르트Johann Heinrich Lambert (1728-1777)

| 멘델스존Moses Mendelssohn (1729-1786)

| 레싱Gotthold Ephraim Lessing (1729-1781)

| 하만Johann Georg Hamann (1730-1788)

| 테텐스Johannes Nikolaus Tetens (1736-1807)

└ 헤르더Johann Gottfried von Herder (1744-1803)

【 현대 】

(영미)

〈 공리주의 〉

| 벤담Jeremy Bentham (1748-1832)

| 밀James Mill (1773-1836)

| 밀John Stuart Mill (1806-1873)

〈 사회적 다위니즘 〉

| 스펜서Herbert Spencer (1820-1903)

〈 영국 관념론 〉

| 스털링James Hutchison Stirling (1820-1909)

| 케어드Edward Caird (1835-1908)

| 그린Thomas Hill Green (1836-1882)

| 브래들리Francis Herbert Bradley (1846-1924)

| 보즌키트Bernard Bosanquet (1848-1923)

| 맥타가르트John Ellis McTaggart (1866-1925)

〈신실재론〉

| 화이트헤드Alfred North Whitehead (1861-1947)

| 러셀Bertrand Arthur William Russell (1872-1970)

| 무어George Edward Moore (1873-1958)

〈분석철학〉

| 러셀Bertrand Arthur William Russell (1872-1970)

| 무어George Edward Moore (1873-1958)

| 비트겐슈타인Ludwig Josef Johann Wittgenstein (1889-1951)

| 라일Gilbert Ryle (1900-1976)

| 오스틴John Langshaw Austin (1911-1960)

| 스트로슨Sir Peter Frederick Strawson (1919-2006)

| 헴펠Carl Gustav Hempel (1905-1997)

| 콰인Willard Van Orman Quine (1908-2000)

| 에어Alfred Jules Ayer (1910-1989)

| 설John Rogers Searle (1932-)

〈프래그머티즘〉

| 퍼스Charles Sanders Peirce (1839-1914)

| 제임스William James (1842-1910)

| 듀이John Dewey (1859-1952)

| 롤스John Rawls (1921-2002)

〈비판적 합리주의〉

| 포퍼Karl Raimund Popper (1902-1994)

| 토피취Ernst Topitsch (1919-2003)

└ 알베르트Hans Albert (1921-)

쿤Thomas Kuhn (미국, 1922-1996)

로티Richard Mckay Rorty (미국, 1931-2007)

(프랑스)

〈정신주의〉

| 멘느 드 비랑François-Pierre-Gonthier Maine de Biran (1766–1824)

| 부트루Émile Boutroux (1845–1921)

| 블롱델Maurice Blondel (1861–1949)

〈실증주의〉

| 콩트Isidore Marie Auguste François Xaviér Comte (1798–1857)

| 타르드Jean-Gabriel de Tarde (1843–1904)

| 뒤르켐Émile Durkheim (1858–1917)

〈신 비판주의〉

| 쿠르노Antoine Augustin Cournot (1801–1877)

| 르누비에Charles-Bernard Renouvier (1815–1903)

〈생철학〉

| 베르크손Henri-Bergson (1859–1941)

〈비판적 관념주의〉

| 브룅슈빅Léon Brunschvicg (1869–1944)

〈정신의 철학〉

| 르 센느René Le Senne (1882–1954)

〈실존주의〉

| 마르셀Gabriel Honoré Marcel (1889–1973)

| 사르트르Jean-Paul Sartre (1905–1980)

〈현상학〉

| 레비나스Emmanuel Levinas (1906–1995)

| 메를로-퐁티Maurice Merleau-Ponty (1908–1961)

| 리쾨르Paul Ricoeur (1913–2005)

〈구조주의〉

| 라캉Jacques-Marie-Émile Lacan (1901–1981)

| 레비-스트로스Claude Lévi-Strauss (1908–2006)

〈포스트 구조주의〉

| 알튀세르Louis Althusser (1918–1990)

| 리오타르Jean-François Lyotard (1924–1998)

| 들뢰즈Gilles Deleuze (1925–1995)

| 푸코Michel Foucault (1926–1984)

| 데리다Jacques Derrida (1930–2004)

└ 크리스테바Julia Kristeva (1941–)

세르Michel Serres (프랑스, 1930–)

(독일)

〈과학적 사회주의〉

| 포이어바흐Ludwig Feuerbach (1804–1872)

| 마르크스Karl Marx (1818–1883)

| 엥겔스Friedrich Engels (1820–1895)

〈신 칸트주의〉

| 랑에Friedrich Albert Lange (1828–1875)

| 리프만Otto Liebmann (1840–1912)

| 코헨Hermann Cohen (1842–1918)

| 릴Alois Riehl (1844–1924)

| 빈델반트Wilhelm Windelband (1848–1915)

| 나토르프Paul Natorp (1854–1924)

| 리케르트Heinrich Rickert (1863–1936)

| 카시러Ernst Cassirer (1874–1945)

| 라스크Emil Lask (1875–1915)

〈탈 이성주의〉

| 쇼펜하우어Arthur Schopenhauer (1788–1860)

| 키에게고Søren Aabye Kierkegaard (1813–1855)

| 니체Friedrich Nietzsche (1844–1900)

〈생철학〉

| 딜타이Wilhelm Dilthey (1833–1911)

| 짐멜Georg Simmel (1858–1918)

〈실존철학〉

| 야스퍼스Karl Jaspers (1883–1969)

| 하이데거Martin Heidegger (1889–1976)

〈철학적 인간학〉

| 셸러Max Scheler (1874–1928)

| 로타커Erich Rothacker (1888–1965)

| 플레스너Helmuth Plessner (1892–1985)

| 포르트만Adolf Portmann (1897–1982)

| 겔렌Arnold Gehlen (1904–1976)

| 란트만Michael Landmann (1913–1984)

〈현상학〉

| (브렌타노Franz Brentano 1838–1917)

| 후설Edmund Husserl (1859–1938)

| 셸러Max Scheler (1874–1928)

| 하이데거Martin Heidegger (1889–1976)

〈해석학〉

| (슐라이어마허Friedrich Ernst Daniel Schleiermacher 1768–1834)

| 딜타이Wilhelm Dilthey (1833–1911)

| 하이데거Martin Heidegger (1889–1976)

| 가다머Hans-Georg Gadamer (1900–2002)

〈존재론〉

| 하르트만Nicolai Hartmann (1882–1950)

| 하이데거Martin Heidegger (1889–1976)

〈논리적 실증주의〉

| 마흐Ernst Mach (1838–1916)

| 슐리크Friedrich Albert Moritz Schlick (1882–1936)

| 노이라트Otto Neurath (1882–1945)

| 라이헨바흐Hans Reichenbach (1891–1953)

| 카르납Rudolf Carnap (1891–1970)

| 파이글Herbert Feigl (1902–1988)

| 괴델Kurt Gödel (1906–1978)

〈비판이론〉

| 벤야민Walter Benjamin (1892–1940)

| 호르크하이머Max Horkheimer (1895–1973)

| 마르쿠제Herbert Marcuse (1898–1979)

| 프롬Erich Fromm (1900–1980)

| 아도르노Theodor Wiesengrund Adorno (1903–1969)

| 하버마스Jürgen Habermas (1929–)

└ 슈미트Alfred Schmidt (1931–2012)

프레게Gottlob Frege (독일, 1848–1925)

요나스Hans Jonas (독일, 1903–1993)

〈그 밖의 주요인물〉

볼차노Bernhard Bolzano (체코, 1781-1848)

소쉬르Ferdinand de Saussure (스위스, 1857-1913)

우나무노Miguel de Unamuno (스페인, 1864-1936)

오르테가 이 가세트José Ortega y Gasset (스페인, 1883-1955)

크로체Benedetto Croce (이탈리아, 1866-1952)

셰스토프Lev Isakovich Shestov (러시아, 1866-1938)

레닌Nikolai Lenin (본명 Vladimir Ilyich Ulyanov Lenin, 러시아, 1870-1924)

베르자예프Nikolai Berdyaev (러시아, 1874-1948)

루카치György Lukács (헝가리, 1885-1971)

인가르덴Roman Ingarden (폴란드, 1893-1970)

훔볼트Wilhelm von Humboldt (독일, 1767-1835)

부버Martin Buber (오스트리아/독일, 1878-1965)

블로흐Ernst Bloch (독일, 1885-1977)

볼노브Otto Friedrich Bollnow (독일, 1903-1991)

아렌트Hannah Arendt (독일, 1906-1975)

아펠Karl-Otto Apel (독일, 1922-2017)

오페Claus Offe (독일, 1940-)

푸르동Pierre Joseph Proudhon (프랑스, 1809-1865)

바슐라르Gaston Bachelard (프랑스, 1884-1962)

무니에Emmanuel Mounier (프랑스, 1905-1950)

보부아르Simone de Beauvoir (프랑스, 1908-1986)

까뮈Albert Camus (프랑스, 1913-1960)

바르트Roland Barthes (프랑스, 1915-1980)

포앙카레Henri Poincaré (프랑스, 1854-1912)

프리차드Harold Arthur Prichard (영국, 1871-1947)

타르스키Alfred Tarski (폴란드/미국, 1901-1983)

스티븐슨Charles Leslie Stevenson (미국, 1908-1979)

데이빗슨Donald Herbert Davidson (미국, 1917-2003)

헤어Richard Mervyn Hare (영국, 1919-2002)

안스콤Gertrude Elizabeth Margaret Anscombe (영국, 1919-2001)

툴민Stephen Edelston Toulmin (영국, 1922-2009)

라카토스Imre Lakatos (헝가리, 1922-1974)

파이어아벤트Paul Karl Feyerabend (오스트리아, 1924-1994)

퍼트남Hilary Putnam (미국, 1926-2016)

촘스키Avram Noam Chomsky (미국, 1928-)

크리프키Saul Kripke (미국, 1940-)

- **철학사 주요저작**

* 철학을 '제대로' 이해하기 위해서는 철학자들의 말을 직접 들어보는 것이 가장 좋다. 그것이 원전을 읽는 것이다. 가장 어려운 방법이기도 하지만 동시에 가장 쉬운 방법이기도 하다. 주요저서들을 간단히 소개한다. 일독을 권한다.

01. 탈레스
    《회기점에 대하여》,《춘·추분점에 대하여》 등이 있다고 하나 분명치 않음

02. 아낙시만드로스
    《자연에 대하여》(*Peri physeōs*)

03. 아낙시메네스
    산문의 저작이 있어 그 내용이 단편으로 전해지나 명칭은 분명치 않음

04. 퓌타고라스
    없다고 함

05. 헤라클레이토스
    《자연에 대하여》(*Peri physeōs*)
        1.우주론, 2.정치론, 3.신학론

06. 파르메니데스
    《자연에 대하여》(*Peri physeōs*)

07. 엠페도클레스

《자연에 대하여》(*Peri physeōs*)

《정화》(*Katharmoi*)

08. 아낙사고라스

《자연에 대하여》(*Peri physeōs*)

00. 레우키포스

《정신에 대하여》(*Peri nou*)

《대 우주질서》(*Megas diakosmos*)

09. 데모크리토스

다방면의 방대한 저작이 있었으나 모두 없어지고 단편들만이 《데모크
리토스의 금언》(*Dēmokritous gnōmai*)이라는 이름으로 전해지고 있음

10. 프로타고라스

《타도론》(*Kataballontes*)

《존재자에 대하여》(*Peri tou ontos*)

《대의론》(*Megas logos*)

《신에 대하여》(*Peri Theōn*)

11. 고르기아스

《자연에 대하여》(*Peri physeōs*)

《비존재에 대하여》(*Peri tou mē ontos*)

《헬레네 령》(*Helenēs enkōmion*)

《팔라메데스 변명》(*Hyper palamēdous*)

12. 소크라테스

　없음

13. 플라톤

　《카르미데스》(*Charmidēs*)

　《라케스》(*Laches*)

　《뤼시스》(*Lysis*)

　《이온》(*Iōn*)

　《대 힙피아스》(*Hippias meizōn*)

　《에우튀프론》(*Euthyphrōn*)

　《소크라테스의 변론》(*Apologia Sokratous*)

　《크리톤》(*Kritōn*)

　《메논》(*Menōn*)

　《프로타고라스》(*Protagōras*)

　《고르기아스》(*Gorgias*)

　《크라튈로스》(*Kratylos*)

　《향연》(*Symposion*)

　《파이돈》(*Phaidōn*)

　《국가》(*Politeia*)

　《파이드로스》(*Phaidros*)

　《파르메니데스》(*Parmenidēs*)

　《테아이테토스》(*Theaitētos*)

　《소피스트론》(*Sophistēs*)

　《정치가》(*Politikos*)

　《필레보스》(*Philēbos*)

　《티마이오스》(*Timaios*)

　《크리티아스》(*Kritias*)

《법률》(*Nomoi*)

14. 아리스토텔레스

《논리학》(*Organon*)

《형이상학》(*Metaphysika*)

《자연론》(*Physika*)

《니코마코스 윤리학》(*Ethika nicomachea*)

《영혼론》(*De anima*)

《정치학》(*Politika*)

《시론》(*Poetika*)

15. 디오게네스

몇 가지 대화편과 비극을 쓴 듯하나 불확실

16. 퓌론

없음 (그의 사상은 티몬을 거쳐 섹스토스-엠페이리코스의 《퓌론요강
Pyrrhōneioi hypotypōseis》을 통해 전해짐)

17. 에피쿠로스

《자연에 대하여》(*Peri physeōs*) 외 300권

《주요 교설》(*Kyriai doxai*)

18. 제논

단편들 외 남아 있지 않음

19. 플로티노스

《엔네아데스》(*Enneades*)[일명 9편집]−9편씩 전6권

20. 유스티누스

《호교론》(*Apologia*)

《유대인 트뤼폰과의 대화》(*Dialogus cum Tryphone*)

21. 테르툴리아누스

《종족에 대하여》(*Ad Nationes*)

《변론[호교론]》(*Apologeticum* 194)

《영혼론》(*De Anima*)

22. 아우구스티누스

《고백록》(*Confessiones*)

《신국론》(*De civitate dei*)

《독백록》(*Soliloquia*)

《자유의지론》(*De libero arbitrio*)

《삼위일체론》(*De trinitate*)

23. 보에티우스

《산술론》(*De institutione arithmetica*, c. 500)

《정언적 삼단논법론》(*De syllogismo cathegorico*, 505–506)

《음악론》(*De institutione musica*, c. 510)

《가언적 삼단논법론》(*De hypotheticis syllogismis*, 516–522)

《삼위일체론》(*Quomodo Trinitas unus Deus, ac non tres dii [De Trinitate]*, 520–21)

《여러 토피카론》(*De topicis differentiis*, c. 522–523)

《정언적 삼단논법 입문》(*Introductio ad syllogismos cathegoricos*, c. 523)

《철학의 위안》(*De consolatione philosophiae*, 524–525)

《그리스도에 있어서 한 위격과 두 본성론》(*De una persona et duabus*

naturis in Christo)

24. 에리우게나

《예정에 대하여》(*De praedestinatione*, c. 851–855)

《자연의 구분에 대하여》(*De divisione naturae*, c. 865–870)

25. 안셀무스

《독어록》(*Monologion*, 1075–1076)

《대어록》(*Proslogion*, 1077–1078)

26. 토마스 아퀴나스

《존재와 본질에 대하여》(*De ente et essentia*, c. 1252–1259)

《대 이교도 대전》(*Summa Contra Gentiles*, c. 1259–1265)

《신학 대전》(*Summa Theologiae*, c. 1265–1274)

27. 에크하르트

《영적 지도를 위한 강론》(*Reden der Unterweisung*, 1295–1298)

《파리 문제집》(*Quaestiones Parisienses*, c. 1302–1303)

《삼부작》(*Opus tripartitum*, c. 1311–1313)

28. 둔스 스코투스

《아리스토텔레스의 형이상학에 관한 정밀한 문제들》(*Quaestiones subtilissimae super libros metaphysicae Aristotelis*, c. 1298–1300)

《옥스포드 작품》(*Opus Oxoniense*, 1300–1302)

《제1원리론》(*Tractatus de Primo Principio*, c. 1300–1305)

《파리 재설》(*Reportatio parisiensis*, 1302–1307)

《자유 논제집》(*Quaestiones quodlibetales*, c. 1306–1307)

29. 옥캄

《명제집 주해》(*In libros Senentiarum*, c. 1317-1318)

《아리스토텔레스의 자연학 소전》(*Summula in libros Physicorum =*
Philosophiae naturalis, 1319-1321)

《포르퓌리오스, 범주론 제1권, 명제론 제1권, 궤변론 제1장 해설》
(*Expositio aurea in librum Porphyrii in I. Praedicamentorum, in I. Peri*
herimeneias, in I. Elenchorum, 1321-1324)

《논리학 대전》(*summa totius logicae*, c. 1323)

《일곱 가지의 자유논제》(*Quodlibeta septem*, c. 1327 이전)

《교황 요한 22세의 과오에 관한 요론》(*Compendium errorum Joannis papae*
XXII, 1335)

《교황 권위에 관한 8문제》(*Quaestiones octo de auctoritate summi pontifici*,
1340-1341)

《신학적 백어집》(*Centiloquium theologicum*)

30. 니콜라우스 쿠자누스

《유식한 무지》(*De docta ignorantia*, 1440)

《추정론》(*De coniecturis*, 1441-1442)

《유식한 무지의 변호》(*Apologia doctae ignorantiae*, 1449)

《문외한》(*Idiota*, 1450)

《견신론》(*De visione Dei*, 1453)

《가능존재론》(*De possest*, 1460)

《예지의 사냥에 대하여》(*De venatione sapientiae*, 1462)

31. 피코 델라 미란돌라

《명제집》(*Conclusiones*, 1486)

《인간의 존엄에 대하여》(*De homonis dignitate*, 1486)

《변론서》(*Apologia*, 1487)

《존재자와 일자에 대하며》(*De ente et uno*, 1491)

32. 마키아벨리

《로마사론》(*I tre libri de discorsi sopra la prima deka di Tito Livio*, 1513–1517)

《군주론》(*Il principe*, 1532)

33. 모어

《유토피아》(*De optimae rei publicae statu deque nova insula Utopia*, 1516)

34. 루터

〈[비텐베르크 성문에 내건] 95개조 반박문〉(95 Thesen, 1517)

《그리스도인의 자유에 대하여》(*Von der Freiheit eines Christenmenschen*, 1520)

《부자유한 의지에 대하여》(*De servo arbitrio*, 1525)

35. 몽테뉴

《수상록》(*Les Essais*, 1552–1588)

《여행일기》(*Journal de voyage*, 1774)

36. 갈릴레이

《시금자》(*Il saggiatore*, 1623)

《두 가지 주요 세계관에 대한 대화》(*Dialogo di Galileo Galilei sopra i due Massimi Sistemi del Mondo Tolemaico e Copernicano*, 1632)

《신 과학 대화》(*Discorsi e dimostrazioni matematiche intorno a due nuove scienze*, 1638)

37. 베이컨

《학문의 진보》(*The advancement of learning*, 1605)

《신 기관》(*Novum organum*, 1620)

《신 아틀란티스》(*Nova atlantis*, 1627)

38. 홉스

《인성론》(*Human nature*, 1650)

《국가론》(*De corpore politico*, 1640)

《철학의 원리》(*Elementa philosophiae*, 1640–1658)

  제1부 〈물체론〉(*De corpore*, 1656)

  제2부 〈인간론〉(*De homine*, 1658)

  제3부 〈시민론〉(*De cive*, 1642, 47)

《리바이어던》(*Leviathan*, 1651)

39. 데카르트

《방법서설》(*Discours de la méthode*, 1637)

《제일철학 성찰》(*Meditationes de prima philosophia*, 1641)

《철학의 원리》(*Principia philosophiae*, 1644)

《감정론》(*Traité passions de l'âme*, 1649)

《정신지도의 규칙》(*Regulae ad direktionem ingenii*, 1701)

40. 파스칼

《프로방시알》(*Provinciales* 1656)

《팡세》(*Pensées* 1670)

41. 로크

《정부론》(*Two treatises of government*, 1690)

《인간 오성론》(*An essay concerning human understanding*, 1690)

《신앙의 자유론》(*A letter concerning toleration*, 1689-1992)

42. 스피노자

《지성개선론》(*Tractatus de intellectus emendatione*, 1662)

《형이상학적 사유》(*Cogitata metaphysica*, 1663)

《신학·정치론》(*Tractatus theologico-politicus*, 1670)

《윤리학》(*Ethica ordine geometrico demonstrata*, 1677)

43. 라이프니츠

《자연의 신 체계》(*Système nouveau de la nature*, 1695)

《단자론》(*La monadologie*, 1714)

《자연과 은총의 원리》(*Principles de la nature et de la grace*, 1714)

44. 버클리

《시각 신론》(*An essay towards a new theory of vision*, 1709)

《인간 지식 원리론》(*A treatise concerning the principles of human knowledge*, 1710-1734)

45. 흄

《인간 본성론》(*A treatise of human nature*, 1739-1740)

① 제1권 〈오성편〉(An enquiry concerning the Human understanding, 1739, 1748)

② 제2권 〈감정편〉(Dissertation on the passions, 1739, 1757)

③ 제3권 〈도덕편〉(An inquiry concerning the principles of morals, 1740, 1751)

46. 루소

《학문·예술론》(*Discours sur les sciences et les arts*, 1750)

《인간불평등기원론》(*Discours sur l'origine et les fondements de l'inégalité parmi les hommes*, 1754)

《사회 계약론》(*Du Contrat social ou principes du droit politique*, 1762)

《에밀》(*Émile ou de l'éducation*, 1762)

《언어기원론》(*Essais sur l'origine des langues*, 1781)

《고독한 산책자의 몽상》(*Rêveries du promeneur solitaire*, 1782)

《고백》(*Confessions*, 1782–1789)

47. 칸트

《순수이성비판》(*Kritik der reinen Vernunft*, 1781)

《프롤레고메나》(*Prolegomena zu einer jeden künftigen Metaphysik, die als Wissenschaft wird auftreten können*, 1783)

《도덕 형이상학 원론》(*Grundlegung zur Metaphysik der Sitten*, 1785)

《실천이성비판》(*Kritik der praktischen Vernunft*, 1788)

《판단력비판》(*Kritik der Urteilskraft*, 1790)

48. 피히테

《모든 계시의 비판 시도》(*Versuch einer Kritik aller Offenbarung*, 1792)

《전 지식학의 기초》(*Grundlage der gesamten Wissenschaftslehre*, 1795)

《독일국민에게 고함》(*Reden an die deutsche Nation*, 1808)

49. 셸링

《선험적 관념론의 체계》(*System des transcendentalen Idealismus*, 1700)

《인간적 자유의 본질》(*Philosophische Untersuchungen über das Wesen der menschlichen Freiheit*, 1809)

50. 헤겔

《정신현상학》(*Phänomenolgie des Geistes*, 1807)

《대논리학》(*Wissenschaft der Logik I*, 1812–1813·II, 1816)

《엔치클로패디》(*Enzyklopädie der philosophischen Wissenschaften im Grundrisse*, 1817)

《법철학 강요》(*Grundlinien der Philosophie des Rechts*, 1821)

• 철학사 주요개념

* 철학의 역사는 개념의 역사다. 개념들은 철학의 역사를 이어온 연결고
리와도 같은 것이다. 자신의 개념을 확보한 철학자가 철학사의 주인공이
되었다. 철학사의 화제가 되는 주요개념 중 기본적인 것들만을 간단히
소개한다.

〈고대-전기〉

　철학하기philosophein

　철학philosophia-지의 사랑amor sapientiae

　자연physis

　경이thaumazein

　근원archē

　지혜sophia

　자연학자, 자연론자physikoi, physiologoi

탈레스

　물hydor

　만물은 신들로 가득 차 있다panta plērē theōn einai

아낙시만드로스

　정해지지 않은 것to apeiron

아낙시메네스

　공기aer = 숨pneuma

　농후화pyknōsis 희박화araiōsis

퓌타고라스

    디오뉘소스Dionysos-오르페우스교Orpheus

    퓌타고라스 교도Pythagoristai-퓌타고라스적 생활방식bios pythagoreios

    퓌타고라스 학파Pythagoreioi

    윤회전생metempsychōsis

    육체는 [영혼의] 무덤sōma sēma

    수arithmoí

    조화harmonia

    비례symmetria

    정화katharsis

헤라클레이토스

    로고스logos-이법

    공통의 것, 보편적인 것xynoi

    신의 법nomos tou theiu

    결코 저물지 않는 것to me dynon

    만물유전(모든 것은 흐른다)panta rhei

    싸움polemos

    불pyr

    조화harmonia

파르메니데스

    자연에 관하여peri physeōs

    진리aletheie

    억견doxai

    있다estin

    없다ouk estin

하나는, 있다는 것 그리고 없는 것이 아니라는 것, 또 하나는, 없다는 것 그리고 필연적으로 있는 것이 아니라는 것he men hopos estin, te kai hos ouk esti me einai, he d'hos ouk estin, te kai hos chreon esti me einai.

존재하는 것to eon

엠페도클레스

정화katharmoi

뿌리rhizomata

사랑philia/philetos

미움, 다툼neikos/hechthos

아낙사고라스

씨앗spermata

정신nous

데모크리토스

불가분의 실체atomai ousiai

원자atomon, atoma

공허kenon

쾌활euthymiē

〈고대–중기〉

법률nomos

수사학rhētorikē

소피스트sophistēs, sophistai

프로타고라스

인간anthrōpos

만물의 척도는 인간이다. 있는 것에 대해서는 있다는 것의, 없는 것들에 대해서는 없다는 것의panton chrematon metron estin anthrōpos, ton men onton hos estin, ton de ouk onton hos ouk estin

고르기아스

아무것도 존재하지 않는다는 것Protōn hoti ouden estin

비록 존재한다고 하더라도 우리는 그것을 전달할 수 없다는 것 deuteron hoti ei kai estin, akatalēpton anthropōi

비록 인식한다고 하더라도 우리는 그것을 [이웃에게는 결코] 전달할 수도 이해시킬 수도 없다는 것triton hoti ei kai katalēpton, alla toi ge anexoiston kai anermēneuton tōi pelas

소크라테스

영혼의 개선psychē

잘 사는 것to eu zēn

너 자신을 알라gnōthi seauton

다이모니온daimonion

대화dialektikē

┌ 반문법eirōneia

└ 산파술maieutikē

귀납epagōgē

플라톤

정의正義dikaiosynē

┌ 정욕epithymētikon-절제sōphrosynē

├ 기개thymoeides-용기andreia

└ 이성logistikon-지혜sophia

이데아idea-무엇인가? 하는 바로 그것auto hoti pot' estin

분유methexis

임재parousia

상기anamnēsis

에로스eros-사랑

인식epistēmē-참된 지

억견doxa

감각지aisthēsis

선의 이데아he tou agathou idea

동족연속syngenes

가지계noētē: 사고dianoia-인식noēsis

가시계aisthētē: 상상eikasia-믿음pistis

비존재mē on

변증법dialektikē

세계형성자dēmiourgos

아카데메이아Akadēmeia

아리스토텔레스

자연학 다음에ta meta ta physika-제일철학prōtē philosophia

poiēsis- 제작학poiētikē ┌ 시학poietikē

└ 수사학rhetorikē

praxis- 실천학praktikē ┌ 정치학politikē

├ 윤리학ēthikē

└ 가정학

theoria ┌ 이론학theōrētikē ┌ 자연학physikē
        | ├ 수학mathēmatikē
        | └ 신학theologikēpre philosophia
        └ 논리학organon

존재자로서의 존재자on hēi on-존재자 그 자체

존재자는 다양하게 나타난다to on legetai pollachōs

우시아ousia-실체＝무엇인가 하는 것to ti en einai

제일 실체prōtē ousia

이 어떤 것, 여기 이것, 감각적 개체tode ti

감각적 경험aisthēsis

기체基體hypokeimenon

질료hylē

형상eidos

가능태dynamis

현실태energeia

완성태entelekeia

운동kinēsis

원인aition

┌ 질료인causa materialishyle

├ 형상인causa formalis eidos

├ 작용인causa efficiens archē

└ 목적인causa finalis telos

제일 질료prōtē hylē

순수형상＝신theos＝부동의 동자ho ou kinoumenon kinei

능동적 이성nous poiētikos

범주katēgoriai

추론, 삼단논법syllogismos

정의定義horismos

필연anankaion-가능dynaton-우연; 양상논리endechomenon

행복eudaimonia

덕aretē hexis＝상태, 소유, 소유태

중용mesotes

사회적 동물zōon politikon

로고스[언어]를 가진 동물zōon logon echon

군주제-참주제

귀족제-과두제

민주제-중우제

뤼케이온Lycheion

소요학파-소요peripatetikoiperipatos

〈 고대-후기 〉

　[알렉산드로스 사후의]후계자diadokoi

　소우주mikro-kosmos

디오게네스

　나는 인간을 찾고 있다anthrōpon zētō

　세계시민cosmopolitēs

　개와 같은 생활kynichos bios-개kyōn

　되도록 적은 욕망을 갖도록 신체를 훈련하는 것askēsis

　자족autarkeia

　무치anaideia

퓌론

　판단중지epochē

평정심ataraxia

부동심apatheia

평상심praotēs

에피쿠로스

쾌락hēdonē

평정심ataraxia-무고통, 무고함aponia

숨어서 살아라lathē biosas

극한peras

기욺palegklisis

제논

채색된 주당stoa poikilē

부동심apatheia

자연에 조화해서 사는 것to homologoumenōs tei physei zēn

＝로고스에 따라서kat' hena logon

올바른 로고스orthos logos

자족autarkeia

가치와 무관한 것, 선악의 구별이 없는 것adiaphora

종자적 이치logos spermatikos

조화의 불pyr technikon

불타오름ekpyrōsis

파악하는 표상phantasia kataleptike

고통을 견디고 쾌락을 버려라anekhou kai apekhou

플로티노스

황홀, 탈아, 망아ekstasis

신비로운 일치unio mystica

일자to hen

원자to prōton

유출ekrhein, ēmānatiō

정신nous

영혼psychē

자연physis

하나 곧 전체hen kai pan

〈중세-전기〉

325년, 대제Constantinus, 니카이아 종교회의Concilium Nicaenum

392년, 황제, 국교화Theodosius

구세주/그리스도messiah/christos

그리스도의 육화incarnatio

회심metanoia

사랑agape

신앙fides

은총gratia

계시revelatio

성서biblia

전례traditio

이단haeresis

인식gnosis-지적 이론적 인식이 아닌, 초감각적인 신과의 합일에서 체
　　험되는 신비적 직관

그노시스주의gnosticism

호교론apologia

교부patres ecclesiae:

① 정통신앙doctrina orthodoxa

② 삶의 성스러움sanctitas vitae

③ 교회인증approbatio ecclesiae

④ 고대성antiquitas

교부철학patristische Philosophie

삼위일체trinitas

유스티누스

[성부로부터 성자의] 발출processio

신적인 것to theion

철학자philosophus

테르툴리아누스

불합리하기 때문에 나는 믿는다credo quia absurdum

영혼의 증언testimonium animae

영혼의 감각sensibilitas animae

아우구스티누스

신의 조명illuminatio

진리veritas

불변의 빛lux incommutabilis

영원의 이성rationes aeternae

죄를 범하지 않을 수 있는posse non poccare-의지의 자유

죄를 범하지 않을 수 없는non posse non poccare-타락

죄를 범할 수 없는non posse poccare-구원

원죄, 구원, 은총, 예정

무로부터의 창조creatio ex nihilo

선의bonitas

참된 사랑vera charitas

신의 나라civitas dei

땅의 나라civitas terrena

보에티우스

위격persona

보편universale

최고선supremum bonum

행복 자체beatitudo ipsa

〈중세-후기〉

스콜라, 스콜라학자schola, scholasticus

스콜라철학philosophia scholstika, Scholastik, scholasticism

에리우게나

창조하고 그리고 창조되지 않은 자연natura creans et non creata

창조되고 그리고 창조하는 자연natura creata et creans

창조되고 그리고 창조하지 않는 자연natura creata et non creans

창조하지 않고 그리고 창조되지 않은 자연natura non creans et non creata

페트루스 다미아누스

신학의 시녀ancilla theologiae

안셀무스

알기 위해서 나는 믿는다credo ut intelligam

자연의 빛lumen naturale

존재론적 증명ontologischer Beweis

토마스

보편논쟁Universalienstreit

보편universalia

┌ 실재론ante remrealism

├ 유명론post remnominalism-이름nomina

└ 개념론in reconceptualism

능동지성intellectus agens

출발exitus-귀환reditus

목적론적 증명teleologischer Beweis

로스켈리누스

소리바람, 소리flatus vocievox

에크하르트

영혼 속에서의 신의 탄생/영혼의 불꽃Die Gottesgeburt in der seele/
scintilla animae

작은 불꽃Fünklein

신성Gottheit

둔스 스코투스

양상적, 형상적 차별distinctio modalis, formalis

의미 양상modus significandi

개체적 성질haecceitas

보편적 성질, 본질quidditas

옥캄

옥캄의 면도날occam's razor

말terminus-보편

〈르네상스기〉

르네상스renaissance-재생, 부흥

종교개혁Reformation

만능인uomo universale

인간성humanitas

쿠자누스

유식한 무지docta ignorantia＝이해 없는 직관visio sine comprehensione

반대의 일치coincidentia oppositorum

신의 전개explicatio dei＝세계

[이른바] 유한한 무한 혹은 창조된 신quasi infinitas finita aut deus

   creatus＝개개의 사물

인간속의 신humanus Deus-정신

절대적 최대maximum absolutum-신

축약된 최대maximum contractum-우주

피코 델라 미란돌라

[인간의] 존엄dignitas

[자유] 의지voluntas

철학적 평화pax philosophica

죽음의 키스

마키아벨리

　군주Il principe

　[군주의] 덕virtic- 여우와 사자la golpe e il lione

모어

　유토피아utopia

루터

　오직 신앙sola fides

　오직 은총sola gratia

　오직 성서sola scriptura

　면죄부Ablaßbrief

몽테뉴

　나는 무엇을 아는가?Que sais-je?

뵈메

　능산적 자연natura naturans

　소산적 자연natura naturata

갈릴레이

　분석적 방법método resolutivo

　종합적 방법método composotivo

　그래도 그것은[지구는] 움직인다Eppur si muove!

　자연의 책libro della natura

　"[…] 이 자연이라는 책은 수학적 언어로 씌어져 있고, 그 자모는 삼
　　각형이나 원, 그 밖의 기하학적 도형으로 구성되어 있다. […]" "…

questo grandissimo libro [della natura] che continuamente ci sta aperto
innanzi agli occhiio dico l'universo, non si può intendere se prima non
s'impara a intender la lingua, e conoscer i caratteri né quali è scritto.
Egli è scritto in lingua matematica, e i caratteri son triangoli, cerchi, ed
altre figure geometriche, senza i quali mezzi è impossibile a intendere
umanamente parola; senza questi è un aggirarsi vanamente per un oscuro
laberinto

〈근대-경험론〉

베이컨

대혁신instauratio magna

신기관novum organum

우상idola

┌ 종족의 우상idola tribus

├ 동굴의 우상idola specus

├ 시장의 우상idola fori

└ 극장의 우상idola theatri

귀납inductiō

아는 것이 힘이다scientia potentia est

자연은 복종함으로써 극복된다natura parendo vincitur

홉스

자연상태the state of nature

만인의 만인에 대한 투쟁bellum omnium contra omnes

인간은 인간에게 늑대lupus est homo homini

리바이어던(국가)leviathan

로크

본유관념 부정innate ideas

관념idea-일체의 심적 내용

추상작용abstraktion

┌ 단순관념simple ideas

└ 복합관념complex ideas

빈판tabula rasa-백지white paper

경험experience

┌ 감각sensation

└ 반성reflexion-내적 감각internal sense

제일성질primary quality-고체성, 연장, 운동, 형태

제이성질secondary quality-색, 맛, 향, 음

버클리

존재는 지각이다Their esse is percipi

소박한 관념론naive idealism

흄

인상impression-생동감liveliness

관념idea-희미한 영상faint image

관념의 연합association of ideas

┌ 유사similarity

├ 근접contiguity

└ 계기invariable sequence

관념의 다발a bundle of ideas in a perpetual flux and movement-자아self,
　　정신mind

〈근대-합리론〉

데카르트

　세계라는 커다란 책le grand livre du monde

　moi-même/moy-나 자신mesme

　양식bon sens = 이성ratio/raison

　양식은 세상에서 가장 공평하게 배분된 것이다Le bon sens est la chose
　　du monde la mieux partagée

　명증성evidentia = 명석하고도 판명한clara et distincta

　방법적 회의doute méthodique

　나는 생각한다 고로 나는 존재한다cogito ergo sum/Je pense donc je sui

　실체substantia

　┌ 무한실체-신

　└ 유한실체-정신, 물체

　속성attributum

　┌ 사유적 존재res cogitans-정신mens

　└ 연장적 존재res extensa-물체corpus

　물체 즉 연장corpus sive extensum

　생득관념, 본유관념idea innata ↔ 습득관념adventitia

　신의 성실성veracitas Dei

　송과선glans pinealis

　감정passions de l'âme

파스칼

　섬세한 정신l'esprit de finesse

　인간은 자연 가운데서 가장 약한 하나의 갈대에 불과하다. 그러나 그
　　것은 생각하는 갈대이다L'homme n'est qu'un roseau le plus faible de la
　　nature: mais c'est un roseau pensant

인간의 위대함la grandeur de l'homme

스피노자

신 즉 자연Deus sive natura

실체substantia＝신Dei

속성attributum

┌ 사유cogitatio

└ 연장extensio

소산적 자연(낳아진 자연)natura naturata

능산적 자연(낳은 자연)natura naturans

자기원인causa sui-제일원인causa prima

┌ 감성지imaginatio

├ 이성지ratio

└ 직각지scientia intuitiva

영원의 상 아래서sub specie aeternitatis

인간은 본성상 서로 적homines, ex natura hostes sunt

신의 지적 사랑amor Dei intellectualis

정신적인 자동기계automa spirituale

라이프니츠

보편학scientia universalis

결합술ars combinatoria

모나드monade-원자atoma-개체individuum

표상perception-표현représentation

모나드는 창이 없다Les monades n'ont pas de fenêtre

우주의 살아있는 거울miroir vivant de l'univers

예정조화harmonie préétablie-최선관optimisme

악mal

  ┌ 자연적 악mal physique

  ├ 도덕적 악mal moral

  └ 형이상학적 악mal métaphysique

진리verité

  ┌ 영원의 진리verité éternelle = 이성의 진리verité de raison

  └ 사실의 진리verité de fait = 우연의 진리verité contingente

충족이유율principium rationis sufficientis/principe de la raison suffisante

루소

  일반 의지volonté générale

  자유liberté

  자연으로 돌아가라[본인이 표현은 아님]retour à la nature!

〈근대-관념론〉

칸트

  학문의 확고한 길Der sichere Gang einer Wissenschaft

  나는 무엇을 알 수 있는가Was kann ich wissen?

  선천적 종합판단은 어떻게 가능한가Wie sind die synthetische Urteile apriori möglich?

  종합적synthetisch-분석적analytisch

  선천적apriori-후천적aposteriori

  인식; 경험과 더불어Erkentnnis; mit der Erfahrung-구성Konstruktion

  내용 없는 사고는 공허하고, 개념 없는 직관은 맹목이다Gedanken ohne Inhalt sind leer, Anschauungen ohne Begriffe sind blind

  현상Erscheinung-사물 자체Ding an sich

  인식능력Erkenntnisvermögen

-감성, 오성, 이성Sinnlichkeit, Verstand, Vernunft

수용성Rezeptivität-자발성Spontaneität

직관의 형식들Formen der Anschauung

-시간, 공간Zeit, Raum

범주들Kategorìen=순수오성개념들reine Verstandesbegriffe

-양, 질, 관계, 양상Quantität, Qualität, Relation, Modalität

  ┌ 총체성/다수성/단일성Quantität-Allheit/Vielheit/Einheit

  ├ 실재성/부정성/제한성Qualität-Realität/Negation/Limitation

  ├ 실체성/인과성/상호성Relation-Substanz/Kausalität/Gemeinschaft

  └ 가능성/현존성/필연성Modalität-Möglichkeit/Wirklichkeit/

   Notwendigkeit

이념Ideen=순수이성개념

-영혼, 세계, 신Seele, Welt, Gott=선험적 가상transzendentaler Schein

[순수이성의]이상Ideal

이율배반Antinomie

선험적 오류추리transzendentaler Paralogismus

선험적 통각transzendentale Apperzeption=순수 통각reine

  Apperzeption=나는 생각한다-의식의 통일적 작용Ich denke

코페르니쿠스적 전환kopernikanische Wendung

나는 무엇을 해야 하는가Was soll ich tun?

정언적 명령kategorischer Imperativ

의무Pflicht

-나는 해야 한다, 그래서 나는 할 수 있다ich soll, also kann ich

자율Autonomie-타율Heteronomie

최상선oberstes Gut

최고선-덕과 행복의 일치höchstes Gut

[실천이성의]요청Postulat

-불멸, 자유, 신Unsterblichkeit, Freiheit, Gott

실천이성의 우위Primat der praktischen Vernunft

내 위의 별 반짝이는 하늘과 내 안의 도덕 법칙Der bestirnte Himmel
   über mir, und das moralische Gesetz in mir

자연의 합목적성Zweckmäßigkeit der Natur

규정적 판단력bestimmende Urteilskraft-반성적 판단력reflektierende U.

미적 판단력ästhetische U.-목적론적 판단력teleologische U.

피히테

이론적 자아theoretisches Ich

실천적 자아praktisches Ich

절대적 자아absolutes Ich

사행Tathandlung

자아Ich ↔ 비자아Nicht-Ich

정-반-합These-Antithese-Synthese

셸링

동일철학Identitätsphilosophie

무차별Indifferenz = 절대적 동일성absolute Identität

자연Natur

절대자Das Absolute

세위勢位 또는 전상展相Potenz

적극철학positive Philosophie

헤겔

의식경험의 학Wissenschaft der Erfahrung des Bewußtseins

절대지absolutes Wissen

진리는 전체이다Das Wahre ist das Ganze

감각적 확실성sinnliche Gewißheit

외화Entäußerung, 소외Entfremdung

절대자das Absolute-주체Subjekt-살아있는 실체lebendige Substanz-자기
정립의 운동Bewegung des Sichselbstsetzens

변증법Dialektik

즉자an sich-대자für sich-즉차대자an und für sich

지양Aufheben: 부정tollere-보존reservare-고양elevare

존재Sein-무Nichts-생성Werden

질Qualität-양Quantität-도량Maß

법Recht-도덕Moral-인륜Sittlichkeit

주인Herr-노예Knecht

이성적인 것은 현실적이고, 현실적인 것은 이성적이다Was vernünftig
ist, das ist wirklich; und was wirklich ist, das ist vernünftig

이념Idee

절대정신absoluter Geist

역사Geschichte-자유의식에 있어서의 발전과정Fortschritt im
Bewußtsein der Freiheit

모든 철학은 시대의 아들이다alle Philosophie ist der Sohn der Zeit

세계사적 개인welthistorisches Individuum

국민정신Volksgeist

세계역사Weltgeschichte-세계재판소Weltgericht

이성의 계략List der Vernunft

고대철학 관련 지도

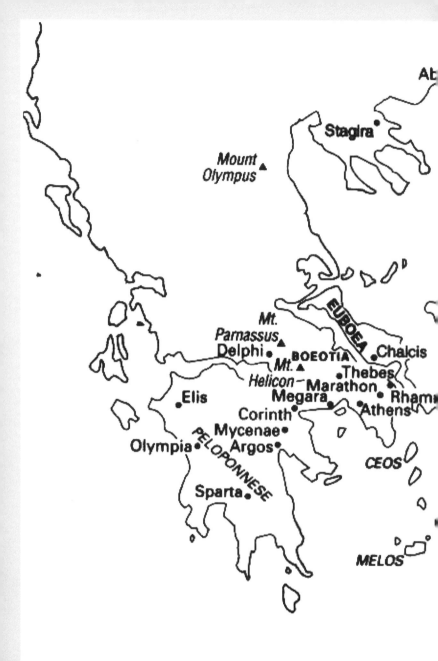

BC 600–400

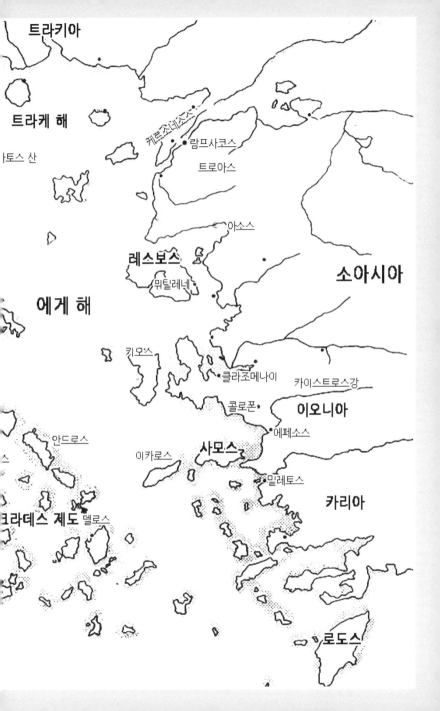

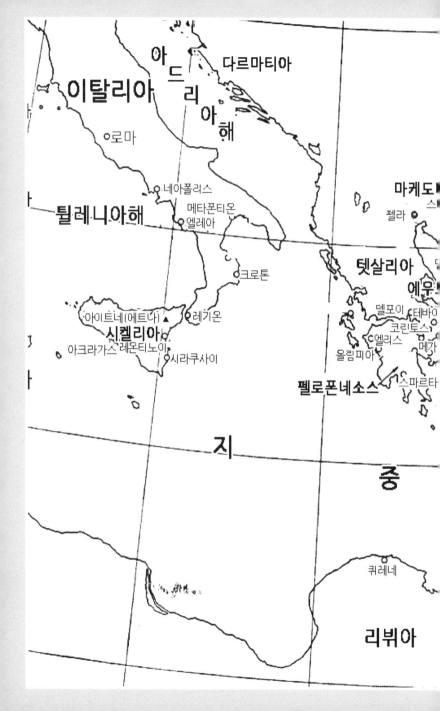

편지로 쓴 철학사 Ⅱ

2017년 11월 17일 1판 1쇄 박음
2017년 11월 30일 1판 1쇄 펴냄

지은이 이수정

펴낸이 김철종 박정욱

책임편집 배빛나 **디자인** 정진희 **마케팅** 오영일

인쇄제작 정민문화사

펴낸곳 에피파니

출판등록 1983년 9월 30일 제1 - 128호

주소 110 - 310 서울시 종로구 삼일대로 453(경운동) KAFFE빌딩 2층

전화번호 02)701 - 6911 **팩스번호** 02)701 - 4449

전자우편 haneon@haneon.com **홈페이지** www.haneon.com

ISBN 978-89-5596-822-4   04100

이 도서의 국립중앙도서관 출판예정도서목록(CIP)은 서지정보유통지원시스템
홈페이지(http://seoji.nl.go.kr)와 국가자료공동목록시스템(http://www.nl.go.kr/kolisnet)에서
이용하실 수 있습니다.(CIP제어번호: CIP2017030117)

저자 일러두기

* 《편지로 쓴 철학사》는 I, II권으로 구성됩니다. 제1권 〈헤겔 이후 현재까지〉는 완전히 새로 쓴 것이
고, 제2권 〈탈레스에서 헤겔까지〉는 2007년 아테네출판사에 나온 제1판을 상당 부분 수정가필한 신
판에 해당합니다. 개정 신판을 흔쾌히 양해해준 아테네 양성숙 대표님에게 감사를 전합니다.
* 본문의 앞부분 '준비운동'은 《인생론 카페》(철학과현실사)에 〈철학카페〉라는 제목으로 발표했던 것을
새로 수정가필하였습니다. 철학의 예비적 이해에 다소나마 도움 되기를 기대합니다.
* 에피파니판 《편지로 쓴 철학사 I, II》는 탈레스로부터 시작하여 피터 싱어까지, 철학사의 처음부터
끝까지를 관통하여 전체를 제대로 갖춘 첫 정본임을 특별히 밝힙니다.